FACES OF CONTEMPORARY RUSSIA

FACES OF CONTEMPORARY RUSSIA

ADVANCED RUSSIAN LANGUAGE AND CULTURE

OLGA MESROPOVA

GEORGETOWN UNIVERSITY PRESS
WASHINGTON, DC

Library of Congress Cataloging-in-Publication Data

Names: Mesropova, Olga, 1974– author.
Title: Faces of Contemporary Russia : Advanced Russian Language and Culture /Olga Mesropova.
Description: Washington, DC : Georgetown University Press, 2019.
Identifiers: LCCN 2018053892 | ISBN 9781626166714 (pbk. : alk. paper)
Subjects: LCSH: Russian language—Textbooks for foreign speakers—English. | Russian language—Readers. | Russia (Federation)—Civilization. | Russians—Biography.
Classification: LCC PG2129.E5 M47 2019 | DDC 491.786/421—dc23
LC record available at https://lccn.loc.gov/2018053892

♾ This book is printed on acid-free paper meeting the requirements of the American National Standard for Permanence in Paper for Printed Library Materials.

20 19   9 8 7 6 5 4 3 2   First printing

Printed in the United States of America

Cover design by Jim Keller.
Cover image courtesy of iStock.
Text design by Steve Kress.
Text composition by click! Publishing Services.

СОДЕРЖАНИЕ

Welcome to the first edition of *Faces of Contemporary Russia: Advanced Russian Language and Culture.* Designed for the intermediate-high- to the advanced-level student, this content-based textbook has several interrelated objectives. First, the volume brings together a broad cross-section of prominent "faces" of contemporary Russian culture: journalists, actors, musicians, athletes, film directors, and other cultural players, some of whom might be familiar to today's students and others who are less well known in the West. Second, it takes a multi-disciplinary approach, encouraging students to think and communicate across a range of disciplines, including history, literature, art history, sociology, anthropology, international studies, economics, and other fields. Presenting a rich palette of twenty-first-century Russian culture in various contexts, the book guides students through broad humanistic questions that they can relate to other cultures (including their own), such as "Should a government sponsor its nation's artistic production?" "What is the future of reading in the age of social media?" and "What is 'Generation Z' and what role does it play in today's society?" Last, and most important, the book introduces distinct cultural topics that are directly integrated with its language pedagogy. As such, *Faces of Contemporary Russia* not only makes the Russian cultural scene the center of students' advanced oral and written production, it also offers them captivating and thought-provoking frameworks for practicing and perfecting their Russian language skills, while engaging in broader humanistic debates.

STRUCTURE AND ORGANIZATION

Faces of Contemporary Russia consists of fourteen individual chapters (including an Introduction and a Conclusion), twelve of which are each dedicated to a prominent personality in contemporary Russian culture. Internally, these chapters are divided into two major sections:

1) «Биографическое досье»: an author-generated biography of each individual outlining their contribution to and place in contemporary Russian culture and
2) «Глазами культуролога»: an author-generated or reprinted scholarly essay that contextualizes the career of the selected individual within a broader cultural, social, and historical context.

To familiarize students with the language of critical inquiry in Russian, the readings in both sections incorporate a variety of sources, including authentic interviews drawn from Russian newspapers and magazines and excerpts of writings by Russian scholars and cultural critics.

Using the context of individual readings, each biographical chapter introduces vocabulary and grammatical structures. The two main reading texts for each chapter are preceded by vocabulary lists with lexical units that each appear in the chapter more than once and will facilitate students' discussion of the cultural personality in question. These word lists are followed by a variety of exercises offering practical strategies for comparing, classifying, analyzing, and inferring the meaning of this semantic material. For additional pre-reading practice, students are asked questions that, while engaging key vocabulary units, also relate to the students' own lives and experiences. Each reading is followed by a number of post-reading, communicative assignments: from comprehension questions that provide a structured review of the main reading to assignments that require interpretation, active dialogue, sophisticated discussion, and other forms of cogent, paragraph-length discourse. Wherever appropriate, the chapters contain guided assignments that prompt students to engage with the personality's website, followed by additional open-ended assignments to stimulate more advanced and nuanced oral and/or written production.

Each chapter culminates with a series of communicative activities designed to encourage more sophisticated extended oral and written production. These activities range from discrete assessments of students' assimilation of important cultural information to questions prompting open-ended discussion of significant cultural concepts, including assignments to relate Russian or Soviet examples to the students' own lives (in their own culture). The last section of each chapter («Вместо заключения») invites students to embark on their own study of the world of Russian culture through a range of questions that may be used for oral presentations or written work.

Although this book does not offer traditional grammar charts or explanations, each chapter does provide several assignments highlighting particular grammatical points that students can review on their own. (At this level of language study, students should be encouraged to use a reference grammar, such as *A Comprehensive Russian Grammar* by Terence Wade [Wiley, 2010]). Grammar-based activities included address issues that intermediate-high/advanced learners traditionally find challenging (verbs of motion, participles, gerunds, etc.). For most grammar points, students are given the opportunity to derive the grammatical structures from the chapters' main readings before they are formally asked to engage them on their own. Finally, accent stresses are marked occasionally throughout the book for words that learners at this level might find challenging or problematic.

NOTE ON THE PERSONALITIES

If one were to ask ten Russians to pick twelve important players on the Russian cultural scene, one would likely get ten different responses. *Faces of Contemporary Russia* does not attempt to be exhaustive in its coverage of important personalities in Russian cultural discourse or to provide a comprehensive overview of twenty-first-century Russian culture. "Faces" who are associated with the literary canon are intentionally avoided: to fully appreciate the oeuvres of such writers as Lyudmila Ulitskaya, Vladimir Sorokin, or Dmitry Bykov, one would need to engage in a close reading of their texts — a task that falls outside the scope of *Faces of Contemporary Russia*.

The individuals included were selected to cover a broad spectrum of Russian cultural expression and socio-political dynamics. They are all prominent figures in the contemporary Russian cultural scene, both in high and low culture, and the wide spectrum of their backgrounds allows for nuanced and academically challenging discussion of contemporary Russia and the changes that the country has experienced over the past few decades.

COURSE AND SYLLABUS PLANNING

Faces of Contemporary Russia is a flexible tool for instructors in Russian. It can be used as a main text for a full academic semester covering a wide range of Russian language and culture courses at the intermediate-high to advanced levels. The modular structure of the book allows for easy adaptation to other academic calendars and formats. Depending on class needs and individual teaching styles, the instructor may choose to assign only certain readings or even to use the vocabulary, grammar, or communicative tasks provided to supplement other texts or as out-of-class work.

Within the format of a one-semester course, approximately three to five hours of in-class time could be devoted to each chapter, allowing for a full exploration of all texts and assignments connected with a particular personality. The instructor may choose to assign the readings and vocabulary of a particular chapter (including its vocabulary-building pre-reading exercises) as out-of-class work, leaving class time for communicative activities that encourage extended discourse.

ACKNOWLEDGMENTS

I extend my sincere gratitude to everyone who collaborated in the making of this project. Thank you to the incredibly talented photographers whose artistic vision has helped me shape this book: Dmitry Bocharov, Todd Prince, Gene Schiavone, Andrey Ulyashev, and Marina Zakharova. Thank you to Oleg Kuvaev for generously sharing images of Masyanya. For their thoughtful contributions and collaboration, I am indebted to the Igor Matvienko Production Center, Mikhailovsky Theater, Satirikon Theater, and Volga Film company. My deepest appreciation also goes to Darya Dontsova, Irina Khakamada, Yevgeny Plyushenko, Valentin Yudashkin, Diana Vishneva, and their teams: thank you for the images, feedback and assistance with the logistics of this project. Olga Telenkova and Kseniia Timoshkina, thank you for your warm support and attention to detail. I also owe gratitude to Birgit Beumers and Mark Leiderman (Lipovetsky) for their permission to use a part of Beumers's essay "Masyanya," published in the book *Весёлые человечки: культурные герои советского детства* (*Новое литературное обозрение*, 2008, 507–24). Thank you also to the VTsIOM Center for sharing their infographics for this project.

Above all, I would like to sincerely thank Clara Totten, Glenn Lisa Saltzman, and everyone at Georgetown University Press for their tremendous patience, enthusiasm, tireless dedication, and attention to detail. Thank you to all my students at Iowa State University for piloting this book in its initial stages. My sincere gratitude to Tom Waldemer for his encouragement, creativity, and pedagogical insight; this book would not have been possible without him. Lastly, thank you to Dasha Waldemer who inspired this project in the first place and was the book's first "reviewer."

ВВЕДЕНИЕ: ЛИЦА СОВРЕМЕННОЙ РОССИИ

Photo courtesy of Todd Prince, toddprincephotography.com

Добро́ пожа́ловать в Росси́ю 21-го ве́ка! Скажи́те, е́сли бы вы могли́ назва́ть три сло́ва, кото́рые для вас символизи́руют Росси́ю, что э́то бы́ли бы за слова́? Объясни́те, почему́. А каки́х культу́рных, полити́ческих или истори́ческих де́ятелей Росси́и 21-го ве́ка вы мо́жете назва́ть? Кра́тко расскажи́те, что вы зна́ете об э́тих лю́дях.

ГОТОВИМСЯ К ЧТЕНИЮ И РАЗГОВОРУ

ЗАПОМНИТЕ ЭТИ СЛОВА И ВЫРАЖЕНИЯ

NOUNS

бе́дность — poverty
большинство́ — majority
век — century
герб — coat of arms
го́рдость — pride
граждани́н/гра́ждане (plural) — citizen
де́ятель — activist, figure, agent
достиже́ние — achievement
насле́дство — inheritance
опро́с — poll, survey
побе́да — victory
подро́сток — teenager

поколе́ние — generation
проце́нт — percent
разви́тие — development
распа́д — collapse
режиссёр — (cinema or theater) director
ро́дина — motherland **ро́дственник** — relative
ро́скошь — luxury
стыд — shame
тысячеле́тие — millennium

ADJECTIVES

вели́кий — great
вое́нный — military

■ 1

настоя́щий — real, genuine
осо́бый — special, extra
относи́тельный — relative, comparative
привы́чный — habitual, customary
успе́шный — successful

появля́ться/появи́ться — to appear
признава́ть/призна́ть — to admit
стыди́ться (кого, чего) — to be ashamed of,
    to be embarrassed by
эконо́мить/сэконо́мить (на чём) —
    to save on

VERBS

входи́ть/войти́ в мо́ду — to become
    fashionable
вызыва́ть/вы́звать интере́с (у кого) —
    to spark interest
выража́ть/вы́разить мне́ние — to express
    an opinion
горди́ться (кем, чем) — be proud of
олицетворя́ть — to embody
оставля́ть/оста́вить — to leave
покида́ть/поки́нуть — to abandon
покоря́ть/покори́ть — to conquer
по́льзоваться популя́рностью (у кого) —
    to enjoy popularity among

OTHER

вме́сто (кого, чего) — instead of
за (+ expression of time) — during a time
    period
за грани́цу — abroad
к нача́лу (чего) — by the beginning of
наверняка́ — surely, for sure
навсегда́ — forever
о́коло (чего) — close to, approximately, about
подро́бно — in detail
с моме́нта (чего) — from the moment of
тем не ме́нее — nevertheless

Зада́ние 1.

Составьте словосочетания с этими словами:

1. **Вместо** (кого? чего?): пятнадцать советских республик; великая страна; привычная роскошь
2. **Вызывать интерес (**у кого?): россияне; молодое поколение; американские граждане
3. **Гордиться** (кем? чем?): спортивные достижения; победа в войне; родина; дочь-подросток
4. **К началу** (чего?): двадцать первый век; новое тысячелетие
5. **Пользоваться популярностью** (у кого?): старшее поколение; большинство россиян; российские граждане
6. **С момента** (чего?): распад СССР; победа в войне; начало экономических санкций
7. **Экономить** (на чём?): продукты; все сферы жизни
8. **Около** (чего?): 10% россиян; 25% подростков; сто деятелей культуры

Зада́ние 2.

Подумайте перед чтением. Если бы вы рассказывали россиянам о культурной жизни вашей страны последних двадцати лет, о каких людях, событиях и достижениях вы бы им обязательно рассказали? Объясните ваш выбор.

РОССИЯ 21-ГО ВЕКА. ПАНОРАМА КУЛЬТУРНОЙ ЖИЗНИ.

Прочитайте заметку о России двадцать первого века и скажите, о каких именах, названиях и феноменах вы слышали раньше.

Итак, добро́ пожа́ловать в Росси́ю два́дцать пе́рвого ве́ка. Пре́жде чем нача́ть наш разгово́р об изве́стных россия́нах, дава́йте вспо́мним не́которые моме́нты исто́рии и культу́ры Росси́и но́вого тысячеле́тия. Коне́чно, рассказа́ть подро́бно обо всём, что произошло́ в Росси́и с 2001 го́да — зада́ча невозмо́жная, потому́ дава́йте начнём с небольшо́й панора́мы росси́йской жи́зни после́дних двадцати́ лет.

К нача́лу два́дцать пе́рвого ве́ка Росси́я была́ уже́ пост-сове́тской страно́й. Вы, коне́чно, зна́ете, что Сове́тский Сою́з <u>прекрати́л своё существова́ние</u> в 1991 году́. Тогда́, в конце́ двадца́того ве́ка, вме́сто пятна́дцати сове́тских респу́блик на ка́рте ми́ра появи́лись пятна́дцать но́вых стран. Президе́нтом Росси́и в 1991 году́ стал Бори́с Ельцин, а в двухты́сячном году́ — Влади́мир Пу́тин, кото́рый с тех пор <u>четы́режды</u> <u>избира́лся</u> на пост росси́йского президе́нта. С моме́нта распа́да СССР родило́сь и вы́росло не́сколько поколе́ний. Сего́дняшние двадцати́-пятиле́тние россия́не роди́лись уже́ в пост-сове́тской Росси́и, а те, кому́ сего́дня 18 лет — факти́чески прожи́ли всю свою́ жизнь при одно́м президе́нте. (Кста́ти, почему́ «факти́чески»? Вы, наве́рно, зна́ете, что президентом России с 2008 по 2012 год был Дми́трий Медведев, а Владимир Путин в те годы был премьер-министром Российской Федерации).

Большинство́ россия́н, наверняка́, помнят двухты́сячные (или как их ещё называ́ют — нулевы́е) го́ды как го́ды относи́тельной экономи́ческой стаби́льности. Если в девяно́стых года́х у мно́гих росси́йских семе́й ча́сто не́ было де́нег на <u>еду́</u>, то в нача́ле два́дцать пе́рвого ве́ка мно́гие на́чали покупа́ть ве́щи, кото́рые до э́того характеризова́лись как эли́тные и прести́жные, наприме́р, дорогу́ю <u>бытову́ю те́хнику</u>, моби́льные телефо́ны, маши́ны[1]. Маши́н ста́ло так мно́го, что в больши́х города́х <u>про́бки</u> ста́ли но́рмой жи́зни. Зарубе́жный тури́зм переста́л быть ро́скошью: Ту́рция и Еги́пет ста́ли привы́чными места́ми для о́тдыха россия́н. Экономи́ческая стаби́льность в Росси́и зако́нчилась в 2008 году́, когда́ во всём ми́ре начался́ фина́нсовый кри́зис. Ситуа́ция ста́ла ещё сложне́е после <u>присоедине́ния</u> Кры́ма к Росси́и в 2014 году́, когда́ начали́сь экономи́ческие са́нкции За́пада про́тив Росси́и. В опро́сах 2016 го́да 58 проце́нтов россия́н говоря́т, что опя́ть эконо́мят на <u>проду́ктах пита́ния</u>[2].

Чем ещё запо́мнились два пе́рвых десятиле́тия 21-го ве́ка? Появи́лись социа́льные се́ти и бло́ги. Блог был да́же у росси́йского президе́нта Дми́трия Медведева. Наверняка́ ка́ждый россия́нин хотя́ бы слы́шал о социа́льных сетя́х «ВКонта́кте» и «Однокла́ссники». У мно́гих появля́ются со́бственные страни́чки. В 2007 году́ аудито́рия «ВКонта́кте» составля́ла один миллио́н челове́к, в 2008 — 20 миллио́нов, а в 2010 — 60 миллио́нов <u>по́льзователей</u>. В 2007 году́ откры́лась росси́йская ве́рсия глоба́льного интерне́т ресу́рса YouTube. В Росси́и появля́ются видеобло́геры и слова́, поня́тные то́лько по́льзователям Ютью́ба: «бьюти бло́ги», «летсплеи», «лайфхаки». Не́которые росси́йские видеобло́геры тепе́рь популя́рнее рок- и поп-звёзд, а их кана́лы смо́трят миллио́ны зри́телей.

прекрати́ть существова́ние — cease to exist
четы́режды — four times
избира́ться — to get elected

еда́ (проду́кты пита́ния) — food
бытова́я те́хника — (household) appliances
присоедине́ние — annexation
про́бка — (here) traffic jam

по́льзователь — user

Что ещё? Стаби́льная эконо́мика пе́рвого десятиле́тия два́дцать пе́рвого ве́ка о́чень помогла́ разви́тию киноиндустри́и. В 2004 году́ в Росси́и выхо́дит пе́рвый национа́льный блокба́стер: фильм Тиму́ра Бекмамбе́това «Ночно́й дозо́р». Фильм о де́монах и вампи́рах в жа́нре фэ́нтези — почти́ «Ма́трица», то́лько де́йствие происхо́дит в о́чень знако́мой всем россия́нам Москве́. За де́сять дней в кинотеа́трах э́тот фильм посмотре́ли почти́ два миллио́на челове́к. В Росси́и открыва́ются мультипле́ксы, зри́тели акти́вно хо́дят в кино́. Режиссёры и продю́серы эксперименти́руют с ра́зными сти́лями и жа́нрами: нау́чной фанта́стикой, вое́нными дра́мами, реме́йками популя́рных сове́тских фи́льмов. В 2013 году́ выхо́дит пе́рвый росси́йский фильм в форма́те IMAX — «Сталингра́д» Фёдора Бондарчу́ка. Росси́йское кино́ ча́сто появля́ется на мировы́х кинофестива́лях, а одни́м из са́мых изве́стных фестива́льных режиссёров стано́вится Андре́й Звя́гинцев, а́втор фи́льмов «Возвраще́ние», «Еле́на», «Левиафа́н» и «Нелюбо́вь».

Ва́жной ча́стью жи́зни почти́ ка́ждого россия́нина остаётся телеви́дение. Наприме́р, по результа́там опро́са 2016 го́да, о́коло семи́десяти проце́нтов росси́йских гра́ждан смотре́ли телеви́зор ка́ждый день. Молодёжь смотре́ла телеви́зор 2–3 часа́ в день, а зри́тели, ста́рше пяти́десяти пяти́ лет — бо́льше шести́ часо́в[3]. Посмотре́ть по телеви́зору мо́жно как адапта́ции за́падных сериа́лов и шоу (наприме́р, шоу «Го́лос» или росси́йскую ве́рсию колумби́йской «Дурну́шки Бе́тти» — «Не роди́сь краси́вой»), так и оригина́льные росси́йские програ́ммы. Огро́мной популя́рностью по́льзуются кримина́льные дра́мы, а та́кже коме́дии, истори́ческие мелодра́мы, и экраниза́ция кла́ссики. Сериа́лы тепе́рь снима́ют да́же изве́стные росси́йские кинорежиссёры. В 2003 году́ Влади́мир Бортко́ выпуска́ет рейти́нговый сериа́л по рома́ну Фёдора Достое́вского «Идио́т», а в 2005 экранизи́рует рома́н Михаи́ла Булга́кова «Ма́стер и Маргари́та». В 2010 году́ артха́усный режиссёр Вале́рия Гай Герма́ника снима́ет жёсткий и сканда́льный сериа́л про подро́стков «Шко́ла»; а в 2013 году́ дебюти́рует на телеви́дении Вале́рий Тодоро́вский с сериа́лом о Сове́тском Сою́зе шестидеся́тых годо́в под назва́нием «О́ттепель».

В нача́ле нулевы́х Росси́ю, да и весь мир, покоря́ет музыка́льный поп-дуэ́т «Тату́». Они́ бы́ли пе́рвой росси́йской гру́ппой, си́нглы кото́рой лиди́ровали в ча́ртах не то́лько Росси́и, но и США, Великобрита́нии и Герма́нии. В нача́ле ве́ка в мо́ду вошёл теа́тр, тогда́ на́чали открыва́ться но́вые эксперимента́льные и некомме́рческие сце́ны (наприме́р, моско́вский Теа́тр.doc, кото́рый ста́вит документа́льные спекта́кли). Появи́лись но́вые писа́тели, кни́ги кото́рых чита́ть и обсужда́ть ста́ло мо́дно: Ви́ктор Пеле́вин, Серге́й Мина́ев. Ну а ещё была́ Мася́ня, ирони́ческие детекти́вы Да́рьи Донцо́вой, му́зыка Земфи́ры, Олимпи́йские и́гры в Со́чи и мно́го-мно́го чего́ друго́го, о чём и пойдёт речь в э́той кни́ге. Так что пое́хали!

---

1   Вале́рий Фёдоров, Ю́лия Баска́кова, А́нна Жи́рикова. Пресс-вы́пуск № 3320, «Россия удивля́ет: Пять эпо́х в российском обще́ственном мне́нии (1987–2017)». *ВЦИОМ*, 6 марта 2017 г.

2   «Экономи́ческий кри́зис и потребле́ние». *Левада-центр*, 13 июля 2016 г.

3   «Около 70% россия́н ежедне́вно смо́трят телеви́зор». *Общество. ТАСС*, 30 мая 2017 г.

ПОГОВОРИ́М О ПРОЧИ́ТАННОМ

Зада́ние 3.

Сопоста́вьте э́ти имена́, явле́ния и собы́тия с их описа́ниями.

1. ВКонтакте
2. «Ночной дозор»
3. «Тату»
4. Дмитрий Медведев
5. «Сталинград»
6. «Не родись красивой»
7. Театр.doc
8. Андрей Звягинцев
9. «Школа»
10. «Идиот»

А. Поп-дуэт, музыка которого лидировала в хит-парадах всего мира в начале двухтысячных

Б. Первый российский фильм в формате IMAX

В. Московский театр, который ставит документальные спектакли

Г. Известный режиссёр, автор фильмов «Возвращение» и «Нелюбовь»

Д. Популярнейшая российская социальная сеть

Е. Скандальный сериал Валерии Гай-Германики

Ж. Российский президент, 2008–2012

З. Роман Фёдора Достоевского, а также популярный сериал 2003 года

И. Первый национальный российский блокбастер, режиссёр — Тимур Бекмамбетов

К. Адаптация колумбийского телесериала

Задание 4.

Ответьте на вопросы.

1. В каком году прекратил своё существование Советский Союз?
2. Сколько республик было в СССР? А вы можете их назвать? Если нет, то проведите мини-исследование в интернете.
3. Кто сейчас президент России? А кто был президентом России в 1991 году?
4. Как вы поняли, когда в России была самая стабильная экономическая ситуация (приведите примеры из прочитанного и аргументируйте свой ответ):

   А. в 90-х годах 20-го века

   Б. в нулевых годах 21-го века

   В. после 2008 года
5. Объясните, почему экономическая ситуация в России изменилась в 2008 году?
6. Как вы поняли, ВКонтакте — популярная в России социальная сеть? Почему вы так решили? Приведите конкретные примеры из прочитанного.
7. А как вы считаете, Ютьюб и социальные сети в вашей стране популярны? Как вы думаете, почему?
8. Скажите, а вы знаете, что означают слова «бьюти блоги», «летсплеи», «лайфхаки»? Если да, то кратко объясните, а если нет, то проведите исследование в интернете.
9. Почему лидеры политической оппозиции в России часто используют Ютьюб для своих видео?
10. Объясните, как стабильная экономика нулевых годов помогла развитию киноиндустрии в России.
11. В каком жанре был сделан первый российский блокбастер? В каком году вышел этот фильм? О чём был этот фильм?
12. Скажите, а вы знаете, почему на Олимпиаде 2018 года российские спортсмены выступали под нейтральным флагом? Если да, то кратко объясните. Если не знаете, то найдите информацию в интернете.
13. Если вы могли бы посмотреть один российский фильм или сериал, о котором вы прочитали в статье, что бы вы выбрали? Объясните, почему?
14. Какие, по-вашему, важнейшие события произошли в двадцать первом веке в истории и культуре вашей страны?

Правильно или неправильно? Исправьте неправильные утверждения и подробно прокомментируйте правильные.

1. СССР прекратил своё существование в 21 веке.
2. К началу двадцать первого века, Россия была советской республикой.
3. Россияне, которым сегодня 25 лет, родились в Советском Союзе.
4. Нулевые годы в России были годами серьёзного экономического кризиса. Тогда многие россияне экономили на еде.
5. Сегодняшние россияне почти не смотрят телевизор.
6. На российском телевидении можно увидеть только оригинальные российские программы.
7. Россияне не любят ходить в театр.
8. В отличие от американского президента Дональда Трампа, российские президенты никогда не пользовались социальными сетями.
9. Зарубежный туризм для россиян всегда был роскошью.
10. Многие российские телесериалы сделаны известными и даже артхаусными режиссёрами.

Что произошло в России в эти годы? Закончите предложения и прочитайте их вслух, обращая внимание на даты.

1. В 1991 году...
2. В 90-х годах...
3. В конце 20 века...
4. К началу 21 века...
5. В 2000 году...
6. В 2008 году...
7. С 2008 по 2012 год...

Составьте предложения, не меняя порядок слов.

1. В — конец — 20 век — вместо — 15 — республика — на — карта — мир — появиться — 15 — новые страны.
2. В — опросы — 2016 год — 58% — российские граждане — говорить, — что — экономить на — продукты.
3. Около — 70% — россияне — смотреть телевизор — каждый день.
4. В — девяностые годы — у — многие семьи — не было — деньги — на — еда.
5. За — 10 — день — «Ночной дозор» — в — кинотеатры — посмотреть — почти — 2 — миллион — человек.
6. В — первое десятилетие — 20 век — режиссёры — экспериментировать с — разные стили и жанры.

СКВОЗЬ ПРИЗМУ СОЦИОЛОГИИ

Прочитайте данные опросов, проведённых Всероссийским центром изучения общественного мнения (ВЦИОМ) и Левáда-центром, и ответьте на вопросы.

В ма́рте 2017 го́да Лева́да-центр провёл опро́с россия́н о том, каки́е эпо́хи исто́рии Росси́и вызыва́ют у них интере́с. Оказа́лось, что осо́бый интере́с вызыва́ет у респонде́нтов <u>Вели́кая Оте́чественная война́</u>. (А ещё один опро́с показа́л, что побе́да в Вели́кой Оте́чественной войне́ в 1945 году́ вызыва́ет чу́вство го́рдости у восьми́десяти трёх проце́нтов россия́н[4].) На второ́м ме́сте — эпо́ха Петра́ Пе́рвого. Ме́ньше всего́ россия́не интересу́ются горбачёвской перестро́йкой и эпо́хой Бори́са Е́льцина (интере́с к э́тому вре́мени вы́разили 10%). А вот 15% респонде́нтов сказа́ли, что их вообще́ «ничего́ в росси́йском про́шлом не интересу́ет»[5].

А чем горда́тся россия́не? 41% респонде́нтов сказа́ли, что горда́тся ро́лью свое́й страны́ в <u>освое́нии ко́смоса</u>; 36% — ру́сской литерату́рой; 32% — достиже́ниями росси́йской нау́ки; 29% — росси́йской культу́рой; 24% — спорти́вными достиже́ниями страны́. А как вы ду́маете, есть ли моме́нты в исто́рии двадца́того ве́ка, кото́рых россия́не стыда́тся? 33% респонде́нтов испы́тывают чу́вство стыда́, когда́ ду́мают о распа́де Сове́тского Сою́за. 22% испы́тывают стыд, говоря́ о ста́линском терро́ре и репре́ссиях. 54% призна́ли, что стыда́тся того́, что вели́кий наро́д и бога́тая страна́ и сего́дня живёт в бе́дности.

При э́том оказа́лось, что 67% проце́нтов россия́н горда́тся сего́дняшней Росси́ей, а 75% горда́тся тем, что явля́ются росси́йскими гра́жданами. А вот тако́й вопро́с за́дал россия́нам в 2016 году́ ВЦИОМ: «Предста́вьте, что за грани́цей у́мер ваш бога́тый ро́дственник и оста́вил вам дом и небольшо́е <u>состоя́ние</u>. В э́той ситуа́ции вы бы хоте́ли уе́хать за грани́цу на <u>постоя́нное ме́сто жи́тельства</u>»? В отве́т на э́тот вопро́с 86% россия́н сказа́ли, что они не хоте́ли бы покида́ть ро́дину навсегда́ ра́ди лу́чшей жи́зни[6].

Ну и наконе́ц, что олицетворя́ет Росси́ю для россия́н? Для большинства́ респонде́нтов в 2017 году́ (46%) гла́вные си́мволы Росси́и — флаг, герб и гимн. А вот слова́ «матрёшка», «во́дка» и «царь» не вы́звали ассоциа́ций с Росси́ей ни у одного́ респонде́нта[7].

---

4   «Го́рдость и стыд». *Лева́да Центр*, 1 ма́рта 2017 г.
5   Влади́мир Дерга́чев. «В Росси́и ре́зко упа́л интере́с к исто́рии Вели́кой Оте́чественной войны́». *РБК*, 22 ма́рта 2017 г.
6   ВЦИОМ. Пресс-вы́пуск № 3201, «Ро́дина — э́то звучи́т го́рдо». 16 сентября́ 2016 г.
7   ВЦИОМ. Пресс-вы́пуск № 3445, «Флаг, герб и гимн — го́рдость страны́». 21 а́вгуста 2017 г.

Зада́ние 8.

Отве́тьте на вопро́сы.

1. Как вы по́няли? Да или нет? Испра́вьте непра́вильные утвержде́ния и подро́бно прокомменти́руйте пра́вильные.

   А. Мно́гие россия́не интересу́ются эпо́хой перестро́йки.

   Б. Большинство́ россия́н вообще́ не интересу́ются росси́йской исто́рией.

   В. Бо́льше полови́ны россия́н испы́тывают чу́вство стыда́ и огорче́ния, когда́ вспомина́ют о распа́де СССР.

   Г. Сего́дняшние россия́не не горда́тся свое́й страно́й.

   Д. Большинство́ опро́шенных вы́разили интере́с уе́хать за грани́цу, осо́бенно е́сли они полу́чат насле́дство.

   Е. Матрёшка и во́дка — гла́вные си́мволы Росси́и для большинства́ опро́шенных россия́н.

Вели́кая Оте́чественная война́ — Great Patriotic War (common name for the Second World War)
освое́ние ко́смоса — space exploration

постоя́нное ме́сто жи́тельства — permanent residence
состоя́ние — (here) fortune

2. Скажите, вас удивили ответы россиян? Если да, что вас удивило больше всего?

3. Скажите, а если бы аналогичные вопросы были бы заданы жителям вашей страны, их ответы отличались бы от ответов россиян? Если да, то каким образом?

4. Какой период истории России вызывает у вас особый интерес? Почему?

5. **В группах.** Составьте список вопросов о том, какие эпохи истории вызывают наибольший интерес у молодёжи вашей страны. Задайте эти вопросы друзьям и знакомым; сообщите результаты в классе и обсудите их.

1 ОЛЕГ КУВАЕВ, МАСЯНЯ И ФЛЭШ-АНИМАЦИЯ

Photo courtesy of Oleg Kuvaev, mult.ru

Мася́ня, Хрю́ндель, Лохма́тый, дя́дя Ба́дя... Эти немно́го хулига́нские имена́ принадлежа́т персона́жам мультфи́льмов (и́ли точне́е му́льтов), со́зданных петербу́ргским худо́жником и веб-диза́йнером Оле́гом Кува́евым. В этой главе́ мы поговори́м о том, как бы́вший рок-музыка́нт, фото́граф и ску́льптор стал «па́пой» одно́й из са́мых популя́рных фигур росси́йского интерне́та.

Посмотрите на скриншоты мультфильма о Мася́не. Скажите, какое первое впечатление произвели на вас персонажи Оле́га Кува́ева? Придумайте и запишите три вопроса, которые вы бы хотели задать художнику об этом мультфильме.

принадлежа́ть — to belong
создава́ть/
созда́ть — to create

пе́рвое впечатле́ние — first impression
персона́ж/геро́й — character (in a book or film)
мультфи́льм/му́льтик — cartoon, animation

Image courtesy of Oleg Kuvaev, mult.ru

Image courtesy of Oleg Kuvaev, mult.ru

ГОТОВИМСЯ К ЧТЕНИЮ И РАЗГОВОРУ

ЗАПОМНИТЕ ЭТИ СЛОВА И ВЫРАЖЕНИЯ

NOUNS

а́вторские права́ — copyright
акваре́ль — watercolor
в эфи́ре — on the air (radio or tv broadcast)
веду́щий/веду́щая — show host
вы́ставка — (Art) exhibition
же́ртва — victim
жи́вопись — painting (as a form of art)
зако́н — law
звук — sound
ка́чество — quality
коли́чество — quantity
ма́сло — oil
моше́нничество — fraud
мультфи́льм/му́льтик — cartoon
мультиплика́ция — animation
мультипликацио́нный фильм — animated film
    худо́жник-мультиплика́тор — animator
награ́да — award
переда́ча — show
персона́ж — character
покло́нник — fan, enthusiast, aficionado
по́льзователь — user
проры́в — break-through
рису́нок — drawing, image
рове́сник — peer
сеть — the web; **в сети́** — on the web
соо́бщество — community
стекло́ — glass
сцена́рий — script; **сцена́рист** — scriptwriter
худо́жник (худо́жница) — artist

VERBS

броса́ть/бро́сить, забро́сить — to give up, to abandon
дополня́ть/допо́лнить — to complement
запуска́ть/запусти́ть — to release, to launch
озву́чивать/озву́чить — to voice (for example, a cartoon character)
ощуща́ть/ощути́ть — to feel, to perceive
посвяща́ть/посвяти́ть — to dedicate
появля́ться/появи́ться — to appear
признава́ть/призна́ть — to recognize
рисова́ть/нарисова́ть — to draw, to paint
руга́ть — to scorn, to criticize
ру́шиться/ру́хнуть — to collapse
создава́ть/созда́ть — to create
ста́лкиваться/столкну́ться — literally: to collide, to run against; figuratively: to face, to encounter

ADJECTIVES

постоя́нный — permanent
совреме́нный — contemporary
успе́шный — successful
худо́жественный — artistic
    худо́жественная галере́я — art gallery
цифрово́й — digital

OTHER

вдоба́вок (к чему) — in addition to
еженеде́льно — weekly
несмотря́ (на то, что) — in spite of, despite
по его́/её со́бственному призна́нию — by his/her own admission
су́дя по (чему) — judging by

Задание 1.

Как вы думаете, если «еже**недель**но» означает «каждую неделю», то что такое «еже**дневно**»? «Еже**годно**»? Перефразируйте следующие предложения, используя слова с префиксом «еже-»:

1. Эта галерея (каждый год) _____ устраивает выставки российских художников.
2. (Каждую секунду) _____ на эту страничку заходят тысячи новых пользователей.
3. В эфире (каждую минуту) _____ включали новую мелодию.

Посмотрите на слова, приведённые выше, и закончите пары:

Посвящать — посвящение; дополнять — _____

Озву́чивать — звук; рисовать — _____

Создавать — создание; признавать — _____

Призна́ть — при́знанный; создать — _____

Слова в конте́ксте. Вставьте подходящие по смыслу слова в правильной форме.

мультфильм • озву́чивать • персона́ж • появляться • признавать
рисунок • ру́хнуть • создавать • худо́жник

Я не по́мню, ско́лько мне бы́ло лет, когда́ я уви́дел свой пе́рвый _____. Но я хорошо́ по́мню, как был убеждён, что _____ мультфи́льмов живут в телеви́зоре и _____, что́бы поговори́ть со мной ли́чно. Коне́чно, мои иллю́зии ско́ро _____: роди́тели объясни́ли мне, что мультфи́льмы — это про́сто се́рия _____, кото́рые _____ специальные _____- мультиплика́торы. А пото́м специальные актёры _____ всех персона́жей. Но хотя́ роди́тели и объясни́ли мне, как де́лаются мультфи́льмы, я не хотел _____ их рационали́зм и еще до́лго-до́лго ду́мал, что мои́ люби́мые геро́и сидят в коро́бочке телеви́зора.

ведущий • в эфире • мультипликация • поклонник • признать
современный • создать • сообщество • судя по • сценаристы • художник

_____ — это термин, кото́рый в Росси́и и в Сове́тском Сою́зе испо́льзуют как сино́ним за́падного сло́ва «анима́ция». И в студии Уо́лта Дисне́я, и на студии Союзмультфи́льм ка́ждый мультипликацио́нный фильм — результа́т рабо́ты большо́й гру́ппы люде́й: актёров, _____, _____, музыка́нтов. Может ли быть успе́шным мультфи́льм, со́зданный одни́м челове́ком? _____ прое́кту «Мася́ня», очень да́же мо́жет! «Мася́ня» ста́ла проры́вом в сети, и росси́йское интерне́т- _____ бы́стро _____ культо́вый ста́тус э́того персона́жа. Мася́ня да́же появля́лась _____ росси́йского телеви́дения. А _____ Мася́ню один челове́к: худо́жник Олег Кува́ев. Несмотря́ на примити́вный рису́нок и анима́цию, _____ Мася́ни лю́бят ее ю́мор, хулига́нский стиль, иро́нию и оптими́зм. А телевизио́нный _____ Леони́д Парфёнов да́же называ́ет Мася́ню «лири́ческим дневнико́м» (diary) _____ ру́сского челове́ка.

А КАК ВЫ ДУМАЕТЕ?

Да или нет? Согласитесь или не согласитесь с этими утверждениями. Подробно объясните свою позицию.

1. Одним из самых серьёзных прорывов в ми́ре коммуникаций 20-го века является создание сети интерне́т.
2. Компью́терная гра́фика — это не иску́сство; серьёзные худо́жники никогда́ не рабо́тают на компью́тере.
3. Зако́ны об а́вторских права́х и регуля́ция пира́тства не актуа́льны для сети́ интерне́т.

4. Мультфи́льмы лю́бят смотре́ть то́лько ма́ленькие де́ти.

ОЛЕГ КУВАЕВ: БИОГРАФИЧЕСКОЕ ДОСЬЕ

Прочита́йте биогра́фию Оле́га Кува́ева и узна́йте, в каки́х стра́нах рабо́тал э́тот худо́жник-анима́тор. Чем он занима́лся в ка́ждой из э́тих стран?

углублённый — in-depth
вуз (вы́сшее уче́бное заведе́ние) — университе́т или институ́т

Оле́г Кува́ев роди́лся в Ленингра́де в 1967 году́. Оле́г расска́зывает, что рисова́ть на́чал ещё в де́тском саду́, где, по его́ со́бственному призна́нию, был «пе́рвым худо́жником». Оле́г та́кже говори́т, что он челове́к и «цифрово́й», и «худо́жественный»[1]. Почему́? Ну, наприме́р, вдоба́вок к рисова́нию, Оле́г учи́лся игра́ть на фортепья́но и занима́лся англи́йским языко́м, а та́кже ходи́л в шко́лу с углублённым изуче́нием фи́зики и матема́тики. По́сле шко́лы учи́лся в не́скольких ленингра́дских ву́зах, хотя́ не око́нчил ни одного́: по его́ слова́м, учи́ться ему́ «не нра́вилось». А учи́лся он, наприме́р, в институ́те авиацио́нного приборострое́ния и да́же в Акаде́мии худо́жеств.

А ещё в студе́нческие го́ды он игра́л в рок-гру́ппе «Ми́тра.» Кста́ти, э́та гру́ппа была́ по́зже расформиро́вана и её уча́стники образова́ли но́вую гру́ппу «Сплин», уже́ без Оле́га. Хотя́ Оле́г и не стал изве́стным ро́кером, он не забы́л о свои́х колле́гах музыка́нтах: гру́ппе «Сплин» посвящён оди́н из мульто́в Мася́ни; а ещё Оле́г сде́лал для свое́й бы́вшей гру́ппы не́сколько ви́део-кли́пов.

владе́лец/ владе́лица — owner

Как и мно́гие его́ рове́сники, Оле́г был при́зван в а́рмию и служи́л на Да́льнем Восто́ке. Верну́вшись из а́рмии, Оле́г на́чал рисова́ть, устра́ивать вы́ставки и да́же продава́ть свои́ карти́ны на у́лице. А в 1991 году́ он познако́мился с владе́лицей худо́жественной галере́и из Герма́нии, заключи́л контра́кт и на не́сколько лет уе́хал из Росси́и на За́пад. Вот что он сам расска́зывает о свое́й жи́зни и рабо́те в Герма́нии:

запруди́ть — to flood
жу́ткий — (here, slang) terrible
за́лежь — (here, slang) loads
масшта́бный — large scale
мона́х — monk

«В Герма́нии жи́вописью занима́лся в тече́ние шести́ лет. Я там о́чень хорошо́ жил, то́ннами карти́ны рисова́л, запруди́л всю се́верную Рейн-Вестфа́лию свои́ми карти́нами. Ка́ждый день по карти́не рисова́л, э́то жу́ткое коли́чество, про́сто ты́сячи, за́лежи э́тих карти́н. Акваре́ли, масшта́бное ма́сло — в о́бщем, серьёзно я э́тим занима́лся. Интере́сное заня́тие на са́мом де́ле... Галере́я была́ пря́мо в лесу́ — стекля́нная така́я коро́бочка, дере́вья пря́мо за стекло́м. Занима́лся исключи́тельно иску́сством, как мона́х тако́й. А пото́м эконо́мика ру́хнула, арт-ры́нок ру́хнул стра́шно, галере́я моя́ ста́ла закрыва́ться. Пото́м пыта́лся рабо́тать в друго́й галере́е, но там не сложи́лось уже́. И я уе́хал в Росси́ю»[2].

Прие́хав в Росси́ю, Оле́г забро́сил жи́вопись и на́чал эксперименти́ровать с компью́терной гра́фикой. Снача́ла рабо́тал диза́йнером в рекла́мных аге́нтствах, а пото́м устро́ился на рабо́ту в большу́ю, росси́йско-америка́нскую фи́рму под назва́нием Animation Magic, где занима́лся игрово́й гра́фикой и анима́цией для компью́терных игр. А пото́м появи́лся флэш. По слова́м Оле́га, «э́то была́ пе́рвая техноло́гия, кото́рая оживи́ла интерне́т девяно́стых годо́в, принесла́ туда́ звук. Появи́лась возмо́жность для интерне́та де́лать анима́цию и да́же со зву́ком — э́то был по тем времена́м жу́ткий проры́в»[3]. И вот тогда́, о́сенью 2001 го́да появи́лись пе́рвые му́льты (и́менно му́льты, а не мультфи́льмы) про Мася́ню.

отгора́живаться/ отгороди́ться — to differentiate oneself

Почему́ му́льты, а не мультфи́льмы? На страни́чке mult.ru, Оле́г пи́шет, что «те́рмин «мульт» был приду́ман, что́бы отгороди́ться от «профессиона́льных» анима́торов, ругавших за качество рисунка и анимации. Многие так до сих пор и не признали «Масяню» мультипликацией. Ну я и стал говорить, что это такой особый жанр, мульты»[4]. Мульты о Масяне сначала рассылались друзьям и знакомым по электронной почте, а затем 22 октября 2001 года Олег зарегистрировал домен mult.ru, куда и «въехала» его героиня. С тех пор 22 октября считается официальной датой, когда поклонники этого персонажа отмечают её день рождения.

Мульты о Масяне быстро набрали популярность или даже, можно сказать, «мега-популярность». Олег получает огромное количество престижных наград интернет-сообщества; журналисты пишут о нём в газетах и берут у него интервью; а саму Масяню скоро приглашают на телевидение. Леонид Парфёнов, ведущий программы «Намедни», решает показывать Масяню еженедельно в своих выпусках. Почему? Сам Парфёнов утверждает, что «Масяня — это современно, модно. А программа «Намедни» — программа современная и модная... Появление Масяни у нас в эфире дополняет картину сегодняшней российской жизни, сегодняшнего стиля, ощущения времени»[5].

«Намедни» — lit. «The Other Day», «Not So Long Ago»

Такая популярность не обошлась, к сожалению, и без проблем. В начале двухтысячных годов в России не было законов об авторских правах, и потому «Масяня» столкнулась с гигантской волной пиратства и мошенничества. Например, в 2003 г. популярный канал Муз-ТВ начал демонстрировать передачу «В гостях у Масяни»... без разрешения на это Олега Куваева, и только после длительного судебного разбирательства программу с «лже-Масяней» закрыли. Может быть именно потому, что и художник, и его персонаж не раз оказывались жертвами мира коммерции, шоу-бизнес — частая тема мультов Куваева (например, «Мани-мани», «Русский панк-рок» и, конечно же, мульт «Шоу-бизнес»).

волна — wave
судебное разбирательство — court hearing
лже (ложь) — false (lie)

Шесть лет Олег работал в своей студии mult.ru, а потом у него возникли разногласия с коллегами и он решил производить сериал о Масяне в одиночку. А вскоре после этого Олег женился и переехал в Израиль, где он и живёт сейчас. Несмотря на то, что аниматор теперь израильтянин, действие «Масяни» по-прежнему происходит в России, а точнее в Петербурге. Так что Масяня, как и раньше, петербурженка, а Олег продолжает выпускать мульты сам — сам пишет сценарии, работает над графикой, и даже озвучивает всех персонажей.

разногласие — disagreement
в одиночку — alone, single-handedly

1   Илья Дашковский. «Олег Куваев: Анархизм и оптимизм — вот два основополагающих столпа». http://www.sem40.ru/index.php?newsid=251887
2   Анна Гершович. «В любом деле профессионал — главное зло». *Booknik*, 15 марта 2013 г. http://booknik .ru/today/faces/v-lyubom-dele-professional-glavnoe-zlo/
3   Анна Гершович.
4   http://www.mult.ru/main/about/history/
5   Алина Бородина. «Масяня — рефлексирующая героиня». *Коммерсант.ру*, 6 сентября 2002 г. http:// www.kommersant.ru/doc/339826

ПОГОВОРИМ О ПРОЧИТАННОМ

Задание 4.

Ответьте на вопросы.

1. В каком городе и в каком году родился Олег Куваев?
2. Как вы думаете, сколько было лет Олегу, когда он начал рисовать свои первые рисунки?
3. В каких вузах учился Олег? А какой вуз он закончил?

4. Оле́г говорит, что он человек и «цифровой», и «художественный». Объясните, почему он так себя описывает; приведите примеры из статьи. Скажите, а вы себя считаете человеком «цифровым» или «художественным»? Почему?

5. Судя по комментариям Оле́га, он хорошо учился? Почему вы так решили?

6. Почему Оле́г уехал в Германию? В каком году он туда уехал? Сколько Оле́гу было лет, когда он уехал в Германию?

7. Сколько лет Оле́г прожил в Германии? Что он там делал?

8. Куда Оле́г устроился работать после возвращения из Германии?

9. Чем занималась фирма Animation Magic, в которой работал Оле́г?

10. Почему Оле́гу кажется, что флэш был прорывом в технологии конца девяностых годов?

11. Объясните, почему Оле́г называет свои мультфильмы «мультами».

12. Где и как первые зрители «Мася́ни» могли посмотреть эти мульты?

13. Когда у Мася́ни день рождения? Почему именно эта дата считается днем её рождения? А сколько Мася́не лет сейчас?

14. В статье говорится, что мульты Кува́ева столкнулись с проблемами в начале двухтысячных годов. Объясните, что это были за проблемы и почему они возникли.

15. Где живёт Оле́г сейчас? А где живёт его персонаж Мася́ня?

16. Кто озвучивает персонажей мультов о Мася́не?

Задание 5.

Правильно или неправильно? Исправьте неправильные утвержде́ния. А о чём у вас нет достаточной информации?

1. Оле́г Кува́ев начал рисовать, когда поступил в университет.

2. Оле́г был отличным студентом и закончил Российскую Академию Художеств в Москве.

3. Во время учёбы в университете, Оле́г играл в рок-группе. Он был гитаристом.

4. В девяностых годах Оле́г Кува́ев 6 лет работал в Герма́нии.

5. Экспериментировать с компьютерной графикой Оле́г начал ещё в детском саду.

6. С самого начала проекта, Оле́г Кува́ев работал над Мася́ней в одиночку.

7. Оле́г женат, у него два ребёнка. Сейчас он с семьёй живёт в Израиле.

Задание 6.

Заниматься, стать + instrumental case. Поставьте слова в правильную грамматическую форму и закончите предложения.

1. В детстве Оле́г занимался (рисование, игра на фортепьяно, английский язык, физика, математика), а в результате стал (известный аниматор).

2. Уехав в Германию, Оле́г начал заниматься (серьёзное искусство): (живопись, акварель, масло).

3. Вернувшись в Россию, он занялся (новое дело) — (компьютерная гра́фика).

4. Фирма Animation Magic занималась (игровая графика и анимация для компьютерных игр).

5. Когда Мася́ня стала («мега-популярный» персонаж), Оле́гу, к сожалению, пришлось заниматься (судебные разбирательства).

Расставьте эти события из жизни Олéга Кува́ева в правильном хронологическом порядке. А потом подробно расскажите о каждом из этапов жизни художника-аниматора.

___ 22 октября 2001 года — появление Масями

___ Учёба в университете и группа «Митра»

___ Работа в российско-американской фирме Animation Magic

___ Проблемы «Масями»: волна пира́тства и мошенничества

___ Жизнь в Израиле

_1_ Детство и школа в Ленинграде

___ Работа в художественной галерее в Герма́нии

Используя информацию из статьи, объясните, почему Олéг Кува́ев считается важной фигурой российского интернет-сообщества.

Ваше мнение. Олéг Кува́ев говорит, что придумал термин «мульт» для того, чтобы «отгородить» свои мультфильмы (сделанные с использованием технологии Macromedia Flash) от «профессиональных» мультфильмов, полностью нарисованных художниками-анима́торами. А как вы относитесь к мультфильмам, сделанным при помощи компьютерной графики? Можно ли сказать, что сегодня при наличии компьютера и необходимых программ каждый человек может создавать мультфильмы, не выходя из дома? Может быть профессиональные художники-аниматоры скоро будут совсем не нужны?

В КОНТЕКСТЕ ИСТОРИИ

Олéг Кува́ев родился в городе Ленинград в 1967 году, а его персонаж Масямя родилась в городе Санкт-Петербург в 2001 году. Ленинград и Петербург — это, конечно же, один и тот же город; изначальное название Санкт-Петербург (которое дал городу еще царь Пётр I) было возвращено городу в 1991 году. А вы знаете, что у города было еще одно название — Петроград? Прочитайте в интернете, когда и почему Санкт-Петербург был переименован в Петроград. А почему город был назван Ленинград? Заполните таблицу и кратко объясните смену имен города. Узнайте, когда этот город был столицей России.

Название	Когда?		Почему?
Санкт-Петербург	_____1703_____	— _____	_____
Петроград	_____	— _____	_____
Ленинград	_____	— _____	_____
Санкт-Петербург	_____	— сегодняшний день	_____

ГОТОВИМСЯ К ЧТЕНИЮ И РАЗГОВОРУ: КТО ТАКАЯ МАСЯНЯ?

ЗАПОМНИТЕ ЭТИ СЛОВА И ВЫРАЖЕНИЯ

Image courtesy of Oleg Kuvaev, mult.ru

NOUNS

вы́пуск — (1) issue (of a magazine); (2) — release (of a film, a book, etc.)

действи́тельность — reality

изли́шество — excess

и́скренность — sincerity

кра́ска — color, paint

молодёжь — youth, young people

наркома́н/наркома́на — drug addict

нови́нка — innovation, novelty

одино́чество — loneliness

подро́сток — teenager

посеще́ние — visit

привы́чка — habit

дурна́я привы́чка — bad habit

те́ло — body (теле́сный цвет — flesh colored)

це́нность — value

черта́ — trait, characteristic

штрих — stroke (brush or pencil)

экра́н — (television, computer, etc.) screen

ADJECTIVES

бессты́дный — shameless

гру́стный — sad

неуве́ренный — insecure, tentative

определённый — certain

открове́нный — frank, open

рани́мый — vulnerable

чувстви́тельный — sensitive, thin-skinned, susceptible

VERBS

воспи́тывать/воспита́ть — to educate, to bring up

высме́ивать/вы́смеять — to ridicule

зараба́тывать /зарабо́тать — to earn (a living)

изобража́ть/изобрази́ть — to depict, to portray

кури́ть — to smoke

намека́ть/намекну́ть на — to hint at **намёк** — a hint

расширя́ть/расши́рить — to broaden, to expand

окружа́ть/окружи́ть — to surround

принима́ть/приня́ть нарко́тики — to take drugs

состоя́ть (из чего) — to consist of

теря́ть/потеря́ть — to lose

OTHER

буква́льно — literally

ины́ми слова́ми — in other words

на ско́рую ру́ку — hastily

первонача́льно — initially

с тече́нием вре́мени — over time

Задание 10.

Как вы думаете:

1. Если «бесстыдный» означает «shameless», то что означает «стыд»?
2. А если «смысл» это «sense», то что значит «бессмысленный»? А «бессмысленность»?
3. А что, по-вашему, означает слово «бессловесный»?

Задание 11.

Посмотри́те на слова, приведённые выше, и закончите пары:

Ценность — ценный; искренность — _____

Зарабатывать — заработок; намекать — _____

Воспитывать — воспитание; курить — _____

Подросток — подростковый; молодёжь — _____

Воспитывать — воспитанный; зарабатывать — _____

Задание 12.

Слова́ в контексте. Вставьте подходящие по смыслу слова в правильной форме:

излишество · изображать · краски · намекать · подросток
поколение · привычки · ранимый · тело · штрихи

Мася́ня — смешной человечек, которого _____ художник Оле́г Кува́ев буквально несколькими _____. У Мася́ни круглое _____, а на голове шесть волосинок. Она нарисована простыми _____, без _____: синяя юбочка и красная футболка. Некоторые думают, что эти цвета _____ на российский флаг. Несмотря на ее дурные _____, Мася́ня добрая и _____ и чем-то напоминает обычного российского _____.
А может она даже символ современного российского _____.

Задание 13.

Черты хара́ктера. Сопоста́вьте фра́зы и их определе́ния.

1. Искренний человек ___
2. Ранимый человек ___
3. Эгоцентричный человек ___
4. Вульгарный человек ___
5. Подросток-аутсайдер ___
6. Воспитанный человек ___
7. Одинокий человек ___
8. Неуверенный человек ___

А. Человек, который думает только о себе
Б. Человек, у которого нет семьи, знакомых и друзей
В. Молодой человек, который не может найти свою социальную группу
Г. Нерешительный человек, часто с комплексами
Д. Чувствительный человек, которого легко обидеть
Е. Грубый человек без вкуса и манер
Ж. Правдивый человек, который всегда говорит откровенно
З. Человек, который всегда живёт по правилам этикета

Скажите, какие из этих характеристик вы считаете положительными, какие отрицательными, а какие нейтральными? Объясните, почему вы так думаете. А какие из этих характеристик подходят вам?

А как вы думаете? Ответьте на вопросы.

1. Как бы вы описали типичного подростка вашей страны? (как он/она выглядит, во что одет/а, как себя ведет и т.д.)
2. Скажите, вы бы хотели, чтобы ваши дети-подростки были похожи на вас в подростковом возрасте?
3. Если бы вы могли вернуться в свой подростковый возраст, что бы вы изменили в своей жизни?
4. Какие дурные привычки обычно ассоциируются с молодёжью в вашей стране? (например, курение, наркотики, ругательства — что-нибудь еще?) Как вы думаете, насколько правдивы эти стереотипы?

Задание 15.

Скажите, а вы любите смотреть мультфильмы? Кто ваш самый любимый персонаж? Почему этот персонаж вам симпатичен? Опишите его или ее: как этот персонаж выглядит? Во что он одет?

ГЛАЗАМИ КУЛЬТУРОЛОГА

КТО ТАКАЯ МАСЯНЯ?

А теперь прочитайте отрывки из статьи Биргит Боймерс «Масяня» из антологии Ильи Кукулина, Марка Липовецкого и Марии Майофис «Весёлые человечки: культурные герои советского детства» (Новое литературное обозрение, 2008, 507–524). Скажите, судя по этой статье, Масяня похожа на персонажей каких-нибудь других мультфильмов, которые вы видели?

уве́нчивать/увенча́ть — to top, to crown
откры́тый до́ступ — open access

Мультфи́льмы про Мася́ню со́зданы с испо́льзованием техноло́гии Macromedia Flash. Портре́т герои́ни состои́т буква́льно из не́скольких штрихо́в: две ли́нии образу́ют руки и но́ги, а те́ло уве́нчано лицо́м эллипти́ческой, ова́льной фо́рмы; оде́та она́ в кра́сный топ и коро́тенькую си́нюю ю́бочку, что намека́ет на цвета́ росси́йского фла́га. Му́льтики мо́жно бы́ло посмотре́ть в откры́том до́ступе на са́йте mult.ru, где прое́кт был запу́щен в октябре́ 2001 года пи́терским веб-диза́йнером Оле́гом Кува́евым.

прико́л для свои́х — inside joke
откры́тие — discovery
посы́пались награ́ды — was showered with awards

Первона́чально создава́вшиеся на ско́рую руку и то́лько для друзе́й, в ка́честве «прико́ла для свои́х», му́льтики про Мася́ню дости́гли пи́ка популя́рности в мае 2002 года, когда на mult.ru ста́ли заходи́ть ча́ще, чем на официа́льный сайт о Га́рри По́ттере: 12 000–15 000 посеще́ний в день. Зате́м на «Мася́ню» посы́пались награ́ды интерне́т-сообщества: «Откры́тие го́да на Rambler.ru», «Сетево́е иску́сство», «Приз пре́ссы», «Веб выбира́ет вас!» и «Гран-при́ Росси́йской акаде́мии Интерне́та».

ограни́чиваться/ ограни́читься — to be limited to
относи́тельно — relatively

К осе́ни 2002 года Мася́ня ста́ла мегазвездо́й и была́ приглашена́ в прести́жную переда́чу Леони́да Парфёнова «Наме́дни» на НТВ. В конце́ ка́ждого вы́пуска демонстри́ровался но́вый мультфи́льм, кото́рый лишь пото́м появля́лся на са́йте. Таки́м о́бразом Мася́ня смогла́ расши́рить свою́ аудито́рию, кото́рая уже́ не ограни́чивалась относи́тельно небольши́м число́м по́льзователей интерне́та.

Масяня — неприукрашенный портрет современной молодёжи со всеми свойственными ей «негативными» чертами — ругательством, курением, сексуальной распущенностью. Её эгоцентризм часто объясняется одиночеством, что придаёт Масяне определённый шарм. Благодаря популярности именно среди молодого поколения, особенно в возрастной группе от 18 до 35 лет (главные пользователи интернета), Масяня обосновалась в сети, ставшей для неё идеальным местом обитания.

Примитивный портрет Масяни — две чёрные линии, образующие руки, телесного цвета ноги, круглое тело и овальное лицо — дополняется ярко-голубыми глазами навыкате и шестью волосками на голове. Когда она наклоняется вперёд, видны её белые трусики. Она курит, принимает наркотики и плохо образованна. Таким образом, она представляет собой типичного подростка-аутсайдера...

непpиукрашенный — unvarnished
свойственный — inherent
ругательство — cursing
распущенность — immorality
обосновываться/
обосноваться — to settle in, to make a place one's home
место обитания — habitat

дополняться/дополниться — to be supplemented
глаза навыкате — bulging eyes
наклоняться/
наклониться — to bend
трусики — panties

Image courtesy of Oleg Kuvaev, mult.ru

В первых мультфильмах Масяня фигурирует одна, затем появляются её парень (а впоследствии муж) Хрюндель, друг Лохматый и московская подруга Ляська, а в нескольких поздних мультиках появляется и её мать. Вместе с Хрюнделем они изображают статую рабочего и колхозницы (эмблема «Мосфильма»), пересечённую лучами света (эмблема «Ленфильма»), таков логотип так называемой киностудии «Масьфильм», изображённый и на DVD «Масяни».

Масяня бесстыдна и эгоцентрична, но всё же обладает неким странным шармом. Она «хулиганка», «тусовщица» и «наркоманка». Масяня живёт в замызганной квартире: на кухне муха, на столе грязь; она курит, лёжа на диване и смотря телевизор, она поёт песенки в электричке, чтобы собрать деньги, или занимается мошенничеством, выпросив у прохожего мороженое, которое она затем меняет обратно на деньги у продавщицы, — иными словами, она пытается как-то заработать, поскольку никакой постоянной работы у неё нет.

Созданная минимальными средствами — с помощью простых рисунков, обычных красок, коротких клипов, скудной музыки и спецэффектов, Масяня обрушивает свой смех и

тусовщица
(тусовщик) — partier
замызганный — (slang) filthy
грязь — dirt
выпрашивать/
выпросить — beg
прохожий — passer-by
менять/обменять — to exchange, to swap

средство — resource, means
скудный — meager
обрушивать — (here) direct

безопа́сный — safe
нико́им о́бразом — by no means
сочу́вствие — compassion
пыта́ться — to try
обрета́ть/обрести́ — to obtain, to find
попы́тка — attempt

иро́нию на изли́шества совреме́нной жи́зни, от компью́терных игр до техни́ческих нови́нок, кото́рые <u>нико́им о́бразом</u> не де́лают нашу жизнь ни счастли́вее, ни <u>безопа́снее</u>, ни лу́чше.

С тече́нием вре́мени стано́вится я́сно, что руга́тельства и эгои́зм — реа́кция на окружа́ющую её действи́тельность, но на са́мом деле Мася́ня неуве́ренна, рани́ма и чувстви́тельна: она в одино́честве отмеча́ет день рожде́ния; она бои́тся одна́ гуля́ть по го́роду но́чью. Мася́ня — гру́стное и одино́кое существо́, <u>пыта́ющееся</u> <u>обрести́</u> иденти́чность... Это вызыва́ет у зри́теля <u>сочу́вствие</u>, потому́ что таки́е <u>попы́тки</u> знако́мы ка́ждому.

части́ца — small part, particle
развя́зный — loud, suggestive
прогля́дывать — to peep
сквозь — through

По слова́м кри́тика Еле́ны Петро́вской: «Мы полюби́ли Мася́ню за то, что <u>части́ца</u> Мася́ни есть в ка́ждом. Что, несмотря́ на её <u>развя́зную</u> мане́ру говори́ть и открове́нно дурны́е привы́чки, она — до́брая, хоро́шая, рани́мая. Она — иро́ник, и в то же вре́мя <u>сквозь</u> эту иро́нию <u>прогля́дывает</u> и́скренность»[6].

---

[6]   И. Кукулин, М. Липовецкий, М. Майофис, сост. и ред. *Веселые человечки: Культурные герои советского детства: Сб. статей.* Москва: Новое литературное обозрение, 2008 г., 507– 524.

ПОГОВОРИМ О ПРОЧИТАННОМ

Задание 16.

Ответьте на вопросы.

1. Когда Оле́г Кува́ев запустил проект «Мася́ня» в открытом доступе?
2. Опишите внешность Мася́ни. Из чего состоит её портрет? Во что она одета?
3. На что, по словам Биргит Боймерс, намекает цвет одежды Мася́ни?
4. Где можно посмотреть мультики о Мася́не?
5. Скажите, какой сайт был популярнее в России в 2002 году: сайт mult.ru или сайт о Гарри Поттере? Сколько посещений в день было на сайте Мася́ни?
6. Аудитория Мася́ни всегда ограничивалась пользователями интерне́та? А где еще можно было посмотреть мульты о Мася́не в 2002 году?
7. Какие ещё персонажи появляются в мультах Кува́ева о Мася́не?
8. У зрителей какой возрастной категории Мася́ня пользуется наибольшей популярностью?
9. Скажите, судя по описанию Биргит Боймерс, Мася́ня — симпатичный персонаж? Объясните, почему вы так решили.
10. У Мася́ни есть постоянная работа? А как она зараба́тывает на жизнь?
11. Какие из привычек Мася́ни, перечисленных в статье, вы считаете дурными? А какие черты её характера вам кажутся положительными?
12. В статье говорится, что Мася́ня похожа на «среднестатистического подростка-аутсайдера». Какие аргументы автор статьи приводит в поддержку этого утверждения?
13. По словам автора, Мася́ня пародирует и высмеивает современную жизнь. Объясните этот комментарий и приведите примеры из статьи.
14. Биргит Боймерс пишет, что «Мася́ня — это неприукрашенный портрет современной молодежи». Как вы думаете, судя по прочитанному, какие характеристики Мася́ни — типичные черты современной молодежи? А как вам кажется, Мася́ня характеризует только российскую молодежь? Или Мася́ня напоминает молодых людей и в вашей стране? Подробно объясните.

Genitive case. Поставьте слова в правильную грамматическую форму и закончите предложения.

1. Мася́ня создана с помощью (простые рисунки, обычные краски, короткие клипы и минимальные спецэффекты).
2. Первоначально Оле́г Кува́ев создавал мультфильмы о Мася́не только для (свои друзья).
3. Пик популярности (мультфильмы о Мася́не) — май (две тысячи второй год), когда сайт (Оле́г Кува́ев) часто регистрировал до (пятнадцать) (тысяч) (посещение) в день.
4. Мася́ня высмеивает излишества (современная жизнь), абсурдность (правила и инструкции), и пустоту (компьютерные новинки).
5. Мася́ня — ранимый и одинокий персонаж. Она боится (темнота), у нее нет (постоянная работа и хорошее образование).
6. Примитивный портрет героини состоит из нескольких (штрихи, две линии рук и ног и лицо овальной формы).
7. Мася́ня — неприукрашенный портре́т (современная молодежь и молодое поколение).
8. В одном из (эпизод) Мася́ня и Хрюндель изображают статую (рабочий и колхозница).
9. Мася́ня — символ (своё поколение) и, более того, (своя страна).

А теперь посмотрите на Хрюнделя. Подробно опишите этого персонажа. Во что он оде́т? Как он выглядит?

На сегодняшний день Оле́г Кува́ев создал более ста мультов о Мася́не, и все они находятся на сайте mult.ru. Откройте сайт Оле́г Кува́ев: какую информацию можно там найти? А теперь откройте разде́л «Мультфильмы» — это, конечно же, коллекция мультов о Мася́не. Посмотрите следующие эпизоды и ответьте на вопросы:

- Сезон 1, эпизод 28. «Депрессняк» — http://www.mult.ru/depression/
- Сезон 2, эпизод 42. «Пого» — http://www.mult.ru/pogo-dance/
- Сезон 3, эпизод 72. «Ночной Эльф» — http://wwww.mult.ru/night-elf/
- Сезон 3, эпизод 82. «Пингвин» — http://www.mult.ru/pinguin/
- Сезон 5, эпизод 93. «Курыцца» — http://www.mult.ru/russian-fastfood/

1. Скажите, какой из этих эпизодов вам понравился больше всего? Почему? Похожа ли Мася́ня на персонажей других мультфильмов, которые вы видели? Каких? Что между ними общего и что различного?
2. Скажите, показалась ли вам Мася́ня симпатичным персонажем. Объясните, почему? Судя по эпизодам, которые вы посмотрели, какие из следующих характеристик подходят Мася́ня? Объясните свой выбор.

вульгарная • грустная • неуверенная • одинокая • оптимистичная
смешная • хулиганка • циничная • чувствительная • эгоцентричная

3. Вспомните, в каком из эпизодов Мася́ня говорит следующие фразы? Вы помните, когда и почему Мася́ня говорит эти слова?

«Кругом война... смерть... глупость... а мы тут пьем.» Эпизод _____

«Какие все-таки дураки эти иностранцы.» Эпизод _____
«У меня, кажется, приступ (attack, stroke) культуры, плохо мне.» Эпизод _____

Задание 20.

Перечитайте следующие комментарии из статьи Биргит Боймерс о Масяне. С какими утверждениями вы согласны, а с какими — нет? Аргументируйте свой ответ, используя примеры из просмотренных мультов.

1. Масяня бесстыдна и эгоцентрична, но все же обладает неким странным шармом.
2. Масяня — неприукрашенный портрет современной молодежи со всеми свойственными ей «негативными» чертами — ругательством, курением, сексуальной распущенностью.
3. Масяня представляет собой типичного среднестатистического подростка-аутсайдера.
4. Масяня — символ своего поколения и, более того, своей страны. В то же самое время она пародирует многие черты современной России.

Задание 21.

Прочитайте, что в интернете пишут зрители о Масяне. Вы согласны с их комментариями? Объясните, с какими высказываниями вы согласны, а с какими — нет. (Как вы думаете, почему Маша употребляет грамматически неправильное слово «нравицца»? Это как-то связано с названиями мультов Куваева?)

Маша: «Мультик Масяня очень любила смотреть, когда была еще маленькой, лет 10 назад... Мне этот мультик всегда поднимал настроение, потому что Масяня очень позитивная личность. Остальные герои тоже радуют. Знаю, что многие (например, моя мама) говорят, что мультфильм плохо нарисован, некрасиво. А мне лично нравицца! Спасибо Олегу Куваеву: «Масяня » — это моё интернетное детство.»

Виталий: «Думаю, многие помнят этот мультик еще с 2000-х... В то время это все было в новинку: интересный персонаж, смешные истории... Просто мегапопулярный сериал в студенческой среде. У меня лично двоякое отношение к Масяне. С одной стороны, я очень уважаю Куваевскую сатиру, его критику жизни. А с другой, низкое качество графики и постоянные ругательства — не для тонких интеллектуалов (и точно не для детей).»

Задание 22.

Посоветуйте своему русско-говорящему другу или подруге (которые никогда не видели мультов Олега Куваева) посмотреть один из эпизодов « Масяни», которые вы только что посмотрели. Аргументируйте свой выбор.

Задание 23.

Как вы думаете, если « Масяню» озвучить на английском языке или выпустить субтитровую версию этого мульт-сериала. будет ли он пользоваться коммерческим успехом за пределами России? Объясните, почему вы так думаете.

Image courtesy of Andrei Ulyashev,
http://www.photosight.ru/users/437185/

Как вы прочитали в статье Биргит Боймерс, в эпизоде 44 Масяня и Хрюндель изображают (а точнее пародируют) символ крупнейшей советской киностудии Мосфильм — легендарную советскую статую «Рабочий и колхозница». Эта статуя, созданная скульптором Верой Мухиной в 1937 году, стала неофициальной эмблемой коммунистической идеологии и советского государства (а символом Мосфильма эта статуя стала в 1947 году). Эта гигантская скульптурная композиция состоит из двух фигур: юноши (рабочего) и девушки (колхозницы), которые поднимают высоко вверх символы СССР, молот (hammer) и серп (sickle). Образы этих двух молодых людей — хозяев своей советской страны — родились под влиянием античных статуй и стали классическим примером художественного метода социалистического реализма (или соцреализма). Статуя была создана для выставки в Париже в 1937 году, где она получила золотую медаль гран-при, а Пабло Пикассо назвал «Рабочего и колхозницу» «величайшим произведением искусства 20 века».

Когда Советский Союз распался в 1991 году, многие советские памятники были <u>снесены</u> или <u>разрушены</u>. Несмотря на то, что «Рабочий и колхозница» — явный символ советской и даже сталинской эпохи, скульптуру недавно отреставрировали и в 2009 году <u>установили</u> во Всероссийском Выставочном Центре в Москве. Почему сохранился этот бывший советский памятник? Вот, что говорит академик Российской академии художеств, искусствовед Александр Морозов: «Это один из лучших образцов мировой классики того времени — ...это гораздо выше и больше, чем наше тоталитарное прошлое»[7]. А внучка Веры Мухиной, художник и искусствовед Марфа Замкова утверждает, что «в этой работе нет ничего идеологического, она анти-идеологична. Бабушка в своей композиции <u>воспевала</u> труд, <u>подвиг</u> — вечные <u>ценности</u>, не имеющие отношения к какому бы то ни было политическому строю»[8].

Дополнительные фотографии и видео материалы о скульптуре и музее «Рабочий и колхозница» вы можете найти на сайте музея: http://www.culture.ru/institutes/2432

7 Лиля Пальвелева. «„Рабочий и колхозница“: из советского в постсоветское.» Радио Свобода, 4 декабря 2009 г. http://www.svoboda.org/content /article/1895420.html

8 Александр Кан. «„Рабочий и колхозница“ — идеология или искусство?» ВВС Русская Служба, 7 декабря 2009 г. http://www.bbc.com/russian/entertainment/2009 /12/091207_muhina_monument.shtml

Задание 24.

Ответьте на вопросы.

1. Объясните, почему статуя «Рабочий и колхозница» считается эмблемой Советского Союза.

2. Расскажите, из каких фигур состоит композиция этой скульптуры.

3. «Рабочий и колхозница» — логотип одной из крупнейших российских киностудий. Что это за киностудия? Посмотрите в интернете, каков логотип этой студии сегодня.

4. Вы согласны с внучкой скульптора, что в статуе «Рабочий и колхозница» 1937 года нет ничего идеологического? А как вы думаете, версию «Рабочего и колхозницы» Олéга Кувáева можно назвать анти-идеологичной? Объясните, почему вы так думаете.

5. Сравните советскую статую и её вариант в интерпретации Олéга Кувáева. Объясните, как Олéг Кувáев пародирует эмблему известной киностудии в своём мульте. (Например, что Масяня и Хрюндель держат в руках вместо серпа и молота? Какие еще пародийные элементы вы заметили?)

6. Скажите, а вы можете привести еще примеры, когда известные стáтуи или памятники становятся объектом пародии (например, Статуя Свободы в Нью-Йорке)? Как вы думаете, почему пародии на легендарные достопримечательности так популярны в современной культуре?

7. В статье говорится о том, что после распáда Советского Союза многие советские памятники были разрушены. Как вы думаете, правильно ли разрушать старые монументы, даже если они ассоциируются с тоталитáрным прошлым? Или эти памятники — важные аспекты культуры своей страны? Объясните свою позицию.

ВМЕСТО ЗАКЛЮЧЕНИЯ

Задание 25.

Приготовьте выступление и расскажите о любом известном мультипликаторе (не обязательно российском). Какую роль этот художник играет в культуре своей страны? Как его/её карьера похожа на карьеру и работу Олéга Кувáева и в чём различия?

Задание 26.

Для тех, кто любит мультфильмы. Мультипликация в России с Советском Союзе всегда была популярной формой киноискусства. Если вам интересно, почитайте в интернете и подготовьте сообщение о таких известных российских мультипликаторах, как Владислав Старевич, Юрий Норштейн и Вячеслав Котёночкин, или о таких персонажах, как Чебурашка и Крокодил Гена или Волк и Заяц из мультфильма «Ну погоди!»

Вспомните, какие три вопроса вы хотели задать Олéгу Кувáеву до того, как начали читать о его жизни и карьере. Скажите, вы получили ответы на свои вопросы из статей и материалов этой главы? Если да, то ответьте сами на эти вопросы. А если нет, то проведите дополнительное исследование в интернете.

ДЛЯ ТЕХ КОМУ ИНТЕРЕСНО: ЧТО ЕЩЁ ПОЧИТАТЬ ОБ ОЛЕГЕ КУВАЕВЕ И МАСЯНЕ

Lora Wheeler Mjolsness. "Russian Animation from St. Petersburg to Siberia: National Identity and International Appeal." *Animation Journal* 13, 2005. 52–64.

David MacFadyen. *Yellow Crocodiles and Blue Oranges: Russian Animated Film since World War Two.* McGill-Queen's University Press, 2005.

Vlad Strukov. "Masiania, or Reimagining the Self in the Cyberspace of Rusnet." *The Slavic and East European Journal*, 48 (3), 2004. 438–461.

Петровская Елена. «Душа паутины. Масяня и „новая" искренность.» *Искусство кино* №9, 2002, 93–97.

ДАРЬЯ ДОНЦОВА, БЕСТСЕЛЛЕР И ИРОНИЧЕСКИЙ ДЕТЕКТИВ

2

Photo courtesy of Daria Dontsova, dontsova.ru

Большинству́ россия́н хорошо́ знако́мы черно-жёлтые то́мики с пистоле́том и кра́сной <u>ле́нточкой</u> на <u>обло́жке</u>. Эти кни́ги напи́саны Да́рьей Донцо́вой — одни́м из са́мых успе́шных комме́рческих писа́телей в сего́дняшней Росси́и. <u>Законода́тельница</u> росси́йского ирони́ческого детекти́ва, Донцо́ва — а́втор бо́лее двухсо́т книг, сумма́рный тира́ж кото́рых составля́ет бо́лее двухсо́т миллио́нов <u>экземпля́ров</u>. Донцо́ва — лауреа́т пре́мий «Писа́тель го́да», «Бестселлер го́да», «Кни́га го́да», «И́мя го́да»; в её честь <u>зало́жена</u> звезда́ на Литерату́рной Пло́щади звёзд в Москве́. В э́той главе́ мы поговори́м о писа́тельнице, кото́рая называ́ет себя́ «<u>безу́мной</u> оптими́сткой», пи́шет по кни́ге в ме́сяц и счита́ет свои́ детекти́вы «табле́тками от депре́ссии».

> **ле́нточка** (ле́нта) — ribbon
> **обло́жка** — (book) cover
> **законода́тель/ законода́тельница —** trendsetter
> **тира́ж** — print run
> **закла́дывать/заложи́ть —** to lay down
> **экземпля́р** — copy

1. Скажи́те, а вы лю́бите чита́ть детекти́вы? Почему́ да и́ли почему́ нет? Вы по́мните, ско́лько вам бы́ло лет, когда́ вы прочита́ли свой пе́рвый детекти́в?

2. Приду́майте и запиши́те три вопро́са, кото́рые вы могли́ бы зада́ть а́втору о её произведе́ниях.

ГОТОВИМСЯ К ЧТЕНИЮ И РАЗГОВОРУ

ЗАПОМНИТЕ ЭТИ СЛОВА И ВЫРАЖЕНИЯ

NOUNS

боле́знь — illness
боль — pain
бума́га — paper
изда́ние — edition
    изда́тель — publisher
    изда́тельство — publishing house
насле́дие — legacy
    насле́дник — heir
обло́жка — (book) cover
опро́с — poll
печа́ть — print
    выходить/выйти в печать — come out in print
по́весть — story, short novel
призна́ние — recognition
произведе́ние — work, creation
реда́ктор — editor
рома́н — novel
ру́копись — manuscript
сла́ва — fame
тво́рчество — oeuvre, body of work
тира́ж — print run**упо́рство** — perseverance
успе́х — success

ADJECTIVES

заба́вный — amusing, funny
занима́тельный — entertaining
невероя́тный — incredible
плодови́тый писатель — prolific writer
тща́тельный — meticulous
ча́стный — private
я́ркий — bright

VERBS

внуша́ть/внуши́ть (кому) — to impress upon someone
впечатля́ть/впечатли́ть — to impress
выжива́ть/вы́жить — to survive
выпуска́ть/вы́пустить — to release (a book, an article)
дели́ться/подели́ться — to share
добива́ться/доби́ться — to seek for, to aim
завоёвывать/завоева́ть популя́рность среди (кого) — to become popular with . . .
заряжа́ть/заряди́ть — to charge
издава́ть/изда́ть — to publish
отвлека́ться/отвле́чься — to distract oneself
печа́тать/напеча́тать — (1) to type (on a keyboard); (2) to publish
печа́таться/напеча́таться — to be published (2)
превраща́ться (преврати́ться) (из кого, чего) (в кого, что) — to turn from (something/someone) into (something/someone)
приобрета́ть/приобрести́ — to acquire
приписывать/приписа́ть — to ascribe
публикова́ть/опубликова́ть — to publish
распространя́ть/распространи́ть — to distribute
труди́ться — to work hard

OTHER

взахлёб — voraciously
действи́тельно — really, in fact
за́ново — anew
от руки́ — by hand

Задание 1.

Сопоставьте слова и их определения.

1. Издатель ___
2. Читатель ___
4. Наследник ___
4. Редактор ___
5. Плодовитый писатель

А. Писатель, чьё наследие — сотни книг
Б. Челове́к, который проверяет и исправляет рукописи
В. Специалист по подготовке и изданию книг, журналов, газет и т.д.
Г. Челове́к, который получает наследство
Д. Челове́к, который читает книгу, газету или журнал

Слова в контексте. Вставьте подходящие по смыслу слова в правильной форме

боль • болезнь • взахлёб • действительно • завоевать
занимательный • заряжать • издательство • отвлечься
творчество • тираж • экземпляр • яркий

Жанр иронического детектива появился в России в конце 20 века и сразу же
_____ популярность среди читателей. _____, если вы когда-нибудь
будете в метро в Петербурге или Москве, то обязательно увидите людей, которые
_____ читают небольшие томики с _____ обложкой. Выпускает
эти книги _____ «Эксмо», и их автор — Дарья Донцова, писатель-рекордсмен,
чей суммарный _____ превышает 200 миллионов _____. Донцова
называет свои книги «таблетками от депрессии». Почему? Ну, во-первых, её детективное
_____ началось в больнице, где будущая писательница лежала с тяжёлой
_____. Работа над новой книгой тогда помогла ей _____ от
_____. А во-вторых, Донцова надеется, что её _____ детективы
_____ читателей оптимизмом и напоминают им, что все проблемы в жизни
разрешимы (solvable).

Ответьте на вопросы.
1. А вы любите читать? Если бы вы могли посоветовать одну книгу 15-летним подросткам, какую книгу вы бы им посоветовали и почему?
2. Если вы могли написать и выпустить свою собственную книгу, о чём бы была эта книга?
3. А если вы могли бы стать героем в одной из книг, героем какой книги вы бы хотели стать и почему?
4. С каким литературным героем вы себя ассоциируете?
5. Как вы думаете, у книги есть будущее? Или может быть книга скоро уступит место интернету и социальным сетям?
6. Какие литературные форматы вы предпочитаете: бумажные, электронные, или аудио?
   А. Как вы относитесь к аудио-книгам? Как вы думаете, может ли такая «книга» заменить бумажный вариант?
   Б. А что вы думаете об электронных книгах? Какие преимущества и недостатки электронных книг вы можете назвать?
7. Как вы относитесь к писателям, чьё наследие — сотни томов? Как вы считаете, лучше войти в историю с одним гениальным произведением или с гигантскими тиражами сотен книг?
8. Скажите, если вы стали бы писателем, что для вас было бы важнее — коммерческий успех или литературное признание? Или и то, и другое? Объясните почему.

Подумайте перед чтением. Как вы думаете, почему люди становятся писателями? Какие качества необходимы успешному писателю?

ДАРЬЯ ДОНЦОВА: БИОГРАФИЧЕСКОЕ ДОСЬЕ

Прочитайте биографию Дарьи Донцовой и узнайте, сколько было лет Дарье Донцовой, когда она написала свою первую детективную книгу. А где она эту книгу написала?

рак груди — breast cancer
лучевая терапия — radiation therapy
неизлечимый — incurable

Биографию Агриппины Донцовой можно разделить на две части: «жизнь до» и «жизнь после». «До» и «после» чего? Дело в том, что в 1998 году Донцовой поставили диагноз: рак груди. Онкологи сказали, что болезнь на этой стадии практически неизлечима, и что жить ей осталось не более трёх месяцев. Несмотря на пессимизм врачей, после нескольких операций, лучевой терапии, химиотерапии и гормонотерапии Донцова не просто выжила, а фактически родилась заново: ведь именно тогда, ещё в больнице она и написала свой первый иронический детектив, и скоро Агриппина Донцова превратилась в известную писательницу, Дарью Донцову.

**окружить/
окружать** — to surround

Что было «до» болезни, диагностированной в 1998 году? Агриппина Васильева (или Груня, как её называли дома) родилась в 1952 году в Москве. Её отец — Аркадий Васильев, советский писатель, а мама — Тамара Новацкая, актриса и режиссёр. Родившись в семье художественной интеллигенции, девочка росла, окружённая легендарными советскими писателями, поэтами и художниками. С четырёх лет Груня начала учить немецкий язык, а затем — ещё и французский.

за гранью — beyond
слух — (here) musical ear

Как и все советские дети, в 7 лет Груня пошла в школу. Поскольку немецкий язык она изучала с самого раннего детства, то по немецкому у неё всегда стояла твёрдая пятёрка. Другие гуманитарные предметы тоже давались ей легко, а вот, по её собственным словам, «математика, физика, химия — всё это лежало за гранью моего понимания»[1]. А ещё в 7 лет мама попыталась отвести Груню в музыкальную школу, куда девочку не приняли. Оказалось, что у неё нет ни слуха, ни чувства ритма. Зато Груня очень любила читать и, как она сама рассказывает, годам к четырнадцати взахлёб перечитала всю огромную домашнюю библиотеку, а с особым интересом — литературу криминального жанра. В 1964 году отца Агриппины пригласили в Германию, где издавалась одна из его книг. Отец взял девочку с собой, и там, в Мюнхене она приобрела, а потом прочитала, огромное количество детективной классики на немецком языке.

После школы Агриппина окончила факультет журналистики Московского университета; два года проработала переводчицей в российском консульстве в Сирии, потом журналисткой в московских газетах, и даже репетитором немецкого языка. Тогда же пыталась опубликовать криминальную повесть, но в издательстве ей сказали, что написание детективов — неженское дело. Она трижды выходила замуж и дважды разводилась, а также родила двух детей, сына Аркадия и дочку Машу. Кстати, фамилия Донцова — фамилия её третьего мужа, учёного-психолога Александра Донцова. Короче говоря, жизнь до болезни была заполнена работой, семьёй и многочисленными домашними животными.

Что же было *после*? Донцова рассказывает, что болезнь привела к чудесной метаморфозе, которая принесла ей новую и любимую работу, славу, и признание. Действительно, свою первую книгу Агриппина Донцова написала ещё в больнице, почти сразу после нескольких сложных операций. Сама она вспоминает, как муж, который знал, что Донцова всегда хотела написать детективный роман, принёс ей в больницу бумагу, десяток ручек, и сказал: «Пиши». Чтобы отвлечься от боли, Донцова и правда начала работать над детективом и из больницы вышла с тремя рукописями. Одну из рукописей она решила отнести в издательство «Эксмо». В «Эксмо» книга понравилась, а имя Агриппи́на предложи́ли замени́ть на псевдони́м Да́рья. Так и «родила́сь» но́вая писа́тельница детекти́вных бестсе́ллеров, Да́рья Донцо́ва.

Пе́рвая кни́га Донцо́вой («Крутые насле́днички») вышла в 1999 году, <u>положи́в нача́ло</u> детекти́вам о Даше Васильевой, alter ego писа́тельницы. С тех пор, к середи́не 2015 года, Донцо́ва выпустила более двухсот книг в семи́ се́риях, а также а́втобиографию, не́сколько кулина́рных книг и детские сказки. Уже больше десяти лет она остаётся самым <u>покупа́емым</u> автором в Росси́и, у неё а́рмия покло́нников, на её счету огромное коли́чество литерату́рных наград, а по её произведе́ниям снима́ются телесериа́лы. Донцо́ва взлетела на росси́йский детекти́вный Олимп так бы́стро, что вокруг её и́мени почти сразу же появи́лись ми́фы и леге́нды. Наприме́р, многих удивляет её <u>баснословная</u> плодови́тость: ведь еще в 2009 году́ Донцо́ва была занесена в кни́гу рекордов Росси́и, написа́в сто книг за десять лет.

«Крутые насле́днички» — «Hardboiled Heirs»
положи́ть нача́ло — to lay the foundation
са́мый покупа́емый а́втор — most purchased author
баснословный — fabled, legendary

В отве́т на комме́нта́рии об её уника́льной продукти́вности, Донцо́ва говори́т, что есть ра́зные писа́тели. Кто-то пи́шет за свою жизнь одно произведе́ние и входит с ним в историю литературы. А кто-то (например, Лопе де Вега или Алекса́ндр Дюма) оставляет насле́дие в сотню томов[2]. К тому же, мировой рекорд по писа́тельской продуктивности принадлежит не ей, а американской писа́тельнице Ба́рбаре Ка́ртленд, которая написа́ла за свою жизнь свыше семи́сот рома́нов[3]. Росси́йская детекти́вщица припи́сывает свою собственную продукти́вность упорству и умению труди́ться: по словам писа́тельницы, каждый день она пи́шет как минимум 20 страни́ц текста (а одна́жды даже написа́ла девяносто две)[2]. А вот ещё интере́сный факт: все свои рома́ны Донцо́ва пи́шет только от руки́, и только потом, в издательстве её рукописи перепеча́тываются на компью́тере.

Photo courtesy of Daria Dontsova, dontsova.ru

Донцо́ва называ́ет свои детекти́вы «табле́тками от депре́ссии» не только потому́, что написа́ние детекти́вных рома́нов тогда́, в больни́це, помогло ей пережи́ть болезнь. А ещё в своих книгах с заба́вными назва́ниями (например, «Бассе́йн с крокодилами», «Агент 013» или «Прива́т та́нец Мисс Марпл») Донцо́ва стреми́тся <u>внуши́ть</u> своим чита́телям, что все, даже са́мые трудные, проблемы <u>разреши́мы</u>. Сама́ писа́тельница говори́т, что пи́шет свои книги «для деся́тков и со́тен ты́сяч мужчи́н и женщин, которые ходят по у́лицам, едут в метро, имеют не очень большо́й денежный <u>доста́ток</u>, у которых ма́сса жи́зненных проблем... Я добива́юсь того, чтобы моему читателю ста́ло легче жить в <u>повседне́вности</u>, в которой вся́кое случа́ется, заряжаю его оптими́змом»[4].

разреши́мый — solvable
доста́ток — prosperity
повседне́вность — daily life

1   Дарья Донцова. *Записки безумной оптимистки.* Москва: Эксмо, 2004 г., 248.

2   Владимир Москвин. «Дарья Донцова: „Было время, когда я покупала картошку штуками"». *Вакансия. ru*, 14 февраля 2007 г. http://www.vacansia.ru/info /darja_doncova_quot_bylo_vremja_kogda_ja_pokupala _kartoshku_shtukami_quot.html

3   Анна Куликова, Андрей Ванденко. «На литературных плантациях». *Итоги* №17 (359), 29 апреля 2003 г.

4   Владимир Москвин.

ПОГОВОРИМ О ПРОЧИТАННОМ

Задание 5.

Ответьте на вопросы.

1. В каком году́ и в каком городе родила́сь Да́рья Донцо́ва?
2. Почему жизнь Донцо́вой можно разделить на два эта́па?
3. Да́рья — это настоящее имя писа́тельницы? Объясните, когда́ и почему её имя изменилось.
4. Кем были по профессии родители Донцо́вой?
5. Какие языки она изуча́ла в детстве? Сколько девочке было лет, когда она пошла́ в школу?
6. Какие предметы в школе ей дава́лись легко и почему? А какие предметы были «за гра́нью» её понима́ния?
7. Скажите, будущая писа́тельница в детстве занималась музыкой? Почему да или нет?
8. В каком году́ Груня с отцом ездила в Герма́нию? А сколько лет было девочке в то время? Зачем они туда поехали?
9. Что Груня привезла́ из Герма́нии? Как вы думаете, почему она привезла именно эти «сувениры»?
10. Чем детство Груни отлича́лось от вашего собственного детства?
11. Где Агриппина училась после оконча́ния школы?
12. Что она делала в Сирии? А где ещё она работала?
13. В статье идёт речь о том, что Агриппина пыталась опубликовать детекти́вную повесть вскоре после окончания университе́та. Почему ей это не удалось сде́лать?
14. Донцо́ва за́мужем? Сколько раз она выходила за́муж? У неё есть дети?
15. Что произошло в жизни Донцо́вой в 1998 году?
16. Что Донцо́ва начала́ делать в больнице и почему? Как ей помог в этом муж?
17. Как вы поняли, Донцо́ва — рекордсмен по писа́тельской продуктивности?
18. Сколько страниц в день пишет Да́рья Донцо́ва? Как вы думаете, это много или ма́ло? Вам когда-нибудь доводилось столько писа́ть? Скажите, Донцо́ва печа́тает свои рома́ны на компьютере?
19. Вы поняли, почему Донцо́ва называет свои книги «таблетками от депрессии»? Как Донцо́ва представляет себе свою чита́тельскую аудиторию?
20. Как говорится в статье, к середине 2015 года Донцо́ва выпустила примерно 170 книг. Посмотрите на сайте dontsova.ru/library/, сколько книг Да́рья Донцо́ва выпустила на сегодняшний день.

Задание 6.

Правильно или неправильно? Исправьте неверные утверждения и подробно прокомментируйте правильные. А о чем у вас нет достаточной информации?

1. Да́рья (или точнее Агриппина) Донцо́ва родилась в семье двух писа́телей.
2. Родившись в семье художественной интеллиге́нции, Груня Донцо́ва росла́, окружённая писа́телями и поэтами. Она любила гуманита́рные предметы, много чита́ла и занима́лась музыкой.
3. В детстве Донцо́ва ча́сто ездила за границу, откуда она привозила огромное количество детекти́вной кла́ссики на немецком и французском языке.

4. Донцо́ва училась на факультете журналистики в Московском университете. Она была́ отличной студенткой.

5. Донцо́ва два́жды выходила за́муж; у неё двое детей — сын и дочь.

6. Донцо́ва называет свои детекти́вы «таблетками от депрессии», потому что написа́ние этих рома́нов помогло ей пережить болезнь.

7. По следующим произведениям Да́рьи Донцо́вой были сняты телесериа́лы: «Да́ша Васильева — любительница ча́стного сыска», «Евла́мпия Рома́нова. Следствие ведет дилетант», «Виола Тарака́нова. В мире преступных страстей» и «Иван Подушкин. Джентльмен сыска».

8. На сегодняшний день Донцо́ва написала более 200 книг в 7 сериях. Ей принадлежит мировой рекорд по писа́тельской продуктивности.

Задание 7.

Поставьте слова в правильную грамматическую форму и закончите предложения. Прочитайте этот параграф вслух, обращая внимание на формы числительных.

К середине 2015 года Да́рья Донцо́ва написа́ла приме́рно 170 (рома́н). Её книги объединяются в 6 (цикл). 48 (произведение) составляют цикл «Любительница частного сыска Да́ша Васильева», 38 (книга) — «Евла́мпия Рома́нова. Следствие ведет дилетант», 36 (произведение) — «Виола Тарака́нова. В мире преступных страстей»; 19 (ирони́ческий детекти́в) в серии «Джентльмен сыска Иван Подушкин». Ещё 18 (книга) вышли в серии «Татьяна Сергеева. Детекти́в на диете» и 10 (новый детекти́в) в цикле «Любимица фортуны Степанида Козлова». Кроме детекти́вных книг, Донцо́ва также написа́ла автобиографию и несколько (кулина́рная книга). Пе́рвая повесть Донцо́вой «Крутые наследнички» вышла тиражом 15000 (экземпляр). Первоначальный тираж сотой книги писа́тельницы «Легенды о трех мартышках» — 250 000 (экземпляр). На сегодняшний день суммарный тира́ж всех книг Донцо́вой превыша́ет 200 (миллион) (экземпляр). В 2009 году Да́рья Донцо́ва была занесена в Кни́гу рекордов Росси́и как са́мый плодовитый а́втор детекти́вных рома́нов: на то время она написа́ла 100 (детекти́вная книга) за 10 (год).

Задание 8.

Выберите правильную форму глагола.

В многочисленных интервью Донцо́ва ча́сто (делится/поделится) со своими читателями, что написала свою первую рукопись, когда (лежа́ла/легла) в больнице. Она (приписывает/припишет) своё выздоровле́ние именно работе над детекти́вными рома́нами, которая (отвлека́ла/отвлекла) её от боли и тяжёлых мыслей. Первая книга Донцо́вой «Крутые наследнички» (выходила/вышла) в изда́тельстве «Эксмо» 1999 году. С тех пор писа́тельница (выпуска́ла/выпустила) более 170 книг и по-пре́жнему (печатается/напеча́тается) только в «Эксмо». Писа́тельница говорит, что работа над книгами не просто (помога́ла/помогла́) ей пережить болезнь. Она уве́рена, что её книги (заряжа́ют/зарядят) читателей оптимизмом и позитивной эне́ргией. Скажите, а у вас появилось желание (приобретать/приобрести) один из детекти́вов Донцо́вой?

Задание 9.

Расставьте эти события из жизни Да́рьи Донцо́вой в правильном хронологическом порядке. А потом подробно расскажите о каждом из этапов жизни этой писа́тельницы.

___ Груня Васильева становится Да́рьей Донцо́вой

___ Университет, работа и семья после окончания университета

___ Диагноз «рак груди» в 1998 году

___ Донцо́ва становится самым покупаемым автором в России и выпускает более 200 книг.

___ Учёба в школе

_1_ Раннее детство в семье художественной интеллигенции

___ Поездка с отцом в Германию

Задание 10.

Используя информацию статьи, расскажите, что вас больше всего удивило или заинтересовало в биографии Да́рьи Донцо́вой.

Задание 11.

Ваше мнение. Что, по-вашему, означает те́рмин «бестсе́ллер»? Как вы думаете, что важне́е для того, чтобы книга стала бестсе́ллером: талантливый писа́тель, интере́сный сюжет или эффективная рекламная кампания? Объясните. О чём бы вы посоветовали написать книгу совреме́нному писателю, который хочет создать бестсе́ллер?

СКВОЗЬ ПРИЗМУ СОЦИОЛОГИИ

Задание 12.

Прочитайте данные недавнего опроса, проведённого аналитическим центром Юрия Левады и ответьте на вопросы.

Много ли чита́ют сегодняшние россия́не и какую литературу они предпочита́ют? В ма́е 2015 аналитический центр Юрия Левады провёл опрос россия́н о том, кто их самый любимый писа́тель. Вот пятёрка лидеров: 1. Александр Пушкин; 2. Лев Толстой; 3. Фёдор Достоевский; 4. Михаил Булгаков; 5. Да́рья Донцо́ва. А вот ещё интересный факт: по данным этого же опроса, 34% российского населе́ния не прочита́ли ни одной книги в 2014 году и только 11% опрошенных сказа́ли, что чита́ют каждый день. (http://www.levada .ru/19-05-2015/rossiyane-o-chtenii)

1. Пушкин, Толстой, Достоевский и Булгаков — это, конечно, известные русские писа́тели, произведения которых считаются кла́ссикой литературы. **Скажите**, а вы знакомы с произведениями этих четырёх писа́телей 19-го и 20-го веков? Какие их произведения вы чита́ли или хотите прочита́ть?

2. **Обсудите с партнёром** и составьте список писа́телей ва́шей стра́ны, которые вошли бы в пятёрку ва́ших любимых писа́телей. Аргументируйте свой выбор.

3. **Скажите**, если бы жителей вашей страны спросили о том, сколько книг они прочитáли за 2014 год, их ответы отличáлись бы от ответов россиян? Каким образом? Как вы думаете, люди какого возраста в вашей странé читáют больше всего?

4. **В группах.** Составьте список вопросов о литературных предпочтениях (preferences) молодёжи вáшей страны. Задáйте эти вопросы друзьям и знакомым; потом сообщите результаты в классе и обсудите их.

ГОТОВИМСЯ К ЧТЕНИЮ И РАЗГОВОРУ. ЧТО ТАКОЕ ИРОНИЧЕСКИЙ ДЕТЕКТИВ?

ЗАПОМНИТЕ ЭТИ СЛОВА И ВЫРАЖЕНИЯ

NOUNS

бедá — misfortune, grief
вытáскивать/вытащить из беды — to get someone out of trouble
впечатлéние — impression
(у кого) **склáдывается впечатлéние, что** — (someone) gets the impression that . . .
любитель — (1) amateur, dilettante (2) aficionado
направлéние — trend, movement
осóбенность — feature, characteristic
подозревáемый — suspect
повествовáние — narration
повествовáние от первого/третьего лица — first/third person narration
преступлéние — crime
престýпник — criminal
приключéние — adventure
происшéствие — incident
противополóжность — opposite
разгáдка — solution
разновидность — variety
расслéдование/слéдствие — investigation
свидéтель — witness
слéдователь — investigator
совéт — advice
сыщик — sleuth, detective
сюжéт — plot
тáйна — mystery, secret
убийство — murder
шпион — spy

ADJECTIVES

второстепéнный персонаж — secondary character
любознáтельный — curious, inquisitive
незадáчливый — hapless, luckless
нелéпый — awkward
обаятельный — charming
подозрительный — suspicious
рассéянный — absent-minded
средневекóвый — medieval
уютный — cozy

VERBS

догáдываться/догадáться — to guess
допустить/допускáть ошибку — to make an error
задéрживать/задержáть — to arrest, to detain
посмéиваться (над кем) — to chuckle at someone
приходить/прийти на ум — come to mind
развивáться/развиться — to develop
развлекáть/развлечь — to entertain
раскрывáть/раскрыть преступлéние — to solve a crime
распýтывать/распýтать дело — to solve the case
расслаблять́ся/расслáбиться — to relax
расслéдовать — to investigate
совершáть/совершить преступлéние — to commit a crime
спасáть/спасти — to rescue
справлять́ся/спрáвиться (с кем, чем) — to manage, to deal with

Задание 13.

Посмотрите на слова, приведённые выше, и закончите пары. Что означают эти слова?

1. Раскрывать — раскрытие; развивать — _____
2. Подозреваемый — подозревать, расследование — _____
3. Особенность — особенный; тайна — _____
4. Расслéдовать — расслéдование; совершать — _____
5. Развлéчь — развлечéние; развить — _____
6. Преступление — преступный; противоположность — _____

Задание 14.

Определите, какое слово или словосочетание лишнее:

Раскрывать преступлéние, распутывать дéло, расслéдовать, совершать преступлéние

Литературное направлéние, слéдователь, сюжет, повествование, разновидность детектúва, жанр

Незадачливый, рассéянный, приключение, нелéпый, уютный, обаятельный

Расслéдовать, развлéчь, совершить, спасти, догадаться

Задание 15.

Приписывать/приписáть означает to ascribe. Посмотрите в словаре, что означают следующие глаголы. Составьте с этими глаголами предложéния:

Дописывать/дописáть, описывать/описáть, переписывать/переписáть, подписывать/подписáть, списывать/списáть.

Задание 16.

Слова в контексте. Вставьте подходящие по смыслу слова в правильной форме

> второстепенный • догадываться • незадачливый • ошибка
> преступление • преступник • разгадка • разновидность • распутать
> расслабиться • расследование • расследовать • следователь • сюжет

Итак, совершено _____. Сыщик или _____ должен _____ это дело и найти _____. Мы, читатели, с интерéсом следим за интеллектуальным процессом _____, и ждём, когда же дело будет раскрыто. Вам знакома эта традиционная формула детектúвного _____? Иронúческий детектúв строится по немного другой схéме... Преступлéние совершено. В цéнтре криминальной интриги оказывается _____ героиня, которая решает сама _____ дело. Как самый настоящий дилетант, она скоро допускает какую-нибудь _____, и в итоге дело должен раскрыть... _____ персонаж — профессиональный слéдователь. И кстати, мы, читатели, _____ о том, кто совершил преступлéние, раньше сыщицы-любительницы. Хотя сюжет иронúческих детектúвов довольно примитивен, эти книги очень смéшные, за их чтéнием можно _____ и отдохнуть. А некоторые исследователи даже называют эту _____ детектúвного жанра «комéдией положéний».

Люди и черты хара́ктера. Сопоставьте фразы и их определения.

1. Любознательный челове́к ____
2. Незадачливый челове́к ____
3. Неле́пый челове́к ____
4. Обаятельный челове́к ____расследованием без профессиональной подготовки
5. Рассе́янный челове́к ____
6. Преступник ____
7. Сыщик-любитель ____
8. Подозрительный челове́к ____
9. Свиде́тель ____
10. Второстепенный персонаж ____

А. Неглавный герой литературного произведе́ния

Б. Челове́к, который сам видел какое-то происше́ствие

В. Невнимательный челове́к, он часто забывает важные детали

Г. Челове́к, который занимается детекти́вным

Д. Челове́к, который всё время спрашивает «Почему?»

Е. Этот челове́к внушает вам недове́рие (distrust)

Ж. Челове́к, который совершает или совершил преступле́ние

З. Медлительный, непонятливый челове́к, который часто попадает в неприятные ситуации

И. Странный, а иногда даже абсурдный, челове́к

К. Тёплый, све́тлый, приятный челове́к

Ответьте на вопросы.

1. По не́которым статистическим данным, каждая восьмая купленная сегодня в России книга — это детекти́в, написанный российскими авторами. А как вам кажется, какой литературный жанр самый популярный в вашей стране́? Объясните, почему вы так думаете.

2. Вы любите читать детекти́вные произведе́ния? Если да, то кто ваши любимые авторы и персонажи? Почему?

3. Детекти́вы обычно считаются формой массовой или комме́рческой литературы, которая сле́дует стандартным формулам и жанровым схе́мам. А что вы ожида́ете, когда берете в руки детекти́вный рома́н или книгу? Какие события наверняка (for sure) произойдут в детекти́вной книге? А какие персонажи (главные и второстепе́нные) обязательно появятся в детекти́ве?

4. Каким вы себе представляете сыщика в детекти́вном романе? Опишите его (или её) вне́шность и черты характера.

5. Детекти́вы традиционно считаются одним из самых популярных жанров литературы и кинематографа. Как вы думаете, что привлекает зрителей и читателей к криминальным историям?

ГЛАЗАМИ КУЛЬТУРОЛОГА

ЧТО ТАКОЕ ИРОНИЧЕСКИЙ ДЕТЕКТИВ?

Как вы уже, наверно, поняли, иронические детективы Дарьи Донцовой — не совсем обычные детективные романы. Прочитайте статью и скажите, чем иронический детектив отличается от других детективных произведений, с которыми вы знакомы.

Наверно, нет такого человека, который никогда не слышал о детективном жанре. Что вам приходит на ум, когда вы слышите фразу «детективный роман»? Может быть это интеллектуал Шерлок Холмс, который курит трубку, играет на скрипке и <u>оттачивает</u> свой дедуктивный метод? Или это любознательная старушка Мисс Марпл, успешно раскрывающая сложнейшие преступные комбинации, с которыми не удаётся справиться даже профессиональным сыщикам?

оттачивать/отточить — to sharpen

Само слово детектив происходит от латинского слова detego, которое значит «раскрываю». И конечно, у детективного жанра богатейшая история, а элементы детективных сюжетов можно найти даже в античной и <u>средневековой</u> литературе. Появление детектива как литературного жанра обычно связывается с романами Эдгара По, написанных в сороковых годах 19-го века. С тех пор жанр детективной прозы развился и <u>разделился</u> на самые разные направления. Иронический детектив — именно одна из таких разновидностей детективной литературы.

разделяться/разделиться — to split, to separate into parts

Исследователи не могут точно сказать, кто в мире написал первый иронический детектив. Например, некоторые <u>приписывают</u> <u>первенство</u> в этом жанре французскому журналисту и писателю Гастону Леру. Этот автор лучше известен своим романом «<u>Призрак</u> оперы» (1910 году), хотя в 1909 годуон также написал роман «<u>Заколдованное</u> кресло», который многие считают первым в мире ироническим детективом. Развитие иронического детектива также часто связывается с именем легендарной польской писательницы Иоанны Хмелевской. Кстати, иронический детектив попал в Россию (а точнее, в Советский Союз) именно благодаря книгам Хмелевской: её первое произведение было опубликовано в СССР ещё в 1964 году. Как и Дарья Донцова, Хмелевская была очень плодовитым писателем: умерев в 2013 году, она оставила после себя не только шестьдесят детективных книг, но также и огромное количество неопубликованных рукописей.

приписывать/приписать — to ascribe
первенство — championship
призрак — phantom
заколдованный — bewitched

Сама Донцова говорит, что *до неё* «российские криминальные книги были очень серьёзными и настоящими»[5]. И действительно, иронические детективы Донцовой — полная противоположность «классическим» детективным произведениям. В чём же отличие? И традиционные, и иронические детективные сюжеты, как правило, начинаются с преступления, раскрытием которого занимаются главные персонажи (сыщики, полицейские, следователи и т.д.). Вот только в иронических детективах акцент делается не на убийстве и не на работе гениального сыщика, а на забавных приключениях нелепой и рассеянной главной героини. Героиня оказывается в центре криминальной интриги «не потому, что специально, с <u>холодным рассудком</u>, взялась расследовать преступление», а потому что она «<u>вляпалась</u>» в очередную историю[6]. Поскольку повествование в ироническом детективе ведётся от первого лица (то есть героиня сама, в форме монолога, рассказывает читателю о своих криминальных приключениях), то у читателя складывается впечатление, что героиня всегда сама над собой посмеивается.

холодный рассудок — cool head
вляпаться — (slang) to get into a mess

В отли́чие от сы́щиков-люби́телей Конан Дойля или Ага́ты Кри́сти, герои́ни ирони́ческих детекти́вов практи́чески никогда́ не <u>дово́дят</u> рассле́дование <u>до конца́</u>. В ходе своего́ непрофессиона́льного сле́дствия, эти «сы́щицы» обы́чно допуска́ют каку́ю-нибудь серьёзную оши́бку, и их обяза́тельно спаса́ет второстепе́нный персона́ж, профессиона́льный сле́дователь (обы́чно муж или друг), кото́рый и раскрыва́ет преступле́ние сам. Профессиона́л <u>обезвре́живает</u> престу́пника, а наи́вная герои́ня возвраща́ется в свой ую́тный дом с многочи́сленными ро́дственниками, друзья́ми, детьми́ и пито́мцами[6].

Так как гла́вные герои́ни книг Донцо́вой обая́тельны и наи́вны, чита́тель испы́тывает по отноше́нию к ним симпа́тию и чу́вство <u>превосхо́дства</u>. Если в традицио́нном детекти́вном рома́не гла́вный вопро́с чита́теля всегда́ — «кто же престу́пник?», то в ирони́ческих детекти́вах чита́тель всегда́ «умне́е» герои́ни и начина́ет дога́дываться о том, кто соверши́л преступле́ние, гора́здо ра́ньше сы́щицы-люби́тельницы[6]. Чита́тель ощуща́ет себя́ Ше́рлоком Хо́лмсом чуть ли не с са́мого нача́ла кни́ги и с интере́сом следи́т, каки́е ещё неле́пые шаги́ сде́лает «сы́щица». Но ра́зве логи́ческий ана́лиз сло́жной та́йны — не са́мый гла́вный элеме́нт детекти́вного жа́нра? И если детекти́вы Донцо́вой насто́лько <u>предска́зуемы</u>, то почему́ же россия́не с таки́м интере́сом их чита́ют?

Не́которые иссле́дователи объясня́ют популя́рность книг Донцо́вой тем, что её просты́е детекти́вные сюже́ты всегда́ <u>перемежа́ются</u> смешны́ми и абсу́рдными бытовы́ми сце́нками, шу́тками, а та́кже сове́тами о здоро́вье, де́тях и семье́. Чита́тель следи́т не за детекти́вной интри́гой и не за интеллектуа́льным проце́ссом, веду́щим к разга́дке та́йны, а за «<u>коме́дией положе́ний</u>» с <u>неугомо́нными</u> детьми́, бы́вшими мужья́ми и <u>ла́ющими</u> соба́ками[6]. По слова́м И.Л. Са́вкиной, слави́ста-культуро́лога из Финля́ндии: «Кни́ги Донцо́вой — это „карава́н исто́рий“, кото́рые же́ртвы или подозрева́емые расска́зывают сы́щицам, и смешны́е ситуа́ции, создава́емые пре́жде всего́ благодаря́ многочи́сленным дома́шним живо́тным... Я ду́маю, что успе́х книг Донцо́вой вы́зван не изоби́лием иро́нии, а тем, что её кни́ги всё бо́льше стано́вятся ана́логом же́нского журна́ла: там мно́го разли́чных занима́тельных жи́зненных исто́рий, там есть сове́ты „психо́лога“, „социо́лога“, „ветерина́ра“, „кулина́ра“ и т.д.»[7].

Помимо заба́вных эпизо́дов и доста́точно примити́вного детекти́вного сюже́та, ирони́ческие детекти́вы напи́саны просты́м и я́рким языко́м, э́то как бы «<u>болтовня́</u> с друзья́ми за ча́шкой ко́фе». Как говоря́т мно́гие чита́тели Донцо́вой, «за чте́нием её книг мо́жно рассла́биться и ни о чём не ду́мать; с ни́ми хорошо́ е́хать в метро́, чита́ть их на о́тдыхе»[6]. Сама́ Донцо́ва <u>утвержда́ет</u>, что её зада́ча «развле́чь челове́ка, дать ему́ отдохну́ть, помо́чь поня́ть, что в жи́зни всё не так уж пло́хо»[8]. Говоря́ о лёгкости и простоте́ своего́ сти́ля, писа́тельница <u>подчёркивает</u>, что она́ никогда́ не рабо́тала и не бу́дет рабо́тать в жа́нре филосо́фского рома́на: «Е́сли вы хоти́те вы́учить англи́йский язы́к, не на́до брать уче́бник по биоло́гии. Е́сли вы хоти́те отдохну́ть, рассла́биться, не на́до брать каку́ю-то сло́жную филосо́фскую кни́гу. Е́сли вы лежи́те в больни́це, не чита́йте <u>вели́кое</u> произведе́ние „Смерть Ива́на Ильича́“: вам от э́того ста́нет то́лько ху́же. Бери́те Донцо́ву, Усти́нову, Марини́ну, потому́ что мы пи́шем для того́, что́бы вам ста́ло на како́е-то вре́мя веселе́е и ле́гче жить»[9].

доводить/довести до конца — to complete
обезвре́живать/обезвре́дить — to neutralize

превосходство — superiority
предсказуемый — predictable

перемежа́ться — to alternate
бытово́й — domestic
коме́дия положе́ний — situation comedy
неугомо́нный — restless
ла́ять — to bark

болтовня́ — chat
утвержда́ть — to assert
подчёркивать/подчеркну́ть — to stress, to underline

5   Да́рья Донцо́ва. «Запи́ски безу́мной оптими́стки». Москва́: Эксмо, 2004 г., 248.

6   Юлия Демья́ненко. «Ирони́ческий детекти́в в конте́ксте совреме́нной литер» / Проза.ру (https://www.proza.ru/2010/06/15/1485)

7   И.Л. Са́вкина «Кни́ги, всем поня́тные, или почему́ чита́ют и иссле́дуют ма́ссовую литерату́ру?» *Филологи́ческий класс*, 2008 №20, 12–19.

8   Анна Кули́кова, Андре́й Ванде́нко. «На литерату́рных планта́циях». *Ито́ги* №17, 29 апре́ля 2003 г.

9   «Конфере́нция с Да́рьей Донцо́вой». *Пе́рвый кана́л*, 20 мая 2010 г. http://www.1tv.ru/conf/252

ПОГОВОРИМ О ПРОЧИТАННОМ

Задание 19.

Правильно или неправильно? Исправьте неправильные утверждения и подробно прокомментируйте правильные. А о чём у вас нет достаточной информации?

1. Элементы детективных сюжетов можно найти в античной и средневековой литературе.
2. Появление детектива как литературного жанра обычно связывается с именем английской писательницы Агаты Кристи.
3. Первый в мире иронический детектив был написан французским писателем Гастоном Леру.
4. Иоанна Хмелевская — первая советская писательница, которая работала в жанре иронического детектива.
5. В ироническом детективе преступление НЕ совершается.
6. Повествование в ироническом детективе ведётся от третьего лица.
7. Героини иронических детективов почти никогда не доводят расследование до конца.
8. Как правило, преступление в иронических детективах раскрывается профессиональным следователем.
9. В книгах Донцовой детективные сюжеты перемежаются смешными бытовыми сценками.

Задание 20.

Ответьте на вопросы.

1. Какую роль в развитии детективного жанра играли следующие писатели: Эдгар По, Гастон Леру, Иоанна Хмелевская? А вы читали книги этих писателей? Если да, то какие?
2. Как вы поняли, чем героини Дарьи Донцовой отличаются от Мисс Марпл из произведений Агаты Кристи?
3. Почему читатель обычно испытывает чувство превосходства по отношению к героиням иронических детективов?
4. Как вы поняли, что привлекает читателей в романах Донцовой?
5. Какие из перечисленных элементов характерны ироническому детективу, а какие нет? Прокомментируйте свои ответы.

   А. Детективные сюжеты перемежаются смешными бытовыми сценками.

   Б. Сыщик-любитель доводит расследование до конца.

   В. Главный вопрос читателя: «Кто же преступник?»

   Г. Акцент повествования делается не на убийстве и гениальной работе сыщика, а на смешной и нелепой героине.

   Д. Сыщик берётся за расследование с «холодным рассудком».

Задание 21.

Замените выделенные фразы прилагательными в превосходной степени.

Модель: У детективного жанра очень богатая история. — У детективного жанра богатейшая история.

1. Любознательная старушка Мисс Марпл успешно раскрывает самые сложные преступления.

2. Ирони́ческие детекти́вы Да́рьи Донцо́вой — <u>самая полная</u> противоположность «классическим детекти́вам».
3. «Смерть Ивана Ильича» — одно из <u>самых великих</u> произведений Льва Толстого.
4. Что является <u>самым главным</u> элементом детекти́вного жанра?
5. Развитие ирони́ческого детекти́ва часто связывается с именем одной из <u>самых легендарных</u> польских писа́тельниц, Иоанны Хмелевской.
6. Геро́ини ирони́ческих детекти́вов — <u>самые неле́пые</u> персонажи детекти́вного жанра.
7. Мисс Марпл, Шерлок Холмс, Огюст Дюпен — это имена <u>самых гениальных</u> сыщиков мировой литературы.

В КОНТЕКСТЕ МИРОВОЙ ЛИТЕРАТУРЫ

Задание 22.

В этой главе упоминаются имена многих писа́телей, кото́рые жили в разных странах и в разные века, и кото́рые работали в самых разнообразных литературных жанрах. Используя поиско́вые ресурсы сайта www.peoples.ru, проведите мини-исследование и ответьте на вопросы о литераторах, чьи имена приведены ниже:

Лопе де Вега • Александр Дюма • Конан Дойл • Барбара Картленд
Гастон Леру • Агата Кристи • Иоанна Хмелевская • Эдгар По

1. Кто из этих литера́торов самый молодой? А кто самый старый?
2. Кто из этих писа́телей публиковал (или публикует) свои книги на английском языке? Испанском? Французском? Польском?
3. Кто из перечисленных литераторов написал более двух тысяч пьес?
4. А кто а́втор книг о трёх мушкетёрах?
5. Кто из этих литераторов работал в детекти́вном жанре? А кто традиционно считается законода́телем этого жанра?
6. С тво́рчеством кого́ из этих писа́телей вы знако́мы? Какие произведения этих писа́телей вы читали? Что вам нравится и что не нравится в книгах этих писа́телей?
7. Вы́берите одного́ или двух писа́телей и напишите небольшую энциклопедическую статью о нём или о ней.

Задание 23.

Исследование в интернете. Сайт Да́рьи Донцо́вой в интернете — www.dontsova.ru. Посмотрите эту страничку и определите, какую информацию можно там найти.

Теперь откройте раздел «Библиотека». Здесь представлены названия циклов ирони́ческих детекти́вов писа́тельницы. В 2015 году этих циклов было 6, плюс несколько книг «Вне серии». Скажите, а сколько этих циклов сегодня? Заголовок каждого цикла включает в себя имя главного персонажа: назовите их имена. Скажите, все ли главные герои Донцо́вой — женщины?

«Откройте» одну из книг, представленных в библиотеке и прочитайте её краткое описание. Скажите, судя по обло́жке, вы бы хотели прочитать всю книгу? Почему да или нет?

ВМЕСТО ЗАКЛЮЧЕНИЯ

Задание 24.

Приготовьте выступление и расскажите о любом другом известном писа́теле бестсе́ллеров (не обязательно работающем в жанре детекти́ва). Какую роль этот писа́тель играет в культуре своей страны? Как его (её) карье́ра похожа на карье́ру и работу Да́рьи Донцо́вой и в чём различия?

Задание 25.

Для тех, кто любит детекти́вы. Если вы интересуетесь жанром детекти́ва, то почитайте в интернете и подготовьте сообщение о таких известных писа́телях как Юлиан Семёнов, Александра Маринина или Борис Акунин. Ещё интересная тема для исследования: детекти́вный жанр в Советском Союзе. Писали ли советские писа́тели детекти́вные романы?

Задание 26.

Вспомните, какие три вопроса вы хотели задать Да́рье Донцо́вой до того, как начали читать о её жизни и карьере. Скажите, вы получили ответы на свои вопросы из статей и материалов этой главы? Если да, то ответьте сами на эти вопросы. А если нет, то проведите дополнительное исследование в интернете.

ДЛЯ ТЕХ, КОМУ ИНТЕРЕСНО: ЧТО ЕЩЁ ПОЧИТАТЬ О ЖАНРЕ ИРОНИЧЕСКОГО ДЕТЕКТИВА.

Borenstein, Eliot. *Overkill: Sex and violence in contemporary Russian popular culture*. Cornell University Press, 2008.

Mesropova, Olga. "Crime, *Byt*, and Fairy-Tales: Dar'ia Dontsova and Post-Soviet Ironical Detective Fiction." *Slavic and East European Journal*, 52 (1), 2008, 112–127.

Morgan, Lyndall. "Darya Dontsova's 'Sleuthettes': A Case of the Re-Gendering of the Post-Soviet Russian *Detektiv.*" *Australian Slavonic and East European Studies Journal* 19 (1–2), 2005, 95–116.

3 ДИАНА ВИШНЁВА И МИР РОССИЙСКОГО БАЛЕТА

Photo credit © Gene Schiavone

Блиста́тельная и го́рдая Ки́три, стра́стная Карме́н, лири́ческая Жизе́ль, непревзойдённая Джулье́тта, изы́сканная принце́сса Авро́ра... В этой главе́ мы поговори́м об одно́й из ярча́йших балери́н на́шего вре́мени, тво́рчество кото́рой включа́ет как класси́ческие, так и совреме́нные рабо́ты. Она станцева́ла почти́ все веду́щие ро́ли класси́ческого репертуа́ра на легенда́рных сце́нах Росси́и, Аме́рики, Фра́нции, Ита́лии, Япо́нии, Герма́нии. Она рабо́тает с совреме́нными хореогра́фами всего́ ми́ра, о мно́гих из кото́рых росси́йские балетома́ны узна́ли и́менно благодаря́ ей. Ита́к, знако́мьтесь: перед вами Диа́на Вишнёва.

> блиста́тельный — brilliant, magnificent
> стра́стный — passionate
> непревзойдённый — unsurpassed
> изы́сканный — exquisite
> балетома́н — человек, который очень любит балет

1. Скажи́те, а вы счита́ете себя́ балетома́ном? Объясни́те, почему́ да или нет.
2. Ки́три, Авро́ра, Джулье́тта... Посмотри́те на имена́ геро́инь, перечи́сленные выше. Зна́ете ли вы, в каки́х бале́тах появля́ются эти персона́жи? Если нет, то проведи́те мини-иссле́дование в интерне́те и отве́тьте на вопро́с.
3. Приду́майте и запиши́те три вопро́са, кото́рые вы бы хоте́ли зада́ть Диа́не Вишнёвой о её карье́ре и рабо́те.

ГОТОВИМСЯ К ЧТЕНИЮ И РАЗГОВОРУ

ЗАПОМНИТЕ ЭТИ СЛОВА И ВЫРАЖЕНИЯ

NOUNS
вы́бор — selection
выступле́ние — performance

зри́тель — viewer, spectator
ко́нкурс — competition, contest
неуда́ча — failure, mishap

обстоя́тельство — circumstance
отка́з — rejection
по́иск — search
попы́тка — attempt, try
постано́вка — (theatrical) staging, production
представи́тель — representative
си́ла во́ли — willpower
стремле́ние — aspiration, ambition
сце́на — stage
та́нец — dance
танцо́р/танцо́вщица — male (female) dancer
трудолю́бие — diligence
худо́жественный руководи́тель — artistic director
целеустремлённость — sense of purpose, focus

ADJECTIVES

безостано́вочный — non-stop
блиста́тельный — brilliant, magnificent
грацио́зный — graceful
зна́ковый — iconic
изы́сканный — exquisite
непревзойдённый — unsurpassed
одноимённый — of the same name
очередно́й — next, (yet) another
просла́вленный — renowned
стреми́тельный — dashing, swift

VERBS

включа́ть/включи́ть — to include
возника́ть/возни́кнуть — to emerge, to appear
выступа́ть/вы́ступить — to perform (on stage)
доверя́ть/дове́рить — to trust
завоёвывать/завоева́ть — to win, to conquer

игра́ть/сыгра́ть роль (в чём) — (also fig.) to play a part
исполня́ть/испо́лнить — to perform (a role, a part)
начина́ться/нача́ться (с чего) — to begin with
не име́ть отноше́ния (к чему) — to have nothing to do with
отправля́ть/отпра́вить — to send
поража́ть/порази́ть — to amaze, to impress
предоставля́ть/предоста́вить — to provide, to afford
признава́ть/призна́ть (кого, что — кем, чем) — to recognize someone/something as
расти́/вы́рости — to grow
совпада́ть/совпа́сть (с чем) — to coincide with
ста́вить/поста́вить — to stage, to produce (a play/production)
стреми́ться (к чему) — to aspire, to strive
увлека́ть/увле́чь — to captivate, to fascinate

OTHER

ведь — after all
вопреки́ — despite
в отли́чие (от кого) — unlike, opposed to someone
желе́зный за́навес — Iron Curtain
(выходи́ть) за ра́мки (чего) — (to go) beyond the scope of
за рубе́ж — abroad (direction), border (location)
загла́вная роль — lead role
законода́тель/законода́тельница мод — trendsetter
кро́ме (чего) — beside something, in addition to
по слова́м (кого) — according to

Зада́ние 1.

Посмотри́те на слова́, приведённые вы́ше, и зако́нчите па́ры:

1. Выступа́ть — выступле́ние; _____ — исполне́ние; _____ — совпаде́ние; стреми́ться — _____; _____ — дове́рие

2. Трудолю́бие — трудолюби́вый; _____ — упо́рный; _____ — неуда́чный; _____ — целеустремлённый

3. Исполня́ть — исполни́тель — исполни́тельница; танцева́ть — _____ — _____

4. без + остановка — безостановочный; одно + имя — _____; не + превзойти — _____; цель + устремляться — _____; труд + любить — _____

Задание 2.

Какое слово или словосочетание лишнее.
1. представитель, сила воли, трудолюбие, целеустремлённость
2. выступление, заглавная роль, отказ, постановка, танец, танцор, танцовщица
3. блистательный, изысканный, непревзойдённый, одноимённый, прославленный
4. неудача, отказ, распад, художественный руководитель
5. выступать на сцене, исполнять новую роль, не иметь отношения к театру, ставить спектакль

Задание 3.

Составьте словосочетания с этими словами:
1. **Не иметь отношения** (к чему?): эта театральная постановка; мир искусства; танцы и балет
2. **Начинаться** (с чего?): упорство и трудолюбие; очередная неудача; блистательное выступление
3. **Совпасть** (с чем?): распад СССР; падение железного занавеса; постановка современного балета
4. **По словам** (кого?): законодатели мод; представитель театра; прославленный танцор
5. **Увлечь** (кого? — чем?): юная балерина — заглавная роль; танцоры — знаковый балет театра; представитель администрации — новые постановки
6. **В отличие** (от кого?): грациозная балерина; Диана Вишнёва; «Лебединое озеро»; Михаил Барышников
7. **Сыграть роль** (в чём?): знаковый балет; выбор репертуара; развал СССР
8. **Вопреки** (чему?): обстоятельства; очередной отказ; безостановочные поиски
9. **Признать** (кого? что? — кем? чем?): Диана Вишнёва — лучшая Джульетта; этот балет — самый знаковый балет театра
10. **Выйти за рамки** (чего?): один театр; стандартный репертуар; традиционный классический танец

Задание 4.

Слова в контексте. Вставьте подходящие по смыслу слова в правильной форме.

безостановочный · выступает · завоёвывать · за рубеж
заглавные роли · исполнять · непревзойдённый · поражать · прославленный
сила воли · стремительно · стремление · танцовщица
трудолюбие · целеустремлённость · юный

История балерины Дианы Вишнёвой — это история о (hard work) _____ и (non-stop willpower) _____. Всё началось с того, что (young) _____ Вишнёва три года (was conquering) _____ балетную школу: на каждое место в программе было 90 кандидатов. Потом, в школе, она не переставала (amaze)

_____ педагогов своей (sense of purpose) _____ и (ambition)
_____ (perform) _____ самые сложные и даже (lead roles)
_____. С тех пор карьера Вишнёвой развивалась (swiftly) _____.
Она — одна из самых молодых прим Мариинского театра. Она — одна из самых
(unsurpassed) _____ (dancer) _____ современного балета. Она
также много ездит (abroad) _____ и (performs) _____ на самых
(renowned) _____ сценах мира.

Задание 5.

Закончите предложения.
1. Законодатель мод — это...
2. Человек с большой силой воли всегда... и никогда не...
3. Трудолюбие важнее, чем..., потому что...
4. Распад Советского Союза был...
5. Творческие профессии — это, например,...

Задание 6.

А как вы думаете? Да или нет? Согласитесь или не согласитесь с этими утвержде́ниями.
Подробно объясните свою позицию.
1. В моей стране профессия «артист балета» — очень престижна и высокооплачиваема.
2. Балет — это искусство, а не спорт. Медали и олимпиады — это не для артистов балета.
3. Большинство студентов моего университета (школы, колледжа) регулярно, как
   минимум два раза в год, ходят смотреть балетные постановки.
4. Любительский (непрофессиональный) балет — популярное занятие в моей стране.
   Многие дети (а иногда и взрослые) занимаются в студиях любительского балета.
5. Балет, который ставят чаще всего в моей стране, — это «Щелкунчик».
6. В моей стране есть несколько известных балетных театров с широким репертуаром
   балетных постановок.
7. Если я иду на балет, я предпочитаю смотреть классические балеты (например,
   «Лебединое озеро» или «Щелкунчик»), а не современные постановки (например,
   балеты Марты Грэм).

Задание 7.

Знаете ли вы эти балеты? Скажите, какие композиторы написали музыку к этим балетам?
Если не уверены, то проведите мини-исследование в интернете.
Например: «Щелкунчик» («Nutcracker») — Пётр Чайковский
1. «Спящая красавица» («Sleeping Beauty») _____
2. «Лебединое озеро» («Swan Lake») _____
3. «Золушка» («Cinderella») _____
4. «Жизель» _____
5. «Жар-птица» («Firebird») _____
6. «Пламя Парижа» («Flames of Paris») _____
7. «Дон Кихот» _____
8. «Баядерка» («La Bayadère») _____
9. «Евгений Онегин» _____

Диана Вишнёва — известная балерина; Иван Васильев — известный танцор (артист балета).

You can also refer to male dancers using their "rank" at the theater where they work, например: Дэвид Холберг — премьер Большого театра; Артемий Беляков — ведущий солист; Юрий Баранов — первый солист.

Задание 8.

Посмотрите на сайте www.mariinsky.ru и узнайте, какие ранги использует Мариинский театр в Санкт-Петербурге для балерин и танцоров балета.

Задание 9.

Представьте, что вы или ваш друг хотите поступить в Академию русского балета имени А. Вагановой в Санкт-Петербурге. Посмотрите на сайт училища (vaganovaacademy.ru) и узнайте: (1) принимает ли Академия на учёбу иностранных граждан (если да, то какого возраста) и (2) какие документы необходимы для поступления.

ДИАНА ВИШНЁВА: БИОГРАФИЧЕСКОЕ ДОСЬЕ

Прочитайте биографию Дианы Вишнёвой и узнайте, почему можно сказать, что Вишнёва — «законодатель мод» в мире балета.

По словам Дианы Вишнёвой, балет в её жизни начался «вопреки обстоятельствам»[1]. Родилась будущая прима-балерина в 1976 году в Ленинграде, в семье химиков, которые не имели почти никакого отношения к миру искусства. Даже в театр на балет девочку водили достаточно редко, просто потому, что у семьи молодых учёных «не было средств ходить в театр столько, сколько им хотелось бы»[2]. Когда Диане исполнилось 6 лет, её записали в кружок танцев. Именно в «кружок», а не в профессиональную балетную студию — ведь таких студий в советское время не было. Потому началась карьера будущей балерины с народных танцев — цыганских, кубинских и других. И хотя танцы увлекли девочку сразу, она также с удовольствием занималась спортом: много бегала, каталась на лыжах, ходила в бассейн.

Когда Диане было 9 лет, мама решила отвести дочь на прослушивание в Академию русского балета имени Агриппины Вагановой (тогда эта академия называлась Хореографическим училищем). Эта академия была единственной в Ленинграде (и одной из немногих в Советском Союзе) профес сиональной балетной школой, в которой готовили артистов балета. Девочка мгновенно влюбилась в атмосферу «Вагановки». Вот только оказалось, что учиться там хочет огромное количество детей: на каждое место в училище претендовало как минимум 90 кандидатов со всех республик Советского Союза. В тот год Диану в училище не взяли... Мама привела её на прослушивание на следующий год — и опять отказ. На удивление, очередная неудача не остановила девочку, а наоборот подтолкнула её готовиться ещё активнее. И вот с третьей попытки, когда ей было 11 лет, Вишнёва всё же поступает в Ленинградское хореографическое училище. Сегодня балерина говорит, что именно благодаря тем «провалам», она поняла уже в 9 лет, «что

записать/
записывать — to enroll
кружок (literally, circle) — club, studio
цыганский — Roma (adjective)
не было средств — did not have the means
народный — folk

прослушивание — audition in dance or music
училище — college, specialized school
претендовать — to aspire to, to pursue
подталкивать/
подтолкнуть — to push
провал — failure, flop

в жи́зни ну́жно всего́ добива́ться само́й и не ждать чьей-то по́мощи»[3]. О том, с каки́м неде́тским упо́рством, трудолю́бием и целеустремлённостью ю́ная Вишнёва подходи́ла к учёбе, хо́дят леге́нды по сей день. Сама́ Вишнёва говори́т, что по́сле оди́ннадцати лет у неё начала́сь взро́слая жизнь. Де́тство зако́нчилось, и начали́сь <u>ста́нки</u>, <u>пуа́нты</u> и сце́на[4].

«Вага́новские» го́ды Вишнёвой совпа́ли с эпо́хой перестро́йки и разва́лом Сове́тского Сою́за. Упа́л «желе́зный за́навес», сове́тские гра́ждане на́чали свобо́днее е́здить за рубе́ж. В 1994 году́ Вага́новское учи́лище впервы́е отправля́ет представи́телей свое́й шко́лы на прести́жный Междунаро́дный ко́нкурс ю́ных арти́стов бале́та в Лоза́нне. Вишнёва прие́хала в Швейца́рию с вариа́цией «Карме́н», кото́рую для неё поста́вил худо́жественный руководи́тель учи́лища, И́горь Бе́льский. Я́ркое выступле́ние 17-ле́тней росси́йской балери́ны завоева́ло не оди́н, а сра́зу два при́за ко́нкурса: золоту́ю меда́ль и Гран-при. А сама́ Вишнёва ста́ла пе́рвой росси́йской балери́ной — лауреа́том ко́нкурса Prix de Lausanne. С тех пор Диа́на завоёвывала многочи́сленные призы́, но и́менно побе́да в Лоза́нне сыгра́ла са́мую значи́тельную роль в её дальне́йшей карье́ре.

Photo credit © Gene Schiavone

Сра́зу по́сле побе́ды в Лоза́нне, Вишнёву — тогда́ ещё студе́нтку Вага́новского учи́лища — при́няли <u>стажёром</u> в бале́тную тру́ппу Марии́нского теа́тра. Коне́чно же, обы́чно стажёрам даю́т ро́ли в кордебале́те. Но карье́ра Вишнёвой в Марии́нском теа́тре развива́лась гора́здо стреми́тельнее. Ю́ная балери́на дебюти́рует в <u>веду́щих</u> па́ртиях в бале́тах «Зо́лушка» и «Дон Кихо́т» , и вско́ре она́ уже́ танцу́ет загла́вные ро́ли почти́ во всех зна́ковых бале́тах Марии́нского теа́тра: «Спя́щая краса́вица», «Жизе́ль», «Лебеди́ное о́зеро», «Баяде́рка». Кри́тики конца́ 90-х почти́ единоду́шно призна́ли Вишнёву лу́чшей Джу́льеттой в бале́те на му́зыку Серге́я Проко́фьева; её называ́ли «самой грацио́зной» Мано́н в одноимённом бале́те Ке́ннета Макми́ллана.

В 2005 году́, вдоба́вок к рабо́те в Марии́нском теа́тре, Вишнёва та́кже официа́льно стано́вится при́мой Америка́нского теа́тра бале́та (American Ballet Theater, ABT) в Нью-Йо́рке. Поми́мо регуля́рных выступле́ний в этих двух теа́трах, Вишнёва та́кже мно́го танцу́ет и на други́х мировы́х сце́нах: в Большо́м теа́тре в Москве́, Staatsoper в Берли́не, Grand d'Opera в Пари́же и мно́гих други́х. Кста́ти, Вишнёва заверши́ла свои́ выступле́ния в соста́ве тру́ппы Америка́нского теа́тра бале́та в ию́ле 2017 года́. В своём после́днем спекта́кле на америка́нской сце́не она́ испо́лнила па́ртию Татья́ны в бале́те «Оне́гин» на му́зыку Петра́ Ильича́ Чайко́вского.

Photo credit © Gene Schiavone

Photographer: Natalia Razinina. Photo courtesy of Diana Vishneva

Кро́ме класси́ческого репертуа́ра, Вишнёва серьёзно увлека́ется совреме́нным бале́том. Интере́с к совреме́нной хореогра́фии возни́к у балери́ны ещё в го́ды учёбы в Вага́новском учи́лище. Совреме́нный та́нец не входи́л в курс обуче́ния сове́тских арти́стов бале́та: ведь в доста́точно традицио́нной бале́тной програ́мме учи́лища почти́ всё внима́ние уделя́лось класси́ческому материа́лу. Совреме́нный бале́т в постано́вках за́падных хореогра́фов Вишнёва впервы́е уви́дела на видеокассе́тах (не забыва́йте, что в те времена́ ещё не́ было ни интерне́та, ни соцсете́й, ни YouTube). Необы́чная танцева́льная эсте́тика и те́хника, соверше́нно непохо́жая на те́хнику класси́ческого бале́та, порази́ли молоду́ю балери́ну ещё тогда́. Ну а по́сле распа́да СССР росси́йские теа́тры ста́ли бо́лее свобо́дны в вы́боре репертуа́ра и, наряду́ с класси́ческим бале́том, на́чали ста́вить рабо́ты хореогра́фов совреме́нных танцева́льных сти́лей: Баланчи́на, Макми́ллана, Форса́йта, Нойма́йера, Рола́на Пети́. Прихо́д Вишнёвой в Марии́нку совпа́л с появле́нием и́менно этого но́вого репертуа́ра, и молода́я при́ма почти́ с самого нача́ла свое́й театра́льной карье́ры танцева́ла как кла́ссику, так и совреме́нный материа́л.

разнопла́новый — versatile

В после́днее вре́мя, наряду́ с постоя́нной рабо́той в двух крупне́йших теа́трах Росси́и и США, Вишнёва начала́ мно́го рабо́тать в со́бственных прое́ктах. Сама́ балери́на так объясня́ет своё жела́ние вы́йти за ра́мки одного́ или да́же двух теа́тров: «Мои́ возмо́жности станови́лись всё ши́ре, ни оди́н теа́тр не мог бы предоста́вить мне доста́точно разнопла́нового и широ́кого репертуа́ра. Чтобы продолжа́ть расти́, мне потре́бовалась свобо́да, как тво́рческая, так и организацио́нная»[5].

Мно́гие кри́тики сра́внивают стремле́ние Вишнёвой найти́ «свой» репертуа́р с тво́рческими по́исками друго́го просла́вленного арти́ста бале́та, Михаи́ла Бары́шникова. Ведь Бары́шников то́же начина́л свою́ бале́тную карье́ру с традицио́нных роле́й класси́ческого репертуа́ра в Марии́нском теа́тре (кото́рый в сове́тские времена́ называ́лся теа́тром о́перы и бале́та и́мени С.М. Ки́рова). Как и Вишнёва, Бары́шников стреми́лся к тво́рческим эксперименте́нтам, мечта́л танцева́ть в ра́зных жа́нрах и стиля́х. Но вот то́лько в Сове́тском Сою́зе семидеся́тых годо́в тво́рческий репертуа́р, о кото́ром мечта́л Бары́шников, был невозмо́жен. Потому́ в 1974 году́ во вре́мя гастро́лей в Кана́де Бары́шников оста́лся на За́паде, где и провёл бо́льшую часть свое́й жи́зни и бале́тной карье́ры.

В отли́чие от Бары́шникова, кото́рый с двадцати́ шести́ лет танцева́л для за́падной (в основно́м америка́нской) пу́блики, Вишнёва танцу́ет совреме́нный бале́т для росси́йского зри́теля. Для того́, чтобы «включи́ть Росси́ю в танцева́льную карти́ну ми́ра»[6], с 2013 го́да балери́на прово́дит фестива́ль «Context. Диана Вишнёва», на кото́рый ежего́дно съезжа́ются как леге́нды та́нца, так и начина́ющие хорео́графы и танцо́ры. Наприме́р, в ра́мках э́того фестива́ля в 2015 году́ в Москву́ впервы́е прие́хала легенда́рная америка́нская компа́ния Martha Graham Dance Company, и росси́йские зри́тели впервы́е уви́дели бале́ты вели́кой америка́нской модерни́стки на росси́йской сце́не. Так что постоя́нные тво́рческие по́иски Вишнёвой не про́сто формиру́ют её со́бственный репертуа́р, они́ та́кже де́лают её законода́телем мод в ми́ре бале́та, как росси́йского, так и мирово́го.

1   «Диана Вишнёва: Я ни о чём не жале́ю, но ребёнка отда́ть в бале́т не смогу́». *Восток-медиа*, 6 августа 2016 г. http://vostokmedia.com/news/culture/06-08 -2016/diana-vishnyova-ya-ni-o-chyom-ne-zhaleyu-no -rebyonka-otdat-v-balet-ne-smogu

2   Светлана Бондарчук. Интервью с Дианой Вишнёвой, «Хорошо, что муж не стал мои́м фанатом». *Hello! Россия*, 22 ноября 2015 г. http://ru.hellomagazine .com/zvezdy/intervyu-i-video/12529-diana-vishneva -khorosho-chto-muzh-ne-stal-moim-fanatom.html

3   Светлана Бондарчук.

4   Документальный фильм, «Петербург. Современники. Диана Вишнева». *Телеканал «100 ТВ»*, 24 мая 2009 г.

5   Юлия Бедерова. «Диана Вишнева: Художник должен быть в оппозиции своему времени». *Сноб.*, 17 ноября 2015 г. https://snob.ru/selected/entry /100786

6   Богдан Королек. «Сама себе фестиваль: Что смотреть на фестивале „Context. Диана Вишнева“». 20 ноября 2015 г. http://www.colta.ru/articles/theatre /9330?page=2

ПОГОВОРИМ О ПРОЧИТАННОМ

Задание 10.

Правильно или неправильно? Исправьте неправильные утвержде́ния и подробно прокомментируйте правильные. А о чём у вас нет достаточной информации?

1. Будущая прима-балерина родилась в семье художественной интеллигенции. В детстве она часто ходила в театр, где работала её мама.
2. Когда Диане было 6 лет, она поступила в Хореографическое училище имени Агриппины Вагановой.
3. В Ленинграде было несколько балетных студий, в которых готовили артистов балета.
4. Поступить в Вагановское училище было очень сложно.
5. До Вишнёвой гран-при на конкурсе в Лозанне не завоёвывал никто уже много лет.
6. После победы с Лозанне Вишнёва начала танцевать роли в кордебалете Мариинского театра.
7. Много лет Вишнева является примой двух крупнейших театров мира.
8. Интерес к современной хореографии возник у балерины после того, как она начала танцевать в западных театрах.
9. Современный балет в постановках западных хореографов Вишнёва впервые увидела на сайте YouTube.
10. Наряду с работой в двух театрах, Вишнёва также много работает в собственных проектах.
11. Как и Диана Вишнёва, Михаил Барышников большую часть своей карьеры танцевал и в России, и на западе.
12. Великая американская модернистка-хореограф Марта Грэм приезжала в Советский Союз ещё во времена Никиты Хрущёва.

Задание 11.

Ответьте на вопросы.
1. Где и в каком году родилась Диана Вишнёва?
2. Кем были по профессии её родители?
3. Какими танцами девочка начала заниматься в 6 лет?
4. Сколько было лет Диане, когда она поступила в Вагановское училище? С какой попытки она поступила?
5. Объясните, почему было так сложно поступить в Ленинградское хореографическое училище.
6. На какой конкурс ездила Диана Вишнёва в 1994 году? Как прошло её выступление?
7. Когда Вишнёва начала танцевать в труппе Мариинского театра?
8. В каком году она стала примой Американского Театра Балета в Нью-Йорке?
9. В каких ещё странах выступает балерина?
10. Когда балерина заинтересовалась современным танцем? Когда и как Вишнёва впервые увидела современные постановки западных хореографов?
11. Изучала ли Вишнёва современный танец во время учёбы в Вагановском училище? Подробно объясните и приведите примеры из прочитанного.
12. Как назывался Мариинский театр в советские времена?
13. Как вы поняли, можно ли сегодня увидеть Диану Вишнёву в постановках Американского театра балета?
14. Почему Вишнёва решила начать работать в собственных проектах?
15. Объясните, чем творческие поиски Дианы Вишнёвой похожи на поиски Михаила Барышникова. А как вы поняли, в чём различие?
16. Что такое «Context. Диана Вишнёва»? Объясните, почему это событие важно для танцевальной культуры России и всего мира?

Задание 12.

Расставьте эти события из жизни Дианы Вишнёвой в правильном хронологическом порядке. А потом подробно расскажите о каждом из этапов жизни примы-балерины.

___ Работа над собственными авторскими проектами

___ Поездка на Международный конкурс юных артистов балета в Швейцарии

___ Родители записали Диану в кружок танцев во Дворце пионеров

_1_ Диана Вишнёва родилась в Ленинграде в 1976 году.

___ Работа над фестивалем «Context. Диана Вишнёва»

___ Диана пытается поступить в Хореографическое училище имени А. Вагановой

___ Начало карьеры в Мариинском театре

Задание 13.

Выберите правильную форму глагола движения и закончите предложения.

1. Когда Диане было 9 лет, мама решила (отвести — вести — провести) дочь на прослушивание в балетное училище.

2. Через год девочка ещё раз (шла — вышла — пришла) на прослушивание.

3. О том, с какой серьёзностью юная Вишнёва (уходила — выходила — подходила) к учёбе, (идут — ходят) легенды по сей день.

4. Вишнёва (вышла — вошла — перешла) в историю балета как первая российская балерина — лауреат конкурса Prix de Lausanne.

5. В советские времена современный танец не (выходил — вошёл — входил) в программу Вагановского училища.

6. На фестиваль «Context. Диана Вишнёва» каждый год (съезжаются — разъезжаются — сходятся — расходятся) хореографы и танцоры со всего мира.

7. В 2015 году на фестиваль (съезжается — приехала — сходится) легендарная американская компания Martha Graham Dance Company.

Задание 14.

Составьте предложения, не меняя порядок слов.

1. Вишнёва — родиться — в — семья — химики — который — не иметь отношение к — мир — балет.

2. Вишнёва — поступить/поступать в — Академия — русский балет — с — третья попытка.

3. В — академия — будущая балерина — учиться — с — недетское упорство, трудолюбие и целеустремлённость.

4. В 1994 — год — Вагановское училище — отправлять — свои представители — на — конкурс — юные артисты — в — Лозанна.

5. В — Лозанна — Вишнёва — завоевать — два — приз — конкурс.

6. После — победа — в — Лозанна, — Вишнёва — принять — в — балетная труппа — Мариинский театр.

7. Кроме — классический репертуар — Вишнёва — серьёзно — увлекаться — современный балет.

8. В отличие от — Михаил Барышников — который — танцевать — для — западная публика, — Вишнёва — танцевать — для — российский зритель.

Используя информацию статьи, расскажите, что вас больше всего удивило или заинтересовало в биографии Дианы Вишнёвой.

ГОТОВИМСЯ К ЧТЕНИЮ И РАЗГОВОРУ. МИР РОССИЙСКОГО БАЛЕТА

ЗАПОМНИТЕ ЭТИ СЛОВА И ВЫРАЖЕНИЯ

NOUNS

аншла́г — full house
вы́боры — elections
гастро́ли — tour, concert tour
госуда́рство — state
доказа́тельство — proof
значе́ние — meaning, significance
зре́лище — spectacle, show
игру́шка — toy
исключе́ние — exception
мо́да (на что) — fashion (for)
наро́д — people, nation
о́ттепель — the "Thaw" (era of Nikita Khrushchev, following Stalin's death)
пра́вило — rule
прави́тельство — government
свобо́да — freedom
судьба́ — fate

ADJECTIVES

вырази́тельный — expressive
зарубе́жный — foreign
захва́тывающий — captivating, exciting
значи́тельный — significant, considerable
мо́щный — powerful
невообрази́мый — unimaginable
незамыслова́тый — simple, uncomplicated
при́быльный — profitable

VERBS

(кому) **везти́/повезти́** — to have luck, be lucky

вспомина́ть/вспо́мнить — to recall, to recollect
гастроли́ровать — to tour, to go on a concert tour
жа́ловаться — to complain
заслу́шиваться/заслу́шаться — to be mesmerized by listening to something
относи́ться/отнести́сь (к кому, чему) — to treat, to regard
петь (я пою, ты поёшь, они поют) — to sing
подверга́ться/подве́ргнуться цензу́ре — to be censored, to be subject to censorship
появля́ться/появи́ться — to appear
предлага́ть/предложи́ть — to propose, to suggest
преклоня́ться перед (кем) — to worship, to adore
прорыва́ться/прорва́ться — to break through, to burst
рукоплеска́ть (кому) — to applaud
сокраща́ть/сократи́ть — to cut, to reduce
танцева́ть — to dance
уменьша́ть/уме́ньшить на — to reduce by

OTHER

испоко́н веко́в — from the beginning of time
как пра́вило — as a rule
лишь — only, solely
пожа́луй — one might say
при этом — at the same time
совсе́м — altogether

Составьте словосочетания с этими словами:
1. (Кому?) **повезло**: российские театры; советский народ; иностранное правительство
2. **Рукоплескать** (кому? чему?): танцоры Большого театра; захватывающее зрелище; выразительная музыка

3. **Преклоняться перед** (кем? чем?): гениальные постановки русского хореографа

5. **Хорошо относиться к** (кому? чему?): русский народ; новое правительство; судьбы артистов балета

6. **Мода на** (что?): российский балет; зарубежная музыка; невообразимые стили

7. **Влюбиться** (в кого? во что?): русские танцоры Анна Павлова и Вацлав Нижинский

Задание 17.

Слова в контексте. Вставьте подходящие по смыслу слова в правильной форме

> благосостояние • влюбиться • гастролировать
> зарубежные гастроли • железный занавес • могущество • подвергаться цензуре
> правительство • рукоплескать • сократить

1. Российский балет впервые поехал на (foreign tour) _____ в 1908 году.

2. В те годы мир (fell in love with) _____ в русских танцоров и (applauded) _____ их техническому мастерству.

3. Сразу после революции 1917 года советское (government) _____ (cut) _____ бюджеты балетных театров.

5. В СССР балет (was censored) _____ менее других форм искусства.

6. После революции Большой долго не (go on tour) _____ и выехал за (Iron Curtain) _____ только в 1956 году.

ИНТЕРЕСНОЕ СЛОВО: ЗАСЛУШИВАТЬСЯ (ЗАСЛУШАТЬСЯ)

Задание 18.

Прочитайте предложение: «В начале 20 века мир <u>заслушивался</u> музыкой Стравинского». Как вы поняли, что означает глагол «заслушивался»? Verbs that contain за-... -ся usually convey a meaning of "being lost in, mesmerized by an activity." Вот похожие слова: заиграться; задуматься; заговориться; заглядеться. А как сказать по-русски: to be lost in reading; to be lost in dreaming (мечтать)? А что означает слово загуляться? Составьте предложения с этими глаголами.

Задание 19.

Подумайте перед чтением. Одна русская исследовательница недавно провела психолингвистический эксперимент: она попросила 100 американцев закончить предложение «Русские любят...» Вот некоторые из самых частых ответов: «Русские любят водку, книги, музыку, балет, искусство, культуру, холодную погоду, войну»[7].

Попросите своих друзей закончить предложение «Русские любят...» и сравните результаты в классе. Какие стереотипы о России были наиболее частыми? Скажите, а как вы думаете, какие стереотипы о вашей стране существуют в других странах? Как вам кажется, как возникли эти стереотипы?

7 Е.Н. Белая. *Теория и практика межкультурной коммуникации: Учебное пособие.* Москва: Форум, 2011 г.

ГЛАЗАМИ КУЛЬТУРОЛОГА

МИР РОССИЙСКОГО БАЛЕТА

Прочитайте заметку об истории русского балета и узнайте, почему балет «Лебединое озеро» считается одним из самых политизированных балетов в мире.

На протяже́нии почти́ всего́ двадца́того ве́ка бале́т был одни́м из са́мых я́рких си́мволов ру́сской культу́ры. Мно́гие, наве́рно, ду́мают, что о ру́сском бале́те мир зна́л испоко́н веко́в. Это, коне́чно, не совсе́м так. Хотя́ пе́рвые бале́тные спекта́кли и появи́лись в Росси́и ещё в конце́ семна́дцатого ве́ка, в те времена́ о росси́йском бале́те не знал никто́. Импера́торский росси́йский бале́т почти́ не гастроли́ровал, зато́ ча́сто приглаша́л в Росси́ю францу́зских педаго́гов и хореогра́фов.

Мир узна́л о росси́йских танцо́рах то́лько в нача́ле двадца́того ве́ка. Тогда́, в 1908 году́, ру́сский <u>антрепрене́р</u> Серге́й Дя́гилев собра́л «гастро́льную тру́ппу» из лу́чших арти́стов Импера́торских бале́тных теа́тров. Эта тру́ппа ста́ла легенда́рным «э́кспортным» «Ру́сским бале́том» (Ballet russes): тру́ппа гастроли́ровала по Фра́нции, А́нглии и други́м стра́нам Евро́пы. Евро́па влюби́лась в бале́ты «Жар-пти́ца», «Петру́шка», «Шехераза́да», «Весна́ свяще́нная»; рукоплеска́ла тала́нтливым ру́сским танцо́рам А́нне Па́вловой, Ва́цлаву Нижи́нскому и Тама́ре Карса́виной; преклоня́лась перед постано́вками Михаи́ла Фо́кина; заслу́шивалась му́зыкой Никола́я Ри́мского-Ко́рсакова и И́горя Страви́нского. Почти́ на ка́ждом спекта́кле бы́ли невообрази́мые аншла́ги, а имена́ ру́сских хореогра́фов, музыка́нтов и танцо́ров зна́ли все.

Большевики́, кото́рые пришли́ к вла́сти в 1917 году́, снача́ла отнесли́сь к бале́ту доста́точно скепти́чески. Ну́жен ли бале́т, э́та ца́рская «игру́шка», в госуда́рстве рабо́чих и <u>крестья́н</u>? В конце́ двадца́тых годо́в сове́тское прави́тельство да́же предложи́ло закры́ть Марии́нский теа́тр в Ленингра́де. Но оказа́лось, что незамыслова́тые исто́рии бале́тных спекта́клей, я́ркие <u>декора́ции</u> и костю́мы, вырази́тельная му́зыка, пируэ́ты и фуэте́ бы́ли о́чень поня́тными и досту́пными для но́вого сове́тского зри́теля. В результа́те, несмотря́ на то, что по́сле револю́ции мно́гие арти́сты бале́та эмигри́ровали в Евро́пу, теа́тры продолжа́ли рабо́тать, а сам бале́т бы́стро стал ча́стью сове́тской жи́зни и культу́ры.

В тридца́тых года́х двадца́того ве́ка, при Ста́лине, сове́тские хореогра́фы пыта́ются созда́ть но́вый язы́к и стиль сове́тского бале́та. В те го́ды появля́ются так называ́емые "драмати́ческие бале́ты" (а сокращённо дра́мбалеты), мно́гие из кото́рых бы́ли поста́влены на револю́ционные и идеологи́ческие те́мы. Одни́м из таки́х дра́мбалетов был спекта́кль «Пла́мя Пари́жа» на му́зыку Бори́са Аса́фьева. В це́нтре сюже́та — револю́ционная те́ма, а точне́е Вели́кая Францу́зская револю́ция и <u>противостоя́ние</u> револю́ционного наро́да и францу́зской мона́рхии. Премье́ра бале́та прошла́ 7 ноября́ 1932 го́да, когда́ в СССР пра́здновали <u>пятнадцатиле́тие</u> Октя́брьской револю́ции. По́сле премье́ры бале́т шёл с больши́м успе́хом на сце́нах сове́тских теа́тров до середи́ны шестидеся́тых годо́в. С 2008 го́да э́тот бале́т вновь появи́лся на сце́не Большо́го теа́тра.

Искусствове́ды утвержда́ют, что в СССР бале́т подверга́лся цензу́ре ме́нее други́х форм иску́сства. Хотя́ не быва́ет пра́вил без исключе́ний. Пожа́луй, са́мая траги́чная судьба́ у бале́та «<u>Све́тлый руче́й</u>», му́зыку к кото́рому написа́л Дми́трий Шостако́вич[8]. Бале́т расска́зывает о колхо́зе «Све́тлый руче́й», где, по́сле успе́шного <u>сбо́ра урожа́я</u>,

антрепрене́р — продюсер, менеджер, импресарио

крестья́нин — peasant
декора́ция — set

противостоя́ние — opposition, confrontation
пятнадцатиле́тие — 15th anniversary

«Све́тлый руче́й» — *The Bright Stream*
весели́ться — to rejoice
сбор урожа́я — harvesting
фальшь — hypocrisy, falseness

колхо́зники веселя́тся, пою́т и танцу́ют. Бале́т вы́шел на сце́ны Марии́нского и Большо́го теа́тров в 1936 году́. Ста́лин сам посмотре́л э́тот бале́т и... ему́ не понра́вилась ни му́зыка, ни постано́вка, ни ю́мор о сове́тском колхо́зе. В пре́ссе спекта́кль назва́ли «бале́тной фа́льшью». Шостако́вич бо́льше никогда́ не писа́л бале́тной му́зыки, а бале́т «Све́тлый ручей» появи́лся на сце́не Большо́го теа́тра в реда́кции Алексе́я Ратма́нского лишь в 2003 году́[9].

Интере́сно, что по́сле револю́ции 1917 го́да сове́тские бале́тные тру́ппы до́лго не гастроли́ровали. Большо́й теа́тр прорва́лся сквозь «желе́зный за́навес» лишь в 1956 году́, во времена́ о́ттепели Ники́ты Хрущёва. Пе́рвые зарубе́жные гастро́ли теа́тра проходи́ли в А́нглии. С тех пор бале́т стал при́быльным сове́тским э́кспортом: за гастро́ли сове́тских арти́стов бале́та зарубе́жные стра́ны охо́тно плати́ли СССР в валю́те[10]. А вско́ре сове́тские танцо́ры бале́та ста́ли проси́ть полити́ческого убе́жища в за́падных стра́нах. Арти́стов, кото́рые не возвраща́ются с зарубе́жных гастро́лей ста́ли называ́ть «невозвраще́нцами». Пе́рвым «невозвраще́нцем» в 1961 году́ стал Рудо́льф Нури́ев, кото́рый отказа́лся верну́ться в СССР из Пари́жа; в 1970 году́ попроси́ла полити́ческого убе́жища в Великобрита́нии балери́на Ната́лья Мака́рова; в 1974 году́ в Кана́де оста́лся Михаи́л Бары́шников. Все э́ти эмигра́нты- «невозвраще́нцы» остава́лись на за́паде в по́иске тво́рческой свобо́ды, кото́рой в СССР у них не́ было. Но при э́том они́ та́кже сыгра́ли огро́мную роль в разви́тии бале́тного иску́сства на за́паде. Нури́ев 6 лет был дире́ктором прести́жнейшей бале́тной компа́нии, Гранд-О́пера во Фра́нции, а Бары́шников мно́го лет руководи́л тру́ппой Америка́нского бале́тного теа́тра.

Ну и, коне́чно, е́сли бале́т — э́то си́мвол росси́йской культу́ры, то си́мвол росси́йского бале́тного иску́сства — э́то бале́т «Лебеди́ное о́зеро». Премье́ра э́того бале́та прошла́ в Большо́м теа́тре ещё в 1877 году́; э́то был пе́рвый бале́т Петра́ Ильича́ Чайко́вского. С тех пор «Лебеди́ное о́зеро» ста́ло, пожа́луй, са́мым политизи́рованным бале́том в ми́ре. И́менно на «Лебеди́ное о́зеро» ча́ще всего́ води́ли иностра́нные прави́тельственные делега́ции. Легенда́рная сове́тская балери́на Ма́йя Плисе́цкая, кото́рая станцева́ла э́тот бале́т бо́лее восьмисо́т раз в тече́нии тридцати́ лет, с 1947 по 1977 год, с сарка́змом вспомина́ет: «Всех глав иностра́нных госуда́рств води́ли в Большо́й. На бале́т. И всегда́ почти́ — «Лебеди́ное». Фла́ги пове́сят. Ги́мны сыгра́ют. В за́ле свет зажгу́т. Гла́вы из ца́рской, центра́льной ло́жи пу́хленькой ру́чкой москвича́м пома́шут — мир, дру́жба, до́брые лю́ди... И полила́сь лебеди́ная му́зыка Петра́ Ильича́»[11]. Плисе́цкая та́кже вспомина́ет, что Хрущёв жа́ловался ей, что он «уста́л» от «Лебеди́ного», а по ноча́м ему́ сня́тся «бе́лые па́чки вперемёжку с та́нками»[12].

Ну а в восьмидеся́тых года́х двадца́того ве́ка «Лебеди́ное о́зеро» получи́ло ещё одно́ символи́ческое значе́ние. Тогда́ э́тот бале́т стал зна́ком тра́ура по уме́ршему генера́льному секретарю́ коммунисти́ческой па́ртии: «Лебеди́ное о́зеро» пока́зывали по телеви́зору в день сме́рти и Леони́да Бре́жнева, и Ю́рия Андро́пова, и Константи́на Черне́нко. А кульмина́цией полити́ческого символи́зма «Лебеди́ного» стал а́вгустовский путч 1991 го́да. Тогда́ в стране́ случи́лась попы́тка госуда́рственного переворо́та, и по у́лицам Москвы́ шли та́нки. Россия́не жда́ли новосте́й у экра́нов телеви́зоров, а вме́сто новосте́й по всем кана́лам пока́зывали «Лебеди́ное о́зеро». С тех пор э́тот бале́т Чайко́вского стал ещё и си́мволом зама́лчивания ва́жных полити́ческих собы́тий в стране́. А в Росси́и до сих пор шу́тят, что «власть в Росси́и меня́ется не на вы́борах, а то́лько тогда́, когда́ по телеви́зору пока́жут „Лебеди́ное о́зеро"»[13].

Те́мы из «Лебеди́ного о́зера» прозвуча́ли и на откры́тии XXII Зи́мних Олимпи́йских игр 2014 года в Со́чи. Именно под му́зыку Чайко́вского Диа́на Вишнёва танцева́ла совреме́нный та́нец «Го́лубь ми́ра». А вообще́ сам факт, что бале́рины (а не поп-звёзды) открыва́ли Олимпи́йские и́гры в Росси́и, пожа́луй, явля́ется ещё одни́м доказа́тельством того́, что бале́т продолжа́ет остава́ться я́рким си́мволом Росси́и и в два́дцать пе́рвом ве́ке, по кра́йней ме́ре, в пе́рвой его <u>че́тверти</u>.

го́лубь — dove
че́тверть — quarter

8 "Балет в СССР" (реж. М. Диговцов). Эпизод 71 "Сделано в СССР" (МТРК "Мир", 2013 г.)

9 Виктор Ерофеев. "Русский балет". *Радио Свобода* (22 сентября 2007 г.). https://www.svoboda.org/a/413474.html

10 Виктор Ерофеев. "Русский балет".

11 М. Плисецкая. *Я, Майя Плисецкая...* Москва: Новости, 1994 г.

12 М. Плисецкая.

13 Оксана Морозова. «Символ путча и гордость страны. 5 фактов о „Лебедином озере"». *Аргументы и факты*, 4 марта 2017 г.

ПОГОВОРИМ О ПРОЧИТАННОМ

Задание 20.

Правильно или неправильно? Исправьте неправильные утвержде́ния и подробно прокомментируйте правильные. А о чём у вас нет достаточной информации?

1. О русском балете мир знал испокон веков.
2. Императорский российский балет много гастролировал ещё с семнадцатого века.
3. Мода на российский балет началась в 1908 году.
4. Сергей Дягилев был известным танцором балета.
5. Большевики, которые пришли к власти в 1917 году, отнеслись к балету с большим энтузиазмом.
6. В 1917 году Мариинский театр в Петербурге закрыли.
7. Рабочим и крестьянам совсем не понравился балет.
8. Драмбалет — новый балетный стиль, основатель которого — Сергей Дягилев.
9. После распада СССР в 1991 году, в репертуаре Большого театра не было ни одного драмбалета.
10. «Пламя Парижа» — балет с трагической судьбой.
11. «Пламя Парижа» — один из первых балетов Петра Ильича Чайковского.
12. Первые гастроли Большого театра в 1956 году проходили в Бразилии.
13. Гастроли советских балетных театров были прибыльны для СССР.
14. На закрытии XXII Олимпийских игр в Сочи Диана Вишнёва танцевала партию белого лебедя из балета Чайковского.

Задание 21.

Ответьте на вопросы.
1. Как вы поняли, почему «Русский балет» Сергея Дягилева был «экспортной труппой»?
2. Почему большевики сначала отнеслись а балету скептически?
3. Что такое драмбалет? Когда возникла эта форма балета?
4. Как вы узнали, советские драмбалеты часто рассказывали о революционных темах. Приведите пример одного такого балета, о котором вы узнали из прочитанного. О какой революции рассказывал этот балет?
5. Какой композитор написал музыку к балету «Светлый ручей»? Как вы поняли, почему советские театры перестали ставить балет «Светлый ручей» в 1936 году?

6. Как вы поняли, кто такие «невозвращенцы»? Приведите примеры нескольких артистов балета, которые стали «невозвращенцами».

7. Объясните, почему «Лебединое озеро» является одним из самых «политизированных» балетов в мире. Приведите примеры из прочитанного.

8. Скажите, а если Олимпийские игры проходили бы в вашей стране, какие звёзды могли бы принять участие в церемониях открытия и закрытия игр? Как вы думаете, пригласили бы организаторы церемоний балерин? Если да, то каких? Если нет, то как вы думаете, почему нет?

Задание 22.

Соедините имена и названия в левой колонке с соответствующими описаниями в правой (если необходимо, проведите мини-исследование об этих персоналиях в интернете).

1. Сергей Дягилев
2. «Лебединое озеро»
3. Анна Павлова
4. Николай Римский-Корсаков
5. Михаил Барышников
6. «Светлый ручей»
7. Дмитрий Шостакович
8. Адольф Нуриев
9. Игорь Стравинский
10. «Пламя Парижа»

А. Российский композитор девятнадцатого — начала двадцатого века, на музыку которого был поставлен балет «Шахеразада»

Б. Один из советских «невозвращенцев», который стал руководителем труппы Американского Балетного Театра.

В. Известный российский антрепренёр, основатель гастрольной труппы «Русский балет» в начале двадцатого века

Г. Драмбалет, который был запрещён в СССР в 1936 году.

Д. Русский композитор (1882–1971), автор музыки к балетам «Жар-птица», «Петрушка», «Весна священная»

Е. Драмбалет, в центре сюжета которого — хроники Великой Французской революции

Ж. Самый «политизированный» балет в СССР

З. Первый «невозвращенец» из советских артистов балета Известная русская балерина, которая танцевала в

И. труппе Сергея Дягилева Один из известнейших композиторов XX века, который

К. написал музыку только к одному балету

Задание 23.

Поставьте слова в правильную форму и закончите предложения. Прочитайте предложения вслух, обращая внимание на формы числительных.

1. На протяжении (20 век) балет был (один из) ярчайших символов русской культуры.
2. Первые балетные спектакли появились России в конце (17 век).
3. Мир узнал о русских танцорах в начале (20 век).
4. Большевики пришли к власти в (1917 год).
5. К (тридцатые годы) (20 век) советский балет стал символом могущества СССР.
6. Балет «Пламя Парижа» шёл на советских сценах до середины (шестидесятые) годов.
7. С (2008 год) балет «Пламя Парижа» опять появился на сцене Большого театра.
8. Известная балерина Майя Плисецкая станцевала балет «Лебединое озеро» более (800 раз) в течение (3 лет).
9. Плисецкая танцевала «Лебединое озеро» с (1947) по (1977) год.
10. «Лебединое озеро» опять прозвучало на открытии (XXII) Зимних Олимпийских игр.

Скажите, что произошло в мире русского балета в это время.

1. В конце 17-го века...
2. В 1877 году...
3. В начале 20-го века...
4. В 1908 году...
5. В конце двадцатых годов двадцатого века...
6. Во времена Иосифа Сталина...
7. С 1917 по 1956 год...
8. В 2014 году...

Посмотрите на две фотографии. Судя по информации, которую вы узнали в этой главе, как вы думаете, фрагменты каких балетов на них показаны? Подробно объясните, почему вы так решили. Расскажите, что вы узнали об этих балетах из материалов этой главы.

Photographer: Stas Levshin. Photo courtesy of Mikhailovsky Theater

Photographer: Sergei Tyagin. Photo courtesy of Mikhailovsky Theater

СКВОЗЬ ПРИЗМУ СОЦИОЛОГИИ

Прочитайте данные недавних социологических опросов и ответьте на вопросы.

Если ве́рить стереоти́пам, то все россия́не — настоя́щие балетома́ны и регуля́рно хо́дят на бале́т. Так ли э́то? В а́вгусте 2014 го́да анали́тический центр Ю́рия Лева́ды провёл опро́с россия́н о том, что они́ лю́бят де́лать в свобо́дное вре́мя. В опро́се принима́ли уча́стие 1600 челове́к из 134 городо́в, в во́зрасте от 18 лет и ста́рше. Вот отве́ты россия́н: 79% сказа́ли, что в свобо́дное вре́мя предпочита́ют смотре́ть телеви́зор; 61% — что лю́бят проводи́ть вре́мя с семьёй; 47% предпочита́ет ходи́ть в го́сти; 18% опро́шенных игра́ет в компью́терные и́гры; 9% хо́дит в теа́тр, о́перу или на бале́т; 5% хо́дит в рестора́ны и вече́рние клу́бы[14].

А вот Фонд Общественного Мнения спросил москвичей, как часто они бывают в театрах. 46% сказали, что бывают в театре реже, чем раз в год; 14% — раз в несколько месяцев; 4% — несколько раз в месяц[15].

Ну и наконец, в 2008 году Центр ВЦИОМ спросил россиян, интересует ли их балет. Почти половина опрошенных сказали, что почти никогда не посещают балет; 37% — что никогда не были на балете; и только 2% сказали, что ходят на балет раз в год[16]. В опросе 2013 года ВЦИОМ спросил, хотели ли бы россияне ходить на балет чаще. 63% россиян сказали, что не хотят; 27% ответили, что хотели бы[17].

О том, что россияне меньше, чем раньше, интересуются балетом говорит и Алексей Ратманский, который с 2004 по 2009 год был художественным руководителем Большого театра: «балет стал значительно менее популярен, чем раньше... хорошо бы вернуть классический балет в ряд <u>актуальных</u> искусств. Как это было во времена Дягилева».

> **актуальный** — topical, of current interest

14 «Свободное время», пресс-выпуск Левада-центра 22 августа 2014 (https://www.levada.ru/2014/08/22 /svobodnoe-vremya/)

15 «Театральная жизнь москвичей», Фонд общественного мнения 28 апреля 2014 (http://fom.ru /Obraz-zhizni/11482)

16 Опрос ВЦИОМ 11 мая 2008 (https://wciom.ru/zh/print _q.php?s_id=540&q_id=38722&date=11.05.2008)

17 Опрос ВЦИОМ 17 марта 2013 (https://wciom.ru/zh /print_q.php?s_id=899&q_id=62534&date=17.03.2013)

Задание 26.

Ответьте на вопросы.
1. Как вы поняли:
   А. Что россияне больше всего любят делать в свободное время?
   Б. А что они любят делать меньше всего?
   В. Можно ли действительно сказать, что все россияне — балетоманы?
2. Скажите, вас удивили ответы россиян? Если да, что вас удивило больше всего?
3. Скажите, а если бы аналогичные вопросы были бы заданы жителям вашей страны, их ответы отличались бы от ответов россиян? Если да, то каким образом?
4. В группах. Составьте список вопросов о том, как молодёжь вашей страны любит проводить свободное время и как интересуется ли молодёжь балетом. Задайте эти вопросы друзьям и знакомым; сообщите результаты в классе и обсудите их.

ВМЕСТО ЗАКЛЮЧЕНИЯ

Задание 27.

Приготовьте выступление и расскажите о любом артисте балета (не обязательно российском). Какую роль этот артист играет в культуре своей страны? Как его/её карьера похожа на карьеру и работу Дианы Вишнёвой и в чём различия?

Задание 28.

Для тех, кто любит российский балет. Почитайте в интернете и подготовьте сообщение об одном из известных российских артистов балета: Светлане Захаровой, Наталье Осиповой, Иване Васильеве или Ульяне Лопаткиной.

Задание 29.

Представьте, что в вашем городе запланированы гастроли московского Большого театра. Они покажут постановку балета «Пламя Парижа». Пригласите своих друзей на этот балет и расскажите им, почему этот балет нужно обязательно посмотреть.

Задание 30.

Что в материалах этой главы вас больше всего удивило и заинтересовало? Что нового вы узнали о российской культуре?

Задание 31.

Вспомните, какие три вопроса вы хотели задать Диане Вишнёвой до того, как начали читать о её жизни и карьере. Скажите, вы получили ответы на свои вопросы из статей и материалов этой главы? Если да, то ответьте сами на эти вопросы. А если нет, то проведите дополнительное исследование в интернете.

ДЛЯ ТЕХ, КОМУ ИНТЕРЕСНО: ЧТО ЕЩЁ ПОЧИТАТЬ О РОССИЙСКОМ БАЛЕТЕ.

Christina Ezrahi. *Swans of the Kremlin: Ballet and Power in Soviet Russia*. University of Pittsburgh Press, 2012.

Simon Morrison. *Bolshoi Confidential: Secrets of the Russian Ballet from the Rule of the Tsars to Today*. Liveright, 2016.

4 КОНСТАНТИН РАЙКИН И МИР РОССИЙСКОГО ТЕАТРА

Photo courtesy of Российский государственный театр «Сатирикон» имени Аркадия Райкина

Геро́й э́той главы́ собира́лся стать био́логом, но в после́днюю секу́нду переду́мал, и поступи́л в Театра́льный институ́т. К середи́не семидеся́тых годо́в двадца́того ве́ка стал звездо́й сове́тского экра́на, но по́сле па́ры деся́тков успе́шных кино́ — и телепрое́ктов реши́л, что <u>снима́ться в кино́</u> ему́ не интере́сно. Ча́сто со сме́хом расска́зывает, что да́же отве́рг многомиллио́нное предложе́ние сня́ться в фи́льме в Сти́вена Спи́лберга. За свою́ многоле́тнюю карье́ру в легенда́рных моско́вских теа́трах «Совреме́нник» и «Сатирико́н» он сыгра́л огро́мное число́ роле́й. Га́млет, Коро́ль Лир, Сирано́ де Бержера́к, Ри́чард Тре́тий — э́то лишь <u>крохо́тная</u> часть рабо́т в его́ обши́рном театра́льном репертуа́ре. Ита́к, в э́той главе́ речь пойдёт о Константи́не Ра́йкине, самобы́тном и <u>неповтори́мом</u> актёре и худо́жественном руководи́теле теа́тра «Сатирико́н», и́мя кото́рого знако́мо ка́ждому <u>театра́лу</u> в Росси́и.

снима́ться/сня́ться в кино́ — to act in a movie
крохо́тный — tiny
неповтори́мый — unique, inimitable
театра́л — челове́к, кото́рый лю́бит теа́тр

1. Объясни́те, что означа́ют фра́зы многоле́тняя карье́ра и многомиллио́нное предложе́ние. А что означа́ют сле́дующие фра́зы: многовекова́я исто́рия; немногосло́вный челове́к; многоде́тная семья́; многосери́йный фильм?

2. Перечита́йте имена́ персона́жей, кото́рых сыгра́л Константи́н Ра́йкин. Зна́ете ли вы, в каки́х пье́сах э́ти персона́жи появля́ются? Е́сли нет, то проведи́те ми́ни-иссле́дование в интерне́те и отве́тьте на вопро́с.

3. Скажи́те, а вы счита́ете себя́ театра́лом? Объясни́те, почему́ да и́ли нет. Когда́ вы после́дний раз бы́ли в теа́тре?

4. Приду́майте и запиши́те три вопро́са, кото́рые вы бы хоте́ли зада́ть Константи́ну Ра́йкину о его́ карье́ре и рабо́те в теа́тре.

ГОТОВИМСЯ К ЧТЕНИЮ И РАЗГОВОРУ

ЗАПОМНИТЕ ЭТИ СЛОВА И ВЫРАЖЕНИЯ

NOUNS

аншла́г — full house
взрыв — explosion
воспомина́ние — recollection, memory
деся́ток — dozen
драмату́рг — playwright
кули́са — (in a theater) wings
    за кули́сы (куда), **за кули́сами** (где) —
        (in a theater) in the wings, backstage,
        behind the scenes (also figurative)
ли́чность — individual, personality, person
пе́сня — song
помеще́ние — space, room
предложе́ние — offer
пье́са — play
разли́чие — difference
размышле́ние — thought, reflection
режиссёр — (in cinema or theater) director
репети́ция — rehearsal
спекта́кль — play, performance, show
стихотворе́ние (plural: -ия) — poem
сце́на — stage
тень — shadow

ADJECTIVES

безда́рный — talentless
безнра́вственный — immoral
безупре́чный — impeccable, flawless
блестя́щий — brilliant
дли́тельный — long, extended, lengthy
искромётный — flamboyant
незабыва́емый — unforgettable
неповтори́мый — unique, inimitable
одарённый — gifted
подо́бный — similar
самолюби́вый — ambitious, proud
со́вестливый — conscientious
эпата́жный — outrageous, shocking

VERBS

влюбля́ться/влюби́ться (в кого, что) —
    to fall in love
воспринима́ть/восприня́ть — to perceive
вы́глядеть (хорошо, плохо и т.д.) — to look
    (good, bad, etc.)

дели́ться/подели́ться (чем) — to share
(кому) **доводи́ться/довести́сь** + infinitive —
    to happen to, get to do something
испы́тывать/испыта́ть судьбу́ — to try one's
    luck
му́читься — to suffer, to agonize
нака́зывать/наказа́ть — to punish
обма́нывать/обману́ть — to deceive
обожа́ть — to adore
олицетворя́ть — to embody
ослабева́ть/ослабе́ть — to weaken
отверга́ть/отве́ргнуть — to reject, to turn
    down
подводи́ть/подвести́ (кого, что) — to let
    someone down
подража́ть (кому) — to imitate, to copy
    someone
превосходи́ть/превзойти́
    (кого) — to surpass
предоставля́ть/предоста́вить — to provide,
    to allocate
прису́тствовать (на чём) — to attend, to be
    present
разреша́ть/разреши́ть (кому) — to permit,
    to allow
расстра́иваться/расстро́иться — to get
    upset
расширя́ть/расши́рить — to broaden,
    to expand
снима́ться/сня́ться в фильме — to act in a
    film
угова́ривать/уговори́ть (кого) — to con-
    vince, to talk someone into something

OTHER

второстепе́нная роль — supporting role
гла́вная роль — lead role
(кому) **легко́ (тру́дно) дава́ться** — to come
    easily to someone (e.g., a subject in
    school, a language)
на протяже́нии (чего) — over the course of
о́бщее между (кем и кем) — in common
    between
поми́мо — aside from
чрезвыча́йно — extremely

Задание 1.

Найдите антонимы к этим словам:

1. <u>одарённый</u> артист
2. <u>короткие</u> гастроли
3. ненавидеть
4. запрещать

5. <u>бездарный</u> режиссёр
6. другой, непохожий
7. принимать предложение Спилберга

Задание 2.

Составьте словосочетания с этими словами и выражениями:

1. **Влюбиться** (в кого? во что?): одарённый актёр; незабываемый спектакль; блестящая актриса
2. (Кому) **довелось поработать в театре «Сатирикон»**: Константин Райкин; американские режиссёры; одарённые студенты
3. **Подвести** (кого? что?): родина; актёры театра; зрители; художественный руководитель театра
4. **Присутствовать** (на чём?): новый спектакль; шекспировская пьеса; длительные репетиции
5. **Разрешить** (кому? чему?): артисты; художественный руководитель; Константин Райкин
6. **Делиться** (чем?): хорошая новость; незабываемые воспоминания; свои размышления
7. **Различие между** (кем? чем? — и кем? чем?): русские и американцы; главная и второстепенная роль; репетиция и спектакль

Задание 3.

Слова в контексте. Вставьте подходящие по смыслу слова в правильной форме.

> блестящий · делиться · искромётный · на протяжении · незабываемый
> олицетворять · пьеса · размышление · режиссёр · спектакль
> стихи · художественный руководитель · эпатажный

1. Театр «Сатирикон» — один из самых авторитетных и (unforgettable) _____ театров российской столицы.
2. Вот уже (during the course of) _____ нескольких десятилетий, с 1987 года, Константин Райкин — (artistic director) _____ театра «Сатирикон».
3. В репертуаре театра более тридцати (shows) _____, среди которых как классические, так и современные (plays) _____.
4. Есть в репертуаре театра и (brilliant) _____ моноспектакль, в котором Константин Райкин читает (poems) _____ стихи своих любимых поэтов, а также (shares) _____ своими (reflections) _____ о культурной жизни России.
5. В 1988 году (director) _____ Роман Виктюк поставил в «Сатириконе» (shocking) _____ спектакль «Служанки». Этот (flamboyant) _____ спектакль (embodied) _____ начало творческой свободы времён гласности и перестройки.

Ответьте на вопросы.

1. Представьте, что сегодня вечером вы можете пойти в драматический театр на спектакль, в театр на балет, в кинотеатр или на футбольный матч на стадион. Куда вы пойдёте и почему? А как вы думаете, как бы на этот вопрос ответили ваши родители? А ваши друзья? Объясните, почему вы так думаете.

2. Как вы думаете, работа театрального актёра престижна в вашей стране? А работа киноактёра? Как вы думаете, почему да или нет?

ТЕАТРАЛЬНАЯ ТЕРМИНОЛОГИЯ: МОНОСПЕКТАКЛЬ

Как вы, наверно, догадались, в моноспектакле играет один актёр. Моноспектакль потому ещё иногда называют «театр одного актёра» или «спектакль-монолог». Известнейший советский актёр, который работал в моноспектаклях, — это Аркадий Райкин. А с 1998 года в России чрезвычайно популярен моноспектакль «Как я съел собаку» российского драматурга, режиссёра и актёра, Евгения Гришковца. А вам когда-нибудь доводилось видеть моноспектакль? Если да, то расскажите о нём.

КОНСТАНТИН РАЙКИН: БИОГРАФИЧЕСКОЕ ДОСЬЕ

Прочитайте биографию Константина Райкина и узнайте, почему актёр долгое время предпочитал, чтобы никто не знал о профессии его отца.

Константи́ну Ра́йкину довело́сь роди́ться со звёздной фами́лией. И пра́вда, пожа́луй, не́ было ни одного́ челове́ка в Сове́тском Сою́зе, кто бы не знал и́мени его отца, Арка́дия Ра́йкина. «Сове́тский Ча́рли Ча́плин» — искромётный сати́рик, генина́льный и харизмати́чный актёр — Арка́дий Ра́йкин был уника́льнейшей зна́ковой фигу́рой в культу́рной жи́зни СССР. На протяже́нии многих лет, юмористи́ческие моноло́ги Ра́йкина-ста́ршего знал, обожа́л и цити́ровал весь Сове́тский Сою́з. Расска́зывают даже, что Арка́дий Ра́йкин был одни́м из люби́мых арти́стов Ста́лина и Бре́жнева. И вот, в Ленингра́де в 1950 году в семье этого легенда́рного арти́ста и не ме́нее тала́нтливой актри́сы Ру́фи Ра́йкиной и роди́лся сын Ко́стя.

шлейф — train (of a dress; also figurative)
тяну́ться — to stretch out

Как и все сове́тские актёры того вре́мени, Ра́йкины постоя́нно гастроли́ровали. По воспомина́ниям Константи́на Арка́дьевича, гастро́ли роди́телей были дли́тельными и многоме́сячными, потому́ иногда́ они с сестро́й меся́цами жи́ли с ба́бушкой или ня́ней[1]. А ещё он вспомина́ет, что очень ра́но по́нял, что его па́па «какой-то очень знамени́тый челове́к»: ведь когда Ра́йкин-ста́рший и мла́дший шли по у́лице, «у́лица остана́вливала движе́ние, и за па́пой тяну́лся шлейф про́сто невозмо́жного наро́дного обожа́ния»[2].

сле́по — blindly

Коне́чно же, с са́мого ра́ннего де́тства Ко́стю ча́сто води́ли на репети́ции, за кули́сы, на спекта́кли, и в мир теа́тра ма́льчик влюби́лся с де́тства. Потому́ мысль о том, чтобы стать арти́стом, приходи́ла ему в го́лову не раз. Вот только по со́бственному призна́нию, Ко́стя всегда́ был очень самолюби́в и ему никогда́ не хоте́лось сле́по подража́ть отцу́ или всю жизнь быть про́сто «сы́ном Ра́йкина». Каза́лось, что если вы́брать себе́ неактёрскую профе́ссию, то его начну́т воспринима́ть как ли́чность, а не про́сто как сы́на просла́вленного отца́. К тому́ же тала́нтов и интере́сов у ма́льчика было нема́ло, потому́ иска́ть себя́ в ра́зных сфе́рах и профе́ссиях было даже интере́сно.

Например, Ко́сте легко́ дава́лись <u>то́чные нау́ки</u> и он отли́чно учи́лся в физико-математи́ческой шко́ле для одарённых дете́й при Ленингра́дском университе́те. Вспомина́я своё шко́льное де́тство, Константи́н Ра́йкин расска́зывает, что он был «абсолю́тно сове́тским ма́льчиком». Когда́ он пошёл в шко́лу в пе́рвый класс, роди́тели объясни́ли ему́, что е́сли он бу́дет хорошо́ учи́ться, то он о́чень помо́жет свое́й ро́дине. Как говори́т Ра́йкин: «Я был абсолю́тно со́вестливый пионе́р и комсомо́лец, и когда́ я получа́л тро́йку, я ужа́сно расстра́ивался. Меня́ никогда́ роди́тели не нака́зывали, но я му́чился оттого́, что подвожу́ свою́ страну́»[3]. Поми́мо серьёзного изуче́ния фи́зики и матема́тики, Ко́стя мно́го лет занима́лся лёгкой атле́тикой; а ещё увлека́лся биоло́гией и всё свобо́дное вре́мя проводи́л в Ленингра́дском зоопа́рке: помога́л <u>уха́живать за</u> живо́тными, убира́л <u>кле́тки</u>. Ко́стин интере́с к живо́тным был насто́лько силён, что по́сле оконча́ния шко́лы он да́же реши́л поступа́ть на биологи́ческий факульте́т Ленингра́дского университе́та.

Пока́ Ра́йкин-мла́дший гото́вился к <u>вступи́тельным экза́менам</u> в университе́т, его́ роди́тели уе́хали на очередны́е гастро́ли в Чехослова́кию. И тут неожи́данно для всех (и для самого́ себя́) Ко́стя реши́л испыта́ть судьбу́ и попро́бовать поступи́ть в театра́льный институ́т. То́лько не в Ленингра́де, где жи́ли его́ роди́тели, а в Москве́, в Щу́кинское учи́лище. И легко́ поступи́л. Когда́ роди́тели верну́лись домо́й с гастро́лей, сын уже́ не то́лько переду́мал станови́ться био́логом, но и гото́вился к перее́зду в Москву́.

После оконча́ния учи́лища в 1971 году́ Константи́н получа́ет приглаше́ние в тру́ппу моско́вского теа́тра «Совреме́нник». Здесь актёр прорабо́тал почти́ 10 лет и сыгра́л почти́ четы́ре деся́тка блестя́щих роле́й, как гла́вных, так и второстепе́нных, в том числе́ роль Га́млета в одноимённой пье́се Шекспи́ра. Приходи́л ли «звёздный» оте́ц смотре́ть спекта́кли сы́на? Ра́йкин-мла́дший признаётся, что разреши́л отцу́ прису́тствовать на своём спекта́кле то́лько на второ́м году́ рабо́ты в «Совреме́ннике»: «о́чень боя́лся, что зри́тели бу́дут смотре́ть не на Ра́йкина на сце́не, а на Ра́йкина в <u>ло́же</u>»[4]. В э́ти же го́ды Константи́н сня́лся в не́скольких фи́льмах. Одна́ из са́мых незабыва́емых его́ кинорабо́т для сове́тского поколе́ния — гла́вная роль в музыка́льном телефи́льме «Труффальди́но из Берга́мо» (1977) по пье́се италья́нского драмату́рга восемна́дцатого ве́ка Ка́рло Гольдо́ни. Эту <u>коме́дию положе́ний</u> сове́тское телеви́дение пока́зывало не́сколько раз в год, лю́ди зна́ли наизу́сть и цити́ровали фра́зы и пе́сни из фи́льма. В те го́ды актёр на́чал мно́го гастроли́ровать с конце́ртами и моноспекта́клями. Наве́рно именно тогда́ популя́рность Ра́йкина-мла́дшего и начала́ превосходи́ть популя́рность его́ легенда́рного отца́.

Хотя́ головокружи́тельный успе́х «Труффальди́но» Ра́йкину повтори́ть в кино́ не удало́сь, он сня́лся ещё в па́ре деся́тков фи́льмов и телепрое́ктов. А вот с нача́лом два́дцать пе́рвого ве́ка Константи́н Ра́йкин почти́ совсе́м переста́л появля́ться на киноэкра́нах. Он да́же лю́бит расска́зывать о том, как отве́рг многомилио́нное предложе́ние сня́ться в фи́льме у Сти́вена Спи́лберга. Ра́йкин объясня́ет своё нежела́ние рабо́тать в кино́ тем, что в теа́тре

Photo courtesy of Росси́йский госуда́рственный теа́тр «Сатирико́н» имени Арка́дия Ра́йкина

ему гора́здо интере́снее: «В кино монта́ж и компью́терная гра́фика спосо́бны нас обману́ть. На экра́не и безда́рный челове́к мо́жет о́чень непло́хо вы́глядеть, — счита́ет арти́ст. — Я, наве́рное, сего́дня не так популя́рен, как ра́ньше, когда снима́лся. Но э́то мой вы́бор»[5].

А тепе́рь немно́го исто́рии. Как вы уже́ зна́ете, Константи́н Ра́йкин на́чал свою́ карье́ру в Моско́вском теа́тре «Совреме́нник». В 1981 году́ он реши́л перейти́ в Ленингра́дский теа́тр миниатю́р, худо́жественным руководи́телем кото́рого был его́ оте́ц. Ленингра́дская карье́ра Константи́на Ра́йкина была́ недо́лгой, потому́ что теа́тр миниатю́р вско́ре переезжа́ет в Москву́: у Ра́йкина-ста́ршего возни́кли пробле́мы с ленингра́дскими властя́ми, и Ра́йкин-мла́дший уговори́л отца́ перее́хать в столи́цу. В 1987 году́ моско́вский теа́тр Ра́йкина получа́ет но́вое назва́ние «Сатирико́н». В том же 1987 году́ Арка́дий Ра́йкин ушёл из жи́зни, и Константи́н стано́вится худо́жественным руководи́телем «Сатирико́на». Ну а с 1992 года теа́тр «Сатирико́н» но́сит и́мя Арка́дия Ра́йкина, так что по́лное назва́ние теа́тра — Росси́йский госуда́рственный теа́тр «Сатирико́н» и́мени Арка́дия Ра́йкина.

разга́р — height, peak
«Служа́нки» — *«The Maids»*
(French *Les Bonnes*)
уда́р — hit
представле́ние (here) — notion, impression

Арка́дий Ра́йкин со́здал Теа́тр миниатю́р ещё в 1939 году́ как «теа́тр одного́ актёра» — Арка́дия Ра́йкина. О́стрые сатири́ческие моноло́ги-«миниатю́ры» Ра́йкина бы́ли пе́рвыми сове́тскими моноспекта́клями. По́сле сме́рти Ра́йкина-ста́ршего, теа́тру ну́жно бы́ло иска́ть но́вое лицо́ и но́вый репертуа́р. К тому́ же коне́ц 1980-х годо́в в Сове́тском Сою́зе был са́мым <u>разга́ром</u> горбачёвской гла́сности и перестро́йки: тогда́ си́льно осла́бла цензу́ра, теа́тры получи́ли бо́льшую свобо́ду в вы́боре репертуа́ра. Константи́н Ра́йкин на́чал но́вую эпо́ху в жи́зни «Сатирико́на» с постано́вки са́мого сканда́льного спекта́кля конца́ восьмидеся́тых: спекта́кля Рома́на Виктю́ка по пье́се Жа́на Жене́ <u>«Служа́нки»</u>. Спекта́кль вы́шел в 1988 году́ и стал настоя́щей сенса́цией в театра́льной жи́зни Москвы́, да и всего́ Сове́тского Сою́за. Аванга́рдная хореогра́фия, сюрреали́зм, грим в сти́ле япо́нского теа́тра кабу́ки, мужчи́ны в же́нских роля́х — ничего́ подо́бного росси́йский зри́тель до тех пор не ви́дел. Как вспомина́ет исто́рик теа́тра Алексе́й Бартоше́вич: «По́мню свою́ пе́рвую реа́кцию. Они́ игра́ли в „Сатирико́не“. По́мню сильне́йшее впечатле́ние. Я тогда́ по-мо́ему кому́-то из теа́тра сказа́л: „Э́то абсолю́тно безнра́вственно! И абсолю́тно блестя́ще!“ То есть э́то был тако́й уда́р по традицио́нным <u>представле́ниям</u> о мора́льных це́нностях, кото́рый был как взрыв. Прито́м взрыв чрезвыча́йно элега́нтный, безупре́чный эстети́чески»[6].

Photo courtesy of Российский государственный театр «Сатирикон» имени Аркадия Райкина

За эпата́жными «Служа́нками» после́довало мно́жество други́х блестя́щих спекта́клей. Почти́ на всех — неизме́нные аншла́ги. На сце́не «Сатирико́на» идёт как кла́ссика (Молье́р, Шекспи́р, Брехт, Ка́фка, Че́хов), так и эксперимента́льные постано́вки совреме́нных режиссёров и драмату́ргов: Петра́ Фоме́нко, Ро́берта Сту́руа, Ю́рия Буту́сова. Есть в репертуа́ре теа́тра и моноспекта́кль-конце́рт самого́ Константи́на Ра́йкина: в э́том спекта́кле, кото́рый называ́ется «Свои́м го́лосом», Ра́йкин чита́ет стихи́ свои́х люби́мых поэ́тов. А ме́жду стихотворе́ниями расска́зывает зри́телям о жи́зни и су́дьбах поэ́тов, а та́кже де́лится свои́ми размышле́ниями о про́шлом, настоя́щем и бу́дущем Росси́и. А совсе́м неда́вно, в 2017 году́, Константи́н Ра́йкин поста́вил на сце́не своего́ теа́тра пье́су «Ва́ня и Со́ня и Ма́ша и Гвоздь», америка́нского драмату́рга Кри́стофера Дюра́нга[7]. Эта коме́дия, кото́рую Дюра́нг написа́л в 2012 году́, с огро́мным успе́хом шла на Бродве́е, а в 2013 году́ получи́ла пре́мию «Tony». Ра́йкин утвержда́ет, что эта америка́нская пье́са «как ни стра́нно, чрезвыча́йно мно́го расска́зывает о нас сами́х» и пока́зывает, что ме́жду ру́сскими и америка́нцами гора́здо бо́льше о́бщего, «чем разли́чия и антагони́зма»[8].

В 2012 году́ Константи́н Ра́йкин откры́л свою́ со́бственную ча́стную вы́сшую шко́лу сцени́ческих иску́сств. В э́той шко́ле, кото́рая гото́вит но́вое поколе́ние молоды́х арти́стов, Ра́йкин рабо́тает и худо́жественным руководи́телем, и преподава́телем[9]. А театра́льная дина́стия Ра́йкиных продолжа́ется по сей день: ведь с 2011 го́да дочь Константи́на Арка́дьевича, Поли́на, то́же игра́ет в тру́ппе теа́тра «Сатирико́н».

1 «Большие родители: Райкин». *НТВ*, 4 сентября 2016 г.

2 Константин Райкин. «Люди немели при встрече с отцом». *АиФ Суперзвезды* №5, 14 марта 2006 г.

3 Константин Райкин. «А я такой! А я упрямый!» — *ТВ Центр* 8 июля 2015.

4 Константин Райкин. «Люди немели при встрече с отцом».

5 Екатерина Таранова. «Театральный гений Константина Райкина». *KM.ru*, 10 июля 2015 г. http://www.km.ru/stil/2014/06/02/persony-i-ikh-istoriya-uspekha/741455-teatralnyi-genii-konstantina-raikina

6 Алексей Киселев. «15 самых старых спектаклей Москвы и Петербурга, которые все еще можно увидеть». *Афиша*, 2 марта 2015 г.

ПОГОВОРИМ О ПРОЧИТАННОМ

Задание 5.

Кому — Аркадию (А) или Константину (К) Райкину — принадлежат следующие характеристики?

1. Этот актёр олицетворял целую эпоху в культурной жизни СССР. _____
2. Этот актёр работал в легендарном Московском театре «Современник» в семидесятых годах 20-го века. _____
3. Основной репертуар этого актёра — моноспектакли. _____
4. Одна из ролей этого актёра — Гамлет в одноимённой пьесе Шекспира.

   _____
5. Этот актёр был одинм из любимых актёров Сталина и Брежнева. _____
6. Этот актёр отверг многомиллионное предложение сняться в фильме у Стивена Спилберга. _____
7. Этого актёра называли «советский Чарли Чаплин». _____
8. Этот актёр снялся в музыкальном телефильме «Труффальдино из Бергамо».

   _____
9. Этот актёр был художественным руководителем Ленинградского театра миниатюр.

   _____
10. Театр «Сатирикон» носит имя этого актёра. _____

11. Этот актёр стал художественным руководителем театра «Сатирикон» в 1987 году.
12. У этого актёра возникли проблемы с властями Ленинграда. _____
13. Этот актёр — художественный руководитель частной высшей школы сценических искусств. _____

Задание 6.

Правильно или неправильно? Исправьте неправильные утверждéния и подробно прокомментируйте правильные. А о чём у вас нет достаточной информации?

1. Константин Райкин влюбился в мир театра с раннего детства.
2. С детства Константин Райкин знал, что хочет стать актёром, и потому начал готовиться поступать в театральный институт ещё в школе.
3. Родители Кости много времени проводили в Ленинграде и поэтому Костя их видел почти каждый день.
4. В мир театра Константин Райкин влюбился ещё в детстве. Когда мальчик учился в школе, всё своё свободное время он проводил за кулисами или на сцене.
5. Константин Райкин никогда не снимался в кино. По его словам, в кино ему работать не так интересно, как в театре.
6. Советским зрителям не очень понравился музыкальный телефильм «Труффальдино из Бергамо».
7. В 1987 году Константин Райкин стал художественным руководителем театра «Современник».
8. Константин Райкин начал новую эпоху в жизни театра «Сатирикон» в 1988 году со скандального спектакля «Труффальдино из Бергамо».
9. В театре «Сатирикон» в основном идут спектакли по пьесам классических драматургов — Мольера, Шекспира, Чехова.
10. Спектакль «Ваня и Соня и Маша и Гвоздь» дебютировал в конце восьмидесятых годов двадцатого века и был, пожалуй, самым скандальным спектаклем того времени.
11. У Константина Райкина нет детей.
12. Константин Райкин — профессор в государственной школе сценических искусств.

Задание 7.

Ответьте на вопросы.

1. В каком году и где родился Константин Райкин?
2. Кем были по профессии родители Райкина?
3. Объясните, почему фамилию Константина Райкина можно назвать «звёздной».
4. Почему Костя Райкин думал о том, чтобы выбрать «неактёрскую» профессию?
5. Чем увлекался Костя, когда учился в школе?
6. Как вы поняли, в чём различие между театрами Райкина-старшего и Райкина-младшего?
7. Когда и почему театр «Сатирикон» переехал из Петербурга в Москву?
8. Как изменилась жизнь театров во времена перестройки и гласности?
9. Какой из спектаклей — «Служанки» Романа Виктюка, «Ваня и Соня и Маша и Гвоздь» Кристофера Дюранга или моноспектакль Константина Райкина «Своим голосом» — вы бы хотели посмотреть? Объясните, почему, и кратко расскажите, что вы узнали об этом спектакле из прочитанного.

Расставьте эти события из жизни Константина Райкина в правильном хронологическом порядке. А потом подробно расскажите о каждом из этапов жизни актёра.

___ Поступление в институт

___ Постановка пьесы «Ваня и Соня и Маша и Гвоздь»

___ Константин Райкин становится художественным руководителем театра «Сатирикон»

_1_ Константин Райкин родился в семье известного советского актёра Аркадия Райкина

___ Съёмки в кино- и телефильмах

___ Учёба в школе

___ Работа в театре «Сатирикон»

___ Работа в театре «Современник»

Выберите правильную форму глагола движения и закончите предложения.

1. Константин Райкин часто вспоминает, что, когда в детстве они с папой (идут — ходят — шли — ходили) по улице, движение на улице останавливалось.

2. Когда Костя был маленьким, его часто (водили — возили — вели — везли) на репетиции и за кулисы в театр.

3. Мысль о том, чтобы стать артистом, часто (заходила — входила — ходила — шла) ему в голову.

4. Родители Кости часто (уехали — уезжали — приехали — приезжали) на гастроли.

5. Когда Константин Райкин начал работать в театре «Современник», Аркадий Райкин (приходил — пришёл — уходил — ушёл) на спектакли сына достаточно редко.

6. В 1981 году Константин Райкин решил (переходить — перейти — входить — войти) в Ленинградский театр миниатюр.

7. Вскоре театр Аркадия Райкина (переезжает — перевозит — переносит) из Ленинграда в Москву.

8. В 1987 году Аркадий Райкин (вышел — отошёл — ушёл) из жизни.

9. Сегодня театр «Сатирикон» (несёт — носит — нёс) имя Аркадия Райкина.

10. Спектакль Романа Виктюка «Служанки» (вышел — отошёл — ушёл) в 1988 году.

11. На сцене театра «Сатирикон» (водит — идёт — ходит) как классика, так и современные экспериментальные постановки.

12. В 2013 году на Бродвее с большим успехом (ходила — шла — идёт — ходит) комедия Кристофера Дюранга «Ваня и Соня и Маша и Гвоздь».

13. Время (летит — летает — плывёт — ходит) быстро, и сегодня Константин Райкин — уже профессор собственной школы сценических искусств.

Dative case. Поставьте слова в правильную грамматическую форму и закончите предложения.

1. (Константин Райкин) довелось родиться со звёздной фамилией.

2. (Одарённый мальчик) часто в голову заходила мысль о том, чтобы стать артистом, но при этом (он) очень не хотелось подражать отцу.

3. (Ребёнок) легко давались точные науки.

4. Костя Райкин серьёзно готовился к (вступительные экзамены) на биологический факультет.

5. Спектакль «Служанки» был ударом по (традиционные представления) о моральных ценностях.

6. Спектакль «Служанки» был поставлен по (блестящая пьеса) французского драматурга Жана Жене.

7. Зрители долго аплодировали (незабываемый моноспектакль) Константина Райкина.

8. (Советские зрители) чрезвычайно нравился фильм «Труффальдино из Бергамо» с Константином Райкиным в главной роли.

Задание 11.

Исследование в интернете. Посмотрите сайт театра «Сатирикон» (www.satirikon.ru) и скажите, какие спектакли идут в театре на этой неделе. Какие спектакли вы бы хотели посмотреть и почему?

Задание 12.

Прочитайте отрывки из интервью с Константином Райкиным. Используя информацию из биографического эссе, объясните своему русскоговорящему другу, который не знаком с творчеством Райкина, о чём говорит актёр.

1. «Многие меня видели только в кино, большинство меня вообще знают только как сына Райкина, а на самом деле я театральный артист»[10].

2. «В каком жанре работал отец? Его жанр так и назывался — Аркадий Райкин. Он и ушёл вместе с ним. Эта ниша сегодня пуста»[11].

3. «Виктюку я очень благодарен, потому что он сделал для нас первый после смерти папы невозможно успешный спектакль. Просто триумфальный»[12].

10 Елена Егерева. «Правила жизни Константина Райкина». *Esquire*, 31 марта 2015 г. https://esquire.ru /wil/konstantin-raykin

11 Анастасия Скорондаева. «Сын за отца отвечает». *Российская газета*, 19 октября 2016 г.

12 Карен Маркарян. «Константин Райкин: Жену мне нагадали на Украине». *InfoTOP.lv*, 20 июля 2015 г.

Задание 13.

Используя информацию статьи, расскажите, что вас больше всего удивило или заинтересовало в биографии Константина Райкина.

ГОТОВИМСЯ К ЧТЕНИЮ И РАЗГОВОРУ: МИР РОССИЙСКОГО ТЕАТРА

ЗАПОМНИТЕ ЭТИ СЛОВА И ВЫРАЖЕНИЯ

N O U N S
аре́нда — rent
биле́т — ticket
вложе́ние — investment

вы́года — gain, benefit
дохо́д — income
закры́тие — closure, shutdown
затра́та — cost

нало́г — tax
налогоплате́льщик — taxpayer
опла́та — payment
подде́ржка — support
поле́мика — controversy
предприя́тие — enterprise
расхо́д — expense
сме́лость — courage
содержа́ние — support
сре́дства (plural) — (financial) means
убы́точность — unprofitability
цензу́ра — censorship
ча́стное лицо́ — individual, private party

ADJECTIVES

беспла́тный — free (no charge)
вы́годный — profitable, lucrative
доброво́льный — voluntary
дополни́тельный — additional
дохо́дный — profitable
обремени́тельный — burdensome
убы́точный — unprofitable, "in the red"

VERBS

арендо́вывать/арендова́ть — to rent, to lease
брать/взять на себя́ — to assume, to take upon oneself
возвраща́ть/верну́ть — to return, to pay back
выделя́ть/вы́делить — to allocate

же́ртвовать/поже́ртвовать — to donate
заду́мываться/заду́маться (о чём) — to ponder, think about
запреща́ть/запрети́ть — to ban, to forbid
меша́ть/помеша́ть (кому — чем) — to disturb, to bother someone with something
отста́ивать/отстоя́ть — to defend, to advocate
поднима́ть/подня́ть — to raise
покрыва́ть/покры́ть — to cover
полага́ться/положи́ться (на кого, что) — to rely upon
процвета́ть — to flourish, to blossom
расстава́ться/расста́ться (с кем, чем) — to part with
скла́дываться/сложи́ться — to take shape, to turn out
совмеща́ть/совмести́ть (что с чем) — to combine
справля́ться/спра́виться (с кем, чем) — to manage, to deal with
упомина́ть/упомяну́ть — to mention
хвата́ть/хвати́ть — to be sufficient

OTHER

в све́те (чего) — in light of (also figurative)
на гра́ни (чего) — on the verge of
напряму́ю — directly
неизбе́жно — inevitably
по́лностью — fully, in full
факти́чески — in fact, practically

Задание 14.

Какое слово или словосочетание лишнее?

1. затрата, налог, расход, убыточность, цензура
2. брать на себя затраты театра, выделять средства, пожертвовать театру крупную сумму, уволить режиссёра
3. билеты в театр, вложение капитала, выгода, доход
4. выгодное предприятие, доходная фирма, обременительная оплата
5. закрытие театра, запретить пьесу, проходить цензуру, процветать, уволить режиссёра
6. аренда здания, заработки труппы театра, затраты на премьеру, оплата новых костюмов, полемика о свободе творчества

Задание 15.

Посмотрите на слова, приведённые выше, и закончите пары.

1. выгода — выгодный; доход — _____; _____ — смелый; _____ — убыточный; дополнение — _____

2. аренда — арендовать; _____ — закрыть; _____ — поддержать; увольнение — _____

3. обременять — обременительный; дополнять — _____

Составьте словосочетания со следующими глаголами:

1. **Возвращать средства** (кому?): город; спонсор; Министерство культуры

2. **Справиться с/со** (кем? чем?): цензура; обременительные затраты; стоимость аренды

3. **Полагаться на** (кого? что?): поддержка государства; дополнительные субсидии; российские театралы

4. **На грани** (чего?): закрытие; убыточность

5. **Расстаться с** (кем? чем?): выгодное предприятие; государственное содержание; заработки

6. **Задуматься** (о ком? о чём?): налогоплательщики; закрытие театра; оплата аренды; убыточность театра

7. **С точки зрения** (кого? чего?): российские налогоплательщики; содержание театра; Министерство культуры

8. **Совместить** (что? — с чем?): государственная финансовая поддержка — свобода творчества; поддержка спонсоров — доходы от продажи билетов

9. **Запретить** (кому? чему?): налогоплательщик; убыточный театр; частные лица; российские предприятия

Слова в контексте. Вставьте подходящие по смыслу слова в правильной форме.

аренда · билет · брать на себя · выгодный · выделять · доход
задуматься · запрещать · затрата · налогоплательщик · поддержка
покрывать · полемика · помещение · предприятие · процветать · расход
с точки зрения · содержание · убыточный · увольнять · частное лицо

Как вы думаете, театр — это (lucrative) _____ (enterprise) _____? Скажем честно, нет. Почти в любом театра мира (costs) _____ на постановку спектакля всегда гораздо выше, чем (profits) _____ от продажи (of tickets) _____. Значит, (from the point of view) _____ бизнеса, театр — это (unprofitable) _____ организация. Как же тогда (flourish) _____ театры разных стран? Дело в том, что театры всего мира получают финансовую (support) _____. В некоторых странах государство (allocates) _____ театрам бесплатное (space) _____, и театрам не нужно платить за (rent) _____. Очень часто театры получают субсидии от (private individuals) _____ или корпораций. В России (support) _____ театров (covers) _____ государство, а точнее российские (taxpayers) _____. Тут, конечно, возникает интересная (controversy) _____. Если государство (assumes) _____ все (expenses) _____ театров, то может быть оно может и диктовать театрам репертуар? Например, может ли Министерство культуры (ban) _____ спектакли или (fire) _____ режиссёров? Вот об этих непростых вопросах мы и (will ponder) _____ в этой главе.

Подумайте перед чтением. Как вы думаете, должно ли государство оказывать финансовую поддержку театров? Объясните своё мнение.

ГЛАЗАМИ КУЛЬТУРОЛОГА

МИР РОССИЙСКОГО ТЕАТРА

Прочитайте заметку и узнайте, интересуются ли сегодняшние россияне театром.

В 2016 году Константин Райкин объявил, что театр «Сатирикон», художественным руководителем которого он является, на грани закрытия. Почему? Дело в том, что здание театра на реконструкции, и труппа «Сатирикона» репетирует и выступает на арендованных сценах. Аренда в Москве стоит чрезвычайно дорого, и театру не справиться с такими расходами. В тот год Министерство культуры Российской Федерации выделило театру Константина Райкина дополнительные фонды, и театр продолжил выступать и даже ставить премьерные спектакли. В свете финансовой ситуации, которая почти привела к закрытию «Сатирикона», давайте задумаемся о том, кто же финансирует театры в России. Выделяет ли государство средства для поддержки театра? Если да, то какие? И может ли театр существовать без государственной поддержки?

По мнению экономистов, театры убыточны в любой стране, а не только в России: без поддержки (частной или государственной) театрам выжить очень сложно. Театров, которые были бы успешны экономически и творчески, в мире очень мало. Как говорит российский экономист Александр Рубинштейн: «Причины убыточности в самом театре... Затраты на производство растут быстрее, чем доходы от продажи билетов. Нормальная ситуация для театра — 25% расходов могут быть покрыты за счёт продажи билетов, а 75% — это другие источники: государственные субсидии, спонсоры»[13]. И действительно, театры во всём мире получают ту или иную финансовую поддержку. В некоторых странах театрам предоставляется бесплатное помещение для репетиций и спектаклей. Часто театры получают специальные государственные гранты, например гранты для молодых режиссёров и драматургов. Во многих странах, вдобавок к государственному финансированию, театры полагаются на субсидии частных лиц или корпораций. При этом часто спонсоры помогают театрам не только из любви к искусству, но и потому, что они напрямую материально заинтересованы в такой помощи: ведь, например, когда банк жертвует деньги театру, он также получает налоговые льготы.

> **тот или иной** — one or another
> **налоговые льготы** — tax breaks, tax exemptions

По разным данным, в России сегодня около восьмисот государственных театров; около ста из них — в Москве. Большинство этих театров государственные. Что это значит? Из ста столичных театров — 88 на бюджете города, а 12 — на федеральном бюджете. Бюджет большинства театров более чем на половину (а иногда и на 70 — 75%) состоит из федеральных или городских средств, т.е. из денег российских налогоплательщиков. Оставшаяся часть бюджета — это доходы от проданных билетов и помощь спонсоров.

Как объясняет директор московского театра имени Вахтангова, Кирилл Крок, без государственной поддержки его театр просто не мог бы выжить. Если театр потеряет государственное финансирование, то он потеряет почти 250 миллионов рублей (примерно 4 миллиона долларов). Откуда взять эти деньги? Либо уволить половину труппы театра, либо поднять цены на билеты. «Тогда стоимость самого дешёвого билета будет не сто рублей ($1.4), а три тысячи ($50). Ну а самого дорогого — 50 тысяч ($800). Сегодня без поддержки не может выжить ни один государственный театрв России»[14]. Похожая ситуация и в театре «Сатирикон» Константина Райкина: в 2016 году театр получил 235 миллионов рублей (примерно 4 миллиона долларов) из федеральных средств, а на продаже билетов заработал около 132 миллиона рублей (примерно 2 миллиона долларов)[15]. Кстати, средства от проданных билетов театры не должны возвращать государству: эти деньги остаются в бюджете театра.

Такое серьёзное государственное финансирование театров в России — отнюдь не постсоветское и даже не советское явление. Указ об учреждении первого в России профессионального театра подписала императрица Елизавета Петровна в 1756 году. Большинство театров тех лет были «казёнными», т.е. финансировались из государственной казны. Были в царской России и городские театры, которые финансировались из бюджета города. В городских и казённых театрах была постоянная труппа, своя сцена и здание — такие театры называются «репертуарными театрами». А ещё в царской России были частные театры и так называемые «антрепризы». У театра антрепризы не было постоянной труппы, и директор театра приглашал для участия в спектаклях актёров из разных театров. Как и сегодня, большую часть российских театров составляли репертуарные театры; к концу девятнадцатого века их в России было около трёхсот[16].

В двадцатом веке советское государство полностью взяло на себя содержание театров. Финансирование театров осуществлялось централизованно — Министерством культуры СССР или министерствами союзных республик. Советские театры считались финансово-убыточными предприятиями, но важными и даже необходимыми инструментами «пропаганды коммунистических ценностей и воспитания граждан»[17]. Как рассказывают историки, «кроме современных советских пьес, в репертуаре театров должны были быть русская классика, пьесы стран социалистического содружества, зарубежная классика и современная зарубежная пьеса... Два раза в год Министерство культуры утверждало репертуар театров. Все пьесы, даже классические, проходили цензуру. Разумеется, новые постановки принимались не всегда»[18].

Вскоре после распада Советского Союза цензура в России была запрещена. Но поскольку большинство театров в России по-прежнему остаются государственными и получают до 70% финансирования из федеральных фондов, то неизбежно встаёт вопрос о цензуре в сегодняшних театрах. Ведь если государство тратит на постановку спектакля миллионы рублей, то может быть оно вправе «заказывать» театру определённый репертуар? Может ли процветать полная свобода творчества на государственные деньги? Именно эти сложные вопросы поднял Константин Райкин в выступлении в октябре 2016 года на съезде Союза театральных деятелей России. Выступление Райкина вызвало мощнейшую полемику в России, а в декабре 2016 года Ассоциация театральных критиков назвала Константина Райкина «Человеком года» «за смелость и бескомпромиссность в отстаивании свободы творчества».

Ну а пока государственные театры обсуждают, как совместить государственное финансирование со свободой творчества, несколько другая ситуация сложилась в частных российских театрах. Негосударственных или частных театров в России около сорока, из них — около двадцати в Москве. Большинство таких театров не имеет постоянного здания, как, например, известнейший московский «Театр.doc», который с 2002 года арендовал подвал в одном из московских домов. Вопрос о заработках в этом театре фактически не стоит: актёры «Театр.doc» играют в основном из любви к искусству, это волонтёры, которые работают на добровольных началах. Упомянем еще один ча́стный теа́тр — «Сту́дия театра́льного иску́сства». Этот теа́тр был со́здан и рабо́тал с 2005-го го́да на сре́дства росси́йского миллиарде́ра и бизнесме́на Серге́я Горде́ева. Оба теа́тра рабо́тают с интере́снейшим материа́лом; оба — лауреа́ты многочи́сленных театра́льных пре́мий. Но самостоя́тельно выжива́ть ча́стным теа́трам о́чень сло́жно: да́же миллиарде́р Горде́ев в 2016 году́ реши́л подари́ть свой теа́тр Росси́йской Федера́ции. Как говоря́т экспе́рты, теа́тр-сту́дия — не са́мое дохо́дное предприя́тие, и расста́ться с ним с фина́нсовой то́чки зре́ния бы́ло вполне́ вы́годно для миллиарде́ра. Ведь и пра́вда, содержа́ние теа́тра мо́жет быть доста́точно обремени́тельным; Горде́ев оце́нивает свои́ затра́ты за 10 лет рабо́ты с теа́тром в со́рок миллио́нов до́лларов[19].

Кста́ти, име́йте в виду́, что в Росси́и спо́нсоры не име́ют никако́й материа́льной вы́годы от оказа́ния фина́нсовой по́мощи теа́трам. В отли́чие от за́падных стран, росси́йские <u>мецена́ты</u> не получа́ют ни нало́говых льгот, ни каки́х-либо други́х вы́год от вложе́ний в теа́тр. Хотя́ вопро́с о мецена́тстве уже́ не́сколько лет обсужда́ется в Госуда́рственной Ду́ме, так что возмо́жно, че́рез не́сколько лет ситуа́ция изме́нится. Ну а вообще́ акти́вная поле́мика вокру́г теа́тров в Росси́и говори́т о том, что сего́дняшние россия́не доста́точно <u>вовлечены́</u> в театра́льную жизнь страны́. И пра́вда, по результа́там опро́са це́нтра ВЦИОМ, в 2016 году́ ка́ждый пя́тый россия́нин (21%) сказа́л, что за после́дний год был в теа́тре хотя́ бы оди́н раз, а почти́ полови́на опро́шенных россия́н (41%) сказа́ли, что хоте́ли бы сходи́ть в теа́тр[20].

мецена́т — benefactor, philanthropist
вовлечён — involved

13 «Дра́ма бюдже́та. Как зараба́тывают теа́тры в Росси́и». *Коммерсант.ru*, 11 июня 2017 г.

14 Анастаси́я Плешако́ва. «Закули́сная бухга́лтерия: Больши́е де́ньги больши́х теа́тров». *Комсомо́льская пра́вда*, 9 ноября́ 2016 г.

15 Анастаси́я Плешако́ва.

16 Влади́мир Меди́нский. «Кто не ко́рмит свою́ культу́ру, бу́дет корми́ть чужу́ю а́рмию». *Изве́стия*, 17 июня 2015 г.

17 Влади́мир Меди́нский.

18 Генна́дий Дадамя́н. «Теа́тр одного́ продю́сера». *Оте́чественные запи́ски* №4 (25), апре́ль 2005 г.

19 Анастаси́я Ля́ликова. «Заче́м миллиарде́р Серге́й Горде́ев подари́л госуда́рству теа́тр Женова́ча». *Forbes*, 14 апре́ля 2017 г.

ПОГОВОРИМ О ПРОЧИТАННОМ

Задание 19.

Пра́вильно или непра́вильно? Испра́вьте непра́вильные утвержде́ния и подро́бно прокоммента́руйте пра́вильные.

1. Теа́тры убы́точны то́лько в Росси́и. В большинстве́ стран ми́ра теа́тры — вы́годные предприя́тия.
2. Все моско́вские теа́тры нахо́дятся на бюдже́те го́рода.
3. По́лное госуда́рственное финанси́рование, а та́кже жёсткий идеологи́ческий контро́ль — типи́чная экономи́ческая моде́ль большинства́ за́падных теа́тров, наприме́р Бродве́я.
4. Без госуда́рственной подде́ржки теа́тры не мо́гут вы́жить.
5. Де́ньги, кото́рые росси́йские теа́тры получа́ют с прода́жи биле́тов, должны́ быть возвращены́ госуда́рству.
6. Большинство́ теа́тров в ца́рской Росси́и бы́ли ча́стными.
7. В СССР теа́тры бы́ли по́лностью на содержа́нии госуда́рства.
8. Росси́йские мецена́ты, кото́рые ока́зывают фина́нсовую по́мощь теа́трам, получа́ют серьёзные нало́говые льго́ты.
9. Сего́дня в Росси́и бо́льше ча́стных, чем госуда́рственных теа́тров.
10. Большинство́ россия́н соверше́нно не интересу́ются театра́льной жи́знью страны́.

Ответьте на вопросы.

1. Как вы поняли, почему в 2016 году театр «Сатирикон» был на грани закрытия?
2. Расскажите, какую форму поддержки оказывают разные страны своим театрам.
3. Объясните, почему спонсоры обычно заинтересованы в том, чтобы помогать театрам.
4. Сколько сегодня в России театров? А сколько театров в Москве? Как вам кажется, это много или мало? Почему вы так думаете?
5. Какая императрица и когда подписала указ об учреждении первого профессионального театра в России?
6. Какой вид театра — репертуарный (р) или театр-антрепризу (а) — описывают эти характеристики:

    А. театр полностью финансируется государством _____

    Б. в театре нет постоянной труппы _____

    В. в театре есть постоянная труппа _____

    Г. у театра есть своя сцена и помещения для репетиций _____

    Д. директор театра приглашает актёров из разных театров для участия в каждой постановке

    А теперь подробно объясните, чем репертуарный театр отличается от театра-антрепризы. Директором какого из этих двух театров вы бы хотели быть и почему?
7. Какие спектакли входили в репертуар советских театров?
8. Когда в России была запрещена цензура?
9. Есть ли сегодня в России частные театры? Если да, то сколько их?
10. Как вы поняли, сколько стоят самые дешёвые билеты в театры Москвы? А самые дорогие? Как вам кажется, билеты в вашей стране стоят дороже? Как вы думаете, если бы билеты в театр в вашей стране были дешевле, люди бы чаще ходили в театр? Объясните, почему вы так думаете.
11. Как вы поняли, что такое «Театр.doc»? В каком году этот театр открылся? У него есть постоянная сцена?
12. Почему миллиардер Сергей Гордеев решил подарить свой частный театр Российской Федерации?
13. А как вам кажется, может ли процветать свобода творчества на государственные деньги? Если государство полностью финансирует театр, может ли оно диктовать театрам репертуар и содержание постановок?
14. Как вы думаете, кто должен финансировать театры? (Государство, частные лица, корпорации, сами театры?) Объясните, почему вы так думаете.

Поставьте слова в правильную грамматическую форму и закончите предложения. Прочитайте предложения вслух, обращая внимание на формы числительных*.

1. В России сегодня около 800 (государственные театры).
2. В 2009 году российские драматические театры поставили 4740 (новые спектакли), в том числе 791 (пьеса) современных российских авторов.
3. Средняя стоимость билета в театр в 2009 году была 2237 (рубль).
4. Доход государственных театров в 2009 году был 35,6 (миллиард рубль); государственное финансирование составило 26,3 (миллиард рубль).
5. В 2012 году спектакли смотрело 33,4 (миллион зритель). А в 2016 году эта цифра выросла на 14%: в театре побывало 38,2 (миллион человек).

6. За последние годы выросло и количество театральных постановок. В 2012 году театры поставили 150 000 (спектакль), а в 2016 году — 171 000.
7. В 2015 году государство выделило федеральным театрам 15 (миллиард рубль). А в 2016 году театры получили дополнительные гранты на сумму 5,6 (миллион рубль).

* Информация за 2009 год цитируется по: «Распоряжение Правительства Российской Федерации от 10 июня 2011 г. №1019-р».

Задание 22.

Глагол «жить» с приставками. Закончите предложения, употребив подходящий по смыслу глагол. Если затрудняетесь с ответом, то проконсультируйтесь со словарём.
1. Театрам во всём мире сложно (выжить — пережить) без финансовой поддержки спонсоров.
2. Многие частные российские театры (оживают — проживают) в крохотных арендованных помещениях.
3. Труппа театра очень (заживала — переживала), когда здание их театра было закрыто на реконструкцию.
4. Как удалось театрам (выжить — пережить) строгую цензуру эпохи сталинизма?
5. Государственным театрам в России (живётся — обживается) неплохо: почти 75% из бюджета — федеральные средства.
6. На сценах театров (выживают — оживают) герои пьес Чехова, Булгакова, Шекспира.
7. Театр получил новое здание и теперь (живётся — обживается).

Задание 23.

Скажите, судя по прочитанному, чем театры России отличаются от театров вашей страны? Подробно объясните и приведите примеры.

Задание 24.

Подробно расскажите, что нового вы узнали о российском театре во времена:
1. царской России
2. Советской эпохи
3. сразу после распада Советского Союза
4. сегодня

Задание 25.

Используя информацию из прочитанного, подробно объясните, какую роль эти люди, даты и явления играют или играли в театральной жизни России.
1. Императрица Елизавета Петровна
2. 1756 год
3. Министерство культуры СССР
4. цензура
5. «Театр.doc»
6. налоговые льготы
7. Сергей Гордеев

Интернет-исследование №1. Проведите небольшое исследование в интернете и соедините имена известных российских актёров и режиссёров с названиями театров, чьими художественными руководителями они являются или являлись. Потом узнайте, к каком городе эти театры находятся.

Театр (город)		Художественный руководитель
1. Малый Драматический театр — Театр Европы ___		А. Константин Райкин
2. «Современник» ___		Б. Евгений Марчелли
3. МХТ имени А. Чехова ___		В. Римас Туминас
4. «Сатирикон» (Москва) _А_		Г. Олег Табаков
5. Театр «Сцена-молот» ___		Д. Лев Додин
6. Театр драмы имени Фёдора Волкова ___		Е. Эдуард Бояков
7. Театр имени Евгения Вахтангова ___		Ж. Галина Волчек

Интернет-исследование №2. В отличие от Бродвея, где на протяжении месяца идёт только один спектакль, в российских театрах каждый месяц можно посмотреть 10–15 разных спектаклей. Давайте посмотрим, так ли это на самом деле.

1. Посмотрите на сайт театра «Сатирикон» (www.satirikon.ru), раздел «Афиша» (playbill). Сосчитайте, сколько разных спектаклей идёт в театре в этом месяце. Какие спектакли вы бы хотели посмотреть и почему?

2. А теперь посмотрите сайт другого московского театра «Современник» (sovremennik. ru). Сколько спектаклей в этом месяце идёт в этом театре? Какие спектакли заинтересовали вас в «Современнике» и почему?

ВМЕСТО ЗАКЛЮЧЕНИЯ

Приготовьте выступление и расскажите о любом известном актёре или актрисе вашей страны. (Если затрудняетесь с театральным актёром, то расскажите о киноактёре). Какую роль этот человек играет в культуре своей страны? Как его (её) карьера похожа на карьеру и работу Константина Райкина и в чём различия?

Скажите, что в материалах этой главы вас больше всего удивило или заинтересовало? Что нового вы узнали о российской культуре?

Вспомните, какие три вопроса вы хотели задать Константину Райкину до того, как начали читать о его жизни и карьере. Скажите, вы получили ответы на свои вопросы из статей и материалов этой главы? Если да, то ответьте сами на эти вопросы. А если нет, то проведите дополнительное исследование в интернете.

ДЛЯ ТЕХ, КОМУ ИНТЕРЕСНО: ЧТО ЕЩЁ ПОЧИТАТЬ О РОССИЙСКОМ ТЕАТРЕ.

Nicholas Rzhevsky. *The Modern Russian Theater: A Literary and Cultural History.* Routledge, 2009.
Недавние спектакли российских театров можно посмотреть на сайте www.stagerussia.com

ВАЛЕНТИН ЮДАШКИН И РОССИЙСКАЯ ИНДУСТРИЯ МОДЫ

5

Photo courtesy of Valentin Yudashkin, yudashkin.com

Платья <u>в ви́де</u> знамени́тых ювели́рных яи́ц Фаберже́, кото́рые впечатли́ли таких мэ́тров мо́ды, как Па́ко Раба́н и Пьер Карде́н. Бо́лее пяти́десяти колле́кций «от кутю́р» (haute couture), назва́ния кото́рых <u>наве́яны</u> истори́ческими эпо́хами, гениа́льными произведе́ниями иску́сства и вели́кими людьми́: «Екатери́на Вели́кая», «А́нна Каре́нина», «Петро́вский бал», «Вру́бель». Худо́жник, создаю́щий костю́мы для изве́стнейших росси́йских поп-звёзд, олимпи́йскую фо́рму для росси́йских спортсме́нов и <u>пара́дные мунди́ры</u> для росси́йской а́рмии. Перед вами Валенти́н Юдашкин, челове́к-бренд, патриа́рх росси́йской мо́ды, чья <u>головокружи́тельная</u> карье́ра начала́сь ещё во времена́ горбачёвской перестро́йки с небольшо́й фи́рмы «Vali-Мо́да», кото́рая ско́ро переросла́ в настоя́щую мо́дную импе́рию.

Photo courtesy of Valentin Yudashkin, yudashkin.com

вид — shape, form
в виде (чего) — in the shape of
наве́янный (чем) — inspired by
пара́дный мунди́р — dress military uniform
головокружи́тельный — dizzying

1. Прочитайте краткую биографию Юдашкина и скажите, Юдашкин начал работать в сфере моды до или после распада Советского Союза? Почему вы так решили? Приведите конкретный пример из прочитанного.

2. А теперь посмотрите на платье, которое Валентин Юдашкин сшил для показа в Париже в 1991 году. Как вам кажется, это платье отличается от того, что люди носят каждый день? Если да, то чем?

3. Придумайте и запишите три вопроса, которые вы бы хотели задать модельеру о его карьере и работах.

ГОТОВИМСЯ К ЧТЕНИЮ И РАЗГОВОРУ

ЗАПОМНИТЕ ЭТИ СЛОВА И ВЫРАЖЕНИЯ

NOUNS

вдохнове́ние — inspiration
вкус — taste (also figurative)
дефици́т — shortage
засто́й — stagnation
о́браз жи́зни — lifestyle
пока́з — show (e.g., fashion show)
потреби́тель — consumer
предпринима́тель — entrepreneur
предприя́тие — company, enterprise
прода́жа — sale
произведе́ние иску́сства — work of art
произво́дство — production, manufacture
путь — path
шеде́вр — masterpiece

ADJECTIVES

безупре́чный — impeccable, flawless
влия́тельный — influential
досту́пный — accessible
изя́щный — refined, delicate, elegant
ка́чественный — of high quality
масти́тый — experienced, veteran
оглуши́тельный — thunderous
однообра́зный — monotonous, drab
оте́чественный — domestic
повседне́вный — casual, everyday
подходя́щий — suitable, appropriate
пусто́й — empty
самобы́тный — distinctive, original
самостоя́тельный — independent

VERBS

вдохновля́ть/вдохнови́ть — to inspire
изобрета́ть/изобрести́ — to invent

корми́ть — to feed
покида́ть/поки́нуть — to leave, to abandon
привлека́ть/привле́чь внима́ние — to attract attention
приходи́ться/прийти́сь (на что) — to fall on (dates, days, occasions)
производи́ть/произвести́ — to manufacture, to make
производи́ть впечатле́ние (на кого) — to make an impression on someone
противоре́чить — to contradict
сочета́ться (с чем) — to go well with, to harmonize with
шить — to sew

OTHER

в том числе́ — including
вдоба́вок (к чему) — in addition to
ведь — after all
вручну́ю — by hand
зачасту́ю — (adv. coll.) frequently
и́менно — precisely
наряду́ (с кем, чем) — along with, together with
по сей день — to this day
по су́ти — in essence
по́просту — simply
причём — at that, moreover
с тех пор — since then
само́ собо́й разуме́ется — it goes without saying
по стече́нию обстоя́тельств — by coincidence
так называ́емый — so called

Сопоставьте фразы и их определения.

1. Безупречный стиль
2. Маститый дизайнер
3. Качественная одежда
4. Доступные цены
5. Оглушительный успех
6. Повседневная
   одежда

А. Одежда, которую можно носить каждый день
Б. Большая популярность
В. Изысканная, элегантная манера одеваться
Г. Дизайнер с большим опытом, который много лет
   проработал в сфере моды
Д. Любой потребитель может купить вещи по таким ценам
Е. Одежда, сшитая из хороших материалов

Задание 2.

Слова в контéксте. Вставьте подходящие по смыслу слова в правильной форме.

> влиятельный · изобрести · изысканный · изящный · маститый
> недоступный · отечественный · показ · производить большое впечатление
> прийтись на · промышленность · само собой разумеется · так называемый

(It goes without saying) _____, информация о западной (fashion)
_____ в Советском Союзе в пятидесятые годы была раритетом. Например,
совсем (inaccessible) _____ были западные модные журналы. А как вы думаете,
приезжали ли в Советский Союз дизайнеры из капиталистических стран? Да, приезжали.
Первый в истории СССР (show) _____ западных моделей одежды (fell on)
_____ времена «Оттепели» Никиты Хрущёва. Дом мод Кристиана Диора стал
первым модным домом, который приехал в СССР. Модели (veteran) _____
дизайнера Кристиана Диора сильно отличались от (domestic) _____ одежды.
На показе 1959 года в Советском Союзе (elegant) _____ и (exquisite)
_____ платья Кристиана Диора (made a big impression) _____ на
советских любителей моды. А (so-called) _____ стиль «нью лук», который
(invented) _____ Диор, оказался очень (influential) _____: скоро
платья, похожие на те, что были показаны французами, начинают появляться на актрисах
в советских фильмах.

Задание 3.

Замените подчёркнутые слова и фразы подходящими синонимами из словаря этой главы.

1. Хорошо известный стереотип о моде в Советском Союзе говорит о том, что в
   магазинах всегда висела <u>монотонная и скучная</u> одежда, <u>сшитая в СССР</u>.
2. Коко Шанель, Кристиан Диор, Пьер Карден — это всё <u>очень известные ветераны</u>
   дизайнеры, а также отличные <u>бизнесмены</u>.
3. Шанель, Диор, Валентино и Версаче уже много лет остаются самыми <u>авторитетными</u>
   домами мод.
4. Валентин Юдашкин шьёт модели высокой моды, а также одежду, <u>которую можно
   носить каждый день</u>.
5. Модели Юдашкина известны во всём мире <u>элегантными</u> силуэтами и <u>оригинальными</u>
   идеями.

Задание 4.

Дополните предложения, употребив подходящий по смыслу глагол в правильной грамматической форме.

вышива́ть — вы́шить • заши́ть — заши́вать • обши́ть — обши́вать
переши́ть — переши́вать • приши́ть — приши́вать • уши́ть — уши́вать

1. В молодости у меня был свитер, который я носил постоянно. Он рвался, а я _____ дырки и снова его одевал.
2. Фабрика «Большевичка» _____ почти весь СССР платьями, пальто и костюмами.
3. Я хорошо помню, как все мои школьные друзья обязательно _____ на советские джинсы «лэйбл» с латинскими буквами — так джинсы приобретали элитарный статус.
4. Как вы, наверно, поняли, модели «от кутюр» шьются вручную. Изысканная вышивка на платьях Валентина Юдашкина — тоже ручная работа, которую _____ десятки мастеров.
5. Советские модницы часто _____ и переделывали одежду, купленную в магазине.
6. Французское платье, приобретённое у спекулянтов, оказалось таким большим, что его пришлось _____.

Задание 5.

Составьте словосочетания со следующими словами:
1. **привлечь внимание** (кого? — чем?): потребители — доступные цены; предприниматель — качественные отечественные материалы; администрация — самобытный дизайн
2. **прийтись** (на что?): эпоха застоя; время дефицита в СССР
3. **произвести впечатление** (на кого?): маститые западные дизайнеры; юный Юдашкин
4. **наряду** (с кем? с чем?): повседневная одежда; безупречный вкус; пустые полки
5. **вдобавок** (к чему?): коллекции «от кутюр»; самобытные произведения искусства

Задание 6.

А как вы думаете? Да или нет? Согласитесь или не согласитесь с этими утвержде́ниями. Подробно объясните свою позицию.
1. Моделирование одежды — это скорее искусство, чем бизнес или промышленность.
2. В моей стране дизайнер одежды — это очень престижная профессия, о которой мечтают многие амбициозные молодые люди.
3. Высокая мода — это игрушка для богатых клиентов; большинство людей никогда не покупают одежду «от кутюр».
4. Сегодня интернет и социальные сети играют важную роль в формировании стиля и модных тенденций.
5. В моей стране отечественные предприятия, которые шьют одежду, почти всегда убыточные. Цены на одежду, сделанную, например, в Китае, всегда более доступные.
6. Для меня в одежде цена и качественный материал важнее, чем «бренд» или имя известного дизайнера, которую эту одежду сшил.

7. Модная одежда всегда говорит о материальном успехе человека. Миллионеры всегда одеваются с безупречным вкусом.
8. «Хорошо выглядеть» можно только в дорогой одежде известных брендов.

ЛИНГВИСТУ НА ЗАМЕТКУ

Задание 7.

Прочитайте заметку о двух французских терминах в русском языке и ответьте на вопросы.

Модели «от кутюр» — эксклюзивные модели, сшитые по правилам и по сертификату Синдиката Высокой Моды. Каждая модель сшита как минимум на 70% вручную; каждая модель — единственная; цена может превышать $100 000. Модели «прет-а-порте» (prêt-à-porter или ready to wear) — массовая модная одежда. Эта одежда сшита на фабрике, хотя модели для неё готовятся известными модельерами.

Скажите: как вы поняли, какая одежда дороже: «от кутюр» или «прет-а-порте»? Что шьётся вручную, а что — на фабрике?

Задание 8.

Подумайте перед чтением. Наверно, большинство из вас слышали имена Шанель, Версаче, Валентино. А вы можете назвать имя хотя бы одного российского дизайнера одежды (конечно, кроме Юдашкина)? Как вы думаете, правильно ли утверждение, что российские бренды и модельеры не достаточно известны в вашей стране? Как вы думаете, почему да или нет?

ВАЛЕНТИН ЮДАШКИН: БИОГРАФИЧЕСКОЕ ДОСЬЕ

А теперь прочитайте биографию Валентина Юдашкина и узнайте, где сегодня можно купить одежду этого модельера.

Путь Валентина Юдашкина в индустрию моды начался, пожалуй, в самое «неподходящее» для этой профессии время: в советскую эпоху. Будущий кутюрье родился в небольшом подмосковном посёлке Баковка в 1963 году, в начале так называемого периода «застоя». В те годы экономика СССР базировалась на централизованном планировании. Гигантский советский бюрократический аппарат контролировал производство и продажу одежды, причём зачастую очень неэффективно. Символом тех лет для большинства потребителей было слово «дефицит» — дефицит многих товаров, и одежды в том числе. Частные предприятия были нелегальны, а частный Дом Моды одного модельера (как, например, Дом Моды Шанель или Кристиана Диора) попросту противоречил советской идеологии. Откуда же возник интерес к дизайну одежды у человека, родившегося в годы, когда мода была просто недоступна массовому советскому потребителю?

Юдашкин часто рассказывает о своём деде, отце матери, который до войны был портным. С фронта дед пришёл без обеих ног и, чтобы прокормить четверых детей, зарабатывал на жизнь шитьём. Может быть именно профессия деда и произвела впечатление на юного Юдашкина: с самого раннего детства мальчик любил не только рисовать, но и шить

кутюрье — fashion designer, couturier
подмосковный — situated near Moscow
посёлок — town, township
товары — goods, merchandise

вешалка — hanger
портной — tailor
лоскут (лоскуток) — patch, rag
полка — shelf
шитьё — sewing

платья для игрушек. Наверно не меньшую роль в развитии творческой фантазии будущего мэтра моды сыграл и тот факт, что его школьные и студенческие годы пришлись именно на время дефицита одежды. «Одеться» в советских магазинах было практически невозможно, просто потому, что <u>полки</u> были пустыми, а на <u>вешалках</u> висела однообразная отечественная одежда. Импортные вещи, конечно, можно было купить у спекулянтов, но цены на них были астрономическими. Как говорит сам Юдашкин: «Денег у меня в семье тогда не очень много было, а выглядеть хотелось хорошо. Надо было что-то изобретать, шил из каждого <u>лоскутка</u>, который попадался под руку»[1]. А перешивал Юдашкин даже свою школьную форму: «ушить, пришить, изменить» было одним из его любимых занятий[2].

После школы Юдашкин поступил в Московский индустриальный техникум на факультет моделирования. Здесь он был единственным представителем <u>мужского пола</u> на курсе: моделирование одежды в Советском Союзе тех лет считалось «немужской профессией». Юдашкин закончил техникум в 1986 году, в начале эпохи перестройки, и получил работу художника в одном из советских министерств. Уже тогда молодой дизайнер начинает самостоятельно работать над своей первой коллекцией моделей, ведь с 1986 года, по <u>указу</u> Михаила Горбачёва, частное предпринимательство в СССР стало легальным. В 1988 году, Юдашкин официально открывает свою первую фирму «Vali-Мода». Показ первой коллекции Юдашкина, состоявшей из 150 платьев, прошёл в 1987 году. А через год модельер представил ещё две коллекции — «Русь изначальная» и «Петровский бал», модели которых были вдохновлены историей и культурой России, а также русскими национальными костюмами. Самобытные работы Юдашкина привлекли внимание пришедших на показ французов, и молодого советского модельера приглашают с показом в Париж.

Имя Юдашкина приобрело мировую известность на его самом первом показе в Париже в 1991 году. Тогда, на Неделе высокой моды, в здании Российского <u>посольства</u> во Франции, российский модельер продемонстрировал свою первую коллекцию «от кутюр». На дебютный показ советского кутюрье пришли маститые модельеры, от Пьера Кардена до Пако Рабанна. Коллекция Юдашкина состояла из платьев, или скорее арт-объектов, <u>стилизованных под</u> шедевры ювелирного искусства, яйца Фаберже. Юдашкин вспоминает, что тот показ был «большой эмоциональной историей — приехать в Париж из Советского Союза, где было ещё темно, где не было разговоров о моде»[3]. И со смехом добавляет: «я приехал с советской <u>наглостью</u> и мыслями: здесь не понравимся — есть же Польша, Болгария, Чехословакия, туда поедем»[4]. Но безупречные силуэты, изящная <u>отделка</u>, <u>насыщенная</u> <u>цветовая гамма</u> и ручная <u>вышивка</u> коллекции были настолько успешны, что Юдашкина тут же приглашают с показами в Лос-Анджелес, Италию и Израиль. А музей костюма Лувра и Калифорнийский музей моды даже покупают несколько моделей «Фаберже» для своих коллекций.

После оглушительного триумфа «Фаберже» российского модельера приглашают вступить в Синдикат Высокой моды. Этот синдикат — самая влиятельная организация в модной индустрии, о которой, наверно, мечтает каждый амбициозный дизайнер. Среди членов синдиката — модные дома Шанель, Диор, Валентино и Версаче. Модный дом Юдашкина — бывшая маленькая фирма «Vali-Мода» — теперь начинает официально называться Домом высокой моды (haute couture). Среди клиентов кутюрье — звёздные имена: от первой леди СССР Раисы Горбачёвой, до легендарной поп-звезды Аллы Пугачёвой и американской актрисы Кэйт Уинслет. В 1997 году, Юдашкиноткрывает свой первый фирменный бутик в Москве, работающий и по сей день. Здесь, наряду с повседневной одеждой, также продаются изысканные ювелирные украшения, джинсы и очки «от Юдашкина», а также открыт свадебный салон.

Само́ собо́й разуме́ется, Юда́шкин навсегда́ войдёт в исто́рию как пе́рвый ру́сский диза́йнер, приглашённый во францу́зский Синдика́т высо́кой мо́ды. По ирони́ческому стече́нию обстоя́тельств, Юда́шкин та́кже стал пе́рвым кутюрье́ в мирово́й исто́рии, кото́рый из э́того Синдика́та вы́шел. Почему́ же Юда́шкин поки́нул столь прести́жную организа́цию? Де́ло в том, что в 1999 году́ Синдика́т объяви́л но́вое пра́вило, в соотве́тствии с кото́рым все уча́стники должны́ бы́ли производи́ть свои́ моде́ли во Фра́нции. Шить пла́тья «от кутю́р» во Фра́нции, а моде́ли повседне́вной оде́жды в Москве́, бы́ло убы́точно. Потому́ кутюрье́ и реши́л поки́нуть э́ту эксклюзи́вную организа́цию. С тех пор Юда́шкин пока́зывает свои́ колле́кции самостоя́тельно, и не то́лько в Пари́же, но и в Ри́ме, Мила́не и Ло́ндоне. А с 1994 го́да Неде́ли высо́кой мо́ды ста́ли проходи́ть и в Москве́.

Photo courtesy of Valentin Yudashkin, yudashkin.com

Сего́дня Дом мо́ды Valentin Yudashkin — э́то настоя́щая мо́дная импе́рия со свои́ми тради́циями и <u>узнава́емым</u> сти́лем. «Визи́тной ка́рточкой» моделье́ра по-пре́жнему остаётся испо́льзование моти́вов из росси́йской исто́рии и культу́ры для созда́ния уника́льных моде́лей совреме́нной оде́жды. Ча́сто в его́ рабо́тах изя́щные <u>кружева́</u> и шёлк сочета́ются с совреме́нными материа́лами. Ну а вдоба́вок к колле́кциям «от кутю́р», Дом мо́ды Юда́шкина выпуска́ет буква́льно всё: от со́лнечных очко́в и де́тской оде́жды, до духо́в и това́ров для интерье́ра. А ещё в спи́ске а́вторских рабо́т Юда́шкина унифо́рмы для «Аэрофло́та», костю́мы для росси́йских олимпи́йских сбо́рных и пара́дная фо́рма для росси́йской а́рмии. Так что мо́жно сме́ло утвержда́ть, что ма́льчик, кото́рый в де́тстве люби́л шить оде́жду для свои́х игру́шек, уже́ бо́льше двух десятиле́тий игра́ет немалова́жную роль в созда́нии сти́ля и о́браза жи́зни россия́н.

узнава́емый — recognizable
кружево — lace

1 Валентин Юдашкин. «Сейчас я скромнее одеваюсь. В студенческие годы носил даже галифе...» *MK.RU*, 14 октября 2013 г. http://www.mk.ru/social/article /2013/10/14/930290-valentin-yudashkin-seychas-ya -skromnee-odevayus-v-studencheskie-godyi-nosil -dazhe-galife.html

2 Валентин Юдашкин. В программе «Сто вопросов к взрослому». *Канал «ТВ-Центр»*, 2006 г. https://www .youtube.com/watch?v=aV7yV5sdl3M

3 Вера Курило. «Корифей русской моды Валентин Юдашкин». *Daily Culture*, июнь 2009 г.

4 Александр Шабуров. Интервью с Валентином Юдашкиным. «В СССР к моде относились как к искусству». *Интервью*, 4 июня 2014 г.

ПОГОВОРИМ О ПРОЧИТАННОМ

Задание 9.

Отве́тьте на вопро́сы.

1. Где и в како́м году́ роди́лся Валенти́н Юда́шкин?
2. В како́й пери́од сове́тской исто́рии роди́лся Юда́шкин?

3. Объясните, почему символом той эпохи для большинства советских потребителей было слово «дефицит»?

4. Скажите, если бы вы жили в Советском Союзе в шестидесятых го́дах, вы бы могли открыть частный Дом мод? Объясните, почему да или нет.

5. Вы согласны с тем, что путь Юдашкина в индустрию моды начался в неподходящее время? Объясните, почему вы там считаете.

6. Кем был по профессии дед Юдашкина (отец его матери)? Как профессия деда повлияла на интересы мальчика?

7. Чем любил заниматься будущий модельер в детстве?

8. Как повлияло на развитие творческой фантазии Юдашкина «время дефицита», на которое пришлись его школьные и студенческие го́ды?

9. Куда поступил Юдашкин после окончания школы?

10. Куда устроился работать Юдашкин после окончания техникума?

11. В како́м году́ вышел указ Михаила Горбачёва о легализации частного предпринимательства в СССР? Как этот указ повлиял на карьеру Валентина Юдашкина?

12. Сколько платьев было в первой коллекции Юдашкина? Как вы думаете, это много или мало?

13. Кто и когда пригласил Юдашкина с показами в Париж в 1991 году́?

14. Показ Юдашкина в Париже был успешен? Почему вы так решили? Приведите конкретные примеры из прочитанного.

15. Юдашкин говорит, что поездка в Париж в 1991 году́ была «большой эмоциональной историей». Как вы думаете, почему? Как вы думаете, что имеет в виду модельер, говоря, что в то время в Советском Союзе «было ещё темно»?

16. Как вы поняли, что такое Синдикат высокой моды?

17. Когда Юдашкин открыл свой фирменный бутик в Москве? Работает ли этот бутик сейчас? Если да, то что можно там купить?

18. Объясните, почему Юдашкин решил выйти из Синдиката высокой моды. Продолжал ли модельер показывать свои коллекции без Синдиката?

19. В биографии Валентина Юдашкина говорится о том, что этот модельер играет немаловажную роль в создании стиля россиян. Судя по информации из прочитанного, вы согласны с этим утверждением? (Аргументируйте свой ответ конкретными примерами авторских проектов Юдашкина.)

Задание 10.

Правильно или неправильно? Исправьте неправильные утвержде́ния и подробно прокомментируйте правильные. А о чём у вас нет достаточной информации?

1. В Советском Союзе в 1960 годы профессия модельера была очень престижна.

2. В СССР частные предприятия были нелегальны.

3. Для большинства российских потребителей символом эпохи перестройки было слово «дефицит».

4. Валентин Юдашкин родился в самом начале горбачёвской перестройки.

5. Дед Валентина Юдашкина пришёл с войны без одной ноги.

6. В Советском Союзе импортную одежду купить было просто невозможно.

7. В техникуме Юдашкин был единственным представителем мужского пола на курсе.

8. На первый показ Юдашкина во Франции пришли многие маститые французские модельеры, такие как Коко Шанель, Кристиан Диор и Пьер Карден.

9. Сегодня модели Юдашкина из коллекции «Фаберже» можно увидеть в музее костюма Лувра и в Калифорнийском музее моды.

10. Юдашкин — первый российский модельер, который вступил во французский Синдикат высокой моды.

Задание 11.

Составьте предложения, не меняя порядок слов.
1. Валентин Юдашкин родился — в — начало — так называемый — период — застой.
2. В те годы мода — был — недоступна — массовый советский потребитель.
3. Немаловажную роль в — развитие — творческая фантазия — будущий мэтр — моды — сыграла — профессия — его — дед. Дед — Юдашкин — был — портной.
4. И в — школа, — и после — школа — Юдашкин — было интересно — экспериментировать — с — одежда.
5. Уже первые коллекции — Юдашкин — привлекли — внимание — французские — модельеры.
6. Во — Франция — Юдашкин — привёз коллекцию — платья — стилизованные под — знаменитые яйца — Карл Фаберже.
7. Юдашкин был — первый — российский — модельер — вошедший в — Синдикат — Высокая — Мода. Он также был — первый модельер — который вышел — из — этот Синдикат.
8. Сегодня — Дом моды Valentin Yudashkin — выпускает — всё: от — солнечные очки и детская одежда — до — духи и товары для интерьера.

Задание 12.

Замените причастия предложением со словом «который».
1. Валентин Юдашкин — известный российский модельер, родившийся и выросший во времена «застоя». — Валентин Юдашкин — известный российский модельер, который родился и вырос во времена «застоя».
2. Показ первой коллекции Юдашкина, состоявшей из 150 платьев, прошёл в 1987 году.
3. Юдашкин открыл свой первый фирменный бутик, работающий по сей день, в 1997 году.
4. Валентин Юдашкин — один из немногих модельеров, регулярно создающих костюмы для Российской Олимпийской сборной.
5. Вячеслав Зайцев, открывший Театр моды в 1982 году, был одним из первых известных советских модельеров.
6. Уникальные силуэты, привлёкшие внимание французов еще в 1991, остаются «визитной карточкой» стиля «от Юдашкина».

Задание 13.

Расставьте эти события из жизни Валентина Юдашкина в правильном хронологическом порядке. А потом подробно расскажите о каждом из этапов жизни художника-модельера.
___ Учёба в школе
___ Дерзкий выход из Синдиката высокой моды
___ Поездка в Париж на Неделю высокой моды с коллекцией «Фаберже»
___ Учёба в Московском индустриальном техникуме на факультете моделирования
_1_ Модельер родился в небольшом подмосковном посёлке Баковка
___ Дом моды Valentin Yudashkin сегодня
___ Окончание техникума и показы первых коллекций
___ Приглашение вступить в Синдикат высокой моды

Подробно расскажите о том, что вас больше всего удивило или заинтересовало в рассказе о Валентине Юдашкине. Приведите конкретные примеры из прочитанного.

Задание 15.

Ваше мнение. В статье, которую вы только что прочитали говорится, что Юдашкин был «единственным представителем мужского пола на курсе», и что в Советском Союзе 70-х и 80-х годов моделирование одежды считалось «немужской профессией». Это, конечно, было почти полвека назад в стране, которой сегодня уже нет. Скажите, а как вы думаете, существуют ли сегодня в вашей стране «мужские» и «женские» профессии? Если да то, по каким критериям можно судить мужская это профессия или женская? Вы можете привести конкретные примеры профессий, в который женщины (или мужчины) занимают лидирующие позиции? Как вам кажется, возможно ли полностью избавиться от гендерной сегрегации в мире профессий?

ГОТОВИМСЯ К ЧТЕНИЮ И РАЗГОВОРУ: КОНТЕКСТЫ РОССИЙСКОЙ МОДЫ

ЗАПОМНИТЕ ЭТИ СЛОВА И ВЫРАЖЕНИЯ

NOUNS

возмо́жность — possibility
вы́бор — choice
граждани́н (plural **гра́ждане**) — citizen
грани́ца — boundary
до́ступ — access
досу́г — leisure
измене́ние — change
обще́ственное мне́ние — public opinion
потребле́ние — consumption
производи́тель — manufacturer
ра́венство — equality
развлече́ние — entertainment
расхо́д — expense
рекла́ма — advertisement
ро́скошь — luxury
ры́нок — market
скро́мность — modesty
сотру́дник/сотру́дница — employee
страсть — passion
това́р — merchandise, goods
тру́дность — difficulty, hardship
удово́льствие — pleasure
цена́ — price
че́тверть — quarter

ADJECTIVES

ве́жливый — polite
круглосу́точный — all-day
относи́тельный — relative, comparative
постепе́нный — gradual
рядово́й — ordinary
удо́бный — comfortable
утоми́тельный — tiresome, exhausting
чрезме́рный — excessive
я́ркий — bright

VERBS

затра́гивать/затро́нуть — to affect
испы́тывать/испыта́ть — to experience
наступа́ть/наступи́ть — to begin, to ensue, to set in (for times, seasons, etc.)
обеспе́чивать/обеспе́чить — to ensure, to guarantee
ослабля́ть/осла́бить — to weaken
осужда́ть/осуди́ть — to condemn
отка́зывать/отказа́ть себе — to deny oneself
отме́тить/отмеча́ть — point out
па́дать/упа́сть — to fall
позволя́ть/позво́лить (себе) — to allow (oneself)

по́льзоваться успе́хом (у кого) — to be successful with

потребля́ть/потреби́ть — to consume

приобрета́ть/приобрести́ — to acquire, to obtain

сокраща́ть/сократи́ть — to reduce, to cut

стоя́ть в о́череди — to stand in line (e.g., at a store)

счита́ть/посчита́ть — to count

тра́тить/потра́тить — to spend

уменьша́ть/уме́ньшить — to reduce

хвата́ть/хвати́ть (на что) — to be enough, sufficient for

O T H E R

в ито́ге — as a result

в те го́ды — in those years

во-вторы́х — in the second place

во-пе́рвых — in the first place

де́ло в том, что — the fact is that

кардина́льно — radically, drastically

Зада́ние 16.

А как вы думаете, что означают эти слова и выражения? Сопоставьте фразы и их определения.

1. полулегальная фирма
2. бренды
3. брендовая одежда
4. брендомания
5. позднесоветское время

А. конец восьмидесятых годов в СССР

Б. одежда модных и известных фирм

В. время, которое наступило после распада СССР

Г. предприятие, которое работает не совсем легально

Д. любовь и даже страсть к известным брендам

Зада́ние 17.

Какое слово лишнее:

1. доход, реклама, рынок, скромность, товар, цена
2. наступать, позволять себе, потреблять, приобретать, тратить
3. гражданин, производитель, развлечение, сотрудник
4. досуг, развлечение, роскошь, удовольствие, четверть
5. ослаблять, пользоваться успехом сокращать, уменьшать

Зада́ние 18.

Слова в конте́ксте. Вставьте подходящие по смыслу слова в правильной форме.

в те годы • во-вторых • во-первых • гражданин • наступить
общественное мнение • относительный • позволять • пользоваться успехом
потребление • приобрести • рядовой • страсть • считать • товары
тратить • чрезмерный

(Public opinion) _____ в СССР утверждало, что (to spend) _____ деньги на одежду неправильно. (First of all) _____, (in those years) _____ у (ordinary) _____ советских людей как правило и не было денег на покупку дорогой одежды. (In the second place) _____, многие советские (citizens) _____ хотели покупать западноевропейские (goods) _____, а не однообразную продукцию фабрики «Большевичка». Ну а западные бренды можно было (acquire) _____ только у спекулянтов. После распада

СССР стиль (of consumption) _____ изменился. Особенно в начале нулевых, когда в российской экономике (began) _____ (relative) _____ стабильность, россияне (allow) _____ себе периодические походы в магазины. Бутики западной одежды начали (to be successful) _____ у многих россиян. Теперь (public opinion) говорило, что (count) _____ деньги неправильно. (Consumption) _____ и даже (excessive) _____ (consumption) _____ стало (passion) _____ многих людей в России.

Задание 19.

Скажите, вы согласны с этими утверждениями? Подробно объясните свою позицию.

1. Хотя большинство моих друзей думают, что походы по магазинам очень утомительны, для меня шопинг — это источник развлечения, досуга и удовольствия.

2. Сегодня моду создают звёзды социальных сетей (например, Инстаграм), а не звёзды кино и телевидения, как это было в 20 веке.

3. В моей стране одежда — это один из самых простых, быстрых и доступных способов демонстрации социального статуса.

4. Если я должен выбрать что-то одно — покупку дорогого автомобиля, покупку дома, поездку за границу или приобретение дорогой одежды — я точно выберу приобретение одежды.

5. Интернет-магазины пользуются большим успехом почти у всех моих друзей. Я думаю, что через 20 лет все фирмы будут продавать свои товары только в интернете.

6. Модная одежда — это роскошь. Если мне надо будет экономить во время серьёзного финансового кризиса я откажу себе именно в покупке модной одежды.

7. Для меня модно одеваться значит...

    А. покупать дорогую и качественную одежду

    Б. приобретать то, что носят мои друзья

    В. покупать «брендовые» вещи известных фирм

    Г. выглядеть ярко и привлекать к себе внимание

    Д. носить вещи, которых ни у кого нет

ГЛАЗАМИ КУЛЬТУРОЛОГА

КОНТЕКСТЫ РОССИЙСКОЙ МОДЫ

А теперь прочитайте заметку о постсоветской российской моде и узнайте, как индустрия моды в России изменилась после распада Советского Союза.

гласить — to state
уровень — level

Вы помните, что сказал Валентин Юдашкин о первом показе своей коллекции на Неделе высокой моды во Франции в 1991 году? «Это была большая эмоциональная история — приехать в Париж из Советского Союза, где было ещё темно, где не было разговоров о моде»[5]. И действительно, в конце 90-х годов в Советском Союзе «индустрии моды» фактически не было. Почему? Как объясняет журналист Анна Рыжова: «Во-первых, СССР испытывал финансовые трудности и не мог обеспечить своим гражданам высокий уровень дохода, которого хватало бы на покупку последних новинок моды. Во-вторых, общественное мнение гласило, что тратить деньги на одежду неправильно»[6].

После распада СССР в 1991 году уровень дохода россиян стал ещё ниже. Может быть вы слышали, что девяностые годы в России вошли в историю под названием «лихие девяно́стые». Как вы ду́маете, почему́? Де́ло в том, что в девяно́стых года́х в Росси́и начали́сь кардина́льные полити́ческие и экономи́ческие рефо́рмы: страна́ переходи́ла от сове́тского централизо́ванного плани́рования к рыночной эконо́мике. Этот перехо́д был о́чень сло́жным, и ситуа́ция в стране́ была́ о́чень нестаби́льная. Начала́сь инфля́ция, рубль обесце́нился. Большо́й пробле́мой ста́ло социа́льное нера́венство: миллио́ны россия́н жи́ли за черто́й бе́дности, но при э́том появи́лся но́вый класс бога́тых бизнесме́нов-«мафио́зи», кото́рых называ́ли «но́выми ру́сскими». Ва́жной ча́стью сти́ля «но́вых ру́сских» был пиджа́к мали́нового цве́та, не́сколько масси́вных золоты́х цепе́й, а та́кже моби́льные телефо́ны. Все э́ти атрибу́ты ру́сских нувори́шей бы́ли для большинства́ россия́н настоя́щей ро́скошью. Бо́лее досту́пной оде́ждой бы́ли спорти́вные костю́мы фи́рмы Adidas, а точне́е их подде́лки, кото́рые полулега́льно ши́ли пря́мо в Росси́и, а купи́ть кото́рые мо́жно бы́ло на ры́нках.

Относи́тельная стаби́льность в росси́йской эконо́мике наступи́ла то́лько в нача́ле два́дцать пе́рвого ве́ка, в нулевы́х года́х. Появи́лся но́вый класс олига́рхов, кото́рые могли́ купи́ть не то́лько дорогу́ю оде́жду за́падных фирм, но и футбо́льный клуб, ювели́рную фи́рму или мо́дный дом. Да и рядовы́е россия́не, в це́лом, получи́ли бо́льший до́ступ к ми́ру мо́ды. В Росси́и на́чали открыва́ться за́падные магази́ны оде́жды и косме́тики, кото́рые на́чали по́льзоваться огро́мным успе́хом у россия́н. В нулевы́х года́х россия́не та́кже ста́ли бо́льше е́здить за грани́цу, а не́которые турфи́рмы да́же на́чали организо́вывать «шо́пинг-ту́ры» в Ита́лию, в Ту́рцию и други́е стра́ны. На таки́х ту́рах, вме́сто традицио́нных музе́ев и теа́тров, тури́стов води́ли по фа́брикам Versace, Armani, Dior, где мо́жно бы́ло купи́ть «бре́ндовую» оде́жду по бо́лее ни́зким це́нам. В то вре́мя в Росси́и в мо́ду вошла́ «брендома́ния», а са́мыми прести́жными бре́ндами счита́лись Dolce & Gabbana, Versace, Chanel, Dior, Louis Vuitton и Hermès[7].

По результа́там социологи́ческих опро́сов нача́ла двухты́сячных годо́в, да́же те россия́не, кото́рые не могли́ позво́лить себе́ поку́пку дорого́й оде́жды эксклюзи́вных бре́ндов, утвержда́ли, что «ста́ли одева́ться лу́чше» по сравне́нию с сове́тским про́шлым[8]. Потребле́ние ста́ло стра́стью большинства́ россия́н. Как пи́шет росси́йский социо́лог Анна Тихоми́рова: «по сравне́нию с дефици́том позднесове́тского вре́мени, „челове́к потребля́ющий" 2000-х годо́в был опьянён вы́бором това́ров, возмо́жностью шо́пинга не как утоми́тельного стоя́ния в очередя́х, а как развлече́ния и досу́га, исто́чника удово́льствия. Ве́жливыми ста́ли продавцы́. С перехо́дом мно́гих магази́нов оде́жды на практи́чески круглосу́точную рабо́ту (осо́бенно в Москве́) измени́лись ри́тмы го́рода, потребле́ние приобрело́ хара́ктер „неограни́ченного"»[8]. Анна Тихоми́рова та́кже отмеча́ет «повы́шенную зна́чимость оде́жды для постсове́тского челове́ка и гото́вность плати́ть за оде́жду больши́е де́ньги (куда́ бо́льше, чем в стра́нах За́падной Евро́пы)». Социо́лог объясня́ет ва́жную роль оде́жды для россия́н не́сколькими причи́нами: «Во-пе́рвых, это компенса́ция сове́тского дефици́та мо́дной оде́жды. Во-вторы́х, оде́жда стано́вится одни́м из са́мых просты́х, бы́стрых и досту́пных спо́собов демонстра́ции социа́льного ста́туса. В-тре́тьих, страте́гия постсове́тского челове́ка «тра́тить де́ньги» кардина́льно отлича́ет тако́й менталите́т от западноевропе́йского. Не счита́ть де́ньги счита́ется в постсове́тской Росси́и хоро́шим то́ном»[9].

Ситуа́ция измени́лась в 2008–2009 года́х, когда́ начался́ мирово́й фина́нсовый кри́зис. Кри́зис, коне́чно же, затро́нул мо́дную индустри́ю и сти́ли потребле́ния не то́лько в Росси́и, но и во всем ми́ре. В 2009 году́ гига́нты fashion-бизнеса (италья́нский мо́дный дом Gianfranco Ferre, францу́зский Cristian Lacroix, неме́цкий Escada) ста́ли объявля́ть о банкро́тстве. Валенти́н Юда́шкин расска́зывает, что в тот год прода́жи его́ До́ма мо́ды упа́ли на 50%[10]. И росси́йские, и за́падные компа́нии закры́ли часть магази́нов, уме́ньшили

лихо́й — dashing
рыночная эконо́мика — market economy
перехо́д — transition
обесце́ниться — to depreciate, go down in value
за черто́й бе́дности — below the poverty line
мали́новый — crimson (lit. raspberry-colored)
золота́я цепь — golden chain
подде́лка — knock off

по сравне́нию (с чем) — in comparison with
опьянённый — intoxicated
исто́чник — source
неограни́ченный — unlimited
повы́шенная зна́чимость — increased significance
гото́вность — readiness
счита́ется — is considered
хоро́ший тон — good form

количество рекламы и сократили часть сотрудников. Многие бренды начали экономить на качестве своей продукции, например работать с более дешёвыми тканями и дизайнами. А некоторые бренды совсем ушли с российского рынка.

Конечно же, мировой рынок одежды постепенно адаптировался к новым экономическим условиям. Но за «кризисные годы» потребители научились контролировать свои расходы. Чрезмерное потребление в России стало осуждаться, брендомания вышла из моды. Как объясняет историк моды Александр Васильев, любой финансовый кризис в первую очередь затрагивает индустрию моды, «потому что мода — это роскошь и первое, в чём люди себе отказывают... Люди начинают носить скромную неяркую одежду, одеваться практично и удобно»[11]. Хотя Васильев добавляет, что интерес к брендам наверняка вернётся в Россию лет через 15–20: «обычно стили меняются через четверть века»[12].

А помните, мы говорили о том, что в 90-х годах многие россияне жили за чертой бедности и что многие носили костюмы Adidas (которые зачастую были дешёвыми подделками)? Так вот именно эстетика 90-х годов вдохновляет многих сегодняшних дизайнеров, особенно тех, кто родился в <u>середине</u> 90-х и был подростком во время «лихих девяностых». Один из самых известных молодых российских дизайнеров, работы которого появляются на показах мод во всём мире, — это москвич Гоша Рубчинский. Рубчинский говорит, что его коллекции <u>вдохновлены</u> ностальгией по российским девяностым годам. Коллекции Рубчинского — это спортивные костюмы и футболки с советскими лозунгами, а также модели, сделанные в сотрудничестве с фирмой Adidas. Первая коллекция Рубчинского вышла в 2008 году, а в 2017 году его одежду носят мировые звёзды шоу-бизнеса Рианна, Канье Уэст, Кайли Дженнер и Джастин Бибер. Сам Гоша говорит, что в мире моды нет границ: «Я не знаю, что такое русская мода. Мне кажется, что давно уже нет этих <u>рамок</u>. Границы открыты, интернет позволяет делать любые вещи. Мы живём в другом времени»[13].

вдохновлён — inspired
середина — middle
рамки (plural only) — limits

5   Вера Курило. «Корифей русской моды Валентин Юдашкин». *Daily Culture*, июнь 2009 г. http://www .dailyculture.ru/stati/litsa/korifey_russkoy_mody_valentin _yudashkin/

6   Анна Рыжова. «Хохлома „от кутюр". Как русские традиции влияют на современную моду». *Аргументы и факты*, 20 мая 2015 г.

7   Алла Мельникова, Филипп Миронов. «„Мюзетта идет за круассаном": Александр Васильев о молодых русских дизайнерах». *Афиша Daily*, 16 января 2015 г.

8   Анна Тихомирова «Советское в постсоветском: Размышления о гибридности современной

российской культуры потребления одежды». *Неприкосновенный запас* №4 (54), 2007 г.

9   Анна Тихомирова

10 Всеволод Бельченко. «Приступ люкса». *Kommersant. ru*, 25 октября 2010 г.

11 Анна Натитник. Интервью с Александром Васильевым, «Мода не может быть повседневной». *Harvard Business Review Россия*, 29 февраля 2016 г.

12 Виктория Юхова. «Огламуренные заживо». *Итоги* №33, 19 августа 2013 г.

13 Александр Горбачёв. «Моё представление о красоте — оно вот такое». *Афиша Daily*, 17 апреля 2013 г.

ПОГОВОРИМ О ПРОЧИТАННОМ

Задание 20.

С каким периодом — советским (с) или постсоветским (п) — ассоциируются следующие характеристики?

1. дефицит модной одежды _____
2. опьяняющий выбор товаров _____
3. «брендомания» _____

4. утомительное стояние в очередях в магазинах одежды _____
5. «шопинг» как развлечение и досуг _____
6. рыночная экономика _____
7. банкротство гигантов модной индустрии, как западных, так и российских

_____

8. вежливые продавцы _____
9. появление класса «новых русских»
10. круглосуточная работа магазинов одежды _____
11. «ограниченный» характер потребления _____
12. шопинг-туры в Италию, Турцию и другие страны _____

Задание 21.

Правильно или неправильно? Исправьте неправильные утверждения и детально прокомментируйте правильные. А о чём у вас нет достаточной информации?

1. Сегодняшние россияне думают, что одевались лучше в восьмидесятых годах двадцатого века.
2. Многие магазины одежды в Москве сегодня открыты 24 часа.
3. Сегодня россияне любят ходить по магазинам.
4. Большинство россиян экономны и не любят тратить деньги на одежду.
5. Мировой финансовый кризис 2008–2009 годов не затронул российские дома мод.
6. После мирового финансового кризиса 2008 года стиль потребления россиян не изменился.
7. Нулевые годы вошли в историю России как «лихие нулевые».
8. «Новые русские» появились в России ещё в советское время.
9. Гоша Рубчинский — позднесоветский дизайнер.
10. В истории постсоветской России не было времени, когда российские граждане жили за чертой бедности.
11. Общественное мнение в Советском Союзе утверждало, что не считать деньги — это хороший тон.
12. В начале нулевых годов многие россияне были готовы платить за одежду гораздо большие деньги, чем жители стран Западной Европы.

Задание 22.

Ответьте на вопросы.

1. Какие серьёзные экономические реформы начались в России в начале девяностых годов двадцатого века?
2. Кто такие «новые русские»? Какие атрибуты были важной частью их стиля? Как вы поняли, одежда и аксессуары, которую носили «новые русские» была доступно всем рядовым россиянам?
3. Какая одежда пользовалась популярностью у рядовых россиян в девяностых годах?
4. Как вы поняли, почему девяностые годы в России назывались «лихими»? Приведите конкретные примеры из прочитанного.
5. Когда наступила относительная стабильность в российской экономике?
6. Как вы поняли, что такое «шоппинг-туры»? Скажите, а вы бы хотели поехать в такой тур? Подробно объясните, почему да или нет.
7. Расскажите, как мировой финансовый кризис затронул модную индустрию. Приведите конкретные примеры из прочитанного.

8. Почему, по мнению социологов, одежда так важна для постсоветских граждан России?

9. Когда «брендомания» вошла в моду в России? А когда «брендомания» из моды вышла? Как вы поняли, почему это произошло?

10. Как вам кажется, в вашей стране сегодня «брендомания» в моде? Почему вы так думаете? А какие бренды пользуются наибольшим успехом у студентов в вашей стране?

11. Объясните, как вы понимаете понятие «человек потребляющий». Как вы поняли, когда эта категория людей появилась в России? Приведите конкретные примеры из прочитанного.

12. Кто такой Гоша Рубчинский? Что является вдохновением для его коллекций?

13. Как вы прочитали, Гоша Рубчинский считает, что сегодня нет «русской моды» или «британской моды». По его мнению, сегодня в мире моды нет границ, эти границы открыл интернет. Согласитесь или не согласитесь с мнением Рубчинского: есть ли географические границы в мире моды? Как вы думаете, молодёжь в разных регионах вашей страны носит похожие вещи? Если вы бывали в других странах, заметили ли вы разницу в стилях, популярных в вашей стране и в других странах? Подробно объясните.

Задание 23.

Review of verbs of motion. Выберите правильную форму глагола и закончите параграф.

1. Одежду Гоши Рубчинского (несут — носят) мировые звёзды шоу-бизнеса.

2. В 2008 году, когда начался мировой финансовый кризис, «брендомания» в России (выходила — вышла) из моды.

3. Из-за кризиса, многие фирмы объявили о банкротстве, а многие совсем (уходили — ушли) с российского рынка.

4. В начале девяностых годов в России (шли — ходили) радикальные экономические и политические реформы.

5. В начале девяностых в России в моду (вошли — вышли) спортивные костюмы фирмы Adidas.

6. В 1991 году Валентин Юдашкин (приехал — переехал) из Советского Союза во Францию со своей коллекцией «Фаберже».

7. После распада Советского Союза Россия долго и сложно (переходила — перешла) от централизованного планирования к рыночной экономике.

8. В нулевых годах россияне стали больше (ехать — ездить) за границу.

9. В те годы многие турфирмы организовывали «шоппинг-туры», когда вместо традиционных музеев и театров, туристов (водили — ходили) по фабрикам известных брендов.

10. В нулевых годах многие магазины (перешли — переехали) на круглосуточную работу.

Задание 24.

Подробно расскажите о том, что вам больше всего удивило или заинтересовало в статье об эволюции моды в постсоветской России. Приведите конкретные примеры из прочитанного.

Посмотрите на две фотографии. На одной вы видите платье от Валентина Юдашкина. На другой — примеры молодёжной уличной моды, которые фотограф Тодд Принс увидел на улицах Москвы. Ответье на вопросы:

1. Какие характеристики вы ассоциируете с моделями Юдашкина, а какие — с молодёжной уличной одеждой?

   А. изысканная вышивка

   Б. повседневная одежда

   В. стиль унисекс

   Г. ностальгия по девяностым годам

   Д. безупречные детали и отделка

   Е. ностальгия по царской России и 19-му веку

   Ж. удобная и практичная одежда

   З. неплохой вариант для <u>выпускного вечера</u> (prom)

   И. чрезмерная роскошь

   Й. настоящее произведение искусства

2. Скажите, какая одежда — молодёжная уличная или модели Валентина Юдашкина — пользовались бы большим успехом у студентов вашей страны? Подробно объясните, почему вы так думаете.

3. Ваш русский друг никогда не слышал о работах Валентина Юдашкина. Объясните ему/ей, что такое стиль «от Юдашкина» и чем этот стиль отличается от молодёжного уличного стиля.

Photo courtesy of Valentin Yudashkin, yudashkin.com

Photo courtesy of Todd Prince, toddprincephotography.com

Задание 26.

Как вы поняли, первая коллекция Валентина Юдашкина была стилизована под шедевры ювелирного искусства, яйца Фаберже. Используя ключевые слова «яйца Фаберже», проведите небольшое исследование в интернете и закончите предложения.

1. Карл Фаберже был...

   А. российским ювелиром

   Б. российским модельером одежды

   В. российским поэтом

   Г. российским художником

2. В коллекции Фаберже...

   А. 54 яйца

   Б. 71 яйцо

   В. 140 яиц

   Г. неизвестное количество яиц

3. Карл Фаберже создал коллекцию яиц...

   А. в восемнадцатом веке

   Б. в начале девятнадцатого века

   В. в конце девятнадцатого — начале двадцатого века

   Г. в Советском Союзе

4. Первое яйцо Фаберже было создано в...

   А. 1917 году

   Б. 1885 году

   В. 2017 году

   Г. 1875 году

5. Первым российским императором, который заказал ювелирное яйцо в качестве подарка своей жене на Пасху (Easter) был...

   А. Пётр I

   Б. Николай I

   В. Александр III

   Г. Николай II

Photo courtesy of Valentin Yudashkin, yudashkin.com

СКВОЗЬ ПРИЗМУ СОЦИОЛОГИИ

Задание 27.

**вводить/
ввести** — to introduce
потеря — loss

Посмотрите данные опроса центра ВЦИОМ о том, считают ли россияне, что в школах нужно <u>ввести</u> школьную форму. Ответьте на вопросы:

1. Большинство россиян за или против введения школьной формы? Какой процент проголосовал «за», а какой «против»?

2. Скажите, а как бы вы ответили на вопросы ВЦИОМ? Подробно прокомментируйте своё мнение; если можете, приведите конкретные примеры или контраргументы.

   А. Как вы думаете, школьная форма обеспечивает социальное равенство или, наоборот, ведёт к потере индивидуальности?

   Б. Школьная форма — это экономия бюджета для родителей или, наоборот, лишние расходы?

   В. Школьная форма — это красиво или, наоборот, неудобно и некрасиво?

   Г. Как вы считаете, у школьников должен быть выбор того, что они носят в школу или, наоборот, школьная форма дисциплинирует и организует детей?

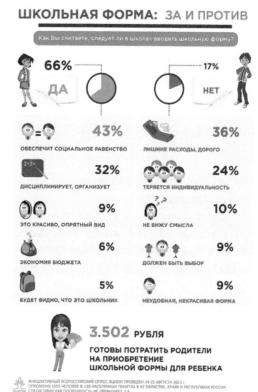

Infographics courtesy of Всероссийский центр изучения общественного мнения (ВЦИОМ)

ВМЕСТО ЗАКЛЮЧЕНИЯ

Задание 28.

Посмотрите последний номер журнала моды вашей страны и скажите, какие тенденции и стили в сегодняшней одежде вам нравятся и не нравятся.

Задание 29.

В группах. Составьте список вопросов о модных предпочтениях молодёжи вашей страны. Задайте эти вопросы друзьям и знакомым; потом сообщите результаты в классе и обсудите их.

Задание 30.

Приготовьте выступление и расскажите о любом известном дизайнере одежды или историке моды. Какую роль этот человек играет в культуре своей страны? Как его (её) карьера похожа на карьеру и работу Валентина Юдашкина и в чём различия?

Задание 31.

Скажите, что в материалах этой главы вас больше всего удивило или заинтересовало? Что нового вы узнали о российской культуре?

Вспомните, какие три вопроса вы хотели задать Валентину Юдашкину до того, как начали читать о его жизни и карьере. Скажите, вы получили ответы на свои вопросы из статей и материалов этой главы? Если да, то ответьте сами на эти вопросы. А если нет, то проведите дополнительное исследование в интернете.

ДЛЯ ТЕХ, КОМУ ИНТЕРЕСНО: ЧТО ЕЩЁ ПОЧИТАТЬ О РОССИЙСКОЙ И СОВЕТСКОЙ МОДЕ.

Karina Dobrotvorskaya and Alexey Tarkhanov. *Valentin Yudashkin: 25 Years of Creation*. New York: Abrams, 2013.

Александр Васильев. *Этюды о моде и стиле.* Москва: Глагол, 2007 г.

Kseniya Gusarova. "The Deviant Norm: Glamour in Russian Fashion." *kultura* 6, December 2009.

Christine Ruane. *The Empire's New Clothes: A History of the Russian Fashion Industry, 1700–1917.* New Haven, CT: Yale University Press, 2009.

КСЕНИЯ СОБЧАК И МИР РОССИЙСКОГО ГЛАМУРА

6

Пресс-служба Президента России — http://www.kremlin.ru /events/president/news/56378/photos /51768

рекла́мный щит — billboard
гля́нцевый — glossy
о́браз — image
све́тская льви́ца — socialite
де́ятель — activist, figure, agent
противоречи́вый — contradictory
неоднозна́чный — ambiguous

Для многих россиян Ксения Собча́к — оди́н из са́мых зна́ковых персона́жей нулевы́х годов. Казалось, что в нача́ле 21 века фотогра́фии «ру́сской Пэ́рис Хи́лтон» можно было уви́деть в любо́й то́чке любо́го го́рода. На <u>рекла́мных щита́х</u>. На обло́жках <u>гля́нцевых</u> журна́лов. Сканда́льные материа́лы о ней появля́лись в жёлтой прессе почти́ ка́ждый день. Во всех кио́сках продава́лись её кни́ги о красоте́ и мо́де. Она вела́ не́сколько популя́рных програ́мм на развлека́тельном телеви́дении... А потом, где-то году в 2011, <u>о́браз</u> Собча́к измени́лся. По да́нным социологи́ческих опро́сов 2012 года, 90% россиян счита́ют бы́вшую <u>све́тскую льви́цу</u> са́мым узнава́емым оппозицио́нным <u>де́ятелем</u> России. О Собча́к заговорили как о полити́ческом журнали́сте, откры́то выступа́ющим про́тив режи́ма и российского прави́тельства. А в 2018 году Собча́к даже была́ одни́м из кандида́тов на пост российского президе́нта. Как же произошла́ така́я трансформа́ция? В этой главе мы поговори́м о Ксении Собча́к, одной из самых <u>противоречи́вых</u> и <u>неоднозна́чных</u> фигу́р российской поли́тики, журнали́стики и шоу-би́знеса.

1. Скажите, вы знаете, кто такая Пэ́рис Хилтон? Если да, то расскажите, что вы о ней знаете. А что вы ожидаете услышать в рассказе о «русской Пэрис Хилтон»?
2. Правильно или неправильно? А о чём у вас нет информации?
   - А. Ксения Собчак стала известна как светская львица в 2011 году.
   - Б. Ксения Собчак стала оппозиционным деятелем в 2011 году.
   - В. В начале нулевых Ксения Собчак открыто выступала против российского правительства.
   - Г. Ксения Собчак написала книгу о политической ситуации в СССР.
   - Д. Ксения Собчак написала несколько книг о красоте и моде.

3. Придумайте и запишите три вопроса, которые вы бы хотели задать Ксении Собчак о её жизни и карьере.

ГОТОВИМСЯ К ЧТЕНИЮ И РАЗГОВОРУ

ЗАПОМНИТЕ ЭТИ СЛОВА И ВЫРАЖЕНИЯ

NOUNS
безопа́сность — safety, security
веду́щий/телеведу́щий — TV host
волна́ — wave
гла́вный реда́ктор — editor-in-chief
де́ятель — activist, figure, agent
душа́ — soul
ло́зунг — slogan
мероприя́тие — event
му́жество — courage
насме́шка — mockery
о́браз — image
охра́на — security, guard
поведе́ние — behavior
посо́бие — textbook, manual
по́шлость — vulgarity, banality
разви́тие — development
све́тская льви́ца — socialite
свида́ние — date
уча́стие — participation
уча́стник — participant

ADJECTIVES
бесконе́чный — endless
исключи́тельный — exceptional
гля́нцевый — glossy
многочи́сленный — numerous
неизме́нный — invariable
необъясни́мый — inexplicable
неоднозна́чный — ambiguous
неотъе́млимый — integral
однозна́чный — clear, unmistakable,
    unequivocal
остроу́мный — witty
противоречи́вый — contradictory

развлека́тельный — entertaining

VERBS
вести́ програ́мму — to host a show
волнова́ться (за кого, что) — to worry about
впи́сываться/вписа́ться — to fit in
исчеза́ть/исче́знуть — to disappear
(кому) **надоеда́ть/надое́сть** — to bore,
    be tired of
напомина́ть/напо́мнить (кому — о ком,
    чём) — to remind
побежда́ть/победи́ть на вы́борах — to win
    an election
подсма́тривать/подсмотре́ть — to peep,
    to spy
посяга́ть/посягну́ть (на что) — to encroach,
    to infringe upon
превосходи́ть/превзойти́ ожида́ния —
    to exceed expectations
присоединя́ться/присоедини́ться
    (к кому) — to join
прогу́ливать/прогуля́ть заня́тия — to skip
    class
сопротивля́ться (кому, чему) — to resist
сотру́дничать — to collaborate
стро́ить — to build
эпати́ровать — to shock

OTHER
в соа́вторстве (с кем) — in co-authorship
весьма́ — very, highly
дурно́й/плохо́й вкус — poor taste
к тому же — in addition
на этот раз — this time
несмотря́ (на то, что) — in spite of, despite

Зада́ние 1.

Составьте словосочетания с этими словами:
1. **Волноваться** (за кого? за что?): безопасность участников программы; ребёнок; главный редактор оппозиционной газеты
2. **Надоесть** (кому?): светская львица; зрительская аудитория; родители

3. **Превратиться** (из кого?) (во что? в кого?): светская львица — остроумный политический журналист; молодой журналист — главный редактор

4. **Сопротивляться** (чему?): многочисленные занятия в школе; пошлость; участие в программе

5. **Сказаться** (на ком? на чём?): поведение детей; развитие телевизионного жанра; участники шоу

6. **Напоминать** (кому? — о ком? о чём?): Ксения Собчак — отец; студенты — вечернее мероприятия; участники программы — вечерние свидания

7. **В соавторстве** (с кем?): участники шоу «Дом-2»; светская львица; главный редактор глянцевого журнала

8. **Среди** (кого?): гости ВИП-мероприятия; участники проекта

Задание 2.

Слова в контексте. Вставьте подходящие по смыслу слова в правильной форме.

> дурной вкус • многочисленный • надоедать • насмешки • неоднозначный
> неотъемлимый • несмотря на • поведение • пошлость • противоречивый
> свидание • строить • участник • эпатировать

«Дом-2» — это (contradictory) _____ проект российского телевидения, который идёт на канале ТНТ с 2004 года. Идея программы: (participants) реалити-шоу _____ вместе (are building) _____ дом. Они также ходят на (dates) _____; (shock) _____ зрителей (numerous) _____ скандалами и провокационным (behavior) _____. Реакция зрителей на это шоу (ambiguous) _____: многие считают, что эта программа — олицетворение (vulgarity) _____ и (bad taste) _____. Но (in spite of) _____ критику и (mockery) _____, «Дом-2» явно не (bores) _____ зрителям. Это шоу стало (integral) _____ частью канала и одним из его самых рейтинговых проектов.

Задание 3.

Глаголы с приставкой под-. The prefix под-, used with verbs of perception (смотреть, глядеть, слушать), verbs of speaking (говорить, сказать), and some other verbs, conveys the meaning of an action being done secretly or surreptitiously: подсматривать, подслушивать, подсказывать, подкупать, подделывать. Закончите предложения, используя подходящие по смыслу глаголы в правильной форме.

1. Идея реалити-шоу заключается в том, что зрители _____ за жизнью его героев.

2. Певец забыл слова песни, и зрители начали ему _____.

3. _____ полицию и _____ документы нелегально в большинстве стран.

4. Участники реалити-шоу часто _____ разговоры друг друга.

А как вы думаете? Да или нет? Согласитесь или не согласитесь с этими утверждениями. Подробно объясните свою позицию и приведите примеры.

1. Реалити-шоу — мега-популярные программы в моей стране. Их смотрят люди всех возрастов, социальных групп и политических взглядов.
2. Я бы очень хотел стать участником телевизионного реалити-шоу.
3. Многие зрители смотрят реалити-шоу, потому что их интересует жизнь богатых людей и светских львиц. Зрителям нравится, что они могут «подсмотреть», как проходит обычный день знаменитостей. Такие шоу очень популярны в моей стране.
4. Реалити-шоу, особенно шоу про богатых людей и светских львиц, — олицетворение пошлости и дурного вкуса.
5. Молодёжь моей страны предпочитает смотреть общественно-политические программы, а не развлекательное телевидение.

КСЕНИЯ СОБЧАК: БИОГРАФИЧЕСКОЕ ДОСЬЕ

Прочитайте биографию Ксении Собчак и узнайте, с какими двумя известными американскими телезвёздами часто сравнивают Ксению Собчак.

Пресс-служба Президента России — http://www.kremlin.ru
/events/president/news/57092/photos/52867

Ксения Собча́к родила́сь за не́сколько лет до перестро́йки, в 1981 году, в Ленингра́де, в профе́ссорской семье́. Её отец, Анато́лий Собча́к, был профе́ссором юриди́ческого факульте́та Ленингра́дского университе́та, а мать, Людмила На́русова — преподава́телем исто́рии в Ленингра́дском институ́те культу́ры. Когда Ксе́нии было 10 лет, Анато́лий Собча́к победи́л на вы́борах и стал мэ́ром Санкт-Петербурга. С тех пор жизнь де́вочки кардина́льно измени́лась. До́лжность мэ́ра и акти́вное уча́стие в полити́ческой жи́зни страны́ <u>отнима́ли у</u> Анато́лия Собчака́ <u>мно́го вре́мени и сил</u>, и дочь его́ почти́ не ви́дела. В интервью́ Влади́миру По́знеру, Ксе́ния расска́зывает: «в моём, тогда́ ещё де́тском <u>восприя́тии</u>, поли́тика — э́то бы́ло заня́тие, <u>укра́вшее</u> у меня́ па́пу. Я относи́лась к э́тому о́чень негати́вно, потому́ что в моём <u>ви́дении</u> ми́ра была́ семья́: был па́па, была́ ма́ма, бы́ли игру́шки, бы́ли на́ши похо́ды куда́-то в суббо́ту-воскресе́нье. А пото́м вдруг в како́й-то моме́нт, необъясни́мый для меня́, появи́лись <u>о́череди</u> люде́й у на́шей кварти́ры, все с каки́ми-то <u>про́сьбами</u>... э́то бы́ло нача́лом конца́ мое́й норма́льной де́тской жи́зни»[1].

Вдоба́вок к тому́, что отца́ тепе́рь почти́ никогда́ не быва́ло до́ма, у «до́чери мэ́ра Собча́ка» неме́дленно появи́лась охра́на. По её расска́зам, <u>телохрани́тели</u> бы́ли с ней везде́: в шко́ле, во дворе́ с друзья́ми и да́же на свида́ниях. Роди́тели, коне́чно, про́сто волнова́лись за безопа́сность до́чери, но ей каза́лось, что они́ посяга́ют на её свобо́ду. Плюс ко всему́, с са́мого ра́ннего де́тства роди́тели-профессора́ акти́вно занима́лись «разви́тием» Ксе́нии: она́ изуча́ла англи́йский и францу́зский языки́, посеща́ла худо́жественную сту́дию в Эрмита́же, занима́лась бале́том, мно́го занима́лась до́ма с педаго́гом по фортепиа́но. Ксе́ния и до вы́боров отца́ в мэ́ры сопротивля́лась э́тим многочи́сленным заня́тиям, а тепе́рь её везде́ отвози́ли на маши́не с охра́ной, так что да́же «прогуля́ть» оди́н из уро́ков бы́ло невозмо́жно. Как вспомина́ет Ксе́ния, тако́е <u>положе́ние веще́й</u> соверше́нно не впи́сывалось в её «конце́пцию жи́зни»; ей каза́лось, что «настоя́щая жизнь происхо́дит где́-то там, где мо́жно вы́курить сигаре́ту, <u>забра́ться</u> на <u>черда́к</u>»[2]. В ито́ге, подростко́вый пери́од жи́зни Ксе́нии Собча́к прошёл в проте́стах и бесконе́чных конфли́ктах с роди́телями.

В 2000 году́ Анато́лий Собча́к у́мер от <u>серде́чного при́ступа</u>. Его́ смерть ста́ла для де́вушки шо́ком: несмотря́ на его́ бесконе́чную рабо́ту и её подростко́вое <u>бунта́рство</u>, она́ была́ близка́ с отцо́м. Че́рез не́сколько ме́сяцев по́сле его́ сме́рти, Ксе́ния реша́ет уе́хать из Петербу́рга, сли́шком напомина́вшем ей об отце́, и переезжа́ет в Москву́. Здесь она́ успе́шно поступа́ет на факульте́т междунаро́дных отноше́ний в одно́м из прести́жнейших ву́зов страны́ — Моско́вский Госуда́рственный Институ́т Междунаро́дных Отноше́ний (МГИМО).

С пе́рвых же дней жи́зни в столи́це девятнадцатиле́тняя Собча́к получа́ет репута́цию влия́тельной «све́тской льви́цы». Оказа́лось, что быть до́черью мэ́ра Петербу́рга не так уж и пло́хо, как ей каза́лось в подростко́вом во́зрасте: «до́чку Собча́ка» ста́ли мно́го приглаша́ть на са́мые ра́зные <u>тусо́вки</u>. У Ксе́нии на́чали появля́ться весьма́ состоя́тельные молоды́е лю́ди: жёлтая пре́сса взахлёб расска́зывает, что у Собча́к рома́н с миллионе́ром Алекса́ндром Шусторо́вичем, пото́м с <u>нефтяны́м</u> магна́том Вячесла́вом Ле́йбманом, а пото́м и с бизнесме́ном и бы́вшим кандида́том в президе́нты Росси́и Ума́ром Джабраи́ловым. Сканда́льные материа́лы о «до́чке Собча́ка» чуть ли не ка́ждый день появля́ются на страни́цах росси́йских изда́ний. Ксе́ния эпати́рует пу́блику <u>открове́нным</u> поведе́нием и бы́стро приобрета́ет ти́тул «росси́йской Пэ́рис Хилтон».

Е́сли ве́рить жёлтой пре́ссе тех лет, то бо́льшую часть нулевы́х Ксе́ния провела́ в мо́дных клу́бах. А сама́ Собча́к говори́т, что хотя́ о́браз тусо́вщицы и положи́л нача́ло её карье́ре, «маникю́рчик-педикю́рчик — э́то никогда́ не бы́ло исто́рией про меня́»[3]. В 2002 году́ де́вушка успе́шно зака́нчивает МГИМО и получа́ет сте́пень бакала́вра, а в 2004 году́ в том же МГИМО ока́нчивает магистрату́ру по специа́льности «политоло́гия». Паралле́льно с учёбой в магистрату́ре, Ксе́ния про́бует себя́ в ро́ли телеведу́щей. Дебюти́рует Собча́к в реа́лити-шоу «Дом-2» на телекана́ле ТНТ и остаётся неотъе́млемой ча́стью прое́кта

отнима́ть/отня́ть си́лы и вре́мя (у кого́) — to take away energy and time
восприя́тие — perception
красть/укра́сть — to steal
ви́дение — vision, understanding
о́чередь — line
про́сьба — plea

телохрани́тель — bodyguard
положе́ние веще́й — state of affairs
забира́ться/забра́ться — to climb
черда́к — attic

серде́чный при́ступ — heart attack
бунта́рство — rebelliousness

тусо́вка — (slang) party
открове́нный — explicit
нефть — oil

взаимоотноше́ния —
relationships, rapport
распу́тывать/
распу́тать — to untangle
продолжи́тельный —
long-running

до 2012 го́да. Вот в чём заключа́лась иде́я шо́у: два деся́тка уча́стников (ю́ношей и
де́вушек) вме́сте стро́ят дом. Во вре́мя стро́йки они ссо́рятся и влюбля́ются, а их
сло́жные <u>взаимоотноше́ния</u> им помога́ет <u>распу́тать</u> веду́щий. Ре́йтинги шо́у превзошли́
все ожида́ния с са́мого пе́рвого вы́пуска. «Дом-2» — однозна́чный ли́дер прайм-та́йма
для аудито́рии от восемна́дцати до тридцати́ лет; об уча́стниках шо́у выхо́дят кни́ги, а их
фигу́ры стоя́т в Моско́вском музе́е восковы́х фигу́р[4]. Ре́йтинги програ́ммы насто́лько
высоки́, что в 2005 году́, впервы́е в исто́рии росси́йского телеви́дения, Sony Pictures
выкупа́ет права́ на форма́т. «Дом-2» да́же попа́л в Кни́гу реко́рдов Ги́ннесса как са́мое
<u>продолжи́тельное</u> ежедне́вное реа́лити-шо́у в исто́рии мирово́го телеви́дения[5].

высме́ивать/высме́ять —
to mock, to ridicule

Вслед за «До́мом-2» Ксе́ния появля́ется в ро́ли веду́щей деся́тка други́х реа́лити-шо́у:
«Кто не хо́чет стать миллионе́ром», «После́дний геро́й-6» (ана́лог америка́нского реа́лити-
шо́у «Survivor»), «Топ-моде́ль по-ру́сски» и мно́гих други́х. Ещё одна́ зна́ковая програ́мма
Ксе́нии нача́ла нулевы́х — «Блонди́нка в шокола́де». Э́то реа́лити-шо́у бы́ло по́лностью
посвящено́ жи́зни Собча́к: ка́мера сле́довала за ней всегда́ и везде́, и зри́тели могли́
«подсмотре́ть», как прохо́дит «обы́чный день» све́тской льви́цы: деловы́е встре́чи, ВИП-
мероприя́тия, заня́тия фи́тнесом. Реа́кция зри́телей на «Блонди́нку» была́ неоднозна́чной.
Одни́ счита́ли и само́ шо́у, и его́ гла́вного персона́жа олицетворе́нием по́шлости и дурно́го
вку́са. Для други́х э́та програ́мма ста́ла «энциклопе́дией» жи́зни росси́йских миллионе́ров.
А Ксе́ния утвержда́ет, что «Блонди́нка» была́ програ́ммой-иро́нией, <u>высме́ивающей</u>
потреби́тельский о́браз жи́зни. Кста́ти, когда́ в 2006 году́ в Росси́и вы́шла америка́нская
коме́дия «Pledge This!» (режиссёр Уи́льям Хе́йнс), назва́ние фи́льма бы́ло переведено́
и́менно как «Блонди́нка в шокола́де», а Ксе́ния Собча́к озву́чила гла́вную герои́ню фи́льма,
сы́гранную Пэ́рис Хи́лтон.

брак — marriage
вы́сший сорт — top grade,
first class
совсе́м не — not at all
по́льзоваться спро́сом —
to be in demand

В те же го́ды Ксе́ния выпуска́ет не́сколько книг о мо́де и оде́жде, наприме́р «Сти́льные
шту́чки Ксе́нии Собча́к» (2008), а ещё юмористи́ческое «практи́ческое посо́бие»,
напи́санное в соа́вторстве с друго́й моско́вской «све́тской льви́цей» Окса́ной Ро́бски,
под назва́нием «Záмуж за миллионе́ра, и́ли <u>Брак вы́сшего со́рта</u>» (2009). По слова́м
Ксе́нии, «Záмуж за миллионе́ра» — э́то сати́ра, гла́вная мысль кото́рой заключа́ется
в том, что стреми́ться выходи́ть за́муж за миллионе́ра <u>совсе́м не</u> ну́жно. В 2012 году́
Собча́к стано́вится гла́вным реда́ктором журна́ла «Style. News. Comment», кото́рый она́
опи́сывает как «журна́л о мо́де, о жи́зни в совреме́нном большо́м го́роде, об аванга́рдных
и прогресси́вных явле́ниях в культу́рной жи́зни и актуа́льных собы́тиях Москвы́, на́шей
страны́ и ми́ра, но не о поли́тике»[6]. Коро́че говоря́, как заме́тил кри́тик Ю́рий Богомо́лов в
2006 году́, «Ксе́ния — де́вушка-бренд. Прито́м <u>по́льзующийся</u> на ры́нке <u>спро́сом</u>»[7].

Е́сли в нулевы́х года́х и́мя Ксе́нии Собча́к ассоции́ровалось исключи́тельно с
развлека́тельными шо́у, гля́нцевыми журна́лами и сканда́лами, то к 2010 году́ её о́браз
на́чал меня́ться. Во-пе́рвых, к тому́ вре́мени о́браз блонди́нки, переходя́щей из одного́
бути́ка в друго́й, надое́л зри́тельской аудито́рии. К тому́ же в 2007–2008 неограни́ченное
потребле́ние в Росси́и вы́шло из мо́ды, ведь э́то бы́ли го́ды серьёзного фина́нсового
кри́зиса. Во-вторы́х, в 2011–2012 года́х по Росси́и прошла́ волна́ антиправи́тельственных
демонстра́ций под ло́зунгом «За че́стные вы́боры!». Присоедини́вшейся к демонстра́нтам
была́ и Собча́к, она́ всё бо́льше вре́мени ста́ла проводи́ть с изве́стными оппозиционе́рами.
Одна́жды Ксе́ния да́же была́ аресто́вана на несанкциони́рованной а́кции проте́ста.
Крити́ческие коммента́рии о росси́йской вла́сти, а та́кже выска́зывания о корру́пции на
вы́борах президе́нта сказа́лись на её телевизио́нной карье́ре. Как расска́зывает Ксе́ния,
она́ сама́ была́ внесена́ в «чёрный спи́сок», а её програ́ммы удалены́ с госуда́рственных
кана́лов[8]. С тех пор Собча́к начала́ сотру́дничать с незави́симым телекана́лом «Дождь»,
где она́ вела́ свою́ а́вторскую програ́мму «Собча́к живьём» (2012–2017).

Как заме́тил кри́тик Андрей Арха́нгельский, трансформа́ция о́браза Ксе́нии Собча́к уника́льна: «тако́го практи́чески не быва́ло, что́бы челове́к из развлека́тельного сегме́нта ТВ по свое́й во́ле перешёл в обще́ственно-полити́ческий»[9]. В свое́й но́вой програ́мме на «Дожде́» Собча́к выступа́ла в ро́ли остроу́много и эруди́рованного полити́ческого журнали́ста. Кто-то стал выска́зывать мне́ние, что Собча́к про́сто примеря́ет на себя́ очередно́й о́браз, по-пре́жнему противоречи́вый и неоднозна́чный, то́лько на э́тот раз о́блик «ико́ны проте́ста»[10]. Как бы то ни бы́ло, Ксе́ния продолжа́ла появля́ться на экра́не, тепе́рь в о́бразе серьёзной и у́мной де́вушки в элега́нтных очка́х, а приходи́ли к ней на переда́чу поли́тики и обще́ственные де́ятели, наприме́р, Алексе́й Нава́льный и Бори́с Березо́вский. Ну а те из вас, кто следи́т за поли́тикой, коне́чно, зна́ет, что Ксе́ния была́ одни́м из кандида́тов в президе́нты Росси́и на вы́борах 2018 го́да (в тот год на вы́борах победи́л Влади́мир Пу́тин). Коро́че говоря́, и́мя Ксе́нии Собча́к по-пре́жнему не схо́дит со страни́ц СМИ, а не́которые коммента́торы отмеча́ют, что в Собча́к преврати́лась из росси́йской Пэ́рис Хилто́н в росси́йскую О́пру Уи́нфри[11].

1 Владимир Познер. Интервью с Ксенией Собчак. «Собчак живьём». *Дождь*, 1 января 2015 г.
2 «Временно доступен. Ксения Собчак». *ТВ-центр*, 4 октября 2009 г.
3 Максим Семеляк. «Ксения Собчак: Москве я обязана карьерой». *Tatler*, 16 июля 2010 г.
4 Вера Зверева. «Меня тошнит при их виде, но в целом шоу нравится». *Критическая масса* 3, 2006 г.
5 Анна Соколова, Елена Березанская, Валерий Игуменов. «Бизнес-проект „Ксения Собчак“: От гламурного старта до политического финиша». *Forbes.ru*, 30 июля 2012 г.
6 Е.В. Караваева «Ксения Собчак как журналист: Представление главного редактора о целевой аудитории». *Язык. Культура. Коммуникации*. №2, 2014 г.
7 Юрий Богомолов. «Сирены с архипелага Гламур». *Искусство кино* №11, ноябрь 2006 г.
8 Роман Супер. «Мое главное слово — „свобода“!» *Радио Свобода*, 27 июля 2015 г.
9 Андрей Архангельский. «Собчак всерьёз». *Искусство кино* №2, февраль 2014 г.
10 Марина Токарева. «Ксения Собчак. Путин считает меня предателем». *Новая газета*, 25 июня 2012 г.
11 Роман Супер.

ПОГОВОРИМ О ПРОЧИТАННОМ

Задание 5.

Правильно или неправильно? Исправьте неправильные утвержде́ния и подробно прокомментируйте правильные. А о чём у вас нет достаточной информации?

1. Ксения Собчак родилась в профессорской семье.
2. Ксении очень нравилось заниматься балетом, языками и музыкой и она с удовольствием ходила на все занятия.
3. Ксения Собчак была счастлива, когда её отец победил на выборах и стал мэром Санкт-Петербурга.
4. После того, как отец Ксении стал мэром Петербурга, её жизнь почти не изменилась.
5. В детстве Ксении Собчак очень нравилось быть дочерью мэра большого города.
6. После смерти отца Ксения переезжает в Америку и поступает в Гарвард.
7. С первых дней жизни в столице Ксения поняла, что быть дочерью Собчака — не так и плохо.
8. Ксения всегда хотела работать в шоу-бизнесе, а потому она поступила на актёрский факультет одного из московских университетов.
9. Ксения дебютирует на российском телевидении в программе «Голос».
10. В нулевых годах Ксения Собчак приобретает титул «российской Опры Уинфри».
11. «Дом-2» был очень неоднозначным и скандальным проектом, который в 2005 году был закрыт.

12. «Дом-2» — это реалити-шоу, который был полностью посвящён жизни Ксении Собчак.

13. Ксения Собчак — автор нескольких книг-пособий о моде и одежде.

14. В начале нулевых годов Собчак стала известна как остроумный оппозиционный журналист.

15. Программа «Собчак живьём» выходит на Первом канале российского телевидения.

16. Сегодня Ксения Собчак почти не участвует в политической жизни России.

Задание 6.

Ответьте на вопросы.

1. Где и когда родилась Ксения Собчак? Кем по профессии были её родители?

2. Сколько лет было Ксении, когда её отец победил на выборах и стал мэром Санкт-Петербурга?

3. Что изменилась в жизни девочки, после того, как её отец стал мэром?

4. Как вы поняли, Ксении нравились эти изменения? Объясните, почему вы так решили и приведите примеры из прочитанного.

5. В каком вузе училась Ксения? Какую специальность она получила?

6. Почему в нулевых годах Ксения Собчак приобрела титул «российской Пэрис Хилтон»?

7. Что такое «Блондинка в шоколаде»? Объясните, почему реакция зрителей на эту программу была неоднозначной.

8. О чём, по словам Ксении, идёт речь в её книге «Zамуж за миллионера»?

9. Объясните, как изменился образ Ксении Собчак к 2010 году. Как вы поняли, почему произошла эта трансформация?

10. Когда и почему неограниченное потребление в России вышло из моды?

11. В каком политическом мероприятии принимала участие Ксения Собчак в 2011 году?

12. Как вы поняли, почему Ксения Собчак исчезла с государственных телевизионных каналов?

13. В каком году Собчак была одним из кандидатов в президенты России? Кто победил на этих выборах?

14. Как вы поняли, почему критик Андрей Архангельский считает трансформацию образа Ксении Собчак «уникальной»?

Задание 7.

Расставьте эти события из жизни Ксении Собчак в правильном хронологическом порядке. А потом подробно расскажите о каждом из этапов жизни светской львицы и телеведущей.

____ Ксения переезжает в Москву

____ Ксения Собчак — один из кандидатов в Президенты России

____ Работа ведущей в многочисленных развлекательных шоу; выпуск книг

_1_ Ксения Собчак родилась в 1981 году

____ Ксения пробует себя в роли телеведущей в программе «Дом-2»

____ Изменение образа; работа над авторской программой «Собчак живьём»

____ Отец Ксении, Анатолий Собчак, победил на выборах и стал мэром Санкт-Петербурга

Задание 8.

Поставьте слова в правильную грамматическую форму и закончите предложения.

1. В детстве Ксения занималась (английский и французский языки, балет и музыка).

2. Несмотря на (его бесконечная работа и занятость и ее подростковое бунтарство), Ксения была близка с (отец).

3. Через несколько месяцев после (смерть) (отец), Ксения уезжает из (Петербург) в (Москва).

4. В нулевых годах имя Собчак ассоциировалось с (развлекательные шоу, глянцевые журналы и скандалы).

5. Многие считают, что программа «Блондинка в шоколаде» — олицетворение (пошлость и дурной вкус).

6. В своей новой программе Собчак выступает в роли (остроумный и эрудированный политический журналист).

7. «Style. News. Comments.» — это журнал о/об (авангардные и прогрессивные явления) в (культурная жизнь) Москвы, России и мира.

8. Некоторые комментаторы отмечают, что в последние годы Ксения Собчак превратилась из (российская Пэрис Хилтон) в (российская Опра Уинфри).

9. В 2018 году Собчак была (один из кандидатов в Президенты России).

Задание 9.

Выберите нужную форму причастия и закончите предложение.

1. Собчак утверждает, что «Блондинка в шоколаде» — это программа, (высмеивающая — высмеянный) потребительский образ жизни.

2. Собчак в программе «Блондинка в шоколаде» — это девушка, (переходящая — перешедшая) из одного бутика в другой.

3. «Стильные штучки Ксении Собчак» — книга (написавшая — написанная) в соавторстве с Оксаной Робски.

4. Главная героиня фильма «Pledge This», (сыгравшая — сыгранная) Пэрис Хилтон, была озвучена Ксенией Собчак.

5. Ксения Собчак — это девушка-бренд, (пользующаяся — пользовавшаяся) спросом на сегодняшнем российском медиа-рынке.

6. Ксения решила уехать из Петербурга, потому что Петербург был городом, слишком (напоминающий — напоминавший) ей об отце.

7. Собчак была одной из медиа-звёзд, (присоединяющихся — присоединившихся) к антиправительственной демонстрации 2011 года в Москве.

Задание 10.

Перефразируйте предложения и замените пассивные конструкции на активные.

1. Ксения Собчак была внесена в «чёрный список» администрацией телевидения. — Администрация телевидения внесла Ксению Собчак в «чёрный список».

2. Программы Ксении Собчак были удалены с государственных каналов администрацией.

3. Кем была написана книга «Zaмуж за миллионера»?

4. Ксения Собчак была арестована полицией на несанкционированной акции протеста.

5. Собчак была приглашена каналом ТНТ на роль ведущей шоу «Дом-2».

6. «Дом-2» был настолько рейтинговым, что эта программа была выкуплена компанией Sony Pictures.

7. Главная героиня фильма *Pledge This* была озвучена Ксенией Собчак.

8. Для участия в реалити-шоу «Дом-2» каналом ТНТ были приглашены два десятка юношей и девушек.

Используя информацию статьи, расскажите, что вас больше всего удивило или заинтересовало в биографии Ксении Собчак.

Найдите один из эпизодов программы «Собчак живьём» на сайте YouTube или на сайте телеканала «Дождь». Посмотрите этот эпизод и расскажите о том, у кого брала интервью Ксения Собчак и какие вопросы вам показались наиболее интересными или актуальными. Напишите рецензию на эту программу для русскоязычной публикации.

ГОТОВИМСЯ К ЧТЕНИЮ И РАЗГОВОРУ: РОССИЙСКИЙ ГЛАМУР—ЧТО ЭТО ТАКОЕ?

ЗАПОМНИТЕ ЭТИ СЛОВА И ВЫРАЖЕНИЯ

NOUNS

благополу́чие — prosperity, well-being
блеск — shine, splendor
бриллиа́нт — diamond
вещь — thing, item
десятиле́тие — decade
драгоце́нности (plural) — jewelry
жела́ние — desire
знамени́тость — celebrity
изоби́лие — abundance
красота́ — beauty
населе́ние — population
облада́тель(облада́тельница) — possessor, owner
обще́ние — communication
о́бщество — society
о́пыт — experience
особня́к — mansion
подража́ние — imitation
поку́пка — purchase
смысл — meaning, significance
составля́ющая — constituent
усло́вие — condition
цель — goal

ADJECTIVES

благополу́чный — prosperous
вы́чурный — pretentious
гря́зный — dirty
досто́йный — dignified, respectable
несконча́емый — unending, endless
относи́тельный — relative

прекра́сный — beautiful
привлека́тельный — attractive
прили́чный — decent, proper
роско́шный — luxurious
своеобра́зный — peculiar

VERBS

броса́ться/бро́ситься (кому) **в глаза́** — to catch someone's eye
внедря́ться/внедри́ться — to infiltrate, to take root
воспринима́ть/восприня́ть — to perceive
выделя́ться/вы́делиться — to stand out
зави́сеть (от чего) — to depend on
каса́ться/косну́ться — to touch, to concern
обита́ть — to dwell, to inhabit
оце́нивать/оцени́ть — to assess, to evaluate
подчёркивать/подчеркну́ть — to underscore, to underline
применя́ть/примени́ть (к кому, чему) — to apply (as in "use")
приходи́ть/прийти́ на сме́ну (кому, чему) — to come to replace
улучша́ться/улу́чшиться — to improve
ура́внивать/уравня́ть — to make equal

OTHER

в какой-то сте́пени — to some degree
в одноча́сье — overnight (literally: in an hour)
в пе́рвую о́чередь — first and foremost
в этом смы́сле — in this sense
вслед (за кем, чем) — following, after

по преиму́ществу — for the most part
постепе́нно — gradually

целико́м и по́лностью — completely

Задание 13.

Посмотри́те на слова, приведённые выше, и закончите пары:

1. благополучие — благополучный; _____ — знаменитый; грязь — _____; роскошь — _____; _____ — изобильный
2. покупка — покупать; подражание — _____; оценка — _____; улучшение — _____
3. десятилетие — 10+лет; столетие — _____; пятилетие — _____

Задание 14.

Составьте словосочетания с этими словами:

1. **Броситься в глаза** (кому?): вы; любой внимательный человек; потребитель
2. **Зависеть** (от чего?): ваше желание; общество; условия; цели
3. **Приходить на смену** (кому? чему?): первое десятилетие; эпоха гламура; лихие девяностые; советский режим; царская Россия
4. **Применять фразу** (к кому? к чему?): первое десятилетие 20-го века; российские знаменитости; советское население
5. **Добиваться** (чего?): относительный успех; благополучие; роскошный образ жизни
6. **Вслед** (за кем? за чем?): знаменитости; Ксения Собчак; дебютная книга

Задание 15.

А как вы думаете? Да или нет? Согласитесь или не согласитесь с этими утвержде́ниями. Подробно объясните свою позицию и приведите конкретные примеры.

1. Знаменитости в моей стране — часто объекты для подражания. Многие люди хотят быть на них похожими.
2. Общество, в котором я живу сегодня можно назвать «обществом сверхпотребления». Многие люди стремятся покупать дорогие вещи лишь для того, чтобы показать свой «статус» и выделиться своими покупками.
3. Средства массовой информации (телевидение, журналы, газеты) часто манипулируют людьми. Например, когда с экрана телевизора нам постоянно напоминают, что машина Мерседес или кроссовки Рибок — это «статусные» покупки, у многих людей появляется желание стать обладателем этих вещей.
4. Материальное благополучие и профессиональный успех — необходимые составляющие «достойной жизни» в моей стране.

Задание 16.

Вспомните, что означают слова потребитель и потребление. А теперь закончите предложения, используя фразы потребительские стандарты, потребительский бум, сверхпотребление.

1. В 2000-е годы в России начался настоящий (consumer boom) _____: люди всех социальных классов стремились покупать «статусные» вещи.

2. Исследователи называют нулевые годы в России «эпохой (of over-consumption) _____»: люди покупали дорогие «статусные» вещи в основном для того, чтобы выделиться своими покупками.

3. В 2000-х годах условия жизни россиян начали улучшаться, а (consumer standards) _____ выросли: люди покупали дорогие машины, много ездили за границу.

СВОЗЬ ПРИЗМУ СОЦИОЛОГИИ

Задание 17.

Прочитайте результаты опроса ВЦИОМ и ответьте на вопросы.

В 2016 году ВЦИОМ опросил 1600 россиян о том, считают ли они себя «счастливыми людьми». 81% россиян, сказали, что они счастливы, и только 14% — что нет. ВЦИОМ также задал следующий вопрос: «Если Вы ощущаете себя счастливым человеком, то скажите, пожалуйста, почему?» Вот некоторые из факторов счастья, названных россиянами: 20% сказали, что счастливы, потому что у них есть семья; 20% — потому что есть дети; 14% — хорошая работа; 13% — здоровье, своё и близких; 6% — дом, квартира; 5% — материальное благополучие; 1% — успех в жизни. «Если Вы не ощущаете себя счастливым человеком, то скажите, пожалуйста, почему?» 7% указали причиной материальное неблагополучие; 4% — низкую заработную плату; 2% — высокие цены. https://wciom.ru/index.php?id=236&uid=115976

1. Скажите, вас удивили ответы россиян? Объясните, почему да или нет. А как бы жители вашей страны ответили на вопросы ВЦИОМ? Как вы думаете, отличались ли бы ответы молодёжи от ответов старшего поколения? Подробно объясните.

2. Какие ещё факторы, составляющие счастья, можно добавить к списку ВЦИОМ? Подготовьте свой опрос об уровне счастья молодёжи вашей страны. Задайте эти вопросы друзьям и знакомым; потом сообщите результаты в классе и обсудите их.

ГЛАЗАМИ КУЛЬТУРОЛОГА

РОССИЙСКИЙ ГЛАМУР — ЧТО ЭТО ТАКОЕ?

Прочитайте заметку об эпохе российского гламура и узнайте, с какой исторической эпохой ассоциируется это понятие.

Знаете ли вы, что с 2007 года в России проводится конкурс «Слово года»? Выбирает это слово экспертное жюри, в которое входят известные писатели, лингвисты, журналисты, культурологи и философы. Ищут они слово-символ, наиболее ярко концентрирующее в себе исторический смысл и проблемы конкретного года. В 2016 году «словом года» было названо слово «брекзит»[12], в 2008 — «кризис»[13], а вот в 2007 — слово «гламур»[14]. Почему «брекзит» было словом года в 2016, а «кризис» в 2008 — вы, наверно, понимаете. А вот почему «гламур» стало словом, символизирующим 2007 год?

Надо сказать, что исследователи применяют слово « гламур» не только к 2007 году, а к целой эпохе: к нулевым годам двадцать первого века в России. И действительно, начало двадцать первого века в России вошло в историю именно как «эпоха гламура» или даже как «путинский гламур», пришедший на смену «лихим девяностым». Вот, как объясняет, что такое «гламур» Ксения Собчак: «Гламур — это стремление к красоте, к глянцевой картинке... Наверное, мы все в какой-то степени стремимся быть красивее. Мы ведь всегда́ выбира́ем лу́чшие свои фотогра́фии, а на свида́ние или Но́вый год надева́ем краси́вое пла́тье — в э́том нет ничего́ плохо́го. В э́том смы́сле гламу́р — жела́ние вы́глядеть прекра́сными людьми́ на краси́вых маши́нах в краси́вых пла́тьях, кото́рые бу́дто бы никогда́ не зна́ли, что тако́е сове́тская жизнь, не ходи́ли по гря́зным у́лицам, не жи́ли в хрущёвских кварти́рах... Нам всем (и мне в том чи́сле) хоте́лось об э́том забы́ть и быть людьми́ из америка́нского сериа́ла»[15].

По слова́м профе́ссора Помона-колле́джа Лари́сы Рудо́вой, «росси́йский гламу́р явля́ется в пе́рвую о́чередь проду́ктом экономи́ческой ситуа́ции, сложи́вшейся в стране́ при президе́нтстве Влади́мира Пу́тина. В 2000-е го́ды росси́йская эконо́мика, зави́сящая в основно́м от <u>сырьево́го э́кспорта</u>, значи́тельно вы́росла, а усло́вия жи́зни населе́ния на́чали постепе́нно улучша́ться... Часть россия́н начала́ оце́нивать свою́ жизнь как относи́тельно благополу́чную. Ва́жно подчеркну́ть, что благополу́чие бы́ло и́менно „относи́тельным", так как, несмотря́ на доста́точно высо́кие потреби́тельские станда́рты одно́й ча́сти населе́ния (и́мпортные маши́ны, пое́здки за грани́цу), росси́йская прови́нция остава́лась по преиму́ществу бе́дной»[16].

Об э́том же говори́т и гла́вный реда́ктор ру́сской ве́рсии журна́ла «GQ» Никола́й Усков: «Ру́сские впервы́е за не́сколько десятиле́тий ощути́ли вкус де́нег и хоро́шей жи́зни... Пожа́луй, э́то вре́мя [нулевы́е го́ды 21-го ве́ка] мо́жно назва́ть са́мым благополу́чным пери́одом в непросто́й исто́рии Росси́и»[17]. Социо́лог Ники́та Покро́вский отмеча́ет, что в нулевы́х года́х росси́йский потреби́тельский бум уравня́л все социа́льные кла́ссы. По его́ слова́м, стремле́ние «покупа́ть, с гла́вной це́лью вы́делиться свои́ми поку́пками» <u>родни́ло</u> и бога́тых, и бе́дных. Про́сто для кого́-то возмо́жностью вы́делиться была́ поку́пка но́вого телеви́зора, для кого́-то — но́вой маши́ны, а ещё для кого́-то — я́хты. Потребле́ние в те го́ды в Росси́и ста́ло «языко́м обще́ния», «по нему́ оце́нивали, ско́лько ты сто́ишь»[18].

Гламу́р та́кже бы́стро внедри́лся в сре́дства ма́ссовой информа́ции. Откро́йте гля́нцевый журна́л, да и любо́й друго́й журна́л тех лет: пе́рвое, что бро́сится вам в глаза́ — э́то несконча́емые расска́зы о «краси́вой жи́зни» све́тских льви́ц и про́чих знамени́тостей. Как пи́шет Лари́са Рудо́ва: «На страни́цах гламу́рной пре́ссы начала́ создава́ться но́вая моде́ль постсове́тского сча́стья и но́вой „досто́йной жи́зни", констру́ировались но́вые объе́кты для подража́ния»[19]. По воспомина́ниям журнали́ста Екатери́ны Виноку́ровой, важне́йшими це́нностями нулевы́х годо́в бы́ли материа́льный и профессиона́льный успе́х как ва́жная составля́ющая «краси́вой жи́зни»: «Нулевы́е прошли́ для нас под зна́ком гля́нцевых журна́лов. Мы взахлёб чита́ли исто́рии успе́ха же́нщин и мужчи́н, кото́рые „доби́лись всего́ сами" уже́ в 25 лет, а тепе́рь на права́х са́мых краси́вых и успе́шных тусу́ются во вся́ких «The Most», «Famous», «Рай»[20] и тому́ подо́бной бриллиа́нтово-леопа́рдовой реа́льности»[21].

Анали́тики тех лет отмеча́ют, что в нулевы́х «гламуриза́ция» домини́ровала да́же в програ́ммах и публика́циях, не каса́ющихся жи́зни «гламу́рной эли́ты». По слова́м росси́йского культуро́лога Ве́ры Зве́ревой, «гламу́р, как <u>плёнка</u>, на́чал покрыва́ть все форма́ты». В ка́честве приме́ра иссле́довательница приво́дит новостны́е и информацио́нно-аналити́ческие програ́ммы на телеви́дении тех лет. По её слова́м, э́ти програ́ммы «целико́м и по́лностью переключа́ются на язы́к <u>облегчённой</u> журнали́стики, на язы́к „инфоте́ймента", на форма́т не аналити́ческий, но развлека́тельный, кото́рый констру́ирует о́чень привлека́тельную, я́ркую, лёгкую <u>пове́рхность</u>»[22].

А вот ещё интере́сный культу́рный фено́мен тех лет: появле́ние так называ́емой «гламу́рной про́зы». Пожа́луй, са́мым изве́стным писа́телем э́того направле́ния ста́ла Окса́на Ро́бски, дебю́тный рома́н кото́рой «Ca$ual» (повседне́вное) вы́шел в 2005 году́ и почти момента́льно стал бестсе́ллером. Вслед за дебю́тной кни́гой, Робски вы́пустила ещё не́сколько рома́нов, все расска́зывающие «о ча́стной жи́зни постсове́тской эли́ты, обита́ющей в роско́шных моско́вских при́городах — Рублёвке и Жу́ковке»[23]. Герои́ни книг Робски — бога́тые же́нщины, облада́тельницы до́ма за миллио́н долларов, шика́рной маши́ны, гардеро́ба от эксклюзи́вных дизайнеров и со́бственного би́знеса. Робски — сама́ «све́тская льви́ца» и облада́тельница особняка́ на Рублёвке — как бы пока́зывает свои́м чита́телям мир вы́чурного гламу́ра через при́зму своего́ со́бственного жи́зненного о́пыта. А в 2007 году писа́тельница даже вы́пустила кни́гу «Рублёвская ку́хня», расска́зывающая любо́му жела́ющему, как пригото́вить «кусо́чек Рублёвки» у себя дома на ку́хне. Как пишет литерату́рный кри́тик Татья́на Миха́йлова, «Робски буква́льно в одноча́сье стала не то́лько своеобра́зным го́лосом эли́тной Рублёвки, но и си́мволом постсове́тской культу́ры потребле́ния в це́лом»[23].

стразы — rhinestones
смена — replacement

Коне́чно, как вы уже зна́ете, «гламу́р» был сло́вом года лишь в 2007 году. В 2008, доста́точно символи́чно, ему на сме́ну пришло́ но́вое сло́во: «кри́зис». Блеск драгоце́нностей, джи́нсы со стра́зами, эли́тные ви́ды спо́рта, дороги́е дома́ в роско́шных моско́вских при́городах, гламу́рная про́за — все это ушло́ в исто́рию. Экстравага́нтность и изоби́лие сего́дня воспринима́ются лишь как неотъе́млемые си́мволы про́шлого, а именно эпо́хи сверхпотребле́ния в России в нача́ле нулевы́х.

12 Андрей Арха́нгельский. «Брекзит, очередь на Серова и орден моченосцев. В России подвели итоги конкурса „Слово года“». *Новая газета*, 14 декабря 2016 г.

13 «В России выбраны слова и выражения 2008 года». *Полит.ру*, 26 декабря 2008 г.

14 Михаил Эпштейн. «Слово года». *Новая газета*, 30 октября 2008 г.

15 Екатерина Винокурова. Интервью с Ксенией Собчак, «Я не считаю, что есть какой-то путинский гламур». *Газета.ru*, 11 января 2013 г.

16 Лариса Рудова. «Гламур и постсоветский человек». *Неприкосновенный запас №6 (686), 2009 г.

17 Вероника Чернышева. «Безобидное сверхпотребление». *Антракт. Независимая газета*, 16 ноября 2007 г.

18 Иван Ждакаев. «Конец глобального потребления». *Коммерсант.ru*, 22 декабря 2008 г.

19 Лариса Рудова.

20 «The Most», «Famous», «Рай» — названия ВИП-клубов в Москве. 21 Екатерина Винокурова. «Конец путинского гламура». *Газета.ru*, 14 декабря 2012 г.

22 Елена Фанайлова. «„Путинский гламур" на телевидении и в кино». *Радио Свобода*, 16 марта 2008 г.

23 Татьяна Михайлова. «Инъекция гламура: Политика прозы Оксаны Робски». *Неприкосновенный запас №6 (62), 2008 г.

ПОГОВОРИМ О ПРОЧИТАННОМ

Задание 18.

Правильно или неправильно? Испра́вьте непра́вильные утвержде́ния и подробно прокомменти́руйте правильные. А о чём у вас нет доста́точной информа́ции?

1. Конкурс «Слово года» проводится в России с двухтысячного года.
2. Девяностые годы двадцатого века вошли в историю России как «эпоха гламура».
3. Российская экономика в основном зависит от сырьевого экспорта.
4. В нулевых годах двадцать первого века российская экономика значительно выросла.
5. В нулевых годах всё российское население было по преимуществу бедным.
6. По мнению многих аналитиков, самым благополучным периодом в жизни России была эпоха Бориса Ельцина.
7. Потребительский бум в нулевых годах был стилем жизни только богатых россиян.
8. Гля́нцевые журналы начала нулевых много писали о «красивой жизни» богатых россиян.

9. Программы новостей начала двадцать первого века предпочитали развлекательный формат, а не аналитический.
10. Гламурная проза не пользовалась большим успехом у россиян.
11. Оксана Робски — сама представитель постсоветской элиты, живущей в одном из роскошных московских пригородов.

Задание 19.

Ответьте на вопросы.

1. Какое слово было названо «словом года» в России в 2016 году? А в 2008? Как вы думаете, почему были выбраны именно эти слова?
2. В применении к какой эпохе в истории России обычно используется слово «гламур»? На смену какой эпохе пришла эпоха гламура?
3. О чём, по словам Ксении Собчак, гламур помогал россиянам забыть?
4. Как изменилась экономическая ситуация в России в начале двухтысячных годов? Как изменилась жизнь россиян, благодаря этим изменениям в экономике?
5. Что «роднило» людей всех социально-экономических групп в России нулевых годов?
6. О чём много писали средства массовой информации тех лет? Как вы поняли, почему?
7. Журналистка Екатерина Винокурова пишет, что для молодёжи её поколения, нулевые годы прошли «под знаком глянцевых журналов». Как вы думаете, почему?
8. Какое влияние оказал гламур на новостные и информационно-аналитические программы в России?
9. Как вы поняли, что такое «гламурная проза»? Кто такая Оксана Робски?
10. О ком пишет свои романы Оксана Робски? Как вы думаете, почему россияне взахлёб читали эти романы?
11. Скажите, а была ли эпоха, похожая на «гламур» нулевых в России, в вашей стране? Если да, то расскажите об этом времени. Если нет, знаете ли вы о похожих периодах в истории других стран?

Задание 20.

Узнайте, проводится ли конкурс «слово года» в вашей стране. Если да, то какие слова были выбраны «словами года» в последние 5 лет? Как вы думаете, почему были выбраны именно эти слова? А как вы думаете, какое слово можно было бы назвать «словом года» в вашем университете (колледже, школе)? Объясните, какие конкретные проблемы и смысл концентрирует в себе это слово.

Задание 21.

Замените причастия предложением со словом «который».

1. Слово года — это слово, <u>концентрирующее</u> в себе проблемы каждого года.
2. Гламур — слово, <u>символизирующее</u> 2007 год.
3. В состав экспертного жюри, выбирающего слово года, входят писатели, лингвисты и журналисты.
4. Начало 21-го века — эпоха гламура, <u>пришедшая</u> на смену лихим девяностым.
5. Гламур — продукт экономической ситуации, <u>сложившейся</u> при Владимире Путине.
6. В те годы российская экономика, <u>зависящая</u> от сырьевого экспорта, выросла.
7. Глянцевые журналы тех лет были полны историй о людях, <u>добившихся</u> всего сами.

8. Гламур доминировал даже в программах, не <u>касающихся</u> жизни знаменитостей.
9. Оксана Робски — автор нескольких романов, <u>рассказывающих</u> о частной жизни постсоветской элиты.
10. Дебютный роман Робски, <u>вышедший</u> в 2005 году, почти моментально стал бестселлером.
11. Журналистка, <u>вспоминающая</u> свою молодость, говорит, что нулевые годы прошли для неё под знаком глянцевых журналов.

Задание 22.

1. Исследователи применяют термин «гламур» к (целая эпоха: нулевые годы) (двадцать первый век) в (Россия).
2. По словам (Ксения Собчак), гламур — это стремление к (красота, глянцевая картинка).
3. Собчак утверждает, что гламур — это желание выглядеть (прекрасные люди) на (красивые машины) и (красивые платья).
4. В (нулевые годы) демонстрация (социальный статус и материальные амбиции) вошли в (Россия) в (мода).
5. В 2008 году на смену (слово «гламур») пришло (слово «кризис»).
6. Главной редактор журнала GQ утверждает, что нулевые годы 21-го века можно назвать (самый благополучный период) в (непростая история) (Россия).

Задание 23.

1. С 2007 года в России (проводит — проводится) конкурс «Слово года».
2. Лингвисты и культурологи (проводят — проводятся) конкурс «Слово года» во многих странах.
3. Исследователи (применяют — применяются) слово «гламур» к эпохе нулевых годов 21-го века в России.
4. Понятие «гламурная проза» (применяет — применяется) к литературе, рассказывающей о частной жизни постсоветской элиты.
5. Глянцевые журналы тех лет начали (создавать — создаваться) модель постсоветского счастья.
6. На страницах глянцевых журналов (создавали — создавались) новые модели «достойной жизни».
7. Российская журналистика нулевых годов (конструировала — конструировалась) яркую, лёгкую действительность.
8. В гламурной прессе (конструировали — конструировались) новые объекты для подражания.
9. Изобилие и экстравагантность сегодня (воспринимают — воспринимаются) как символы нулевых годов.
10. В начале 21-го века многие россияне (воспринимали — воспринимались) потребление как демонстрацию социального статуса.

Задание 24.

Ваш русскоговорящий друг никогда не слышал о том, что такое российский гламур. Расскажите ему (ей) об этом явлении.

ВМЕСТО ЗАКЛЮЧЕНИЯ

Задание 25.

Приготовьте выступление и расскажите о любой знаменитости или «светской львице» (льве) вашей страны. Какую роль этот человек играет в культуре своей страны? Как её (его) карьера похожа на карьеру и жизнь Ксении Собчак и в чём различия?

Задание 26.

Что в материалах этой главы вас больше всего удивило или заинтересовало? Что нового вы узнали о российской культуре?

Задание 27.

Вспомните, какие три вопроса вы хотели задать Ксении Собчак до того, как начали читать о её жизни и карьере. Скажите, вы получили ответы на свои вопросы из статей и материалов этой главы? Если да, то ответьте сами на эти вопросы. А если нет, то проведите дополнительное исследование в Интернете.

ДЛЯ ТЕХ, КОМУ ИНТЕРЕСНО: ЧТО ЕЩЁ ПОЧИТАТЬ О РОССИЙСКОМ ГЛАМУРЕ

Helena Goscilo and Vlad Strukov (eds.) *Celebrity and Glamour in Contemporary Russia: Shocking Chic*. BASEES/Routledge Series on Russian and East European Studies. Abingdon, UK: Routledge, 2010.

Birgit Menzel, Larissa Rudova (eds.). *Glamourous Russia. Kultura* 6, 2008.

Olga Mesropova. "'The Discreet Charm of the Russian Bourgeoisie': Oksana Robski and Glamour in Russian Popular Literature." *The Russian Review* 68 (1), 2009, 89–101.

ВЛАДИМИР ПОЗНЕР И МИР РОССИЙСКОГО ТЕЛЕВИДЕНИЯ

7

Photo by Dmitry Bocharov, dmitrybocharov.com

Доводи́лось ли вам когда-нибудь слы́шать о програ́мме «По́знер и До́нахью», кото́рая шла на америка́нском кана́ле CNBC с 1991 по 1997 год? А может быть вы слы́шали о телемоста́х СССР — США, кото́рые Влади́мир По́знер и Фил До́нахью вели во времена́ горбачёвской перестро́йки? В этой главе́ речь пойдёт о Влади́мире По́знере — журнали́сте и телеведу́щем, кото́рый роди́лся во Фра́нции, де́тство и ю́ность провёл в США, а потом уже́ взро́слым перее́хал с роди́телями в Сове́тский Сою́з. Он свобо́дно говори́т на трёх языка́х и имеет <u>гражда́нство</u> трёх стран. Он брал интервью́ у Сти́нга, Бори́са Ельцина, Хилари Клинтон, Михаила Горбачёва, Дмитрия Медве́дева и Кла́уса Ма́йне из легенда́рной гру́ппы «Scorpions». Био́лог по образова́нию, он рабо́тал на сове́тском и америка́нском телеви́дении и радио, опубликова́л не́сколько книг на ру́сском и англи́йском языке́, снял документа́льные фи́льмы об Аме́рике, Фра́нции и Ита́лии, а в 2004 году́ даже откры́л свой рестора́н в Москве́. Коро́че говоря́, мо́жно сме́ло утвержда́ть, что перед вами человек, с <u>незауря́дной</u> биогра́фией, смени́вший за свою жизнь не́сколько стран, мест рабо́ты и даже полити́ческих систе́м.

гражда́нство — citizenship
незауря́дный — unusual, exceptional

1. Прочита́йте ми́ни биогра́фию Влади́мира По́знера, приведённую вы́ше, и отве́тьте на вопро́сы:
   А. Как вы ду́маете, на каких трёх языка́х свобо́дно говори́т По́знер? Почему́ вы так реши́ли?
   Б. Как вы по́няли, в каких страна́х и при каких полити́ческих систе́мах довело́сь порабо́тать По́знеру?
   В. Знако́мы ли вам имена́ люде́й, ука́занных в биогра́фии? Если да, то каки́е? Кра́тко расскажи́те, кто эти лю́ди.

2. Как вы поняли, Познеру довелось брать интервью у многих известных людей. А если бы вы могли взять интервью у любого известного человека (политика, спортсмена, артиста, художника, музыканта и т.д.), у кого вы бы хотели взять интервью и почему? Какие вопросы вы бы задали этому человеку?

3. Придумайте и запишите три вопроса, которые вы бы хотели задать Владимиру Владимировову Познеру о его карьере и работе.

ГОТОВИМСЯ К ЧТЕНИЮ И РАЗГОВОРУ

ЗАПОМНИТЕ ЭТИ СЛОВА И ВЫРАЖЕНИЯ

NOUNS

ведущий/телеведущий — host, TV host
век — century
голос — voice
гражданство — citizenship
детство — childhood
еврей — a Jewish person
особенность — peculiarity, feature, characteristic
отношения (между кем) — relations (between)
перевод — translation
разведка — intelligence service
распад — collapse
смерть — death, passing
событие — event
сторонник — supporter
условие — condition

ADJECTIVES

безопасный — safe
еврейский — Jewish
значительный — significant, considerable
научный — scientific
невероятный — incredible
незаурядный — unusual, exceptional
опасный — dangerous
основной — chief, main
ошеломительный — stunning
плодотворный — prolific
потрясающий — sensational, excellent
преданный — devoted
убеждённый — convinced
упрямый — stubborn

VERBS

вести программу — to host a show
влиять/повлиять (на кого, что) — to influence

возвращаться/вернуться — to return, to come back
выпускать/выпустить — to release
(кому) **доводиться/довестись** + infinitive — to happen to, to get to do something
назначать/назначить (кого — кем, чем) — to appoint
олицетворять/олицетворить — to embody
отказываться/отказаться (от чего) — to refuse
переводить/перевести — to translate
портиться/испортиться — to deteriorate, to go bad
признаваться/признаться — to confess
принимать/принять участие (в чём) — to take part in
происходить/произойти — to happen, to occur, to take place
работать (над чем) — to work on something
транслировать — to broadcast
требовать/потребовать — to demand
увлекаться/увлечься (чем) — to find a passion for
(кому) **не хватать** (кого, чего) — to lack someone/something

OTHER

в то же время — at the same time
везде — everywhere
всё же — still, nonetheless
в честь (кого) — in honor of
за рубежом, за границей (где) — abroad
к сожалению — unfortunately
к счастью — fortunately, luckily
короче говоря — in short
несмотря (на что) — despite
помимо (чего) — aside from

Задание 1.

Какое слово лишнее?

1. небезынтересный, небезопасный, небезуспешный, незаурядный
2. ведущий, гражданство, зритель, программа, телевидение
3. упрямый, невероятный, ошеломительный, потрясающий
4. влиять, назначать, перевести, требовать, увлекаться
5. век, год, день, детство, месяц

Задание 2.

Составьте словосочетания с этими словами:

1. (Кому?) **доводилось работать в США**: телеведущий Владимир Познер; многие российские граждане
2. **Отношения между** (кем?): Россия и Америка; западные страны; мать и сын
3. (Кому?) **не хватает** (кого? чего?): телеведущий — преданные зрители; политический кандидат — сторонники; новый телеканал — незаурядные ведущие
4. **Отказаться** (от чего?): советское гражданство; потрясающие условия; спокойная и безопасная жизнь; значительная компенсация
5. **Увлекаться** (чем?): научная работа; переводы английской поэзии восемнадцатого века; история советской разведки
6. **Работать** (над чем?): новые телепроекты; отношения между двумя странами; условия контракта; переводы документов
7. **Влиять** (на кого? что?): убеждённые сторонники политической оппозиции; российские и американские телезрители
8. **Сторонник** (чего?): советская власть; распад СССР; коммунистическая идеология

Задание 3.

Поставьте слова в правильную грамматическую форму и закончите предложения.

1. (Известный телеведущий и журналист Владимир Познер) довелось поработать в Советском Союзе, Америке и России 21-го века.
2. Тот факт, что Владимир Познер-старший был убеждённым коммунистом, серьёзно повлиял на (его сыновья, жена, их жизнь и карьера).
3. Отец Познера не хотел отказываться от (советское гражданство).
4. После пяти лет учёбы на биологическом факультете Московского университет, Познер решил отказаться от (карьера учёного-биолога).
5. В молодости Познер увлекался (самые разные вещи, например, биология и физиология человека, а также журналистика и переводы английской поэзии).
6. За свою плодотворную журналистскую карьеру, Владимир Познер работал над (самые незаурядные телепроекты).
7. Познер утверждает, что когда он живёт в России, ему не хватает (Америка и Франция), а когда он живёт во Франции, ему не хватает (Россия). Короче говоря, ему всегда не хватает (какая-то другая страна).
8. После (Вторая мировая война) отношения между (Советский Союз и Соединённые Штаты Америки) стали резко портиться.

Задание 4.

Слова в контексте. Вставьте подходящие по смыслу слова в правильной форме

> гражданство • детство • довестись • за рубежом • значительный
> зритель • невероятный • незаурядный • преданный • распад
> свидетель • телеведущий • транслировать

Владимир Познер — человек по-настоящему (unusual) _____. Начнём с того, что у известного (TV host) _____ три (citizenships) _____: российское, французское и американское. Он провёл (significant) _____ часть (childhood) _____ во Франции и в Америке, а потом переехал в социалистические страны — сначала в ГДР, а потом в Советский Союз. Он был (witness) _____ фашистской оккупации Франции, смерти Иосифа Сталина, перестройки и (collapse) _____ Советского Союза. Благодаря его (incredible) _____ знанию трёх языков и культур разных стран, ему (got to) _____ поработать в журналах, радио- и телепрограммах, которые СССР (broadcast) _____ (abroad) _____. Сегодня у Познера целая армия (devoted) _____ (viewers) _____, а его книги часто становятся национальными бестселлерами и в России, и в США.

Задание 5.

Знаете ли вы историю Советского Союза и России? Соедините даты с правильной исторической эпохой. (Если затрудняетесь с ответом, то проведите мини-исследование в интернете.) Прочитайте вслух составленные предложения, обращая внимание на даты.

Период с... по... в истории Советского Союза известен как эпоха гласности и перестройки.	октябрь 1917 года
Советский Союз распался в...	июнь 1941, май 1945
Октябрьская революция произошла в...	05.03.1953
Иосиф Сталин умер...	1985–1991
Вторая мировая война, или, как её называют в России, Великая Отечественная война, шла с... по...	декабрь 1991 года

1. Посмотрите на таблицу и скажите, какие из этих событий произошли при жизни Владимира Познера, который родился в 1934 году, а какие до его рождения.
2. Как вы думаете, какое из исторических событий, перечисленных выше, наибольшим образом повлияло на жизнь сегодняшних россиян? (Выберите одно самое важное, с вашей точки зрения, событие). Объясните, почему вы так думаете.
3. А какое историческое событие наибольшим образом повлияло на вашу жизнь? Подробно объясните.

Задание 6.

Подýмайте перед чтением. Если бы вы могли начать жизнь заново и могли выбрать, в какой стране родиться, в какой стране вы бы хотели родиться и почему? А если вы могли бы прожить следующие 20 лет жизни в любой стране мира, какую страну вы бы выбрали и почему? Подробно объясните свой выбор.

Задание 7.

Посмотрите на пару «опасный — безопасный» (safe — unsafe). А как вы думаете, что означает слово «небезопасный» (не + без + опасный)?

Usually, adjectives containing не + без (бес) convey the meaning of «довольно» (quite) + the original adjective. Например: «небезызвестный» = довольно известный; «небезынтересный» = довольно интересный; «небезуспешный» = довольно успешный. (Note the variation of и and ы in the first two examples.) Составьте предложения со словами с префиксом «небез-».

ВЛАДИМИР ПОЗНЕР: БИОГРАФИЧЕСКОЕ ДОСЬЕ

Прочитайте биографию Владимира Познера и узнайте, какую страну этот журналист и телеведущий считает своим домом.

За до́лгую и плодотво́рную журнали́стскую карье́ру Влади́миру По́знеру довело́сь не только взять, но и дать мно́жество интервью́. А как вы ду́маете, како́й вопро́с задаю́т По́знеру ча́ще всего́? Влади́мир Влади́мирович признаётся, что почти́ ка́ждый раз журнали́сты интересу́ются, в како́й стране́ он чу́вствует себя́ «по-настоя́щему до́ма»[1]. Пре́жде чем мы узна́ем отве́т телеведу́щего на э́тот вопро́с, дава́йте разберёмся в том, каки́е стра́ны сыгра́ли наибо́лее значи́тельную роль в его́ жи́зни.

Начнём с Росси́и. И́менно здесь, в Петербу́рге, в 1908, в интеллиге́нтной евре́йской семье́ роди́лся оте́ц Влади́мира По́знера, кста́ти, то́же Влади́мир. Когда́ По́знеру-ста́ршему бы́ло 9 лет, произошла́ Октя́брьская револю́ция, и в 1922 году́ вся его́ семья́ эмигри́ровала на за́пад: снача́ла в Берли́н, а пото́м в Пари́ж. В Пари́же По́знер-ста́рший начина́ет рабо́тать в европе́йском <u>филиа́ле</u> америка́нской компа́нии Metro-Goldwyn-Mayer. Здесь он знако́мится с францу́женкой Жеральди́н Лю́ттен, сотру́дницей пари́жского филиа́ла америка́нской ме́диа-компа́нии Парама́унт. Хотя́ па́ра официа́льно не зарегистри́ровала <u>брак</u> до 1939 го́да, 1 апре́ля 1934 го́да у них роди́лся сын. Ма́льчика назва́ли в честь отца́, Влади́миром. Когда́ ма́ленькому Воло́де бы́ло всего́ 3 ме́сяца, компа́ния Paramount Pictures предложи́ла Жеральди́н рабо́ту в Аме́рике, куда́ она́ и перее́хала вме́сте с сы́ном. До пяти́ лет ма́льчик жил с ма́терью в Аме́рике. А в 1939 году́ роди́тели бу́дущего телеведу́щего пожени́лись и реши́ли верну́ться во Фра́нцию, несмотря́ на непросту́ю полити́ческую ситуа́цию в Евро́пе.

брак — marriage
филиал — branch

По слова́м По́знера-мла́дшего, его́ оте́ц «был с ю́ных лет <u>влюблён</u> в сове́тскую власть»[2]. Как пре́данный «сове́тский патрио́т»[3], он да́же получи́л сове́тское гражда́нство, и о́чень наде́ялся на то, что когда́-нибудь смо́жет верну́ться в СССР. Коне́чно же, ру́сскому <u>евре́ю</u>, да ещё и <u>сторо́ннику</u> коммуни́зма, находи́ться во Фра́нции во времена́ неме́цкой оккупа́ции бы́ло небезопа́сно. Потому́ в 1940 году́ семья́ По́знеров бежа́ла из Пари́жа обра́тно в США, в Нью-Йорк. По́знер-ста́рший продолжа́л рабо́тать в киноиндустри́и и зараба́тывал о́чень хоро́шие де́ньги. Влади́мир Влади́мирович вспомина́ет, что в Аме́рике он рос «привилегиро́ванным ма́льчиком»: жил в «невероя́тно большо́й, краси́вой, бога́той кварти́ре» и ходи́л в «потряса́ющую шко́лу»[4].

с ю́ных лет — from a young age
влюблён в — in love with

К сожале́нию, счастли́вое америка́нское де́тство По́знера ско́ро зако́нчилось: тот факт, что его́ оте́ц был убеждённым коммуни́стом, серьёзно повлия́л на жизнь всей семьи́. Вы, возмо́жно, зна́ете, что по́сле Второ́й мирово́й войны́ отноше́ния ме́жду СССР и

распу́тывать/
распу́тать — to untangle
сложи́ться/скла́дываться —
to take shape, to develop
взаимоотноше́ния —
relationships, rapport
продолжи́тельный —
long-running

США ста́ли ре́зко <u>по́ртиться</u>. В 1948 году́ кинокомпа́ния, в кото́рой рабо́тал Познер-
ста́рший, потре́бовала, что́бы их сотру́дник отказа́лся от сове́тского гражда́нства.
По́знер- ста́рший был челове́ком упря́мым и отка́зываться от сове́тского гражда́нства не
захоте́л. В результа́те, он по́просту оста́лся безрабо́тным. К сча́стью, в э́то же вре́мя ему́
предложи́ли рабо́ту в Восто́чной Герма́нии, в Берли́не, куда́ семья́ По́знеров и перее́хала.
(Кста́ти, существу́ет ве́рсия, что По́знер- ста́рший был аге́нтом сове́тской <u>разве́дки</u>,
и что в Берли́н он пое́хал как сове́тский аге́нт). <u>Как бы то ни́ было</u>, в Берли́не По́знер-
мла́дший на́чал изуча́ть ру́сский язы́к в специа́льной неме́цко-ру́сской шко́ле. По слова́м
тележурнали́ста, хотя́ ру́сский язы́к и тру́дный, изучи́ть его́ во́все не́ было «<u>мучи́тельно
сло́жно</u>», мо́жет быть потому́, что в его́ семье́ все легко́ «<u>схва́тывают</u>» языки́[5].

разреше́ние — permission
командиро́вка — business
trip, assignment
Ве́нгрия — Hungary

В декабре́ 1952 го́да, за не́сколько ме́сяцев до сме́рти Ста́лина, семья́ По́знеров опя́ть
переезжа́ет. На э́тот раз они́ приезжа́ют в СССР, за «желе́зный за́навес», отку́да
смо́гут вы́ехать о́чень нескоро. Почему́? Де́ло в том, что пое́хать за грани́цу сове́тским
гра́жданам бы́ло о́чень непро́сто; тре́бовалось специа́льное <u>разреше́ние</u> да́же на пое́здку
в социалисти́ческие стра́ны. А уж пое́здки в капиталисти́ческий мир бы́ли практи́чески
невозмо́жны. Потому́ вы́ехать из Сове́тского Сою́за По́знер-мла́дший смо́жет то́лько в
1977 году́, когда́ его́ отпра́вят в <u>командиро́вку</u> в социалисти́ческую <u>Ве́нгрию</u>. А в США он
смо́жет прие́хать то́лько в 1991 году́, за не́сколько ме́сяцев до распа́да Сове́тского Сою́за.

спу́тниковая связь — satellite
connection

В 1953 году́ Влади́мир По́знер-мла́дший поступа́ет на биологи́ческий факульте́т
Моско́вского университе́та. По́знер вспомина́ет, что реши́л стать «вели́ким био́логом»
ещё лет в 16, когда́ о́чень увлёкся тео́риями Ива́на Па́влова. В МГУ он успе́шно поступи́л,
но ско́ро по́нял, что биоло́гия его́ совсе́м не интересу́ет. Он всё же зако́нчил университе́т,
по́сле чего́ на́чал занима́ться перево́дами, как нау́чными, так и худо́жественными
(наприме́р, ему́ о́чень нра́вилось переводи́ть на ру́сский язы́к англи́йскую поэ́зию).
Пото́м в 1961 году́ студе́нта-био́лога, кото́рый говори́л по-англи́йски как настоя́щий
америка́нец, назна́чили реда́ктором в сове́тском журна́ле на англи́йском языке́, «Soviet
Life». СССР выпуска́л э́тот журна́л для за́падных чита́телей; по слова́м По́знера, э́то была́
«пропага́нда сове́тской систе́мы»[6]. Поми́мо журна́ла, По́знер та́кже вёл ра́дио-програ́мму,
кото́рая трансли́ровалась в США и расска́зывала об СССР; а с семидеся́тых годо́в стал
появля́ться по <u>спу́тниковой свя́зи</u> в програ́ммах америка́нского телеви́дения.

возглавля́ть/возгла́вить —
to lead, to head
узнава́емость —
recognizability

К семидеся́тым года́м двадца́того ве́ка большинство́ америка́нцев слы́шали и́мя
Влади́мира По́знера: он был ча́стым го́стем в популя́рной програ́мме Nightline на кана́ле
ABC и в шо́у Фи́ла Дона́хью. Как написа́ла одна́ америка́нская газе́та тех лет: «Мо́жет
быть Леони́д Бре́жнев и <u>возглавля́ет</u> Сове́тский Сою́з, но для америка́нцев го́лосом э́той
страны́ явля́ется Влади́мир По́знер»[7]. Несмотря́ на <u>узнава́емость</u> сове́тского журнали́ста
в США, для сове́тских зри́телей и́мя По́знера бы́ло практи́чески неизве́стным — ведь
рабо́тал он в основно́м на за́падную аудито́рию. Изве́стность в СССР пришла́ к По́знеру
лишь в 1986 году́, когда́ он стал одни́м из веду́щих но́вой телепрогра́ммы, кото́рую
показа́ли и в Аме́рике и в Сове́тском Сою́зе: телемо́ст СССР — США, в кото́ром по
спу́тниковой свя́зи принима́ли уча́стие рядовы́е жи́тели обе́их стран. В Сове́тском Сою́зе
э́ти телемосты́ бы́ли ошеломи́тельно успе́шными; их ви́дел, наве́рно, почти́ ка́ждый
сове́тский жи́тель. И́мя По́знера начина́ет ассоции́роваться с переме́нами, кото́рые
наступи́ли в СССР с нача́лом гла́сности и перестро́йки. Так, в 52 го́да По́знер стал одни́м
из са́мых авторите́тных журнали́стов сове́тского телеви́дения и я́рким меди́йным лицо́м.

В 1991 году́ По́знер опя́ть переезжа́ет, на э́тот раз в США, в Нью-Йо́рк. Там он ведёт
програ́мму в соа́вторстве в Фи́лом Дона́хью и а́вторскую програ́мму «Final Edition». При
э́том ка́ждый ме́сяц он лета́ет в Москву́, что́бы запи́сывать еженеде́льные програ́ммы и

ток-шоу «Мы», «Человек в маске», «Если». В это же время он издаёт в США несколько книг, одна из которых — автобиография «Parting With Illusions» (1990) становится национальным бестселлером в США. (В 2008 году Познер перевёл «Прощание с иллюзиями» на русский язык.) А потом в 1997 году Познер опять переезжает в Россию, где много работает над новыми телепроектами.

Вне всякого сомнения, география жизни Владимира Познера очень «пёстрая»: телеведущий родился во Франции, учился в школе в США, изучал русский язык в ГДР, много работал и в Москве, и в США. Итак, какую же страну считает Познер своим домом? Познер признаётся, что где бы он ни был, ему всегда не хватает другой страны: «во Франции — Америки и России, в России — Франции и Америки». Но добавляет: «Мой дом — всё же Франция... Во Франции мне хорошо везде»[8]. А в 2004 Познер с братом Владимиром открыли в Москве свой собственный уголок Франции — французский ресторан, который они назвали в честь мамы, «Жеральдин».

вне всякого сомнения — beyond any doubt
пёстрый — multi-colored
угол — corner

1   Irina Kiryievich. Интервью с Владимиром Познером, «У журналиста нет долга ни перед кем, кроме аудитории». *EventCartel*, 2 октября 2016 г. https://eventcartel.com/la/d/news/reviews/vladimir-pozner-u-zhurnalista-net-dolga-ni-pered-k/

2   Михаил Козырев. Интервью на радиостанции *Серебряный дождь*, 11 июля 2015 г. http://pozneronline.ru/2015/07/12001/

3   Ирина Петровская. Интервью с В. Познером, «Я всё хочу! Мне ничего ещё не надоело». *Известия*, 31 марта 2004 г. http://izvestia.ru/news/288587

4   Ирина Петровская. Интервью с В. Познером, «Я всё хочу! Мне ничего ещё не надоело»; Владимир Познер, интервью в программе «Отцы и дети» на радиостанции *Серебряный дождь*, 5 июля 2015

(http://www.silver.ru/programms/ottsy_i_deti/+editions-of-the-program/materials-VladimirPozner/).

5   Евгений Власенко. Интервью с В. Познером «Полиглотом меня сделала жизнь». *BBC Russian*, 6 декабря 2006 г. http://news.bbc.co.uk/hi/russian/learn_english/newsid_6213000/6213712.stm

6   Владимир Познер. «Ответы на вопросы Марселя Пруста». *Познер онлайн*, 19 июля 2010 г. http://pozneronline.ru/2010/07/5758

7   Владимир Познер. «В России страхом правили в течение не десятилетий, а веков». *Познер Онлайн*, 27 мая 2016 г. http://pozneronline.ru/2016/05/15748/

8   «Время Познера». *Watch Russia*, 24 августа 2016 г. http://www.watchrussia.com/articles/vremya-poznera

ПОГОВОРИМ О ПРОЧИТАННОМ

Задание 8.

Ответьте на вопросы.
1. Где и в каком году родился отец телеведущего Владимира Познера, Владимир Познер-старший?
2. Когда родился Владимир Познер-младший? В какой стране он родился?
3. Почему Познера назвали Владимиром?
4. Кем была по национальности мама Познера-младшего? Где и как родители Познера познакомились?
5. Куда и почему переехала мать Познера, когда мальчику было три месяца? А отец Познера тоже поехал с ними?
6. Сколько было лет мальчику, когда его родители «официально» поженились?
7. Куда переехала семья Познера, когда мальчику было 5 лет?
8. Как относился к коммунизму и Советскому Союзу отец Познера? Приведите примеры из прочитанного.
9. Почему семья решила вернуться в США в 1940 году?
10. Где работал Познер-старший в сороковых годах?
11. Как вы поняли, почему Познер описывает своё детство как «привилегированное»? Приведите примеры из прочитанного.

12. Что изменилось в 1948 году и почему Познер-старший остался без работы?

13. Где Познер-младший начал изучать русский язык? Ему было сложно изучать русский язык?

14. В каком году семья Познеров приехала в Советский Союз? А когда Владимир Познер сможет вернуться в США? Сколько лет Познер не был в Америке?

15. Как вы поняли, почему Познер — гражданин СССР, долгое время не мог путешествовать за границу?

16. Почему Владимир Познер решил поступать на биологический факультет Московского университета?

17. Чем занимался молодой человек после окончания университета? Стал ли он «великим биологом»?

18. Кто — советские или американские телезрители — знали имя Владимира Познера в семидесятых годах? Объясните, почему.

19. Какие программы в США Познер вёл или посещал в качестве гостя? Вам знакомы эти программы?

20. Когда к Познеру пришла известность в Советском Союзе? Расскажите, как это произошло.

21. Сколько лет было Познеру, когда он стал одним из самых ярких медийных лиц СССР?

22. Согласны ли вы с утверждением, что жизнь Познера характеризуется «пёстрой географией»? Объясните, почему да или нет.

23. Какую страну Познер считает своим настоящим домом? Как вы думаете, почему? Для вас этот ответ телеведущего был неожиданным?

Задание 9.

Правильно или неправильно? Исправьте неправильные утверждения и подробно прокомментируйте правильные.

1. После революции 1917 года Познер-старший очень надеялся, что ему никогда не придётся возвращаться в Советский Союз.

2. Мать тележурналиста Владимира Познера была убеждённым сторонником советской власти.

3. Владимир Познер-младший родился в России, учился в школе во Франции, и изучал английский язык в Берлине.

4. С самого раннего детства Познер знал три языка: русский, французский и английский.

5. И мать, и отец Познера работали в киноиндустрии.

6. В 1948 году, по требованию компании, в которой он работал, Познер-старший сменил гражданство с советского на американское.

7. После пяти лет учёбы на биологическом факультете Московского университета, Познер начал работать редактором в научном журнале о биологии и физиологии.

8. Родители Владимира Познера поженились за несколько месяцев до рождения мальчика.

9. Как и все советские люди, в шестидесятых годах Познер много путешествовал: он ездил как в социалистические, так и в капиталистические страны.

10. В семидесятых годах двадцатого века большинство советских телезрителей регулярно смотрели программы Владимира Познера.

11. Телемост Ленинград — Сиэтл был показан по советскому телевидению после распада Советского Союза.

12. Владимир Познер сначала издал книгу «Прощание с иллюзиями» на русском языке в Советском Союзе, а потом он сам перевёл эту книгу на английский язык и опубликовал в США.

Составьте предложения, не меняя порядок слов.

1. Когда — отец — Владимир Познер — был — 9 — год, — произойти — Октябрьская революция, — и — семья — Познеры — эмигрировать — на — запад.

2. В — тысяча девятьсот тридцать девятый — год — родители — будущий телеведущий — решили вернуться — в/во — Франция.

3. В — сороковые годы — семья — Познеры — жить — в — Нью-Йорк; Познер-старший — работать — в — киноиндустрия — и зарабатывать — хорошие — деньги.

4. В — 16 — год — Познер — решил стать — великий биолог — и поступил — на — биологический факультет — Московский университет.

5. После — телемост — тысяча девятьсот восемьдесят шестой — год, — к — Познер — пришла известность — в — Советский Союз.

6. С — тысяча девятьсот девяносто седьмой — год — Познер — много работает над — целая — серия — телепроекты.

7. Познер — говорить — что, когда он — жить — в/во — Франция, — он — не хватать — Россия и Америка. А когда он — жить — в/во — Россия или Америка, он — не хватать — Франция.

Выберите правильную форму глаголов движения и закончите предложения.

1. Отец Владимира Познера родился с Петербурге, но после революции 1917 года вся его семья (уехала — уезжала) из Советского Союза в Париж.

2. Когда Познеру было всего 3 месяца, его мама (увозила — увезла) его из Франции и (перевозила — перевезла) в Америку.

3. А когда мальчику было 5 лет, его родители официально поженились и (переехали — переезжали) обратно во Францию.

4. В 1940 году, когда Франция была оккупирована Германией, семья Познеров (бежала — бегала) обратно в США.

5. В Нью-Йорке Познер (шёл — ходил) в потрясающую школу, которую он вспоминает и сегодня.

6. В 1952 году Познер с родителями (приехал — приезжал) в СССР, а вот (выехать — выезжать) обратно в США он смог только в 1991 году.

7. Известность (пришла — приходила) к Познеру в России лишь в 1986 году после того, как он начал вести телемосты, которые (выходили — вышли) на центральном телевидении во времена гласности.

Что или чтобы? Закончите предложения.

1. Отец Познера был преданным патриотом Советского Союза и очень хотел, _____ его семья переехала жить в СССР.

2. Познер вспоминает, _____ в Америке он рос «привилегированным мальчиком».

3. Кинокомпания, в которой работал отец Познера, потребовала, _____ их сотрудник отказался от советского гражданства.

4. Советский Союз не хотел, _____ советские граждане ездили за границу.

5. Советские информационные агентства хотели, _____ у американских зрителей был позитивный имидж о жизни в СССР.

6. Познер признаётся, _____ его работа в советских журналах в шестидесятых годах была пропагандой.

7. Одна американская газета написала, _____ Владимир Познер — «голос СССР для американцев».

Задание 13.

Подробно расскажите, что произошло в истории России и Советского Союза, а также в жизни Владимира Познера и его родителей в эти годы.

1. В 1908 году...
2. В 1917 году...
3. В 1922 году...
4. 1 апреля 1934 года...
5. В 1939 году...
6. В 1940 году...
7. В 1948 году...
8. В декабре 1952 года...
9. В 1953 году...
10. В 1961 году...
11. К семидесятым годам...
12. В 1986 году...
13. В 1991 году...
14. В 1997 году...

Задание 14.

Составьте 10 вопросов о биографии Владимира Познера, на которые можно ответить односложно: да или нет.

Задание 15.

Используя информацию из статьи, расскажите, что вас больше всего удивило или заинтересовало в биографии Владимира Познера.

В КОНТЕКСТЕ ИСТОРИИ

Задание 16.

Прочитайте заметку и объясните, почему телемосты, которые вёл Владимир Познер, считаются важным событием эпохи перестройки.

свобо́да сло́ва — freedom of speech
права́ челове́ка — human rights
**ускоря́ть/
ускори́ть** — to accelerate

Вы, конечно, уже поняли, что имя Владимира Познера стало хорошо известно сове́тским зри́телям в 1986 году, после вы́хода в эфи́р телемосто́в СССР — США. Первой такой програ́ммой стал телемост «Ленинград — Сиэтл», после которого вы́шли телемосты́ «Ленинград — Бостон» и «Москва — Сан-Франциско». В телесту́диях в Аме́рике и СССР собира́лось о́коло ста челове́к; телемосты́ трансли́ровались по Пе́рвому кана́лу сове́тского телеви́дения, где их смотре́ли миллио́ны сове́тских жи́телей. О чём говори́ли уча́стники телемоста́? В основно́м о социа́льных и полити́ческих пробле́мах того вре́мени: о перестро́йке и гла́сности в Сове́тском Союзе, о войне́ в Афганиста́не, о диссиде́нтах, о положе́нии евре́ев в СССР, о <u>свобо́де сло́ва</u> и <u>права́х челове́ка</u>. Были и о́чень просты́е вопро́сы: наприме́р, одна уча́стница предложи́ла сравни́ть, что лежи́т в су́мочках у сове́тской и америка́нской же́нщины (оказа́лось, что очень похо́жие ве́щи). Коро́че говоря́, обсужда́ли вопро́сы, которые никогда́ раньше не обсужда́лись на сове́тском телеви́дении.

Впервы́е в исто́рии сове́тские и америка́нские гра́ждане могли́ обща́ться свобо́дно и без официа́льного те́кста, над кото́рым порабо́тала цензу́ра. По мне́нию мно́гих исто́риков, э́ти телемосты́ ста́ли настоя́щим приме́ром гла́сности на телеэкра́не, а та́кже значи́тельным собы́тием, кото́рое ускори́ло оконча́ние «Холо́дной войны́».

1. Как вы ду́маете, почему́ телемосты́ СССР — США бы́ли насто́лько успе́шными? Е́сли бы тако́й телемо́ст шёл по телеви́зору сего́дня, вы бы его́ смотре́ли? Объясни́те, почему́ да и́ли нет.

2. Как вам ка́жется, почему́ телемосты́ бы́ли значи́тельным собы́тием в исто́рии отноше́ний ме́жду СССР и США? Приведи́те приме́ры из прочи́танного.

3. Как вы по́няли, в телемоста́х принима́ли уча́стие жи́тели Ленингра́да, Москвы́, Сиэтла, Босто́на, Сан-Франци́ско. А как вы ду́маете, сего́дня бы́ло бы интере́сно провести́ телемосты́ с каки́ми города́ми в СССР и США? Объясни́те свой вы́бор.

4. Испо́льзуя ключевы́е слова́ «Телемо́ст Ленингра́д — Сиэтл», найди́те за́пись телемо́ста в интерне́те (наприме́р, на са́йте YouTube). Посмотри́те э́ту програ́мму и скажи́те, каки́е вопро́сы и отве́ты вас удиви́ли бо́льше всего́.

5. Как вы ду́маете, е́сли бы тако́й телемо́ст проводи́лся сего́дня, каки́е бы вопро́сы ру́сские и америка́нцы зада́ли друг дру́гу?

6. **С партнёром**: соста́вьте спи́сок из 10 вопро́сов, кото́рые студе́нты ва́шего университе́та могли́ бы зада́ть в телемо́сте с росси́йскими студе́нтами. Обсуди́те э́ти вопро́сы в кла́ссе.

7. Как вам ка́жется, ну́жно ли проводи́ть таки́е телемосты́ сего́дня? Почему́ да и́ли нет? А бу́дет ли эффекти́вен тако́й диало́г в социа́льных сетя́х, Тви́ттере и́ли блога́х? Созда́ли ли но́вые техноло́гии но́вые демократи́ческие фо́рмы конта́кта ме́жду на́циями? Объясни́те, почему́ вы так ду́маете.

8. Как вы ду́маете, телемосты́ с каки́ми стра́нами бы́ли бы популя́рны сего́дня в ва́шей стране́? Почему́ вы так ду́маете?

ГОТОВИМСЯ К ЧТЕНИЮ И РАЗГОВОРУ: МИР РОССИЙСКОГО ТЕЛЕВИДЕНИЯ

ЗАПОМНИТЕ ЭТИ СЛОВА И ВЫРАЖЕНИЯ

NOUNS

аудито́рия/зри́тельская аудито́рия — audience

взгляд — view, opinion

влия́ние — influence

вы́пуск — issue (of a newspaper); episode (of a TV show)

выска́зывание — statement

знамени́тость — celebrity

иссле́дователь — researcher

ли́чность — individual, personality, person, figure

мне́ние — opinion

обще́ственный де́ятель — public figure

отве́тственность — responsibility

первоткрыва́тель — pioneer

по́вод — reason, occasion

по́лночь — midnight

посети́тель — visitor

режиссёр — film director

слух — rumor

содержа́ние — content

страсть — passion

уча́стие — participation

ADJECTIVES

актуа́льный — topical, of current interest

кру́пный — large

нашуме́вший — sensational

о́стрый — acute, poignant

разнообра́зный — diverse

случа́йный — random, accidental

сре́дний — average

VERBS

возника́ть/возни́кнуть — to emerge, to appear, to originate

входи́ть/войти́ в исто́рию — go down in history

вызыва́ть/вы́звать интере́с — to cause interest

выходи́ть/вы́йти в эфи́р — to be broadcast

выходи́ть/вы́йти на экра́ны — to come out on television

исходи́ть (из чего) — to be based on something, to proceed from

доверя́ть (кому, чему) — to trust

кида́ться/ки́нуться (во что) — to throw one-self into, to rush into

льсти́ть (я льщу, ты льстишь) (кому) — to flatter

мечта́ть — to dream or fantasize about something

предполага́ть/предположи́ть — to suppose, to assume

прислу́шиваться (к кому, чему) — to listen to (someone's advice or opinon)

счита́ть — to consider, to reckon

уступи́ть ме́сто (кому) — (figurative) to give place to, be replaced by

уча́ствовать (в чём) — to participate, to take part in

OTHER

в за́писи — pre-recorded (show)

в прямо́м эфи́ре — broadcast live

идти́ в прямо́м эфи́ре — to be broadcast live

ведь — after all

идти́ на компроми́сс — to compromise

междунаро́дные отноше́ния — international relations

совме́стно (с кем) — together with

Задание 17.

Кто что делает? Сопоставьте слова и их определения.

1. исследователь ___
2. телеведущий ___
3. общественный деятель ___
4. первооткрыватель ___
5. посетитель ___
6. режиссёр ___

А. человек, который первым что-либо сделал первым

Б. человек, который занимается научной работой

В. человек, который снимает фильмы

Г. человек, который ведёт передачи по телевидению

Д. активист, лидер

Е. человек, который заходит в музей или кино

Задание 17.

Дополните предложения, употребив подходящее по смыслу словосочетание в правильной грамматической форме.

входить/войти в историю • выходить/выйти на экраны • выходить/выйти в эфир

идти в прямом эфире • идти на компромисс • исходить из

1. Популярнейшее в Америке ток-шоу Фила Донахью (came out) _____ ещё в 1960-х годах.

2. Американец Фил Донахью (will go down in history) _____ как один из самых первых ведущих ток-шоу.

3. Программы Фила Донахью и Опры Уинфри (were broadcast live) _____, без предварительной записи.

4. Программа «Познер» впервые (was broadcast) _____ на Первом канале осенью 2008 года.

5. Как Познер выбирает гостей своей программы? По его словам, он (proceeds from) _____ того, что эти люди должны быть интересны зрителям.

6. По словам Познера, на Первом канале его программы подвергаются цензуре относительно редко; хотя он готов (to compromise) _____ с администрацией канала.

Составьте словосочетания с этими словами:
1. **исходить** (из чего): интересы зрителей; официальная информация; мнения посетителей
2. **совместно** (с/со кем): режиссёр фильма; общественные деятели города; исследователи общественного мнения; нашумевшая рок-группа; я; он; мы
3. **доверять** (кому, чему): журналисты и телеведущие; общественные деятели; известная личность; я; мы; они
4. **прислушиваться** (к/ко кому, чему): мнение студентов; слухи; исследователи общественного мнения; я; вы; они
5. **участвовать** (в чём): президентские выборы; опрос общественного мнения; семинар по международным отношениям
6. **льстить** (кому): нашумевший режиссёр; талантливому исследователю; я; она

Ответьте на вопросы.
1. Скажите, а в вашей стране пользуется популярностью телевизионный жанр ток-шоу? Вы можете вспомнить названия ток-шоу, которые идут (или недавно шли) по телевизору? А назвать имена телеведущих, которые работают в этом жанре, вы можете?
2. Чем ток-шоу отличается от других телевизионных жанров (например, от программы новостей)?
3. В каком эфире обычно идут ток-шоу в вашей стране: в дневном или вечернем? Как вы думаете, почему?
4. Как вам кажется, кто составляет зрительскую аудиторию ток-шоу в вашей стране? (Пенсионеры? Молодёжь? Домохозяйки? Кто-нибудь ещё?) А есть ли в вашей стране ток-шоу для студентов и молодёжи?
5. Скажите, если вы могли бы быть ведущим любого ток-шоу, какое ток-шоу вы бы хотели вести и почему?

ГЛАЗАМИ КУЛЬТУРОЛОГА

МИР РОССИЙСКОГО ТЕЛЕВИДЕНИЯ

Прочитайте статью о российском телевидении и узнайте, какие программы вёл и ведёт Владимир Познер.

Сегодняшнее российское телевидение предлагает зрителям огромный выбор программ, форматов и жанров. Жанр, который есть в репертуаре почти всех крупных российских телеканалов, — это так называемые «ток-шоу». Возник этот жанр не в России, а на американском телевидении. Помните, мы говорили об американце Филе Донахью, который совместно с Владимиром Познером вёл телемосты «СССР — США»? Именно

Донахью и вошёл в историю мирового телевидения как один из первых ведущих ток-шоу. «Шоу Фила Донахью» вышло на экраны Америки ещё в 60-х годах 20-го века. Эта программа шла в прямом эфире; в диалоге с гостями программы всегда участвовали зрители в студии. Зрители, которые смотрели шоу дома, могли задать свои вопросы по телефону. В восьмидесятых годах появились ток-шоу Опри Уинфри и Ларри Кинга, в которых ведущие разговаривали с самыми разными известными людьми и «героями дня» также в прямом эфире. Ну и наверно, многие из вас слышали о таких ведущих, как Конан О'Брайен, Эллен Дедженерес, Дэвид Леттерман и Стивен Кольбер.

Как вы думаете, существовал ли жанр ток-шоу на советском телевидении? Ответ прост: нет. В русском языке не было и самого термина «ток-шоу». Почему? По мнению многих исследователей, «жанр ток-шоу не мог существовать в Советском Союзе в условиях марксистко-ленинской коммунистической идеологии» потому, что в основе этого жанра лежит дискуссия. А на советском центральном телевидении никакой дискуссии не могло быть в принципе, ведь единственно верной позицией всегда была позиция коммунистической партии[9]. Потому формат ток-шоу появился на советском телевидениитолько во времена перестройки, в конце 1980-х и начале 1990-х годов. Телемосты Познера и Донахью как раз и стали первыми ток-шоу в СССР, а Владимира Познера можно считать первооткрывателем этого жанра для советских зрителей.

Вскоре после нашумевших телемостов на экраны советского телевидения выходят острые общественно-политические программы «Взгляд», «Двенадцатый этаж», «До и после полуночи», «7 дней». Их вели маститые журналисты, которые мгновенно стали культовыми личностями. Эти передачи были настоящей политической трибуной, на которой можно было открыто говорить об актуальных проблемах советского общества. Казалось, что голос зрителя стал частью диалога, без традиционной советской цензуры и официоза. Такая спонтанность была новшеством и даже прорывом на советском телевидении. Первые советские ток-шоу стали символами перестройки, ведь именно благодаря этим передачам советские зрители кардинально изменили своё представление о тележурналистике. Журналистам и телеведущим стали доверять, а к их мнению прислушиваться.

С начала перестройки и до середины девяностых годов большинство популярных российских ток-шоу имели социально-политическое содержание. В то время Владимир Познер тоже вёл несколько авторских ток-шоу: «Человек в маске», «Время и мы». Интересно, что первые ток-шоу в России были очень серьёзным жанром. Как пишет один исследователь, ток-шоу в девяностых годах были «необыкновенно серьёзной штукой... Появление в телевизоре для нас — политический, а не артистический акт»[10]. В середине девяностых жанр ток-шоу потерял свою острую общественную значимость, зато приобрёл развлекательный характер. Темы многих передач стали лёгкими, семейными и бытовыми (например, программа «Чего хочет женщина?», «Сто вопросов к взрослому» или «Моя семья»), а легендарные журналисты-ведущие уступили место харизматичным знаменитостям шоу-бизнеса.

Несмотря на появление огромного количества коммерческих программ, почти на всех крупных телевизионных каналах есть передачи более «интеллектуальной» направленности. В эту категорию как раз и попадает один из последних проектов Владимира Владимировича Познера — его авторская программа в жанре телевизионного интервью под названием «Познер». Программа впервые вышла в эфир на Первом канале осенью 2008 года и с тех пор выходит по вторникам в полночь. Познер хотел, чтобы каждая четвёртая программа выходила в формате ток-шоу, то есть с участием зрителей

лежать в основе — to be the base of
верный — true
представление — image, notion, idea

бытовой — domestic, everyday
значимость — significance
штука — (colloquial) thing

в студии. Но в этом формате вышло всего несколько передач: в 2009 году гостем в студии со зрителями был первый и единственный президент СССР Михаил Горбачёв, а в 2011 году в режим ток-шоу был приглашён российский политик, предприниматель и миллиардер, Михаил Прохоров. Хотя программа «Познер» и не 100-процентный «ток шоу», Познер всегда старается включить зрителей в диалог с гостем программы. Регулярная часть каждого выпуска — рубрика «Vox populi» (глас народа). В этой рубрике вопросы гостю программы задают случайные люди на улице или посетители сайта Первого канала.

А вот ещё интересный факт о «Познере». Вы, конечно, знаете, что в России 11 часовых зон: когда на Камчатке полдень, в Калининграде — 2 часа ночи. Как и многие другие передачи на отечественных каналах, «Познер» выходит в прямом эфире лишь во время трансляции в «самом раннем» часовом поясе, на Дальнем Востоке. В других российских регионах выпуски повторяются в записи, что, по словам Познера, иногда даёт возможность редакторам <u>вырезать</u> фрагменты программы. Хотя ведущий считает, что его программа подвергается цензуре «относительно редко»: «Это один из компромиссов, на которые я пока иду»[11].

вырезать/вырезать — to cut out

Всем своим гостям Познер задаёт острые социальные и политические вопросы о коррупции, государственных реформах, международных отношениях, а также о кино, литературе и искусстве. Сам Познер говорит, что его гостями могут быть люди, известные в самых разных сферах — «от политики до спорта или киноиндустрии. Это люди, которые интересны мне, но я исхожу из того, что они также должны быть интересны нашим зрителям. Поводом приглашения того или иного человека в студию может быть какое-то событие. <u>Предположим</u>, на экраны вышел фильм, который вызвал огромный интерес, и я решу пригласить в студию режиссёра, который его <u>снял</u>. Поводом может быть и сам человек, который вызывает интерес у телезрителей»[12].

предположим — let's suppose
представление — image, notion, idea
снимать/снять фильм — to make (shoot) a movie

Vladimir Posner interviews U.S. Secretary of State Hillary Rodham Clinton on the *Posner Show* (Channel One Russia) in Moscow, March 19, 2010. Photo by U.S. State Department.

провали́ться сквозь зе́млю
(coll.) — to vanish, to disappear
обще́ственность — general public
накла́дывать отве́тственность — to impose responsibility

Неда́вно По́знера спроси́ли, счита́ет ли он себя «ли́дером мне́ния для мно́гих люде́й». Ощуща́ет ли «влия́ние своего́ мне́ния на широ́кую <u>обще́ственность</u>»? Ведь и пра́вда, веду́щему доводи́лось комменти́ровать са́мые разли́чные собы́тия: от вы́боров америка́нского президе́нта до выступле́ний росси́йских поп-звёзд. Вот, что отве́тил Влади́мир Влади́мирович: «Я соверше́нно не чу́вствую себя ли́дером мне́ния. Бо́лее того́, мне стано́вится дово́льно нело́вко, когда кто-то начина́ет говори́ть таки́е ве́щи и́ли называ́ть меня́, ска́жем, «легенда́рным», — мне хо́чется <u>провали́ться сквозь зе́млю</u> в тако́й моме́нт. Но я не могу́ отрица́ть, что лю́ди действи́тельно ста́ли интересова́ться мои́ми взгля́дами и доверя́ть мои́м выска́зываниям. Мне э́то о́чень льстит, но э́то та́кже <u>накла́дывает</u> на меня́ дово́льно большу́ю <u>отве́тственность</u>»[13].

А по́мните, мы говори́ли, что до пяти́десяти двух лет По́знер рабо́тал на за́падную аудито́рию и был факти́чески незнако́м росси́йскому телезри́телю? Так вот телеведу́щий утвержда́ет, что и́менно потому́, что «две́ри» к росси́йскому зри́телю откры́лись для него́ доста́точно по́здно, он и ки́нулся в профе́ссию с тако́й стра́стью. По́знер говори́т, что челове́к, кото́рый мечта́ет о пе́нсии — э́то траге́дия: «Когда́ я почу́вствую, что не могу́ де́лать то, что хочу́, я уйду́. Что бу́дет по́сле э́того, я не зна́ю»[14].

9 О.А. Козлова, Д.А. Бондарев. С.119, «Национальные особенности развития жанра общественно-политического ток-шоу на российском телевидении». *Вестник ВолГУ*, серия 8, вып. 10, 2011 г.

10 Г.В. Кузнецов. «Ток-шоу: Неизвестный жанр?» *Журналист* №11, 1998, 54–61.

11 «Познер грозит закрыть свою программу из-за цензуры». *Русская служба ВВС*, 8 февраля 2012 г. http://www.bbc.com/russian/society/2012/02/120208_pozner_tv_censorship.shtml

12 http://pozneronline.ru/2016/09/16917/

13 Irina Kiriyevich. Интервью с Владимиром Познером, «У журналиста нет долга ни перед кем, кроме аудитории». *EventCartel*, 2 октября 2016 г. https://eventcartel.com/la/d/news/reviews/vladimir-pozner-u-zhurnalista-net-dolga-ni-pered-k/

14 Ирина Петровская. Интервью с В. Познером, «Я все хочу! Мне ничего еще не надоело». *Известия*, 31 марта 2004 г.

ПОГОВОРИМ О ПРОЧИТАННОМ

Задание 20.

Правильно или неправильно? Исправьте неправильные утвержде́ния и подробно прокомментируйте правильные. А о чём у вас нет достаточной информации?

1. Жанр ток-шоу появился в Советском Союзе ещё в шестидесятых годах двадцатого века.
2. Владимир Познер — один из первых ведущих ток-шоу на мировом телевидении.
3. Английский термин «ток-шоу» вошёл в русский язык после Второй мировой войны.
4. Темы советских ток-шоу во времена перестройки были лёгкими, часто семейными и бытовыми, а иногда просто банальными.
5. Советские ток-шоу восьмидесятых годов стали символом перестройки.
6. Программа «Познер» выходит в формате ток-шоу, с участием зрителей в студии.
7. Программа «Познер» всегда выходит в прямом эфире.
8. Программа «Познер» выходит по вторникам в 11:00 часов вечера.

Ответьте на вопросы.

1. В какой стране и когда возник телевизионный жанр ток-шоу? Кто считается первым телеведущим ток-шоу?

2. А на советском телевидении выходили передачи жанра ток-шоу? Как вы поняли, почему да или нет?

3. Когда на советском телевидении появился формат ток-шоу?

4. Какую программу можно считать первым ток-шоу в СССР?

5. Как вы поняли, почему советские ток-шоу восьмидесятых годов можно считать «символом перестройки»?

6. Как изменилось содержание ток-шоу с начала перестройки к концу девяностых годов?

7. Скажите, ток-шоу в России в конце восьмидесятых и начале девяностых годов содержали элементы юмора? Как вам кажется, а ток-шоу в вашей стране — это серьёзный или комический жанр? Приведите примеры.

8. Когда впервые вышла в эфир программа «Познер»? Объясните, почему направленность этой программы можно считать интеллектуальной, а не семейной?

9. Объясните, где в России программа «Познер» выходит в прямом эфире, а где — в записи.

10. Как вы поняли, программа «Познер» подвергается цензуре? Почему вы так решили? Приведите примеры из прочитанного.

11. Как Познер выбирает гостей для своей программы? А передачу с кем из названных в статье гостей вы бы хотели увидеть? Объясните, почему.

12. Как вы, конечно, знаете, Владимир Познер родился в 1934 году. Собирается ли он выходить на пенсию? Почему вы так решили?

13. Скажите, судя по описанию программы «Познер», если вы бы жили в России, вы бы смотрели эту программу каждую неделю? Аргументируйте своё мнение.

Задание 22.

Подробно расскажите, как менялся жанр ток-шоу в эти годы и исторические эпохи?

1. В шестидесятых годах двадцатого века...

2. До восьмидесятых годов в СССР...

3. В восьмидесятых годах в США...

4. Во времена перестройки в Советском Союзе...

5. С начала перестройки и до середины девяностых годов в России...

6. В середине девяностых годов в России...

7. Осенью 2008 года...

Задание 23.

Дополните предложения информацией из статьи.

1. Владимир Познер...

2. У Владимира Познера...

3. С Владимиром Познером...

4. К Владимиру Познеру...

5. О Владимире Познере...

Review of cases. Поставьте слова в правильную грамматическую форму и закончите предложения.

I. Genitive Case

1. После (нашумевшие телемосты), на экраны (советское телевидение) выходят и другие программы (жанр ток-шоу).
2. Программы ток-шоу (времена перестройки) шли без (традиционная советская цензура и официоз).
3. Познер комментировал самые разные события: от (выборы) (американский президент) до (выступления) (российские поп-звёзды).
4. До (пятьдесят два года) Познер работал на (западная зрительская аудитория).
5. Ток-шоу не могли существовать в условиях (марксистско-ленинская коммунистическая идеология).

II. Dative Case

1. В конце девяностых годов, легендарные журналисты, которые вели ток-шоу, уступили место (харизматичные знаменитости).
2. (Все свои гости, например Стинг, Михаил Горбачёв и Дмитрий Медведев) Познер задаёт острые социальные и политические вопросы.
3. Зрители доверяют (политические высказывания) журналиста.
4. В восьмидесятых годах зрители стали прислушиваться к (журналисты и телеведущие).
5. Гости, которых Познер приглашает в свою программу, должны быть интересны (он сам и его зрительская аудитория).

III. Instrumental Case

1. В своих шоу, Опра Уинфри и Ларри Кинг разговаривали с (известные политики, популярные актёры и общественные деятели).
2. Телемосты Россия — США были (первые советские ток-шоу).
3. Первые ток-шоу в России были (серьёзный, а не комический, жанр).
4. Советские ток-шоу восьмидесятых годов стали (важный символ перестройки), (политические трибуны), на которых можно было говорить смело и открыто.
5. Владимира Познера можно считать (первооткрыватель) жанра ток-шоу в СССР.
6. Познер говорит, что не чувствует себя (лидер мнения).

Каждую передачу «Познер» его ведущий заканчивает тем, что задаёт своим гостям вопросы из опросника (questionnaire) французского писателя конца 19-го и начала 20-го века Марселя Пруста. Вот некоторые из вопросов, которые в разных программах задавал своим гостям Познер:

- Кто из исторических личностей вам больше всего нравится и не нравится? Объясните, почему.
- Кем из известных людей вы бы хотели быть и почему?
- Как вы думаете, что такое счастье? А что такое несчастье?
- Что вы больше всего не любите?
1. Представьте, что вы — гость программы «Познер». Как бы вы ответили на эти вопросы?
2. Используя ключевые слова «опросник Пруста», найдите все вопросы опросника. С партнёром: задайте друг другу эти вопросы.

Задание 26.

Прочитайте данные недавних социальных опросов, которые провели российские аналитические центры, и ответьте на вопросы.

Как вы поняли, програ́мма «Познер» — это не совсем ток-шоу, а скорее социа́льно-полити́ческая переда́ча, в которой Владимир Познер берёт интервью у поли́тиков, обще́ственных де́ятелей, звёзд музыки, спорта, кино. Конечно же, есть в России и «сто-проце́нтные» полити́ческие ток-шоу, например «Вечер с Владимиром Соловьёвым», «Право голоса» и другие. В этих програ́ммах веду́щие, го́сти и зри́тели в зале говоря́т о полити́ческих событиях в России и в мире. Так вот смо́трят ли россия́не эти програ́ммы? По результа́там опро́са 2016-го года центром ВЦИОМ, полити́ческие ток-шоу периоди́чески смотрят 59% респонде́нтов, и только 17% де́лают это доста́точно ча́сто. Наибо́льшей популя́рностью (32%) эти програ́ммы по́льзуются у людей в во́зрасте 60 лет и ста́рше. Росси́йская молодёжь полити́ческие ток-шоу смотрит неча́сто: 65% людей в во́зрасте 18–24 года и 56% в возрасте 25 — 34 года никогда не смотрит такие переда́чи.

А вот результа́ты ещё одного опро́са, который провёл в 2016 году центр «Платфо́рма». Центр задал вот такой вопрос россия́нам (1600 респондентов): «Предста́вьте, что в стране произошло́ очень кру́пное полити́ческое собы́тие, которое может затро́нуть и Вас ли́чно. К какому исто́чнику информа́ции Вы обрати́тесь в пе́рвую о́чередь?». 50% респонде́нтов сказали, что они включа́т телеви́зор; 26% — что они прочитают новости в интернете; 6% сказали, что откро́ют газе́ты. (Полностью результаты опроса можно посмотреть на сайте центра: http://pltf.ru/2017/02/01/polit-tv/)

затра́гивать/
затро́нуть — to affect
ли́чно — personally
исто́чник — source
в пе́рвую о́чередь — first,
in the first place

1. Скажите, как вы поняли, в 2016 году молодёжь смотрела политические ток-шоу в России? Люди какого возраста чаще смотрят эти передачи? Скажите, а как вы думаете, молодые люди в вашей стране смотрят политические программы по телевизору? Как вам кажется, почему да или нет?

2. А в вашей стране есть политические ток-шоу? Если да, то расскажите об одной такой программе. Если нет, то как вы думаете, почему?

3. Вас удивили ответы россиян на вопросы центра «Платформа»? Если да, то что конкретно вас удивило? А как бы вы сами ответили на этот вопрос? Задайте этот вопрос своим друзьям и знакомым и обсудите результаты в классе.

ВМЕСТО ЗАКЛЮЧЕНИЯ

Задание 27.

Приготовьте выступление и расскажите о любом известном телеведущем или тележурналисте. Какую роль этот человек играет в культуре своей страны? Как его (её) карьера похожа на карьеру и работу Владимира Познера и в чём различия?

Задание 28.

Скажите, что в материалах этой главы вас больше всего удивило или заинтересовало? Что нового вы узнали о российской культуре?

Найдите один из эпизодов программы «Познер» на сайте YouTube или на сайте Первого канала. Посмотрите этот эпизод и расскажите о том, (1) кто был гостем Владимира Владимировича, (2) какие вопросы Познера показались вам наиболее актуальными или интересными.

Вспомните, какие три вопроса вы хотели задать Владимиру Познеру до того, как начали читать о его жизни и карьере. Скажите, вы получили ответы на свои вопросы из статей и материалов этой главы? Если да, то ответьте сами на эти вопросы. А если нет, то проведите дополнительное исследование в интернете.

ДЛЯ ТЕХ, КОМУ ИНТЕРЕСНО: ЧТО ЕЩЁ ПОЧИТАТЬ О ВЛАДИМИРЕ ПОЗНЕРЕ И ЖАНРЕ ТОК-ШОУ НА РОССИЙСКОМ ТЕЛЕВИДЕНИИ.

Vladmir Pozner. *Parting with Illusions. The Extraordinary Life and Controversial Views of the Soviet Union's Leading Commentator*. London: Avon Books, 1991.

Stephen C. Hutchings, Natalia Rulyova. *Television and Culture in Putin's Russia*. New York: Routledge, 2009.

8 ЗЕМФИРА И МИР РОССИЙСКОЙ РОК-МУЗЫКИ

Photo courtesy of Marina Zakharova, marinazakharova.com

Её дебю́тный альбо́м 1999 го́да <u>взорва́л</u> мир росси́йской му́зыки. Её пе́сни доноси́лись из эфи́ра ка́ждой радиоста́нции, а журнали́сты и кри́тики назва́ли её «<u>прорва́вшимся</u> го́лосом поколе́ния». В её компози́циях была́ свобо́да и <u>дух</u> вре́мени. Она́ пе́ла о том, о чём до неё в ру́сской му́зыке никто́ не говори́л так и́скренне и откры́то: о <u>СПИДе</u>, об <u>однопо́лой</u> любви́, о сме́рти. На её конце́рты ходи́ли шестнадцатиле́тние подро́стки и олига́рхи; её те́ксты зна́ли наизу́сть; ей <u>подпева́ли</u> стадио́ны. По́сле двадцати́ лет ярча́йшей карье́ры, биле́ты на её конце́рты по-пре́жнему разлета́ются <u>вмиг</u>; в за́лах всё та́кже«земфирома́ны» всех возрасто́в; а ка́ждый но́вый конце́рт, тур и́ли альбо́м стано́вятся эпоха́льным собы́тием. Она́ регуля́рно вхо́дит в ре́йтинги са́мых <u>влия́тельных</u> же́нщин Росси́и, её те́ксты печа́тают в сбо́рниках рок-поэ́зии, а пе́сни регуля́рно <u>возглавля́ют</u> музыка́льные ча́рты Росси́и. В э́той главе́ мы поговори́м о Земфи́ре, одно́й из са́мых комме́рчески успе́шных исполни́тельниц в исто́рии росси́йской му́зыки.

взрыва́ть/взорва́ть — to explode, to blow up
вмиг — in an instant, in a flash
возглавля́ть/возгла́вить — to top, to lead
дух — spirit
однопо́лый — same-sex
подпева́ть/подпе́ть — to sing along
СПИД — AIDS
собы́тие — event, happening

1. Пра́вильно или непра́вильно? Испо́льзуя информа́цию о Земфи́ре, приведённую вы́ше, испра́вьте непра́вильные утвержде́ния и подро́бно прокомменти́руйте пра́вильные.
   А. Пе́рвый альбо́м Земфи́ры вы́шел в 21-м ве́ке.
   Б. На её конце́рты ходи́ли и хо́дят лю́ди са́мых ра́зных возрасто́в.
   В. Земфи́ра была́ популя́рна в конце́ 20-го ве́ка; сего́дня ее популя́рность значи́тельно ме́ньше.
   Г. Земфи́ра — сове́тская рок-певи́ца.

2. Скажите, а вы знакомы с именами каких-нибудь российских рок или поп-музыкантов? Если да, то где и как вы о них впервые услышали? Как вам кажется, сегодняшние русские музыканты известны в вашей стране? Как вы думаете, почему?

3. Как вы думаете, кто такие «земфироманы»? А «битломаны»?

4. Придумайте и запишите три вопроса, которые вы бы хотели задать Земфире о её карьере и музыке.

ГОТОВИМСЯ К ЧТЕНИЮ И РАЗГОВОРУ

ЗАПОМНИТЕ ЭТИ СЛОВА И ВЫРАЖЕНИЯ

NOUNS

внима́ние — attention
вы́пуск — release
движе́ние — movement
до́ступ — access
исполни́тель/исполни́тельница — performer
мощь — might, power
населе́ние — population
незави́симость — independence
нело́вкость — awkwardness
певе́ц/певи́ца — singer
поворо́т — turn
по́иск — search
рост — height
ры́нок — market
си́ла — strength, force
СПИД — AIDS
суть — essence, core, point
уве́ренность — confidence
явле́ние — phenomenon

ADJECTIVES

беспла́тный — free (without charge)
вну́тренний — internal
вы́мышленный — made-up, invented
де́рзкий — daring, audacious
изли́шний — excessive
му́дрый — wise
одина́ковый — same, identical
противоречи́вый — contradictory
све́жий — fresh
ску́дный — scarce, meager

VERBS

броса́ть/бро́сить — to drop, to quit

взрыва́ть/взорва́ть — to explode, to blow up
возглавля́ть/возгла́вить — to head, to lead, to spearhead, to top
восприни́мать/восприня́ть — to perceive
выска́зывать/вы́сказать наде́жду — to express hope
выходи́ть/вы́йти из стро́я — to break down
запи́сывать/записа́ть — to record
молча́ть/замолча́ть — to be/become silent
отмеча́ть/отме́тить — to note, point out
перека́рмливать/перекорми́ть — to overfeed (also figurative)
подпева́ть/подпе́ть (кому, чему) — to sing along (with someone)
привлека́ть/привле́чь внима́ние — to attract attention
признава́ть/призна́ть — to admit
продлева́ть/продли́ть — to extend
хвата́ть/хвати́ть — to suffice, to be sufficient

OTHER

в ду́хе (кого) — a la, in the spirit of
вмиг — in an instant, in a flash
вне (чего) — beyond, outside
вполне́ — quite, completely
на фо́не (чего) — against the background of
несмотря́ (на что) — despite, in spite of
по приглаше́нию (кого) — by (someone's) invitation
под давле́нием (кого) — under someone's pressure
по́просту — simply
с друго́й стороны́ — on the other hand
с одно́й стороны́ — on the one hand
т.е. (то есть) — i.e. (that is)
чуть (ли) не — nearly, almost

Посмотрите на слова, приведённые выше, и закончите пары:

1. неловкость — неловкий; _____ — независимый; _____ — уверенный; мудрость — _____; мощный — _____

2. выпуск — выпускать; молчание — _____; взрыв — _____; признание —

_____

3. он — певец, она — _____; он — исполнитель, она — _____

Составьте словосочетания с этими словами:

1. **В духе** (кого?): эта скандальная певица; британский музыкант-клавишник; российские гитаристы; Земфира

2. **Подпевать** (кому? чему?): песни Земфиры; любимая исполнительница; эта невероятная композиция

3. **Гастрольный тур** (по чему?): США; Россия; страны Запада; мир

4. **Петь о** (чём?): СПИД; внутренний монолог певицы; вымышленный персонаж; ординарное явление

5. **Вне** (чего?): музыкальные стили и жанры; исторические эпохи; время и мода

6. **Этому певцу не хватает** (чего?): уверенность; сильный вокал; влиятельный продюсер; профессиональные сопровождающие музыканты

7. **Привлечь внимание** (кого?): американский исполнитель; подростки и олигархи; дерзкая рок-певица

8. **Под давлением** (кого? чего?): мудрая мама; сегодняшний российский рынок

9. **Перекормить** (кого? что? — чем?): аудитория — старые песни; публика — одинаковые мелодии

Слова в контексте. Вставьте подходящие по смыслу слова в правильной форме.

выпуск • выступление • записывать • исполнять
исполнитель • певица • привлекать внимание
свежий • сцена • транслировать • явление

Земфира — это уникальное (phenomenon) _____ в мире сегодняшней российской музыки. Она (performs) _____ свою музыку на (stages) _____ всего мира. (Release) _____ каждого альбома (of the singer) _____ — сенсация. Её (voice) _____, талантливая музыка и (fresh) _____ поэтические образы (attract the attention of) _____ людей всех возрастов. Ведь подумайте сами: Земфира (recorded) _____ свой первый альбом ещё в 1999. Значит ли это, что её выступления приходят люди, которым сейчас около сорока лет? Совсем нет! Посмотрите в интернете концерт Земфиры «Маленький человек», который (broadcast) _____ Первый канал. Вы увидите, что большинство её фанатов и сегодня — подростки и молодёжь. Как Земфире удаётся оставаться таким влиятельным (performer) _____ все эти годы? Вот об этом мы и поговорим в этой главе.

Интересный глагол: перекармливать и приставка пере-.

Among other things, пере- + verb means too much or an action resulting in something excessive.

Закончите предложения, используя глаголы: *переволноваться, переедать, перекармливать, переплатить, переутомиться.*

1. Земфира говорит, что не любить (overfeed) _____публику своей музыкой.
2. Перед концертом певец (worried too much) _____.
3. Билетов на концерт не было, и мы покупали их у спекулянтов. Мы (paid too much) _____, но были счастливы, что идём на концерт.
4. Во время международных гастролей, певец (got overly tired) _____ и попал в больницу.
5. В стрессовых ситуациях некоторые люди (eat too much) _____.

Подумайте перед чтением. А какого музыканта или певца вашей страны вы назвали бы «голосом вашего поколения»? Объясните, почему вы выбрали именно этого исполнителя. А как вы думаете, как бы на этот вопрос ответили ваши родители? Объясните, почему вам так кажется?

ЗЕМФИРА: БИОГРАФИЧЕСКОЕ ДОСЬЕ

Прочитайте биографию Земфиры и узнайте, в каком музыкальном жанре работает эта певица.

На́до сказа́ть, что Земфи́ра — о́чень закры́тый челове́к и не лю́бит дава́ть интервью́. Как она объясня́ет сама́, она не лю́бит изли́шнего внима́ния к себе́: «Это моя́ диле́мма: не люблю́ привлека́ть внима́ние, при э́том я на сце́не. Это мой ли́чный вну́тренний конфли́кт»[1]. Потому́ информа́ция, кото́рую мо́жно найти́ о певи́це в пре́ссе и в сети́, доста́точно ску́дна и ча́сто вы́мышлена. То́чно изве́стно, что родила́сь бу́дущая певи́ца в Уфе́, столи́це Башкортоста́на, в 1976 году́. Её оте́ц был учи́телем исто́рии, а мать — врачо́м. Доба́вим, что «Земфи́ра» — не артисти́ческий псевдони́м, а настоя́щее и́мя певи́цы: её по́лное и́мя Земфи́ра Талга́товна Рамаза́нова. Как она объясня́ет сама́, Земфи́ра — э́то национа́льное башки́рское и́мя, «вполне́ есте́ственное для Уфы́... зна́ю ещё па́рочку Земфи́р»[2].

Земфи́ра вспомина́ет, что вы́ступила со свои́м пе́рвым со́льным дебю́том в 4 го́да; её выступле́ние трансли́ровали по башки́рскому телеви́дению: «Я соли́ровала: „Жил на све́те червячо́к, червячо́к лени́вый. Спать ложи́лся на бочо́к...“ Да́льше не по́мню. Глу́пая кака́я-то пе́сня»[3]. А в 5 лет де́вочка начала́ занима́ться в музыка́льной шко́ле по кла́ссу фортепиа́но. Кста́ти, му́зыку Земфи́ра чуть не бро́сила: в шко́ле увлекла́сь баскетбо́лом и, несмотря́ на небольшо́й рост, ста́ла добива́ться неплохи́х результа́тов. А в 1990 году́ да́же ста́ла капита́ном же́нской юнио́рской сбо́рной Росси́и по баскетбо́лу. Коро́че говоря́, музыка́льную шко́лу де́вушка зако́нчила исключи́тельно под давле́нием му́дрой ма́мы, а из спо́рта ушла́ ещё в оди́ннадцатом кла́ссе. Как Земфи́ра объясня́ет сама́: «Суперда́нных у

червя́к — worm
бок/бочо́к — side

меня́ не́ было, я дости́гла потолка́. Сейча́с о́чень люблю́ смотре́ть те́ннис. Мои́ люби́мые тенниси́сты — Ро́джер Фе́дерер и Cере́на Уи́льямс»[4].

По́сле оконча́ния шко́лы Земфи́ра поступа́ет в Уфи́мское учи́лище иску́сств на отделе́ние эстра́дного вока́ла, кото́рое она́ зака́нчивает в 1997 году́ <u>с кра́сным дипло́мом</u>. Реше́ние поступи́ть в музыка́льное учи́лище и стать «музыка́нтом и нике́м ины́м» певи́ца называ́ет одни́м из гла́вных собы́тий свое́й жи́зни. Второ́е ва́жное собы́тие — рабо́та на уфи́мской радиоста́нции «Евро́па плюс», где у неё появи́лся до́ступ к студи́йному компью́теру. Здесь она́ смогла́ профессиона́льно (а са́мое гла́вное, беспла́тно) запи́сывать свои́ пе́сни[5]. По призна́нию само́й певи́цы, пе́рвый раз её пе́сня прозвуча́ла по ра́дио и́менно на «Евро́пе Плюс. Уфа́»: она́ рабо́тала на радиоста́нции диджее́м и по́просту сама́ и поста́вила свою́ пе́сню в эфи́р[6]. На «Евро́пе плюс» Земфи́ра та́кже запи́сывает де́мо-диск с не́сколькими свои́ми пе́снями. Че́рез знако́мых она́ передаёт э́тот де́мо-диск в ру́ки музыка́льного продю́сера Леони́да Бурлако́ва. На́до отме́тить, что тут Земфи́ре повезло́: Бурлако́в в то вре́мя был одни́м из влия́тельнейших продю́серов на росси́йском музыка́льном ры́нке и рабо́тал с успе́шной гру́ппой «Му́мий-Тролль». Бурлако́ва заинтригова́ли пе́сни на де́мо-диске, и он приглаша́ет Земфи́ру порабо́тать в свое́й моско́вской сту́дии. В нача́ле 1998 го́да Земфи́ра переезжа́ет из родно́й Уфы́ в Москву́, где и начина́ет рабо́ту над пе́рвым студи́йным альбо́мом.

с кра́сным дипло́мом — with honors

Photo courtesy of Marina Zakharova, marinazakharova.com

Её пе́рвый альбо́м с лакони́чным назва́нием «Земфи́ра» вы́шел в 1999 году́. «<u>Рома́шки</u>», «Ариведе́рчи», «СПИД» — да практи́чески все пе́сни альбо́ма — мгнове́нно ста́ли не про́сто суперхита́ми, а настоя́щими ги́мнами нулевы́х. Как пи́шет газе́та «Аргуме́нты и фа́кты», в э́том дебю́тном альбо́ме « бы́ло что-то абсолю́тно но́вое, све́жее, энерги́чное и де́рзкое... Но гла́вное — абсолю́тно а́вторское, ни на что не похо́жее. И невероя́тно тала́нтливое. Тала́нт был тако́й мо́щи, что все и сра́зу призна́ли: Земфи́ра — явле́ние»[7].

Пе́рвый альбо́м Земфи́ры был бли́зок жа́нру, кото́рый соли́ст гру́ппы «Му́мий-Тролль» Илья́ Лагуте́нко назва́л «рокапо́псом» (т.е. си́нтезом рок и поп му́зыки). А вот в после́дующих альбо́мах певи́ца начала́ эксперименти́ровать с электро́нной му́зыкой и

рома́шка — chamomile (flower)

попса́ (derogatory) — поп-му́зыка
меша́ть — to disturb

альтернати́вным ро́ком. Вообще́, музыка́льные кри́тики говоря́т, что в осно́ве му́зыки Земфи́ры — поп-пе́сня, ча́сто пе́сня о любви́. Но при э́том те́мы её пе́сен ча́сто тёмные и да́же агресси́вные. Наприме́р, мо́жно ли назва́ть «попсо́й» пе́сню вот с таки́ми слова́ми: «У тебя́ СПИД, и зна́чит, мы умрём»? Или «Хо́чешь, я убью́ сосе́дей, что меша́ют спать?». По́сле пя́того альбо́ма под назва́нием «Спаси́бо», кото́рый вы́шел в 2007 году́, Земфи́ра вы́сказала наде́жду, что её вообще́ переста́нут называ́ть рок-исполни́тельницей: «Я бы хоте́ла, что́бы меня́ воспринима́ли как певи́цу Земфи́ру. Музыка́нт до́лжен находи́ться вне сти́лей, он до́лжен быть чуть вы́ше... Как певи́ца я могу́ исполня́ть поп, рок, лаунж, могу́ петь и джаз, но ху́же. Как а́втора меня́ гора́здо бо́льше, чем стиль, интересу́ет сама́ мело́дия, суть пе́сни»[8].

Photo courtesy of Marina Zakharova, marinazakharova.com

бараба́нщик — drummer
кла́вишник — keyboard player
сопровожда́ющий — accompanying

На протяже́нии всей карье́ры Земфи́ра меня́ла не то́лько сти́ли и музыка́льные жа́нры, но и свою́ кома́нду. Наприме́р, по́сле вы́пуска своего́ пе́рвого альбо́ма, в кото́ром продю́сером был Илья́ Лагуте́нко, Земфи́ра объяви́ла, что после́дующие альбо́мы бу́дет продюси́ровать сама́: ей не хоте́лось быть протеже́ друго́го музыка́нта, хоте́лось по́лной а́вторской незави́симости. Исполни́тельница та́кже не раз меня́ла сопровожда́ющих музыка́нтов. Е́сли пе́рвые три альбо́ма бы́ли вы́пущены гру́ппой «Zемфи́ра», то её четвёртый альбо́м «Венде́тта» стал пе́рвым рели́зом певи́цы в со́льном ста́тусе. С тех пор она́ мно́го рабо́тала с са́мыми ра́зными соста́вами, а в своё неда́внее гастро́льное турне́ «Ма́ленький челове́к» пригласи́ла исключи́тельно брита́нских инструменали́стов — гитари́стов, бараба́нщика, кла́вишника. Росси́йские кри́тики о́чень положи́тельно отреаги́ровали на таку́ю интернациона́льную гру́ппу музыка́нтов. Как отме́тили мно́гие, поско́льку э́ти ребя́та не вы́росли на ру́сском ро́ке, «их взгляд на хи́ты Земфи́ры свеж, а „ру́сский рок" здесь звучи́т как брит-поп, сёрф, хард-рок и что уго́дно ещё»[9].

«Ма́ленький челове́к» в 2016 и 2017 собира́л по́лные за́лы почти́ в ка́ждом го́роде турне́. А вот два грандио́зных моско́вских конце́рта, кото́рые заверша́ли тур, бы́ли по-настоя́щему аншла́говыми. Земфи́ра выступа́ла в спорти́вном ко́мплексе «Олимпи́йский» (расчи́танном приме́рно на 35 ты́сяч зри́телей). Так вот бо́льшая часть билéтов на эти два концéрта былá распрóдана за сýтки, а официáльный сайт, где продавáлись билéты, вы́шел из стрóя из-за аномáльного колúчества посетúтелей — фанáтов певúцы.

Photo courtesy of Marina Zakharova, marinazakharova.com

А вот ещё необы́чный поворóт в жúзни исполнúтельницы. В 2004 годý Земфúра удивúла всех и поступúла на филосóфский факультéт Москóвского госудáрственного университéта. Прáвда, проучúлась она там всегó одúн семéстр: «потомý что стáла мнóго писáть, написáла альбóм и поéхала в тур. Éсли у тебя́ есть нóвая пéсня, то нýжно éхать и игрáть»[10]. А вообщé, «замолчáть» на нéсколько мéсяцев — напримéр, для тогó, чтóбы поступúть в университéт — вполнé в дýхе Земфúры. Как она объясня́ет самá, она óчень не лю́бит «перекáрмливать» собóю пýблику: «Испы́тываешь определённую нелóвкость, когдá включáешь телевúзор, открывáешь журнáл и всю́ду вúдишь свою́ физионóмию»[11]. Нéкоторые крúтики считáют, что úменно эти дóлгие молчáния — казáлось бы, такóй парадоксáльный ход в шоу-бúзнесе — и продлевáют успéх певúцы: Земфúры зрúтелю «всегдá не хватáет»[12]. А самá Земфúра утверждáет: «Я знáю, кто я, я в этом увéрена. И в этом есть моя́ сáмая большáя прáвда и сúла — увéренность в том, кто я и что я. И петь я бýду óчень дóлго»[13]. А ещё добавля́ет: «Мне нрáвится, когдá аншлáг, когдá все хóром пою́т. Вот это и есть счáстье»[14].

петь хóром — sing together

1 Земфира в программе «Познер». *Первый канал* (21 декабря 2015).

2 Николай Ермушин «Земфира. Интервью журналу „Медведь"». *Медведь* (1 июня 1999).

3 Алина Холина. «Трудно быть богом». http://story.ru /znamenitosti/zemfira/

4 Земфира в программе «Познер».

5 «Земфира. Интервью журналу „Медведь"».

6 Владимир Полупанов. «Прекрасный воробушек. В чем секрет успеха Земфиры?» *Аргументы и факты* №34, 24 августа 2016 г.

7 Владимир Полупанов. «Прекрасный воробушек. В чем секрет успеха Земфиры?»

8 Борис Барабанов. «Я перестала быть рок исполнительницей». *Коммерсант.ru*, 25 мая 2007 г.

9 Алексей Мажаев «Рецензия: Земфира. Маленький человек. Live». *Intermedia.ru* (25 января 2017 г.

10 Земфира в программе «Познер».

11 «Интервью ELLE: Земфира». *ELLE.ru*, 26 августа 2014 г. http://www.elle.ru/celebrities/novosty/intervyu -elle-zemfira/

12 Владимир Полупанов. «Прекрасный воробушек. В чем секрет успеха Земфиры?»

13 Музыкальный фильм «Зелёный театр в Земфире», режиссёр Рената Литвинова, 2008.

14 Земфира в программе «Детали». *Канал СТС*, 1 октября 2007 г.

ПОГОВОРИМ О ПРОЧИТАННОМ

Правильно или неправильно? Исправьте неправильные утверждения и подробно прокомментируйте правильные. А о чём у вас нет достаточной информации?

1. Земфира много и часто даёт интервью.
2. Земфира — это артистический псевдоним певицы.
3. Земфира с раннего детства увлекалась музыкой. Музыка всегда была её самым главным и единственным увлечением.
4. Когда Земфира училась в школе, она хотела бросить занятия музыкой. Будущая певица продолжила учиться в музыкальной школе только под давлением своей мамы.
5. Земфира переехала в Москву из Уфы по приглашению российского президента.
6. Земфира — продюсер всех своих альбомов.
7. «Маленький человек» — название первого альбома Земфиры.
8. На протяжении всей своей карьеры Земфира работала и работает только с российскими инструменталистами.
9. Земфира всегда была очень высокой девушкой и добилась отличных результатов в баскетболе.
10. В одиннадцатом классе Земфира решила бросить музыку и серьёзно заняться баскетболом.
11. С самого начала своей карьеры Земфира работает в жанре «рокапопс».
12. С самого первого альбома, Земфира работала в сольном статусе; у неё никогда не было своей группы.
13. Два московских концерта, которые завершали тур «Маленький человек», были по-настоящему аншлаговыми.

Ответьте на вопросы.

1. В чём, по словам Земфиры, заключается её личный «внутренний конфликт»?
2. В каком городе и в каком году родилась Земфира?
3. Почему информация о Земфире в прессе и в интернете скудна и часто вымышлена?
4. Кем были по профессии родители будущей певицы?
5. Сколько Земфире было лет, когда она начала заниматься музыкой? На каком музыкальном инструменте она училась играть в детстве?
6. Когда и где Земфира выступила со своим первым сольным дебютом? Сколько ей тогда было лет?
7. Каким спортом занималась Земфира в школе? Насколько серьёзно было её увлечение этим видом спорта?
8. На какой радиостанции работала Земфира после окончания училища искусств? Почему певица считает работу на этой радиостанции одним из главных событий своей жизни?
9. Куда переехала Земфира в 1998 году? Над чем она начала там работать?
10. Как певица назвала свой дебютный альбом? Этот альбом был успешен? Объясните, почему вы так решили и приведите примеры из статьи.
11. В каком году вышел первый альбом певицы?
12. В какой университет поступила певица в 2004 году? А на какой факультет? Как вы поняли, она закончила этот университет?

13. Как вы поняли, что такое «рокапопс»? А в вашей стране есть музыканты, которые работают в этом жанре?

14. А как вы поняли, что в песнях Земфиры взято из рок-поэзии и музыки, а что похоже на тему поп-музыки (или «попсы»)?

15. Почему Земфира не хочет, чтобы её называли рок-исполнительницей?

16. Можно ли сказать, что Земфира выступает в гигантских концертных залах? Приведите примеры из прочитанного.

17. Как вы поняли, легко ли было купить билеты на московские концерты тура «Маленький человек»? Аргументируйте свой ответ примерами из прочитанного.

18. В статье упоминаются следующие музыкальные жанры: поп, брит-поп, рок, хард-рок, лаунж, джаз, сёрф. Скажите, а какие из этих музыкальных жанров вы знаете? Какой из этих жанров вам кажется наиболее интересным? Какие ещё музыкальные жанры вам нравятся? А какие пользуются популярностью у молодёжи вашей страны? Объясните, почему.

Задание 8.

Вспомните и подробно расскажите, как связаны с биографией Земфиры следующие словосочетания.

1. столица Башкортостана
2. женская юниорская сборная России по баскетболу
3. красный диплом
4. «Европа Плюс. Уфа»
5. демо-диск
6. рокапопс
7. группа «Zемфира»
8. философский факультет МГУ
9. британские инструменталисты
10. аншлаги в спортивном комплексе «Олимпийском»

Задание 9.

Поставьте слова в правильную форму и закончите предложения.

1. Земфира выступила со (свой первый сольный дебют), когда (она) было 4 (год).
2. Земфира занималась в (музыкальная школа) по (класс фортепиано).
3. В школе Земфира увлеклась (баскетбол) и начала добиваться (неплохие результаты).
4. Демо-диск Земфиры заинтриговал (влиятельный российский продюсер Леонид Бурлаков).
5. В 1998 году Земфира переезжает из (родной город) в (Москва). В (Москва) она начинает (работа) над (свой первый студийный альбом).
6. Земфира надеется, что её перестанут называть (рок-исполнительница). Она хочет, чтобы её воспринимали как (певица Земфира).
7. В своё недавнее гастрольное турне певица пригласила (британские музыканты-инструменталисты).
8. Российские музыкальные критики положительно отреагировали на (такая интернациональная группа музыкантов).
9. Почти во (все свои альбомы) певица экспериментирует с (электронная музыка и альтернативный рок).
10. Земфира уверена, что музыкант должен находиться вне (стили) и выше (один жанр).

Используйте местоимения *его, её, их* или *свой* в правильной форме.
1. Земфира выступила со (her) _____ первым дебютом, когда ей было 4 года.
2. Исполнительница рассказывает, что первый раз (her) _____ песня прозвучала по радио «Европа Плюс. Уфа».
3. Певица считает поступление в музыкальное училище одним из главных событий (her) _____ жизни.
4. Земфира познакомилась с музыкантами группы «Мумий Тролль» и вскоре начала работать с (their) _____ продюсером.
5. (Her) _____ первый альбом под названием «Земфира» вышел в 1999 году.
6. В (her) _____ недавнее гастрольное турне, Земфира пригласила британских музыкантов.
7. Британские музыканты Земфиры не выросли на (her) _____ музыке, поэтому (their) _____ взгляд на (her) _____ хиты свежий.
8. Земфира не любит давать интервью. Она также утверждает, что не любит постоянно видеть (her)_____ лицо в журналах и на экране телевизора.
9. Леонид Бурлаков — один из самых влиятельных российских продюсеров. Среди (his) _____ протеже — успешная группа «Мумий Тролль» и Земфира.
10. Леонид Бурлаков пригласил Земфиру работать в (his) _____ продюсерском центре.

Себя, сам или самый? Употребите подходящее местоимение в правильной форме.
1. Земфира не любит излишнего внимания к _____.
2. _____ Земфира объясняет, что она очень закрытый человек.
3. Земфира много работала с _____ разными сопровождающими музыкантами.
4. Почти все свои альбомы Земфира продюсирует _____.
5. Певица говорит, что не любит «перекармливать» _____ публику.
6. Земфира уверена, что её _____ большая сила в том, что она точно понимает свою роль в мире музыки.
7. Исполнительница говорит, что в песне её больше всего интересует _____ мелодия и _____ текст, а не музыкальный жанр.

Используя информацию статьи, расскажите, что вас больше всего удивило или заинтересовало в биографии Земфиры.

А теперь давайте послушаем музыку Земфиры.
1. Найдите и послушайте на сайте YouTube песню Земфиры «СПИД» с её первого альбома 1999-го года «Земфира». Как бы вы определили стиль музыки Земфиры? Это поп? Рок? Или синтез рок- и поп-музыки (рокапопс)? Объясните, почему вы так думаете.

2. А теперь прочитайте заметку, в которой российский исследователь Леонид Клейн анализирует текст песни «СПИД». Выполните задание после заметки.

«...моти́в движе́ния — чуть ли не основно́й в пе́снях Земфи́ры. Она́ всё вре́мя куда́-то е́дет, лети́т, плывёт, покупа́ет биле́т и сади́тся в по́езд. Движе́ние есть почти́ в ка́ждой пе́сне... „Я сняла́ нау́шники, слу́шала ве́тер в откры́тые две́ри пусто́й маршру́тки". Э́то то́же о движе́нии, о пути́. Но о пути́ после́днем. Он соверша́ется бу́днично, на обще́ственном тра́нспорте. Почему́ и́менно маршру́тка? На такси́ в смерть не уе́дешь, ме́тро есть не в ка́ждом го́роде. А маршру́тка — э́то дово́льно то́чное изображе́ние суетли́вого большо́го го́рода... Э́то после́дний путь геро́я пе́сни, причём путь, кото́рый никто́ с ним не хо́чет раздели́ть. Маршру́тка пуста́я!!!... Э́то тота́льное одино́чество, от кото́рого не спря́таться в нау́шниках пле́ера. Две́ри откры́ты, но никого́ нет, и геро́й нахо́дится внутри́ маши́ны. А вы́йти не мо́жет. Что, уже́ прие́хали?»[15]

А. Главный герой песни «СПИД» едет на...

    а. метро

    б. такси

    в. маршрутном такси

Б. Герой едет...

    а. со своим лучшим другом

    б. совсем один; рядом никого нет

    в. с большой группой пассажиров

В. По словам критика, герой песни едет...

    а. на работу

    б. в магазин

    в. на свою смерть

Г. Двери маршрутки...

    а. открыты, и герой может выйти

    б. открыты, но герой выйти не может

    в. закрыты, но герой может выйти, если захочет

    г. закрыты, и герой не может выйти

нау́шники	— headphones
маршру́тка/маршру́тное такси́	— common form of public transportation in Russia; shuttle mini-bus
путь	— road, route
после́дний	— last
бу́дничный	— routine
обще́ственный тра́нспорт	— public transportation
смерть	— death
суетли́вый	— bustling
дели́ть/раздели́ть	— to share
пусто́й	— empty

15 Adapted from: Леонид Клейн. «Маршрут Земфиры». *Антракт. Независимая газета*, 29 июня 2007 г. http://www.ng.ru /saturday/2007-06-29/14_marshrut.html

Задание 14.

Используя ключевые слова «Земфира СПИД текст песни», найдите и прочитайте текст песни «СПИД» в интернете. Используя информацию из статьи Леонида Клейна и свой собственный анализ, кратко расскажите, о чём эта песня. Как вам кажется, что важнее в этой песне — музыка или текст? Объясните, почему вы так думаете.

Послушайте ещё несколько песен Земфиры (например, «Прости меня, моя любовь», «Арривидерчи» или «Хочешь»). Найдите тексты этих песен в интернете и кратко расскажите, о чём в этих песнях идёт речь.

ГОТОВИМСЯ К ЧТЕНИЮ И РАЗГОВОРУ. МИР РОССИЙСКОЙ РОК-МУЗЫКИ

ЗАПОМНИТЕ ЭТИ СЛОВА И ВЫРАЖЕНИЯ

NOUNS

безрабо́тица — unemployment
бунт — revolt, riot
влия́ние — influence
выраже́ние — expression
де́ятельность — activity
дух — spirit
запре́т — ban
молодёжь — youth, young people
нера́венство — inequality
нулевы́е (годы) — the 2000s
олицетворе́ние — embodiment
предрассу́док — prejudice
проти́вник — opponent
сопротивле́ние — opposition, resistance
строй — regime
тече́ние — current, stream (also figuratively)
фон — background
часть — part

ADJECTIVES

бунта́рский — rebellious
дово́льный/недово́льный (кем, чем) — satisfied/dissatisfied
зна́чимый — significant
ино́й — other, different
мо́щный — powerful
незави́симый — independent
отде́льный — separate, individual, single
подпо́льный — underground
скро́мный — modest
эпата́жный — intended to shock; outrageous

VERBS

бунтова́ть про́тив (чего) — to rebel against
выноси́ть/вы́нести пригово́р — to condemn
выража́ть/вы́разить — to express
занима́ть/заня́ть ме́сто (чего) — to take the place of
запреща́ть/запрети́ть — to ban, forbid
объединя́ть/объедини́ть — to unite
олицетворя́ть/олицетвори́ть — to embody
ослабля́ть/осла́бить — to loosen, to relax
подверга́ться/подве́ргнуться (чему) — to undergo
посвяща́ть/посвяти́ть — to dedicate
происходи́ть/произойти́ — to occur, to take place
разреша́ть/разреши́ть — to permit, to allow
репети́ровать — to rehearse
сме́шиваться/смеша́ться — to get mixed up
спосо́бствовать (чему) — to facilitate something
сража́ться/срази́ться (за что) — to fight for
упомина́ть/упомяну́ть — to mention

OTHER

благодаря́ (чему) — thanks to, because of
в ви́де (кого, чего) — as, in the form of
вопреки́ (чему) — despite, in spite of
и́зредка — occasionally, once in a while
наверняка́ — surely, for sure
несмотря́ на то, что — despite (the fact that)
отню́дь не — by no means, not at all
попу́тно — at the same time
постепе́нно — gradually

Задание 15.

Сопоставьте фразы и их определения.

1. безработица
2. социальное неравенство
3. сопротивление
4. запрет
5. бунт

А. Вето, санкция, табу
Б. Революция, восстание, волнения
В. Макро-экономическая нестабильность, когда люди, которые хотят и могут работать, не могут найти работу
Г. Оппозиционное движение
Д. Стратификация общества: люди имеют разный доступ к деньгам, власти, престижу

Задание 16.

Посмотрите на слова, приведённые выше, и закончите пары:

1. бунт — бунтовать; олицетворение — _____; упоминание — _____
2. выражать — выражение; _____ — запрет; ощущать — _____;
3. развлечение — развлекательный; мощь — _____;
   независимость — _____; бунт — бунтарский; значение — _____

Задание 17.

Составьте словосочетания со следующими словами:

1. **Бунтовать против** (кого? чего?): советский режим; безработица; расовое неравенство; война во Вьетнаме; религиозные предрассудки
2. **Способствовать** (чему?): легализация деятельности рок-музыкантов; развитие российского рока
3. **Сражаться за** (что?): своя независимость; демократический строй; свобода слова
4. **Занять место** (кого? чего?): бунтарская рок-музыка; независимые представители; эпатажное музыкальное движение
5. **Вынести приговор** (кому? чему?): тоталитаризм; советская бюрократия; бунтарская молодёжь; успешные исполнители
6. **Подвергаться** (чему?): строгая советская цензура; гонения; запрет
7. **Вопреки** (чему?): советский строй; строгие запреты; подпольное движение

Задание 18.

Слова в контексте. Вставьте подходящие по смыслу слова в правильной форме.

бунтарский · бунтовать против · дух · молодёжь
олицетворять · ослабить · отнюдь · подвергаться · подпольный
представитель · создавать · эпатажный

Рок-движение сформировалось в Советском Союзе ещё в семидесятых годах двадцатого века. Как вы думаете, могли ли советские рок-музыканты тех лет (create) _____ (outrageous) _____, (rebellious) _____ песни? Могли, конечно, но только неофициально. (Underground) _____ рок-музыка и рок-поэзия, которая (rebelled against) _____ тоталитарного строя, конечно же, (was subjected to) _____ строгой советской цензуре. Да и сами рок-музыканты (by no means) _____ не были похожи на «идеальную» советскую (youth) _____: у них были длинные волосы, широкие джинсы, а в руках электрогитары — всё это (embodied) _____ антисоветский (spirit) _____. А как вы думаете, изменилась ли ситуация для рокеров, когда Михаил Горбачёв (loosened) _____ цензуру в конце восьмидесятых?

Употребите глаголы с частицей -ся или без неё. Если затрудняетесь с ответом, то проконсультируйтесь со словарём.

1. Знаете ли вы, что имя Земфиры (упоминает — упоминается) в российском учебнике по истории?

2. В современной музыке, пожалуй, нет «чистых» жанров. Все жанры (смешали — смешались).

3. В 1981 году многие российские рок-музыканты (объединили — объединились) в организацию под названием Ленинградский рок-клуб.

4. Музыка советских рок-групп времен перестройки (выражала — выражалась) бунт против советского строя.

5. Министерство культуры СССР (подвергало — подвергалось) тексты рок-музыкантов строгой цензуре.

6. Одна тема всегда (объединяла — объединялась) советских рок-исполнителей — протест против тоталитаризма.

7. Хотя рок-музыканты появились в СССР ещё в семидесятых годах двадцатого века, они (подвергали — подвергались) гонениям.

8. В статье музыкальный критик (упоминает — упоминается) такие легендарные российские рок-группы, как «Аквариум», «ДДТ», «Алиса» и «Пикник».

9. Бунт музыкантов (выражал — выражался) как в эпатажной музыке, так и в протестной поэзии.

10. В своей музыке Земфира (смешивает — смешивается) много разных стилей, от рока и поп-рока, до джаза и босса-новы.

Да или нет? Согласитесь или не согласитесь с этими утверждениями. Подробно объясните свою позицию.

1. В любой песне для меня важнее всего слова и текст. На музыку я почти никогда не обращаю внимание, музыка — это фон для интересной поэзии.

2. Рок-музыка — самый популярный музыкальный жанр в моей стране. Все рок-музыканты — миллионеры.

3. Сегодня музыкантам нет никакого смысла записывать и выпускать альбомы. Молодёжь чаще всего приобретает индивидуальные песни в интернете или слушает их на сайте YouTube.

4. Поскольку рок-музыканты часто поют о наркотиках, алкоголе и сексе, то рок-музыка должна быть запрещена детям до 12 лет.

5. Молодёжь сегодня ходит на рок-концерты, потому что им нравятся тексты рок-музыкантов и они согласны с тем, против чего бунтуют рокеры.

Подумайте перед чтением. Рок-музыка традиционно считается музыкой протеста. Вы, наверно, знаете таких музыкантов, как Боб Дилан, Джон Леннон, Джимми Хендрикс, которые в 60-е и 70-е годы выступали против войны во Вьетнаме, безработицы, расового неравенства. Скажите:

1. Как вы думаете, были ли рок-музыканты в Советском Союзе? Если да, то как вы думаете, против чего бунтовали советские рокеры?

2. Есть ли рок-музыканты в вашей стране сегодня? Если да, то против чего они протестуют? Если можете, приведите примеры.

3. Как вы думаете, рок-музыка — единственная форма протестной музыки? Может ли быть протест в классической музыке? А в панк-музыке? В рэпе? Других жанрах? Приведите примеры.

4. Вы можете привести пример (из истории вашей или любой другой страны), когда политическая или экономическая нестабильность в стране способствовала появлению новых музыкальных форм?

ГЛАЗАМИ КУЛЬТУРОЛОГА

МИР РОССИЙСКОЙ РОК-МУЗЫКИ

Прочитайте заметку и узнайте, почему российская рок-музыка развивалась не только вопреки, но и благодаря, советской системе и строгой цензуре.

Начнём ещё с одного факта о Земфире. В недавно опубликованном школьном учебнике по истории для 9-го класса говорится, что Земфира — один из «наиболее типичных представителей молодёжной культуры девяностых годов»[16]. Авторы также утверждают, что Земфира олицетворяет важное изменение в российской музыкальной культуре конца 20-го века, а именно «смену социального рока на рок лирический».[17] Итак, что же произошло в русском роке в конце девяностых и почему Земфира стала олицетворением нового стиля российской рок-музыки?

смена (here) — shift

Для начала давайте вспомним немного русской, а точнее советской, истории. Рок-движение сформировалось в СССР до перестройки, ещё в конце 1970-х годов. В те годы рок-музыканты и исполнители даже стали изредка появляться на советских телеэкранах. Но поскольку рок — это всегда бунт и протест, то советские власти пытались очень строго контролировать рокеров. Протест против режима в тоталитарной стране, естественно, был невозможен. Министерство культуры СССР часто запрещало рок-музыкантам выступать с концертами, а некоторые исполнители даже попадали под арест. Музыканты также получали достаточно скромные гонорары. Как вспоминает Борис Гребенщиков, лидер легендарной группы «Аквариум», 14 лет его группа выступала фактически бесплатно: «Мы образовались в 1972-м, а первый гонорар получили в 1986-м»[18].

В 1981 году был открыт Ленинградский рок-клуб, который дал рок-музыкантам официальную сцену и инструменты. Но не забывайте, что 1981 год — это ещё советская эпоха, поэтому музыканты рок-клуба находились под строгим контролем КГБ, а их тексты подвергались цензуре. Как рассказывает один из музыкантов группы «Аквариум», Всеволод Гаккель: «Рок-клуб соединил нас и систему, которая разрешила нам выступать. Но:... нас могли контролировать, и творчество было уже не естественным проявлением духа свободы, а частью системы... Я категорический противник любой структурированной организации. Рок-н-ролл не подлежит структурированию. Рок-музыка была в андеграунде и, с моей точки зрения, должна была оставаться в нём до конца: и при идеологической советской системе, и при капитализме...»[19].

естественный — natural
проявление — manifestation
подлежать (чему) — to be subject to

Многие историки и музыковеды разделяют точку зрения Гаккеля. Ведь и правда, несмотря на то, что конец семидесятых и начало восьмидесятых годов были годами серьёзных гонений на рок-музыкантов в Советском Союзе, это время также было

гонение — persecution
ощущение — feeling, sensation
авантюрный — risky, adventurous

«золоты́м пери́одом» в исто́рии росси́йской рок-му́зыки. Как объясни́ть этот парадо́кс? Как вы уже́ по́няли, в эти го́ды музыка́нты рабо́тали подпо́льно. По слова́м изве́стного музыка́льного кри́тика и рок-журнали́ста Арте́мия Тро́ицкого, сопротивле́ние сове́тскому режи́му «вдохновля́ло, создава́ло <u>ощуще́ние</u> игры́ в ко́шки-мы́шки. Это бы́ло о́чень <u>авантю́рно</u> и о́чень ве́село, привлека́ло большо́е коли́чество люде́й, кото́рые, мо́жет быть, при про́чих усло́виях вообще́ му́зыкой не ста́ли бы занима́ться»[20]. Тро́ицкий та́кже добавля́ет: «Ру́сский рок име́ет ины́е ко́рни, чем за́падный. Их му́зыка — то́же бунта́рская, но протестова́ли молоды́е лю́ди не в том конте́ксте, что у нас. Там бы́ли недово́льны ра́совым нера́венством, безрабо́тицей, войно́й во Вьетна́ме. Выступа́ли про́тив каки́х-то религио́зных предрассу́дков или за свобо́ду се́кса. Пе́ред на́шей молодёжью стоя́ли соверше́нно ины́е пробле́мы. Страна́ была́ тоталита́рная, свобо́ды бы́ло ма́ло, поэ́тому бунтова́ли про́тив самого́ стро́я»[21]. Коро́че говоря́, в семидеся́тых и восьмидеся́тых года́х ру́сская рок-му́зыка и рок поэ́зия развива́лись не то́лько вопреки́, но и благодаря́, сове́тскому стро́ю.

Мир ру́сского ро́ка радика́льно измени́лся в середи́не восьмидеся́тых годо́в. Тогда́ Михаи́л Горбачёв на́чал це́лый ко́мплекс рефо́рм, в том числе́ гла́сность и перестро́йку. Поли́тика гла́сности значи́тельно осла́била цензу́рный контро́ль в стране́ и, коне́чно же, спосо́бствовала легализа́ции де́ятельности рок-музыка́нтов. В го́ды перестро́йки рок-му́зыка приобрела́ хара́ктер настоя́щих полити́ческих ги́мнов, пе́сен проте́ста, кото́рые выноси́ли пригово́р тоталитари́зму и сове́тскому стро́ю. Ви́ктор Цой пел о том, что «„Переме́н!" — <u>тре́буют</u> на́ши сердца́», Бори́с Гребенщико́в утвержда́л, что «Этот по́езд в огне́/И нам не́куда бо́льше бежа́ть», а Юрий Шевчу́к спра́шивал «Что же бу́дет с <u>ро́диной</u> и с на́ми?». Именно эти рок- те́ксты и ста́ли для мно́гих сове́тских люде́й "саундтре́ком" эпо́хи перестро́йки, а сове́тские ро́керы конца́ восьмидеся́тых бы́ли настоя́щими культо́выми фигу́рами[22].

В 1991 году́ Сове́тский Сою́з распа́лся. Про́тив кого́ тепе́рь протестова́ть ро́керам? Социа́льные и полити́ческие пробле́мы, о кото́рых пе́ли рок-музыка́нты конца́ восьмидеся́тых ста́ли неактуа́льны, и золота́я пора́ росси́йского ро́ка подошла́ к концу́. Как объясня́ет Арте́мий Тро́ицкий: «Постепе́нно, где-то с конца́ восьмидеся́тых, ру́сский рок на́чал <u>дроби́ться на</u> ра́зные тече́ния. Паралле́льно с класси́ческим, интеллектуа́льным, жа́нром, появи́лся стиль бо́лее лёгкий, ирони́чный, как у гру́ппы „Му́мий Тролль"; развлека́тельный и эпата́жный, как у Шну́ра. Возни́кла мо́щная же́нская <u>струя́</u> в ви́де Земфи́ры и Диа́ны Арбе́ниной. Да́льше этих пото́ков станови́лось все бо́льше»[23].

Таки́м о́бразом, к нулевы́м года́м рок-му́зыка как проте́ст про́тив сове́тского режи́ма смени́лся на бо́лее «лири́ческие» фо́рмы. Не́которые музыка́нты и кри́тики заговори́ли о том, что э́та но́вая му́зыка не чи́стый рок, а скоре́е си́нтез рок- и поп- му́зыки (е́сли по́мните, Илья́ Лагуте́нко из гру́ппы «Му́мий Тролль» назва́л тако́й но́вый жанр «рокапо́псом»). А «кла́ссик» ро́ка 80-х годо́в Юрий Шевчу́к утвержда́ет, что Земфи́ра — это но́вое интере́сное явле́ние, но она́ — отню́дь не рок-музыка́нт в его́ понима́нии: «Земфи́ра тала́нтлива, но это эстра́дный тала́нт... Эстра́да — это развлече́ние, а мы говори́м о ру́сском ро́ке. Земфи́ра <u>на грани́це</u> ро́ка и эстра́ды — у неё <u>пода́ча</u> рок-н-ро́льная, а тема́тика — эстра́дная: <u>любо́вь-морко́вь</u>. Сейча́с весь мир балансирует на э́той грани́це... Для меня́ ру́сский рок пре́жде всего́ револю́ция ду́ха, мо́щная иде́я...»[24].

Дава́йте ещё раз вспо́мним слова́ рок-музыка́нта из гру́ппы «Аква́риум» о том, что настоя́щая рок-му́зыка должна́ всегда́ остава́ться в андегра́унде. Именно об э́том неда́вно спроси́л Земфи́ру журнали́ст Влади́мир По́знер: мо́жет ли рок-музыка́нт зараба́тывать миллио́ны, е́здить на Бе́нтли и <u>при этом</u> протестова́ть? Вот, что отве́тила Земфи́ра: «Я чу́вствую в себе́ проте́ст. При этом я успе́шна и небедна́. Но я не конформи́ст. Я незави́сима, я сража́юсь за свою́ незави́симость»[25]. А вообще́ Земфи́ра убеждена́, что в совреме́нной му́зыке не существу́ет «чи́стых жа́нров», все сти́ли «о́чень смеша́лись». Саму́ себя́ Земфи́ра счита́ет скоре́е ча́стью шоу-би́знеса: «Е́сли я е́ду сейча́с в тур и де́лаю 26 шоу, то я то́же в шоу-би́знесе»[26].

при этом — at the same time, at that

Ну так а есть ли в сего́дняшней Росси́и музыка́льные фо́рмы выраже́ния социа́льного или полити́ческого проте́ста? По мне́нию Тро́ицкого, «мо́щного движе́ния, как это бы́ло в 80-е го́ды», нет. Хотя́ отде́льные «си́лы» есть: тепе́рь это не то́лько рок, но и рэп, и хип-хоп. Хотя́ Тро́ицкий счита́ет, что таки́х легенда́рных музыка́нтов, как Джон Ле́ннон и Джи́мми Хе́ндрикс, сего́дня про́сто не существу́ет. «Ме́сто му́зыки за́няли други́е ве́щи — интерне́т, мультиме́диа, соцсе́ти... Сейча́с мы слу́шаем мело́дии <u>ме́жду де́лом</u>, в нау́шниках по доро́ге на рабо́ту, а <u>попу́тно</u> чита́ем газе́ту и отвеча́ем на смс. Му́зыка преврати́лась в просто́й <u>фон</u> <u>повседне́вности</u>»[27].

ме́жду де́лом — in passing, at odd moments
попу́тно — at the same time
повседне́вность — routine, everyday life

16 Земфира упоминается в учебнике А. Данилов. *История. 9 класс. Россия в XX — начала XXI века.* Москва: Просвещение, 2014.

17 «Лагутенко и Земфира вошли в школьные учебники по истории». *Новости Newsru.com*, 21 июня 2004 г.

18 Алла Гераскина. «Борис Гребенщиков: Я цыган, а цыгану терять нечего». *Новая газета*, 31 мая 2007 г.

19 Дмитрий Глухов. «Ленинградский рок-клуб: воспоминания участников». *RockCult.ru*, 7 марта 2017 г. http://rockcult.ru/p/leningradskij-rock-club -members-memories/

20 Андрей Шарый. «Артемий Троицкий: „Рок перестал быть режущим предметом"». *Радио Свобода*, 29 декабря 2016 г.

21 Алина Клименко. «Рок-н-ролл жив? Артемий Троицкий о том, почему музыка утратила свой смысл». *Аргументы и факты*, 17 мая 2016 г.

22 Артемий Троицкий. "Почему десятые не восьмидесятые". Новая газета 46 (6 мая 2015).

23 Алина Клименко. «Рок-н-ролл жив?».

24 Юрий Шевчук: «Русский рок не зарыть в могилу». *Аргументы и факты* (15 декабря 2004).

25 Земфира в программе «Познер».

26 Земфира в программе «Познер».

27 Алина Клименко. «Рок-н-ролл жив?».

ПОГОВОРИМ О ПРОЧИТАННОМ

Задание 22.

Правильно или неправильно? Исправьте неправильные утверждения и прокомментируйте правильные.

1. Рок-движение сформировалось в России до распада Советского Союза.
2. Советский Союз пытался строго контролировать деятельность рок-музыкантов.
3. По мнению многих культурологов, «золотой период» в истории российского рока — нулевые годы двадцать первого века.
4. Советские рок-музыканты протестовали против расового неравенства, безработицы и войны во Вьетнаме.
5. Советские рок-музыканты 70-х и 80-х годов часто репетировали и записывали свою музыку подпольно.
6. Западный рок никогда не был бунтарским.
7. Ленинградский рок-клуб был организован после распада Советского Союза.
8. Политика перестройки, которую начал Михаил Горбачёв, значительно ослабила цензурный контроль в Советском Союзе.
9. Известная российская группа «Мумий Тролль» работает в жанре интеллектуального, социально-политического рока.

10. Рок-музыка Земфиры и других музыкантов двадцать первого века приобрела характер настоящих политических гимнов.

11. Лёгкий и развлекательный жанр рок-музыки появился в России ещё в семидесятых годах 20-го века.

Задание 23.

Ответьте на вопросы.

1. Было ли рок-движение в Советском Союзе? Если да, то когда оно сформировалось? Деятельность советских рок-музыкантов была полностью легальна?

2. Как вы прочитали, конец семидесятых — начало восьмидесятых годов были временем наибольших гонений на рок-музыкантов в СССР. Почему же тогда этот период считается «золотым периодом» в истории российского рока?

3. В основе любого рок-движения — бунт и протест. Скажите, против чего бунтовали советские рок-исполнители? Чем протест советских рокеров отличался от протеста западных рок-музыкантов?

4. Как вы поняли, советские музыканты получали хорошие гонорары за свои выступления? Почему вы так решили? Приведите пример из прочитанного.

5. Как изменился мир русской рок-музыки с началом гласности и перестройки?

6. Как вы поняли, почему рок-музыка и рок-поэзия времён Михаила Горбачёва стали «саундтреком эпохи перестройки»?

7. Почему социальные и политические темы, о которых пели рок-музыканты в конце восьмидесятых, стали неактуальны в девяностых годах?

8. Скажите, а как бы вы ответили на вопрос Владимира Познера о гонорарах рок-музыкантов? Может ли рок-музыкант протестовать, но при этом ездить на дорогой машине (например, Бентли)? А может ли рок-музыка быть коммерческим проектом? Или вы согласны с музыкантом группы «Аквариум», что рок-музыка должна оставаться в андеграунде? Подробно объясните своё мнение.

9. Вы согласны с Земфирой, что в современная музыка — это всегда синтез нескольких жанров? Если не согласны, то приведите пример «чистого музыкального жанра». А в каком жанре работает ваш любимый исполнитель?

10. Как вам кажется, в вашей стране сегодня музыка используется для выражения социального или политического протеста? Если да, то приведите примеры таких исполнителей. Если нет, то были ли такие исполнители в истории вашей страны? Объясните, против чего эти музыканты протестовали.

Задание 24.

Что произошло в мире российского рока в эти годы? Закончите предложения.

1. В конце семидесятых годов двадцатого века...

2. В тысяча девятьсот восемьдесят первом году...

3. К середине восьмидесятых годов...

4. В тысяча девятьсот девяносто первом году...

5. К нулевым годам...

6. В конце девяностых годов...

Поставьте слова в правильную грамматическую форму и закончите предложения.

1. Западные рок-музыканты семидесятых годов были недовольны (расовое неравенство, безработица, война во Вьетнаме), а советские рокеры были недовольны (тоталитарный режим и советский строй).
2. Советское рок-движение развивалось не только вопреки, но и благодаря, (постоянные гонения и запреты, строгая цензура и советская бюрократия).
3. Политика гласности способствовала (легализация деятельности рок-музыкантов). Российские рокеры конца восьмидесятых годов могли свободно посвятить свои песни (протест против тоталитаризма).
4. Своей музыкой советские рок-музыканты конца восьмидесятых годов выносили приговор (умирающий советский режим).
5. Многие критики спрашивают, подлежит ли рок-музыка (коммерциализация).

Выберите правильную форму глагола и закончите параграф.

1. Министерство культуры СССР часто не (разрешало — разрешило) выступление рок-музыкантов; (запрещало — запретило) их концерты.
2. Политика гласности значительно (ослабляла — ослабила) цензурный контроль в СССР.
3. Земфира (олицетворяет — олицетворит) новый стиль российской рок-музыки нулевых годов.
4. Борис Гребенщиков говорит, что на протяжении четырнадцати лет его группа «Аквариум» (выступала — выступила) бесплатно.
5. Ленинградский рок-клуб (открывался — открылся) в 1981 году и (объединял — объединил) множество групп, которые (становились — стали) классикой русского рока.

Ваш русскоязычный друг уверен, что в тоталитарном режиме Советского Союза не было и не могло быть рок-музыки. Объясните ему, что он неправ и приведите примеры из прочитанного.

ВМЕСТО ЗАКЛЮЧЕНИЯ

Представьте, что Земфира приезжает с концертом в ваш город. Объясните своим русскоговорящим друзьям, которые никогда не слышали музыки Земфиры, почему им обязательно нужно пойти на этот концерт.

Приготовьте выступление и расскажите о любом другом известном современном музыканте (не обязательно российском). Какую роль этот исполнитель играет в культуре своей страны? Как его (её) карьера похожа на карьеру и работу Земфиру и в чём различия?

Задание 30.

Для тех, кто интересуется российской музыкой. Почитайте в Интернете и подготовьте сообщение о таких известных российских рок-группах времён перестройки, как «Аквариум», «Кино» или «ДДТ». А если вас больше интересует протестные движения в музыке, почитайте о рэп-рок исполнителе «Noize MC» или о рок-группе «Lumen».

Задание 31.

Скажите, что в материалах этой главы вас больше всего удивило и заинтересовало? Что нового вы узнали о российской культуре?

Задание 32.

Вспомните, какие три вопроса вы хотели задать Земфире до того, как начали читать о её жизни и карьере. Скажите, вы получили ответы на свои вопросы из статей и материалов этой главы? Если да, то ответьте сами на эти вопросы. А если нет, то проведите дополнительное исследование в Интернете.

ДЛЯ ТЕХ, КОМУ ИНТЕРЕСНО: ЧТО ЕЩЁ ПОЧИТАТЬ О РОССИЙСКОМ И СОВЕТСКОМ РОКЕ

Artemy Troitsky. *Back in the USSR: The True Story of Rock in Russia*. London and Boston: Faber & Faber, 1988.

9 РЕНАТА ЛИТВИНОВА И МИР РОССИЙСКОГО КИНО

Photo courtesy of Marina Zakharova, marinazakharova.com

Герои́ню э́той главы́ невозмо́жно определи́ть <u>ра́мками</u> одно́й профе́ссии. Она́ челове́к-бренд: писа́тель, сценари́ст, продю́сер, режиссёр кино́ и теа́тра, телеведу́щая, а та́кже одна́ из са́мых <u>востре́бованных</u> и сти́льных росси́йских актри́с. Она́ снялась в трёх деся́тках фи́льмов (не́которые из кото́рых она́ сняла́ сама́ в ка́честве режиссёра), написа́ла мно́жество оригина́льных <u>сцена́риев</u>, побыва́ла в жюри́ не́скольких междунаро́дных фестива́лей и сыгра́ла не́сколько спекта́клей на сце́не одного́ из крупне́йших Моско́вских теа́тров. За ней уже́ давно́ закрепи́лась репута́ция <u>зага́дочной</u> femme fatale, ико́ны сти́ля, похо́жей на герои́ню <u>немо́го кино́</u> с легко́ узнава́емыми, «фи́рменными» мане́рами и интона́циями. Ита́к, пе́ред ва́ми Рена́та Литви́нова, кото́рая сохраня́ет ста́тус ку́льтовой фигу́ры ещё с 90-х годо́в про́шлого ве́ка.

ра́мки — limits
востре́бованный — in-demand
сцена́рий — screenplay, script
зага́дочный — mysterious
немо́е кино́ — silent cinema

? 1. Как вы поня́ли, почему́ Ренату Литви́нову нельзя́ определи́ть «ра́мками одно́й профе́ссии»?

2. Пра́вильно и́ли непра́вильно? Испра́вьте непра́вильные утвержде́ния и подро́бно прокомменти́руйте пра́вильные.
   А. Литви́нова сняла́сь почти́ в 50 фи́льмах.
   Б. Режиссёр всех фи́льмов, в кото́рых сняла́сь Литви́нова, — то́же Рена́та Литви́нова.
   В. Популя́рность пришла́ к Литви́новой в нулевы́х года́х.
   Г. Литви́нова снима́ется в немо́м кино́.

3. Приду́майте и запиши́те три вопро́са, кото́рые вы бы хоте́ли зада́ть Рена́те Литви́новой о её карье́ре и рабо́те.

Photo courtesy of Marina Zakharova, marinazakharova.com

ГОТОВИМСЯ К ЧТЕНИЮ И РАЗГОВОРУ

ЗАПОМНИТЕ ЭТИ СЛОВА И ВЫРАЖЕНИЯ

NOUNS

весну́шка — freckle
выска́зывание — statement
долгожи́тель — centenarian
исполни́тель/исполни́тельница —
(theatrical or cinematic) performer
мышле́ние — thinking
паде́ние — fall
па́мять — memory
одино́чество — loneliness
оскорбле́ние — insult
отвраще́ние — disgust
переме́на — (in school) recess, break between
classes
при́тча — parable
самооце́нка — self-esteem
сеа́нс/киносеа́нс — movie show, movie
screening
созда́тель — creator
судья́ — referee, judge
сцена́рий — script
тоска́ — boredom
эпо́ха Возрожде́ния — the Renaissance

ADJECTIVES

бесстра́шный — fearless
интеллиге́нтный — cultured
недолгове́чный — ephemeral, short-lived
недосто́йный — unworthy
необы́чный — unusual
образо́ванный — educated
привы́чный — habitual, familiar, customary
про́чный — solid, strong, durable
скро́мный — modest
сты́дный — embarrassing

VERBS

быть в нови́нку (кому) — to be a novelty for
someone

восхища́ться/восхити́ться (кем, чем) —
to admire
выдава́ть/вы́дать (кого, что — за кого,
что) — to pass someone/something off
as someone/something
выделя́ться/вы́делиться (из, среди — кого,
чего) — to stand out
вызыва́ть/вы́звать — to elicit, to evoke
высме́ивать/вы́смеять (кого, что) —
to mock, to ridicule, to make fun of
выходи́ть/вы́йти за ра́мки (чего) —
to exceed the limits of, to go beyond
something
дока́зывать/доказа́ть (что — кому) —
to prove (something to someone)
замеча́ть/заме́тить — to notice
зачи́тывать/зачита́ть — to read out loud
опережа́ть/опереди́ть вре́мя (figurative) —
to be ahead of one's time
отчи́тывать/отчита́ть — to reprimand,
to scold
принима́ть/приня́ть — to accept
приобща́ть/приобщи́ть (кого — к чему) —
to introduce to, to acquaint with
раздража́ть (кого — чем) — to irritate
someone with something
размышля́ть (о ком, чём) — to reflect on
сочиня́ть/сочини́ть — to compose
усиля́ть/уси́лить — to reinforce, to increase

OTHER

наоборо́т — on the contrary
полнометра́жный фильм — full-length film
с ю́ных лет — from a young age
тем вре́менем — meanwhile
худо́жественный фильм — feature film
я́кобы — allegedly, ostensibly

Задание 1.

Составьте словосочетания с этими словами:

1. **Быть в новинку** (кому?): интеллигентные советские люди; постсоветские зрители; судья

2. **Выйти за рамки** (чего?): привычные советские каноны; стандартное мышление
3. **Раздражать** (кого? — чем?): бюрократы — бесстрашные высказывания; режиссёр — недостойная игра; советские педагоги — нестандартное мышление
4. **Восхищаться** (кем? чем?): Рената Литвинова; талантливая исполнительница; бесстрашный сценарий
5. **Приобщать** (кого? к чему?): девочка — кинематограф; студенты — неординарные высказывания; дети — балет
6. **Размышлять** (о ком? о чём?): недолговечная слава и красота; сценарий нового фильма

Задание 2.

Сопоста́вьте фразы и их определе́ния.

1. интеллигентный педагог ___
2. недостойный человек ___
3. образованный преподаватель ___
4. скромный человек ___
5. бесстрашный человек ___
6. необычный исполнитель ___
7. долгожитель ___

А. актёр, которого все знают за уникальную манеру исполнения

Б. этот человек редко рассказывает о своих талантах и успехах

В. человек, который прожил более девяноста лет

Г. этот человек много и долго учился, а сейчас работает учителем сам

Д. человек, который не заслуживает уважения или любви

Е. образованный, культурный преподаватель

Ж. смелый, отважный человек, который не знает страха

Задание 3.

Поставьте слова в правильную грамматическую форму и закончите предложения.
1. Рената Литвинова вспоминает свои школьные годы с (отвращение).
2. Отец Литвиновой не жил с ними, что ей в детстве казалось очень (стыдный).
3. Когда Литвинова училась в школе она всегда выделялась среди (свои одноклассники).
4. С юных лет, Литвинова часто ходила с мамой в кино. Именно мама и приобщила (девочка) к (мир кинематографа).
5. С юных лет Рената зачитывалась (Гоголь и мамины книги по медицине).
6. Литвинова рассказывает, что в детстве ненавидела кино и умирала там от (тоска).
7. Сценарии Литвиновой, которые она писала в институте, выходили за рамки (привычные советские каноны).
8. Эти сценарии вызывали (самая неоднозначная реакция) у (её педагоги).
9. Молодая сценаристка совершенно шокировала (свои педагоги) своим (оригинальное мышление и необычный язык).
10. Фильм Киры Муратовой «Увлеченья» с (Рената Литвинова) в (главная роль) стал сенсацией. Для (постсоветское кино) было в новинку всё: манеры и интонации (Литвинова), и тексты, которые она написала.

Глагол «читать» с приставками. Закончите предложения, употребив подходящий по смыслу глагол. Если затрудняетесь с ответом, то проконсультируйтесь со словарём.

1. Когда Рената Литвинова училась в школе, она очень любила сочинять истории, которые она иногда (зачитывала — отчитывала) своим одноклассникам на переменах.
2. В детстве Литвинова (отчитала — перечитала) все книги в домашней библиотеке.
3. С юных лет Литвинова (зачитывалась — вчитывалась) Гоголем, а ещё книгами по медицине.
4. В институте некоторые педагоги (зачитывали — отчитывали) Литвинову за якобы «плохой» стиль.
5. Фильм Литвиновой «Последняя сказка Риты» — это фильм-притча, в который надо внимательно (вчитываться — зачитываться).

Подумайте перед чтением. Скажите, как вам кажется, большинство подростков в вашей стране хотят выделяться из группы одноклассников или предпочитают быть «такими, как все»? Как вы думаете, почему? Если можете, приведите конкретные примеры. Скажите, а вы вспоминаете свои школьные годы с ностальгией? Почему да или нет?

РЕНАТА ЛИТВИНОВА: БИОГРАФИЧЕСКОЕ ДОСЬЕ

Прочитайте биографию Ренаты Литвиновой и узнайте, почему Литвинову можно назвать «человеком эпохи Возрождения».

генсек — генеральный секретарь (КПСС)

Родилась Рената Литвинова в Москве, в 1967 году. До восемнадцати лет она жила с мамой, врачом по профессии. А ещё у них была кошка Лора, которая, оказавшись долгожителем, прожила 27 лет: «представляете, умерла совсем недавно, пережила всех генсеков и падение Советского Союза»[1]. Отца Рената почти никогда не видела, потому что он с ними не жил, что девочке казалось ужасно стыдным. Как она сама вспоминает, если к ней кто-нибудь приходил в гости, она вешала в прихожей плащ и шляпу дедушки и говорила, что «папа поздно домой придёт».

беспросветность — hopelessness
комплексовать — to feel inferior
сплошной — sheer, utter
обгорать/обгореть — to be burnt
покрываться/покрыться (чем) — to become covered with

Школьные годы Литвинова вспоминает «с отвращением»: школа осталась в её памяти «одиночеством и детской беспросветностью»[2]. Одноклассники Ренату не принимали и высмеивали, по поводу чего она всегда ужасно комплексовала: она была самой высокой в классе; у неё было необычное имя Рената (а «вокруг были сплошные Лены, Маши»); она легко обгорала на солнце, покрываясь веснушками. К тому же мама-врач мало зарабатывала, и Рената всегда скромно одевалась, выделяясь из группы девочек, которым родители привозили из-за границы красивую одежду. Как вспоминает Литвинова, в школьные годы выделяться ей совсем не хотелось, а наоборот, хотелось быть «как все». Понимание того, что быть, как все, — это скорее оскорбление, пришло к ней гораздо позже[3]. А комплексы и низкая самооценка, как ей кажется, помогли ей в жизни, усилив в ней желание чего-то добиться, что-то доказать[4].

Учась в школе, Рената занималась лёгкой атлетикой (бегала на короткие дистанции), хотя признаётся, что таланта у неё не было. Ещё Литвинова училась в музыкальной школе при Консерватории по классу фортепиано. Но больше всего ей нравилось сочинять и писа́ть исто́рии, кото́рые она иногда́ зачи́тывала в шко́ле на переме́нах, говоря́, что это произведе́ния писа́теля Рытхэ́у. «Фами́лию его случа́йно уви́дела на обло́жке кни́ги, стоя́щей в на́шем шкафу́, и очень <u>впечатли́лась</u> именно <u>звуча́нием</u>. В о́бщем, чита́я свои произведе́ния подру́жкам, я выдава́ла их за расска́зы этого Рытхэ́у», говоря́, что это тако́й америка́нский писа́тель[5]. Ну а вообще́, не имея шко́льных друзе́й, Рена́та бо́льшую часть свобо́дного вре́мени проводи́ла до́ма, чита́я и перечи́тывая кни́ги дома́шней библиоте́ки: она зачи́тывалась Го́голем, а ещё ма́миными кни́гами по медици́не. Ещё Рена́та часто ходи́ла в кино́: её мама очень люби́ла ходи́ть на вече́рние сеа́нсы и води́ла де́вочку с собой, потому́ что дома её оста́вить было не с кем. Как вспомина́ет Литви́нова: «Я умира́ла там от тоски́, но вот так с ю́ных лет была́ приобщена́ к кино́»[6].

Око́нчив шко́лу в 17 лет, Литви́нова поступа́ет в Институ́т Кинематогра́фии (легенда́рный ВГИК) по специа́льности «сценари́ст». В отли́чие от шко́лы, где она себя́ чу́вствовала <u>изго́ем</u>, в институ́те она была́ в по́лном сча́стье: «Мои́ профессора́ были интеллиге́нтными, образо́ванными, тво́рческими людьми́. Я как будто попа́ла в оа́зис... Счастли́вое было вре́мя»[7]. В два́дцать с небольши́м лет, Литви́нова шоки́ровала педаго́гов оригина́льным мышле́нием и необы́чным языко́м, соверше́нно выходя́щим за ра́мки привы́чных сове́тских кано́нов. Сцена́рии, кото́рые Литви́нова писа́ла в студе́нческие годы, вызыва́ли са́мую неоднозна́чную реа́кцию у её педаго́гов. Кто-то утвержда́л, что Литви́нова гениа́льна, а не́которые, наоборо́т, отчи́тывали бу́дущую звезду́ за язы́к и стиль: я́кобы, писа́ть так, как это де́лает она, сове́тскому сценари́сту нельзя́. Юная сценари́стка, нача́вшая свою́ карье́ру во времена́ горбачёвской перестро́йки, пожа́луй, просто немно́го опереди́ла своё вре́мя: большинство́ её студе́нческих сцена́риев дошли́ до зри́теля уже по́сле распа́да Сове́тского Сою́за. Да́же по её сцена́рию «Нелюбо́вь» был снят фильм. А ведь в институ́те этот я́кобы «недосто́йный» сцена́рий Литви́новой не разреши́ли испо́льзовать в ка́честве дипло́мной рабо́ты. Фильм «Нелюбо́вь» вы́шел на экра́ны в 1992 году́ и даже принёс прести́жный приз Росси́йского кинофестива́ля «Кинота́вр» исполни́тельнице гла́вной ро́ли.

Именно благодаря́ ра́нним студе́нческим сцена́риям Литви́новой, де́вушку заме́тила одна́ из са́мых я́рких режиссёров двадца́того века, Ки́ра Мура́това. Пра́вда, заинтересова́лась она Литви́новой не как сценари́стом, а как актри́сой, и пригласи́ла Литви́нову на роль в своём но́вом фи́льме «<u>Увлече́нья</u>» (1994). Хо́дят леге́нды, что и режиссёру, и сцена́ристу так нра́вилась Литви́нова, что для неё приду́мали но́вого персона́жа, моноло́ги кото́рой Литви́нова написа́ла сама́. Дебю́тная рабо́та в ро́ли медсестры́ Ли́лии в фи́льме Мура́товой ста́ла сенса́цией: для постсове́тского кино́ было в нови́нку всё — литви́новская мане́рность, её необы́чные интона́ции, те́ксты. Не менее сенсацио́нными оказа́лись и после́дующие персона́жи, сы́гранные Литви́новой в фи́льмах Ки́ры Мура́товой: манья́чка Офе́лия в «<u>Трёх исто́риях</u>» (1997) и краса́вица-блонди́нка Лина в «<u>Настро́йщике</u>» (2004).

С тех пор Литви́нова снялась бо́лее чем в трёх деся́тках фи́льмов мэ́тров росси́йского кино́, таких как Ники́та Михалко́в, Алексе́й Балаба́нов, Алекса́ндр Ми́тта. А в 2000 году́ она и сама́ дебюти́ровала в ка́честве режиссёра, сняв документа́льный фильм «Нет сме́рти для меня́». Этот фильм, размышля́ющий о том, как <u>мимолётна</u> сла́ва и недолгове́чна красота́, расска́зывает о жи́зни и карье́ре пяти́ сове́тских актри́с. А свой пе́рвый полнометра́жный худо́жественный фильм, сюрреалисти́ческий детекти́в о любви́ под назва́нием «<u>Боги́ня. Как я полюби́ла</u>», Литви́нова выпуска́ет в 2004 году́. В «Боги́не» Литви́нова была́ и режиссёром, и сценари́стом, и исполни́тельницей гла́вной ро́ли. Кинокри́тик Анто́н Ма́зуров назва́л этот фильм «лу́чшим росси́йским фи́льмом... абсолю́тно <u>завора́живающее</u> а́вторское выска́зывание тала́нтливого созда́теля»; а кинокри́тик Лидия Маслова утвержда́ет, что невозмо́жно «не полюби́ть эту карти́ну, таку́ю же <u>уязви́мую</u> и <u>раздража́ющую</u> свое́й красото́й, как сама́ Рена́та Литви́нова»[8].

Рытхэ́у — Rytkheum (1930–2008), Chukchi writer, who wrote in both Chukchi and Russian.
впечатли́ться (colloquial) — to be impressed
звуча́ние — sound

изго́й — outcast, misfit

«**Увлече́нья**» — *Passions*
«**Три исто́рии**» — *Three Stories*
«**Настро́йщик**» — *The Tuner*

мимолётный — short-lived
завора́живающий — mesmerizing
«**Боги́ня. Как я полюби́ла**» — *Goddess: How I Fell in Love*
уязви́мый — vulnerable
раздража́ющий — irritating

В 2012 году Литвинова опять шоки́рует кинообще́ственность, на э́тот раз сняв фильм «После́дняя ска́зка Ри́ты». Фильм-при́тча, в кото́рый на́до о́чень внима́тельно вду́мываться и вчи́тываться, был охарактеризо́ван кри́тиками как «одно́ из са́мых бесстра́шных киновыска́зываний о сме́рти»[9]. Фильм осно́ван на сцена́рии, кото́рый Литвинова написа́ла ещё в студе́нческие го́ды, а сама́ Литвинова игра́ет медсестру́ Та́ню Неуби́вко — смерть в о́бразе челове́ка. Вдоба́вок к тому́, что в «После́дней ска́зке Ри́ты» Литвинова и сцена́рист, и режиссёр и веду́щая актри́са, она́ ещё и продю́сер э́того фи́льма: Литвинова сняла́ «После́днюю ска́зку Ри́ты» по́лностью на свои́ сре́дства, без подде́ржки други́х продю́серов и без госуда́рственных инвести́ций.

Кадр из фильма Ренаты Литвиновой «Последняя сказка Риты».
Photo: Киноторговая компания «Вольга», volgafilm.ru

В 2004 году Литви́нова про́бует себя́ ещё в одно́й ро́ли: в э́тот раз на театра́льной сце́не. А точне́е, на одно́й из са́мых прести́жных росси́йских сцен — в Моско́вском Худо́жественном теа́тре (МХТ); и к тому́ же в пожа́луй самой «большо́й» ро́ли ру́сского реперту́ара — в ро́ли Ране́вской в пье́се «Вишнёвый сад» А.П. Че́хова. Как заме́тил оди́н театра́льный кри́тик: «ду́маю, Литви́нова попадёт в кни́гу реко́рдов Ги́ннеса как еди́нственная актри́са, дебюти́ровавшая на театра́льной сце́не в ро́ли Ране́вской»[10]. Мне́ние кри́тиков о Литви́новой в э́том легенда́рном спекта́кле на не ме́нее легенда́рной сце́не раздели́лось: кто-то критикова́л её герои́ню, а кто-то, наоборо́т, утвержда́л, что Литви́нова — идеа́льная Ране́вская. Кста́ти, «Вишнёвый сад» идёт в теа́тре по сей день, ка́ждый раз при по́лных аншла́гах. Тем вре́менем Литви́нова сыгра́ла в МХТ ещё в не́скольких спекта́клях; а весно́й 2017 вы́шла пье́са «Се́верный ве́тер» — э́то режиссёрский дебю́т Литви́новой в теа́тре по пье́се, кото́рую она́ же и написа́ла.

Говоря́ о Литви́новой, нельзя́ не упомяну́ть её регуля́рное появле́ние на телеви́дении. Здесь её мо́жно уви́деть в це́лом ря́де програ́мм, наприме́р, в ци́кле а́вторских переда́ч, посвящённых исто́рии кино́ (её люби́мый предме́т ещё с времён ВГИКа). А совсе́м неда́вно, в 2017 году́, Литви́нову пригласи́ли в ка́честве одного́ из суде́й на популя́рное шоу тала́нтов «Мину́та сла́вы» (э́та програ́мма — росси́йский лицензио́нный ана́лог знамени́того брита́нского прое́кта *Britain's Got Talent*).

Как вы, наве́рно, по́няли, Рена́та Литви́нова — настоя́щий челове́к эпо́хи Возрожде́ния: она́ пи́шет пье́сы и киносцена́рии, сама́ игра́ет на сце́не и пе́ред ка́мерой, при э́том находя́ вре́мя на регуля́рную рабо́ту на телеви́дении... А вот су́дя по одному́ неда́внему интервью́, она́ мечта́ет попро́бовать себя́ ещё в одно́й ро́ли. Размышля́я о свое́й бу́дущей карье́ре, Литви́нова говори́т, что когда́ вы́йдет на пе́нсию, то начнёт писа́ть кни́ги: «Э́то бу́дет мой са́мый счастли́вый пери́од — я бу́ду оди́н на оди́н с чи́стым листо́м бума́ги, и ме́жду на́ми не бу́дет тако́го огро́много коли́чества люде́й, как в произво́дстве фи́льма. Э́то бу́дет моя́ са́мая интере́сная и настоя́щая страни́ца в жи́зни. Мне ка́жется, лу́чше всего́ у меня́ получа́ется и́менно писа́ть исто́рии, а каки́е — прочтёте»[11].

2 Программа «Познер», Гость — Рената Литвинова. *Первый канал*, 28 октября 2012 г.

3 Ирина Зайчик. «Рената Литвинова: Моя первая в жизни любовь». *Караван историй*, 1 декабря, 2013 г.

4 Сотникова Елена. «Рената Литвинова: Эксклюзивное интервью *ELLE*». *ELLE* 2, 29 ноября 2015 г.

5 Ирина Зайчик. 6 Феликс Грозданов. «Рената Литвинова: „Мне виден горизонт"». *Интервью: Люди и события*. http://interviewmg.ru/1049/

7 Феликс Грозданов.

8 «Сеансу отвечают: Богиня». *Сеанс* 21/22, февраль 2005. http://seance.ru/n/21-22/films2004/boginya/mnenia-5/

9 Вадим Рутковский «„Последняя сказка Риты" Ренаты Литвиновой — хедлайнер ММКФ». *Сноб*, 29 июня 2012 г.

10 Александр Смоляков. «Майский Чехов». *ГДЕ*, 21 мая 2004 г.

11 «Кино прекрасной дамы. Интервью с актрисой, режиссером и сценаристом Ренатой Литвиновой». *Корреспондент* 42, 26 октября 2012 г.

ПОГОВОРИМ О ПРОЧИТАННОМ

Задание 6.

Ответьте на вопросы.

1. Когда и где родилась Рената Литвинова?

2. Литвинова говорит, что у неё была кошка Лора и что эта кошка была «долгожителем», «пережившим всех генсеков». Если Лора родилась в том же году, что и Литвинова, то каких генеральных секретарей ЦК КПСС она пережила? А какие важные политические события «видела» эта кошка?

3. Литвинова говорит, что сильно комплексовала в школе. Как вы поняли, почему?

4. Чем Рената больше всего любила заниматься в школьные годы?

5. Как вы поняли, почему комплексы и низкая самооценка в школьные годы «помогли» Ренате в жизни?

6. Какую литературу любила Рената читать в школьные годы?

7. Кто и как приобщил маленькую Ренату к кино?

8. В какой институт и на какую специальность поступила Рената Литвинова после окончания школы?

9. Как педагоги ВГИКа относились к сценариям студентки Литвиновой?

10. Кто такая Кира Муратова и какую роль она сыграла в жизни Ренаты Литвиновой?

11. Как вы поняли, в каких из этих фильмов режиссёром была Кира Муратова (КМ), а в каких — Рената Литвинова (РЛ)?

    А. «Три истории» ＿ ( )

    Б. «Настройщик» ＿ ( )

    В. «Богиня. Как я полюбила» ＿ ( )

    Г. «Увлеченья» ＿ (1)

    Д. «Последняя сказка Риты» ＿ ( )

    Расставьте эти фильмы в хронологическом порядке их выхода (the first one is done for you).

12. Как вы поняли, критикам нравятся режиссёрские работы Литвиновой? Объясните, почему вы так решили.

13. А как относятся критики к работам Литвиновой в театре?

14. Почему, по мнению одного критика, Литвинова должна попасть в книгу рекордов Гиннеса?

15. Что такое «Минута славы» и как это шоу связано с Ренатой Литвиновой?

16. Как вы понимаете фразу «человек Возрождения»? Вы согласны с тем, что Литвинову можно назвать человеком Возрождения?

17. Чем Рената Литвинова собирается заняться после выхода на пенсию?

Правильно или неправильно? Исправьте неправильные утвержде́ния и подробно прокомментируйте правильные. А о чём у вас нет достаточной информации?

1. Рената Литвинова вспоминает свои школьные годы с ностальгией.
2. У Литвиновой всегда, даже в детстве, была очень высокая самооценка.
3. В школьные годы Литвинова много занималась спортом и ходила в бассейн.
4. Литвинова умеет играть на пианино.
5. У Литвиновой в школе было много друзей.
6. Свою учёбу во ВГИКе Литвинова вспоминает с отвращением.
7. Литвинова поступила во ВГИК уже после распада Советского Союза.
8. Первый фильм, снятый по сценарию Литвиновой, вышел на экраны ещё когда она училась во ВГИКе.
9. Монологи для своего персонажа в фильме Киры Муратовой «Увлеченья» Рената Литвинова написала сама.
10. Литвинова мало снималась в кино; она в основном играет в театре.
11. Фильм «Последняя сказка Риты» был снят при поддержке российского Фонда Кино.
12. Литвинова не театральный режиссёр. Все её режиссёрские работы — исключительно в кино.

Задание 8.

Расставьте эти события из жизни Ренаты Литвиновой в правильном хронологическом порядке. А потом подробно расскажите о каждом из этапов её жизни.

___ Работа над фильмом «Последняя сказка Риты»
___ Поступление и учёба во ВГИКе
___ Режиссёрский дебют
___ Работа на телевидении, в том числе в шоу талантов «Минута славы»
_1_ Рената Литвинова родилась в Москве в 1967 году
___ Работа с известнейшим режиссёром Кирой Муратовой
___ Учёба в школе
___ Работа в Московском Художественном театре

Задание 9.

Verbal adverbs. Перефразируйте предложения по образцу.

1. Кошка Лора, <u>оказавшись</u> долгожителем, прожила 27 лет.
Кошка Лора оказалась долгожителем и прожила 27 лет.

2. Кошка Лора умерла совсем недавно, <u>пережив</u> всех генсеков.
3. Рената всегда скромно одевалась, <u>выделяясь</u> из группы девочек-одноклассниц.
4. <u>Окончив</u> школу, Литвинова поступила во ВГИК.
5. <u>Говоря</u> о Литвиновой, нельзя не упомянуть её регулярное появление не телевидении.
6. <u>Заметив</u> Литвинову, режиссёр Кира Муратова пригласила юную сценаристку на главную роль в свой фильм «Увлеченья».
7. <u>Став</u> настоящей сенсацией на киноэкране, Литвинова решила попробовать себя на театральной сцене.
8. <u>Выйдя</u> на экраны в 1992 году, фильм «Нелюбовь» принёс исполнительнице главной роли приз престижного российского кинофестиваля.

Verbal adverbs. Составьте предложения по образцу.

1. (Учиться) _____ в школе, Рената занималась лёгкой атлетикой.
   Учась в школе, Рената занималась лёгкой атлетикой.

2. (Вспоминать) _____ свои школьные годы, Литвинова говорит, что они были «детской беспросветностью».

3. Она зачитывала свои рассказы в школе, (говорить) _____, что это произведения писателя Рытхэу.

4. Не (иметь)_____ школьных друзей, Рената большую часть свободного времени проводила дома, (читать и перечитывать) _____ книги домашней библиотеки.

5. (Поступить) _____ во ВГИК, Литвинова попала в настоящий интеллигентный оазис.

6. (Отчитывать) _____ Литвинову за язык и стиль сценариев, некоторые педагоги ВГИКа говорили, что советским сценаристам так писать нельзя.

7. (Пригласить) _____ Литвинову в свой фильм, Кира Муратова придумала для неё нового персонажа.

8. (Размышлять) _____ о своей будущей карьере, Литвинова говорит, что хочет начать писать книги.

9. (Сыграть) _____ в нескольких спектаклях МХТ, Литвинова решила попробовать себя в качестве театрального режиссёра.

Задание 11.

Используя информацию статьи, расскажите, что вас больше всего удивило или заинтересовало в биографии Ренаты Литвиновой.

ГОТОВИМСЯ К ЧТЕНИЮ И РАЗГОВОРУ

МИР РОССИЙСКОГО КИНО

NOUNS

дохо́д — revenue, income

зада́ча — task, assignment, problem
    ста́вить/поста́вить зада́чу (перед кем) — to set a task

зака́з — commission, directive, order

запре́т — ban

кинопромы́шленность — film industry

конкуре́нт — competitor

ожида́ние — expectation

о́трасль — branch, sector (of the economy, industry, etc.)

отсу́тствие — absence

прока́т/кинопрока́т — film distribution

разме́р — size

расчёт — calculation

состоя́ние — condition

сравне́ние — comparison

ADJECTIVES

вышеперечи́сленный — above-mentioned

иностра́нный — foreign

незави́симый (от кого, чего) — independent

первостепе́нный — central, paramount

справедли́вый — fair, just, right

VERBS

влия́ть/повлия́ть (на кого, что) — to influence

забира́ть/забра́ть (у кого) — to take away

заду́мывать/заду́мать (что) — to plan, to conceive the idea of, to devise

зака́зывать/заказа́ть — to order

затра́гивать/затро́нуть (что) — to touch upon

обладáть (чем) — to possess
ограни́чивать/ограни́чить — to limit
переключáться/переключи́ться (на что) —
    to switch to
поддéрживать/поддержáть (кого) —
    to support
привлекáть/привлéчь — to attract
провáливаться/провали́ться — to flop,
    to fail, to fall through
пропадáть/пропáсть — to disappear
противопоставля́ть/противопостáвить —
    to oppose, to contrast
разрушáть/разру́шить — to destroy
рассуждáть — to reason, to debate
рассылáть/разослáть — to send out,
    to distribute

скáзываться/сказáться (на ком, чём) —
    to affect
спосóбствовать (кому, чему — в чём) —
    to facilitate
укáзывать/указáть — indicate, specify
успевáть/успéть — to have enough time,
    to manage

OTHER

буквáльно — literally
в зави́симости (от чего) — depending on
в срéднем — on average
как бу́дто — as if, as though
немóе кинó — silent cinema
при услóвии (чего) — on the condition of,
    contingent upon

Задание 12.

Как вы думаете, что означают эти слова: киноиндустрия (кинопромышленность); кинопоказ; киноаппаратура; кинокритика; кинообщественность; кинопрокат; киностудия; кинопродюсер. Вставьте подходящие по смыслу слова в правильной форме и закончите предложения.

1. Советское государство полностью финансировало закупку (film equipment)
   _____.

2. В советское время главным (film producer) _____ было советское
   государство.

3. В советское время (film industry) _____ СССР была полностью под
   контролем государства.

4. Фильмы Эйзенштейна вызывали у международной (film community) _____
   огромный интерес.

5. «Ленфильм» и «Мосфильм» — это крупнейшие и старейшие (film studios)
   _____.

6. В Советском Союзе регулярно выходили журналы (of film criticism) _____.

7. Первый публичный (film showing) _____ в России прошёл в 1896 году в
   Петербурге.

8. «Броненосец „Потёмкин"» провалился в советском (film distribution) _____.

Задание 13.

Составьте словосочетания с этими словами:

1. **Влиять на** (кого? что?): зрительские ожидания; российская кинопромышленность; все
   отрасли кинопромышленности

2. **Способствовать** (кому? чему?): развитие отечественного кино; появление запретов

3. **Обладать** (чем?): творческая свобода; вышеперечисленные качества

4. **Ставить задачу перед** (кем? чем?): советская кинопромышленность; российские
   кинопродюсеры; иностранные инвесторы

5. **Сказываться на** (ком? чём?): размер российского кинопроката; все отрасли
   кинопромышленности; состояние кинематографа

Слова в контексте. Вставьте подходящие по смыслу слова в правильной форме:

буквально • в зависимости от • доход • задача • заказ
иностранный • кинопромышленность • отрасль • поддержка
привлечь • провалиться • прокат • пропасть • рассылать • указывать

Как и театр, в 1919 году (film industry) _____ была национализирована. СССР стал главным «продюсером» советского кино и финансировало все (branches) _____ киноиндустрии. Государство теперь также (indicated) _____ киностудиям, сколько и какие фильмы нужны Советскому Союзу. Государственный Комитет по кинематографии ежегодно (sent out) _____ каждой студии план или (commission) _____ и давали студиям (task) _____, о том, какие темы или жанры необходимы в (distribution) _____. (Depending on) _____ этого (commission) _____, студии и начинали работать над новыми фильмами. Кстати, в отличие от театра, советские фильмы почти всегда приносили (revenue) _____. Хотя вот фильм Сергея Эйзенштейна «Броненосец „Потёмкин“» (failed) _____: в тот год советские граждане предпочли (foreign) _____ фильмы. После распада СССР, государственное финансирование (of film industry) _____ (disappeared) _____. Киностудии начали стараться (attract) _____ частных инвесторов. Государственная (support) _____ вернулась в кино (literally) _____ несколько лет назад, в нулевых годах.

Ответьте на вопросы.
1. Как вам кажется, молодёжь вашей страны часто ходят в кино? А люди поколения ваших родителей? Как вам кажется, где люди предпочитают смотреть новые фильмы: в кинотеатре, по телевизору или в Интернете? Как вы думаете, почему?
2. Как вам кажется, зрители вашей страны интересуются зарубежным кинематографом? А фильмы русских режиссёров известны в вашей стране? Если да, то какие; если нет, то как вы думаете, почему? Детально аргументируйте свой ответ.
3. Как вам кажется, кто должен финансировать киноиндустрию? (Государство, частные лица, корпорации, частные киностудии, сами режиссёры?). Объясните, почему вы так думаете.

В главе 4 вы узнали, что после Революции 1917 года театры в Советском Союзе были национализированы. Вспомните, что это означало для театров с финансовой точки зрения, а также с точки зрения репертуара. А теперь подумайте, как может повлиять национализация на кинопромышленность?

ГЛАЗАМИ КУЛЬТУРОЛОГА

МИР РОССИЙСКОГО КИНО

Прочитайте заметку и узнайте, оказывает ли сегодняшнее российское государство финансовую поддержку российскому кинематографу.

столкновение — collision, clash

Вспоминая работу над своим фильмом 2012 года «Последняя сказка Риты», Рената Литвинова рассказывает: «Этот фильм забрал два года жизни. Снят он был принципиально независимым ни от каких продюсеров, на свои деньги... но при условии абсолютно творческой свободы, которой я обладала»[12]. Рассуждая о бюджете и творческой свободе, Литвинова затрагивает очень важную тему для любого художника, в том числе и для режиссёра. Ведь как справедливо заметил российский продюсер Игорь Толстунов: «Киноиндустрия часто становится ареной <u>столкновения</u> различных интересов — творческих, коммерческих и идеологических»[13]. А как вы думаете, чем отличаются эти интересы в советской и постсоветской киноиндустрии? Чтобы ответить на этот вопрос, давайте обратимся к истории российского кино.

зародиться — to be born, to emerge
немое кино — silent cinema

В отличие от театра, который возник ещё во времена античности и был любимым развлечением многих российских царей 18-го и 19-го века, кино — достаточно молодое искусство, <u>зародившееся</u> за несколько лет до Революции 1917 года. Первый публичный киносеанс состоялся в Париже в 1895 году. А уже через год, в 1896 году, прошёл и кинопоказ в России, в Санкт-Петербурге. В царской России успели появиться свои звёзды и даже первые предприниматели-«продюсеры» тогда ещё <u>немого</u> развлекательного кино.

плёнка — film (reel, stock)

Почти сразу после Октябрьской Революции отечественная кинопромышленность была национализирована. Что это означает? Всё кинопроизводство в СССР оказалось полностью под контролем советского государства. Государство финансировало все аспекты киноиндустрии: выплачивало зарплату сотрудников кино, закупало <u>плёнку</u> и киноаппаратуру, содержало кинотеатры, и даже выпускало несколько журналов кинокритики. Ну а поскольку советское государство стало главным продюсером и инвестором кино, то оно также стало и первостепенным идеологом. Как только киноиндустрия оказалась полностью под финансовым и идеологическим контролем СССР, появилось понятие государственного заказа (или госзаказа): государство-инвестор стало заказывать режиссёрам фильмы на конкретные темы.

Интересно, что в двадцатые годы СССР не только использовал кинематограф как средство агитации и пропаганды, но также способствовал развитию авангардного и экспериментального кино. Вы наверняка слышали имя известнейшего советского режиссёра, который начал свою карьеру в двадцатых годах прошлого века, Сергея Эйзенштейна. К числу авангардистов можно отнести и таких режиссёров, как Дзигу Вертова, Льва Кулешова, Александра Довженко. Все эти режиссёры-экспериментаторы пролетарского кино создавали свои фильмы при полной финансовой поддержке Советского Союза. При этом они также выполняли важнейшую идеологическую миссию советского государства — пропагандировали его идеи.

обличать — to expose, to denounce
«Багдадский вор» — The Thief of Baghdad (1924, directed by Raoul Walsh)

Например, в 1925 году вышел фильм Эйзенштейна «Броненосец „Потёмкин"». И хотя уже много лет этот фильм считается одной из самых значимых работ мирового кинематографа, он был государственным заказом и мощнейшей пропагандой, <u>обличающей</u> эпоху царя Николая Второго. Экспериментальный киноязык и инновационная техника съёмки Эйзенштейна вызвали огромный интерес международной кинообщественности. Этот фильм с энтузиазмом поддержала официальная кинокритика. А вот в советском прокате «Броненосец „Потемкин"» провалился. Зрителей не интересовал новаторский кино-авангард; уже в те годы большим успехом пользовались «коммерческие» американские фильмы — лидером проката в тот год был американский фильм «Багдадский вор» с Дугласом Фербенксом в главной роли.

Итак, как вы поняли, в Советском Союзе царил глобальный контроль государства над всеми отраслями кинобизнеса. Государственный Комитет по кинематографии (Госкино) рассылал по советским киностудиям ежегодный план, который указывал, сколько государству необходимо получить фильмов и каких жанров. Каждый год в СССР выходило около ста пятидесяти фильмов, сделанных полностью на государственные средства[14]. Кстати, не думайте, что эти фильмы были бездарными или неинтересными зрителю. Совсем нет! Ведь по заказу Госкино были сделаны и популярнейшая комедия «Бриллиантовая рука» Леонида Гайдая, и боевик «Пираты XX века» (режиссёр Борис Дуров), и мелодрама «Москва слезам не верит» (режиссёр Владимир Меньшов). Все эти фильмы, да и многие другие, были гигантскими лидерами кинопроката в Советском Союзе, а фильм «Москва слезам не верит» даже получил премию «Оскар» за лучший иностранный фильм в 1981 году.

боевик — action film

А помните, мы говорили, что советский театр был финансово-убыточным предприятием? В отличие от театра, советская киноиндустрия приносила государству значительный доход. По мнению многих исследователей, успешное развитие советской киноиндустрии было возможно благодаря железному занавесу. По словам кинокритика Антона Долина: «В СССР киноиндустрия развивалась так удачно, потому что у неё не было конкурентов. Голливудских фильмов-то у нас не показывали»[15].

Поскольку у государства была монополия на производство и прокат фильмов, режиссёры полностью зависели от госзаказа. Например, после Второй мировой войны в СССР наступил так называемый период «малокартинья», который продолжался до смерти Сталина. Тогда советское правительство решило сократить производство фильмов примерно до десяти фильмов в год, потребовав, чтобы студии снимали мало, но только шедевры. Конечно, что считать «шедевром», решалось правительством, то есть людьми максимально далёкими от творческого процесса. В результате, «шедевров» за те годы было практически не выпущено, а вот зато сотни киностудий остались без работы[14]. «Малокартинье» сказалось даже на таких гигантах кинопроизводства, как «Ленфильм» и «Мосфильм», а уж маленькие республиканские киностудии, которые и раньше выпускали по три — четыре фильма в год, просто закрылись.

малокартинье (= мало + картина) — the film famine

Жёсткая система идеологического контроля над студиями и режиссёрами продолжалась и после смерти Сталина. Как пишет кинокритик Антон Долин, советская система «сломала» огромное количество талантов: «именно из-за советской системы так мало снял в своей жизни Алексей Герман старший, долгие годы не снимала Кира Муратова, был вынужден эмигрировать Андрей Тарковский, многие проекты которого так и не дошли до реализации... Всё это ужасно трагические истории»[16]. Кстати, несмотря на строжайшую цензуру и запреты, фильмы вышеперечисленных режиссёров чаще других отправлялись на международные кинофестивали, и именно благодаря им, мир знал о советском кинематографе.

Вы, конечно, знаете, что цензура в России была запрещена почти сразу после распада СССР. Вместе с цензурой пропало и государственное финансирование кинематографа. Переход от стопроцентной государственной поддержки к почти полному отсутствию субси́дий оказа́лся сложне́йшим пери́одом для но́вого росси́йского кино́. По слова́м Анто́на До́лина: «С одно́й стороны́, у нас богате́йшая огро́мная сове́тская тради́ция. С друго́й — мы не мо́жем её продолжа́ть, потому́ что живём в друго́м госуда́рстве. Росси́я — э́то не СССР…. с одно́й стороны́, у нас амби́ции велича́йшей кинематогра́фии, с друго́й — все пробле́мы молодо́й начина́ющей кинематогра́фии»[17]. По слова́м режиссёра Ка́рена Шахназа́рова, «Е́сли бы вы прие́хали в 1994 году́ на „Мосфи́льм“, то заста́ли бы стра́шное зре́лище. Действи́тельно, как бу́дто по́сле войны́. Разру́шенные пусты́е коридо́ры, всё бы́ло в <u>чудо́вищном</u> состоя́нии. Мно́гие навсегда́ ушли́ из кино́»[18]. В девяно́стые го́ды значи́тельно упа́л вы́пуск фи́льмов по всей стране́. По́мните, мы говори́ли, что сове́тский госзака́з был приме́рно на 150 карти́н в год? Для сравне́ния, в 1994 году́ бы́ло вы́пущено всего́ 68 фи́льмов; а в 1996 — ещё ме́ньше, всего́ 28. Зри́тели переста́ли ходи́ть в кино́ и переключи́лись на просмо́тр телевизио́нных сериа́лов — снача́ла за́падных, а пото́м и росси́йских. Да́же и сего́дня, по слова́м Шахназа́рова, «росси́йские сериа́лы выполня́ют фу́нкцию национа́льного кинема́тографа. Их смо́трят деся́тки миллио́нов россия́н. Они́ счита́ют, что э́то кака́я-то фо́рма кино́. Актёров зна́ют по сериа́лам»[19].

В нулевы́х года́х Министе́рство Культу́ры Росси́йской Федера́ции опя́ть ста́ло выделя́ть сре́дства из госуда́рственного бюдже́та на подде́ржку росси́йского кинема́тографа: в сре́днем 4 — 6 миллиа́рдов рубле́й в год. Приме́рно полови́на э́тих де́нег идёт на финанси́рование «а́вторских экспериме́нтов», документа́льного и фестива́льного кино́. Друга́я полови́на выделя́ется на фи́льмы, име́ющие комме́рческий потенциа́л. По слова́м кинопродю́сера И́горя Толстуно́ва, в не́которых прое́ктах «разме́р госуда́рственного финанси́рования мо́жет доходи́ть до 30-40% бюдже́та, остальны́е де́ньги продю́серы привлека́ют, обраща́ясь к инве́сторам»[20]. В 2017 году́ госуда́рственную подде́ржку получи́ли 40 худо́жественных фи́льмов[21].

12 Пресс-релиз фильма «Последняя сказка Риты». *Вольга*, 2012 г. http://volgafilm.ru/film/ritalast_fairytale

13 Игорь Толстунов. «Кино и деньги. Как государство распределяет средства на поддержку кинематографа». *Forbes*, 8 июня 2017 г.

14 Кирилл Разлогов. Лекция, «Вопросы истории российского кино». *Культура РФ*, 2014 г. https://www.culture.ru/movies/137/voprosi-istorii-rossiyskogo-kino

15 Алина Губайдуллина. Интервью с Антоном Долиным, «Если коммерческое кино не прибыльно, оно должно умереть». *Реальное время*, 19 июня 2016 г.

16 Алина Губайдуллина.

17 Алина Губайдуллина.

18 Наталья Осс. Интервью с Кареном Шахназаровым, «Я сомневаюсь, что наша элита смотрит российское кино». *Lenta.ru*, 3 июля 2016 г.

19 Наталья Осс.

20 Игорь Толстунов.

21 Николай Корнацкий. «Минкультуры сократит поддержку игровых кинопроектов». *Известия*, 16 мая 2017 г.

22 «Министерство культуры Российской Федерации подвело итоги работы за 2015 год». *Музыкальное обозрение* 1 апреля 2016 г. http://muzobozrenie.ru/ministerstvo-kul-tury-rossijskoj-federatsii-podvelo-itogi-raboty-za-2015-god/

ПОГОВОРИМ О ПРОЧИТАННОМ

Задание 17.

Правильно или неправильно? Исправьте неправильные утвержде́ния и подробно прокомментируйте правильные.

1. Фильм Ренаты Литвиновой «Последняя сказка Риты» был на 30% оплачен Министерством Культуры СССР.

2. В отличие от кино, театр возник за несколько лет до Революции 1917 года.

3. Выпуск авангардного и экспериментального кино в СССР было запрещено.

4. Как и театр, советское кино было финансово-убыточным предприятием.

5. Фильм Сергея Эйзенштейна «Броненосец „Потемкин"» был снят принципиально независимым он государства, на средства самого режиссёра.

6. Фильм Сергея Эйзенштейна «Броненосец „Потемкин"» вызвал огромный интерес у зрителей и был лидером проката в 1925 году.

7. Советские фильмы, сделанные по госзаказу, были скучными и бездарными.

8. В советском кино не было ни комедий, ни боевиков.

9. Как и театр, советская киноиндустрия была финансово-убыточным предприятием.

10. Сразу после Революции 1917 года в СССР перестали показывать голливудские фильмы.

11. Люди, жившие в СССР во время Холодной войны, были хорошо знакомы с кинопродукцией Голливуда.

12. Советские фильмы не участвовали в международных кинофестивалях.

13. На протяжении всей советской истории, советские киностудии выпускали около ста пятидесяти фильмов в год.

14. В девяностых годах двадцатого века россияне много и часто ходили в кино.

15. Сегодня российское государство не финансирует выпуск фильмов.

16. В 2016 году государство выделило тринадцать и шесть десятых миллиарда рублей[22]. На выпуск российских фильмов государство выделяет больше средств, чем на театр.

Задание 18.

Ответьте на вопросы.

1. Где и когда прошёл первый публичный киносеанс? А где и когда прошёл первый кинопоказ в России?

2. Как вы узнали, после Революции 1917 года отечественная кинопромышленность была национализирована. Как вы поняли, что это означало для людей, работающих в этой промышленности?

3. Объясните, что такое госзаказ.

4. Сколько фильмов выпускалось ежегодно в СССР?

5. Как вы поняли, в Советском Союзе можно было посмотреть фильмы Голливуда? Как эта ситуация с американскими картинами в советском прокате повлияла на развитие советского кино?

6. Как вы поняли, что такое «малокартинье»? Сколько фильмов выпускалось в год в это время? Когда и почему в СССР наступил период «малокартинья»?

7. Когда государство перестало финансировать отечественный кинематограф? Как это повлияло на российскую киноиндустрию?

8. Когда выпускалось меньше фильмов: во времена «малокартинья» или после распада СССР? Приведите конкретные примеры из прочитанного.

9. Объясните, чем работа советской киноиндустрии отличалась от работы киноиндустрии после распада СССР. В какую из этих эпох вы бы предпочли работать в кино в России и почему?

10. А как вам кажется, может ли у авторов быть полная свобода творчества при полном государственном или даже частном финансировании?

11. Как, по-вашему, нужна ли государственная поддержка кино, особенно коммерческого? Или фильмы должны получать поддержку только от частных инвесторов?

Хорошо ли вы знаете русское кино? Заполните таблицу, используя указанные имена режиссёров. Какие из этих фильмов получили премию «Оскар» за лучший фильм на иностранном языке (всего 4 фильма)? Если затрудняется с ответом, то проведите небольшое исследование в интернете.

Сергей Бондарчук • Дзига Вертов • Леонид Гайдай • Андрей Звягинцев
Акира Куросава • Рената Литвинова • Владимир Меньшов • Никита Михалков
Кира Муратова • Андрей Тарковский • Сергей Эйзенштейн

Название фильма	Режиссёр	«Оскар»?
1. «Броненосец „Потёмкин"» (1925)	Сергей Эйзенштейн	Нет
2. «Человек с киноаппаратом» (1929)	_____	_____
3. «Война и мир» (1965–67)	_____	_____
4. «Бриллиантовая рука» (1968)	_____	_____
5. «Солярис» (1972)	_____	_____
6. «Дерсу Узала» (1975)	_____	_____
7. «Москва слезам не верит» (1980)	_____	_____
8. «Утомлённые солнцем» (1994)	_____	_____
9. «Три истории» (1997)	_____	_____
10. «Последняя сказка Риты» (2012)	_____	_____
11. «Лефиафан» (2014)	_____	_____

Впишите глагол в правильной форме и закончите предложения.
1. Рената Литвинова не хотела, чтобы продюсеры
(ограничивать — ограничить) __ограничивали__ её творческую свободу.
2. После Второй мировой войны Сталин приказал, чтобы киностудии
(выпускать — выпустить) _____ меньше фильмов.
3. Советское государство хотело, чтобы в своём новом фильме Сергей Эйзенштейн
(затрагивать — затронуть) _____ тему революции.
4. Сегодня многие российские режиссёры хотят, чтобы государство
(поддерживать — поддержать) _____ отечественную кинопромышленность.
5. А хотят ли они, чтобы государство (рассылать — разослать) _____ студиям
ежегодный план, как это было в советские годы?
6. На пресс-конференции журналисты попросили министра культуры, чтобы он
(указывать — указать) _____ конкретные суммы государственного
финансирования художественных фильмов.

Причастия или деепричастия? Выберите правильную форму и закончите предложения.
1. (Вспоминая — вспоминающая) работу над фильмом «Последняя сказка Риты», Рената
Литвинова говорит, что у неё была абсолютная творческая свобода.

2. (Рассуждая — рассуждающая) о бюджете и творческой свободе, Литвинова затрагивает очень актуальную тему.

3. Кино — это молодое искусство, (зародившись — зародившееся) за несколько лет до революции 1917 года.

4. Фильм Сергея Эйзенштейна «Броненосец „Потёмкин"» был мощной пропагандой, (обличив — обличающей) эпоху царя Николая II.

5. В СССР ежегодно выходило около ста пятидесяти картин, (сделав — сделанных) на государственные средства.

6. После Второй мировой войны советское правительство решило сократить производство фильмов, (поставив — поставивший) _____ перед студиями задачу: снимать мало, но только шедевры.

7. Сегодня Министерство Культуры выделяет средства на фильмы, (имея — имеющих) _____ коммерческий потенциал.

8. Часть денег на производство фильма продюсеры привлекают, (обращаясь — обращающиеся) к инвесторам.

Задание 22.

Подробно расскажите, что вы узнали о российском и советском кино в следующие исторические эпохи:
1. в царской России
2. сразу после Революции 1917 года
3. вскоре после Второй Мировой войны
4. сразу после распада СССР
5. в нулевых годах

Задание 23.

Судя по прочитанному, советская эпоха позитивно или негативно сказалась на развитии кино? Подробно объясните, почему вы так решили, и приведите примеры.

ВМЕСТО ЗАКЛЮЧЕНИЯ

Задание 24.

Приготовьте выступление и расскажите о любом кинорежиссёре (не обязательно российском). Какую роль этот кинорежиссёр играет в культуре своей страны? Как его (её) карьера похожа на карьеру и работу Ренаты Литвиновой и в чём различия?

Задание 25.

Что в материалах этой главы вас больше всего удивило и заинтересовало? Что нового вы узнали о российской культуре?

Вспомните, какие три вопроса вы хотели задать Ренате Литвиновой до того, как начали читать о её жизни и карьере. Скажите, вы получили ответы на свои вопросы из статей и материалов этой главы? Если да, то ответьте сами на эти вопросы. А если нет, то проведите дополнительное исследование в Интернете.

ДЛЯ ТЕХ, КОМУ ИНТЕРЕСНО: ЧТО ЕЩЁ ПОЧИТАТЬ О РОССИЙСКОМ КИНО.

Birgit Beumers. *A History of Russian Cinema.* New York: Bloomsbury Academic, 2008.

Birgit Beumers, ed. *A Companion to Russian Cinema.* Wiley Blackwell Companions to National Cinemas. Hoboken, NJ: Wiley-Blackwell, 2016.

David Gillespie. *Russian Cinema.* Inside Film Series. New York: Routledge, 2014.

Rimgaila Salys. *The Russian Cinema Reader.* Volumes 1 and 2. Boston: Academic Studies Press, 2014.

ЕВГЕНИЙ ПЛЮЩЕНКО И РОССИЙСКОЕ ФИГУРНОЕ КАТАНИЕ

10

Photo credit Евгений Плющенко,
evgeni-plushenko.com

Один из самых узнаваемых российских спортсменов. Фигурист, который находился в списках российской команды <u>без малого</u> двадцать лет. Единственный на сегодняшний день фигурист, участвовавший в четырёх Олимпиадах и <u>завоевавший</u> медали на каждой из них. Десятикратный чемпион России в мужском одиночном катании, семикратный чемпион Европы и трёхкратный чемпион мира. Первый в истории спорта фигурист, исполнивший на льду несколько сложнейших новых комбинаций. Спортсмен, который несколько раз <u>прерывал</u> свою спортивную карьеру из-за серьёзнейших травм, но всё равно возвращался в любительский спорт. Итак, перед вами Евгений Плющенко — один из самых амбициозных и титулованных российских спортсменов последних лет.

без малого (colloquial) — almost
завоевывать/завоевать — to earn, to win
прерывать/прервать — to interrupt

1. Скажите, вам знакомы имена русских спортсменов? Если да, то каких? А имена российских фигуристов вам когда-нибудь доводилось слышать? Если да, то какие? А есть ли звёзды фигурного катания у вас в стране?

2. Фигурное катание — один из самых <u>разноплановых</u> видов спорта, который <u>сочетает</u> в себе мастерство и силу спортсмена с красотой танцевальных движений, музыкальным оформлением, дизайном костюмов и актёрской игрой. А как вам кажется, что в фигурном катании <u>первично</u>: спорт, искусство или шоу-бизнес? Подробно объясните, почему вы так думаете.

первичный — primary
разноплановый — versatile, multi-faceted
сочетать — to combine

3. Придумайте и запишите три вопроса, которые вы бы хотели задать Евгению Плющенко о его спортивной карьере и о роли спорта в сегодняшней России.

4. Как вы поняли, что означают фразы: **десяти**кратный чемпион Европы; **семи**кратный чемпион Европы; **трёх**кратный чемпион мира? А как вы думаете, что означает слово **много**кратный?

ГОТОВИМСЯ К ЧТЕНИЮ И РАЗГОВОРУ

ЗАПОМНИТЕ ЭТИ СЛОВА И ВЫРАЖЕНИЯ

NOUNS

враще́ние — rotation
ги́бкость — flexibility
достиже́ние — achievement
като́к — skating rink
коньки́ (singular конёк) — ice skates
лёд — ice
по́вод — reason, occasion
по́двиг — exploit, heroic deed
пот — sweat
прису́тствие — presence
прыжо́к — jump
сло́жность — complexity
сопе́рник — rival
спосо́бность — ability, aptitude
судья́ — referee, judge
тре́нер — coach
трениро́вка — training, practice
уваже́ние — respect
чу́до — miracle

ADJECTIVES

ги́бкий — flexible
необыча́йный — extraordinary
оконча́тельный — final, definitive
опа́сный — dangerous
о́пытный — experienced
очередно́й — next, (yet) another
предыду́щий — previous
суро́вый — harsh

VERBS

враща́ться — to turn, to spin
дока́зывать/доказа́ть (что — кому) —
    to prove (something to someone)
завоёвывать/завоева́ть — to conquer,
    to win, to gain
заявля́ть/заяви́ть — to declare
изумля́ть/изуми́ть — to amaze
недоумева́ть — to be perplexed
объявля́ть/объяви́ть — to announce

оде́рживать/одержа́ть побе́ду — to score
    a victory
опережа́ть/опереди́ть (кого) — to get ahead
    of someone
осва́ивать/осво́ить — to master
отка́зываться/отказа́ться (от чего) —
    to refuse, to turn down
потряса́ть/потрясти́ (кого — чем) —
    to shock, to amaze
про́бовать/попро́бовать — to try
прославля́ться/просла́виться (чем) —
    to become famous
ска́зываться/сказа́ться (на чём) — to affect,
    to take a toll on
соревнова́ться — to compete
сосредота́чиваться/сосредото́читься
    (на чём) — to focus on, to concentrate on
сочу́вствовать (кому) — to commiserate,
    to feel for
укрепля́ть/укрепи́ть — to strengthen

OTHER

в оди́н го́лос — unanimously
вызыва́ть/вы́звать резона́нс — to stir up
    controversy
выходи́ть/вы́йти в отста́вку — to retire
к тому́ вре́мени — by that time
наступа́ть на пя́тки (кому) (figurative) —
    to be close behind someone (literally,
    to step on someone's heels)
подводи́ть/подвести́ ито́г — to sum up
поднима́ть/подня́ть пла́нку (figurative) —
    to raise the bar
прихо́дится/прийти́сь кста́ти — to come in
    handy
с ли́шним (colloquial) — and more, plus (20 с
    ли́шним — 20+)
тем не ме́нее — nevertheless
труди́ться/рабо́тать до седьмо́го по́та
    (figurative) — to work hard (literally,
    to work until the seventh sweat)

Задание 1.

Посмотрите на слова, приведённые выше, и закончите пары:

1. Выступать — выступление; вращаться — _____; достигать — _____

2. Сложный — сложность; способный — _____; гибкий — _____; _____ — опасность

3. Заявлять — заявление; _____-изумление; исполнять — _____; _____ — объявление; достигать — _____; _____ — поражение

Задание 2.

Сопоста́вьте фразы и их определе́ния.

1. командный турнир ___
2. одиночное фигурное катание ___
3. тройной прыжок ___
4. травмоопасный спорт ___
5. фигурист-одиночник ___
6. спортсмен-долгожитель ___
7. титулованный фигурист ___
8. семикратный чемпион Европы ___

А. прыжок, в котором фигурист делает три вращения в воздухе

Б. спортсмен, который выиграл золотые медали на 7-ми европейских чемпионатах

В. вид спорта, в котором спортсмены часто получают травмы

Г. фигурист, который выступает на льду один, без партнёра (или партнёрши)

Д. спортсмен с невероятно долгой спортивной карьерой

Е. соревнования по фигурному катанию, участниками которых являются индивидуальные спортсмены

Ж. фигурист, выигравший многочисленные медали

З. соревнования, участниками которых являются команды

Задание 3.

Составьте словосочетания со следующими глаголами:

1. **Одержать победу над** (кем?): опасный соперник, опытная команда, незаурядные фигуристы

2. **Поразить** (кого? — чем?): судьи — мастерство; публика — прыжки; тренер — невероятное упорство

3. **Прославиться** (чем?): удивительная гибкость; сложность программы; уникальные достижения

4. **Сосредоточиться** (на чём?): тренировка; здоровье ребёнка; командное первенство

5. **Отказаться** (от чего?): новые коньки; тренировка перед соревнованиями; сложный прыжок

6. **Сочувствовать** (кому?): спортсмен с травмой позвоночника; родители олимпийского фигуриста

7. **Сказаться** (на чём?): результат соревнования; здоровье спортсмена; способности фигуриста

8. **Потрясти** (кого? — чем?): одиннадцатилетний мальчик — большой город; маститый тренер — необычайно талантливый фигурист; опытные соперники — сложнейшие прыжки

Замените выделенные фразы синонимичными фразеологизмами.

1. На любых соревнованиях присутствие Плющенко всегда <u>устанавливало высочайшие стандарты</u>.
2. В начале карьеры Плющенко тренировался с опытными и даже титулованными фигуристами. Однако с самого начала он много работал и <u>иногда их опережал (ну или почти опережал)</u>.
3. Большую часть своей спортивной карьеры, Плющенко <u>работал чрезвычайно интенсивно</u>.

А вот ещё несколько синонимов фразы «работать до седьмого пота»: (1) «работать, засучив рукава» (with rolled-up sleeves); (2) «работать в поте лица» (with sweat on one's face); (3) «работать, не покладая рук» (without giving one's hands a rest). Составьте свои предложения с этими фразеологизмами.

А как вы думаете? Да или нет? Согласитесь или не согласитесь с этими утвержде́ниями. Подробно объясните свою позицию, если можно, проиллюстрируйте свой ответ конкретными примерами.

1. Фигурное катание — один из самых популярных видов спорта в моей стране.
2. Я люблю кататься на коньках и часто хожу на каток.
3. В каждом университете моей страны есть команда по фигурному катанию.
4. Фигурное катание — это очень опасный вид спорта.
5. Мне кажется, что фигуристы — самые высокооплачиваемые спортсмены мира.
6. На Зимних олимпийских играх фигурное катание — самый интересный вид спорта. Если я смотрю олимпийские игры, то я обязательно смотрю соревнования фигуристов.
7. Фигурное катание можно считать национальным видом спорта моей страны.

ЕВГЕНИЙ ПЛЮЩЕНКО: БИОГРАФИЧЕСКОЕ ДОСЬЕ

Прочитайте биографию Евгения Плющенко и узнайте, Олимпийские игры какого года стали последними в спортивной карьере фигуриста.

восстанавливаться/ восстановиться — to recover, to restore
замахиваться/замахнуться (на что, кого) (colloquial) — to attempt
безумие — madness

31 марта 2017 года Евге́ний Плю́щенко объяви́л об оконча́тельном заверше́нии свое́й спортивной карье́ры. В отста́вку вы́шел один из самых титуло́ванных фигури́стов мира и еди́нственный фигури́ст в исто́рии, завоева́вший медали на четырёх Олимпиа́дах. Комменти́руя реше́ние Евге́ния, российская газета «Спорт Экспресс» написала: «Даже в самых нетравмоопа́сных ви́дах спорта карье́ра длиной в два́дцать с ли́шним лет — чу́до. Что уж говори́ть о фигу́рном ката́нии, где даже втора́я Олимпиа́да считается по́двигом, а тре́тья — <u>безу́мием</u>. У Плющенко этих Олимпиа́д было четы́ре. И на каждой он завоёвывал меда́ли. «Неужели замахнётся и на пя́тую?» — недоумева́ли мно́гие, когда спортсме́н, <u>восстана́вливаясь</u> после очередной операции, заявля́л, что продо́лжит ката́ться. Не <u>замахну́лся</u>. Но разве без этого мало по́водов считать Евге́ния — ге́нием?»[1].

Каки́ми же спорти́вными достиже́ниями просла́вился Плю́щенко в спорти́вном ми́ре и почему́ росси́йская спорти́вная газе́та назвала́ фигури́ста «ге́нием»?

Же́ня Плю́щенко роди́лся в 1982 году́, в ма́леньком посёлке Урга́л на Да́льнем Восто́ке, где в то вре́мя рабо́тали его́ роди́тели. Из-за суро́вого кли́мата и холо́дных зим ма́льчик ча́сто <u>простужа́лся</u>. Потому́, когда́ Же́не бы́ло три го́да, семья́ реши́ла перее́хать в Волгогра́д. Здесь, в Волгогра́де, ма́льчик впервы́е вы́шел на лёд. Случи́лось это соверше́нно случа́йно: знако́мая ма́мы Плю́щенко подари́ла ма́ленькому Же́не коньки́, от кото́рых отказа́лась её дочь. Коньки́ пришли́сь кста́ти: для укрепле́ния иммуните́та ребёнка врачи́ в один го́лос сове́товали ма́льчику бо́льше занима́ться спо́ртом. Потому́ уже́ на сле́дующий день ма́ма записа́ла бу́дущего чемпио́на в се́кцию фигу́рного ката́ния в Волгогра́де. Же́не тогда́ бы́ло 4 го́да и 2 ме́сяца и, по его́ со́бственным слова́м, ката́ться ему́ понра́вилось.

Трениро́вки на катке́ бы́стро укрепи́ли здоро́вье ма́льчика: он ско́ро совсе́м переста́л боле́ть, а к тому́ же научи́лся <u>сади́ться на шпага́т</u>, а в семь лет да́же вы́играл свой пе́рвый турни́р «Хруста́льный конёк» в го́роде Сама́ра. Тогда́ же на катке́ в Волгогра́де Же́ня уви́дел, как де́вочка на трениро́вке рабо́тала над сло́жным враще́нием «Би́льман». «Би́льман» тре́бует от фигури́ста необыча́йной ги́бкости, ведь спортсме́н враща́ется на одно́й ноге́, поднима́я втору́ю но́гу за спино́й и держа́ её двумя́ рука́ми над голово́й за <u>ле́звие</u> конька́. Враще́ние это традицио́нно выполня́ется же́нщинами фигури́стками. Зна́я, что Же́ня о́чень ги́бкий ма́льчик, тре́нер предложи́ла ему́ порабо́тать над «Би́льманом», и Же́ня на удивле́ние бы́стро осво́ил этот сло́жный трюк. С тех пор Плю́щенко стал одни́м из немно́гих мужчи́н <u>одино́чного фигу́рного ката́ния</u>, исполня́ющих этот элеме́нт.

Когда́ Же́не бы́ло 11 лет, шко́лу фигу́рного ката́ния в Волгогра́де закры́ли. К тому́ вре́мени тре́нерам бы́ло поня́тно, что у ма́льчика незауря́дные спосо́бности и что ему́ на́до обяза́тельно продолжа́ть занима́ться спо́ртом. Встал вопро́с о том, что Же́ню на́до бы отвезти́ в Петербу́рг и показа́ть легенда́рному «тре́неру чемпио́нов» Алексе́ю Ми́шину. И хотя́ роди́тели Же́ни соверше́нно не́ бы́ли в восто́рге от того́, что им предлага́ют отпра́вить одиннадцатиле́тнего сы́на так далеко́ от до́ма, в 1993 году́ Же́ню отвезли́ на просмо́тр к Ми́шину, кото́рый сра́зу же взял ма́льчика в свою́ гру́ппу.

Так у Плю́щенко начала́сь самостоя́тельная жизнь в большо́м го́роде. Как он вспомина́ет сам: «Го́род меня́ тогда́ потря́с: огро́мный, со мно́жеством маши́н, люде́й — и я, тако́й ма́ленький, в нём совсе́м оди́н. Че́стно говоря́, никому́ не пожела́ю оказа́ться в незнако́мом го́роде без роди́телей, без до́ма, без друзе́й...»[2]. Поско́льку де́нег в семье́ бы́ло немно́го (да и девяно́стые го́ды в Росси́и бы́ли непросты́м вре́менем), ма́льчику <u>снима́ли крохо́тную ко́мнату</u> в коммуна́льной кварти́ре. Же́ня про́жил в Петербу́рге це́лый год, по́сле чего́ ма́ма всё же перее́хала к сы́ну, оста́вив в Волгогра́де му́жа и дочь. Кста́ти, по профе́ссии ма́ма Плю́щенко — портни́ха. По расска́зам фигури́ста, и́менно ма́ма приду́мывала и ши́ла ему́ пе́рвые костю́мы для выступле́ний: «Тогда́ бы́ли времена́ дефици́та, а у меня́, благодаря́ ма́миному вку́су, всегда́ бы́ли са́мые краси́вые и оригина́льные костю́мы»[3].

С прие́здом ма́тери в Пи́тер, Евге́ний смог по́лностью сосредото́читься на трениро́вках. А рабо́тать ему́ приходи́лось мно́го и серьёзно, ведь в спорти́вной гру́ппе Ми́шина занима́лись о́пытные и да́же титуло́ванные фигури́сты. Наприме́р, в гру́ппе ката́лся тогда́ уже́ многокра́тный чемпио́н Евро́пы и ми́ра Алексе́й Урма́нов, а та́кже ю́ный Алексе́й Ягу́дин, кото́рый ста́нет главне́йшим сопе́рником Плю́щенко на льду. Вспомина́я свои́ пе́рвые го́ды трениро́вок в Пи́тере, Плю́щенко говори́т, что его́ никогда́ не оставля́ло

простужа́ться/
простуди́ться — to catch a cold

шпагат (сади́ться на шпага́т) — split (do the splits)
ле́звие — blade
одино́чное фигу́рное ката́ние — single skating (i.e., individual skaters competing one by one)

снима́ть/снять ко́мнату — to rent a room
крохо́тный — tiny

желание добиться уважения, доказать, что он лучший. Потому работал он до седьмого пота, наступая на пятки «взрослым парням»[4]. Отсюда, наверно, и желание осваивать сложнейшие элементы, которые до него не пробовал никто: комбинации тройных и четверных прыжков, необычные вращения. По сути, так и прошла спортивная карьера Плющенко — в постоянном стремлении всех поразить, шокировать, сделать новый элемент, который обязательно будет лучше или ярче всех предыдущих.

Photo courtesy of Marina Zakharova, marinazakharova.com

показательное выступление — exhibition, gala performance
захватывать/захватить штурмом — take something by storm

Анализируя свою карьеру, Плющенко говорит, что «спортсмены делятся на две категории: одним нравится выступать на <u>показательных выступлениях</u>, другим — соревноваться. Первых — 80%. Я люблю адреналин, когда оценивают судьи… Люблю чувствовать, что могу упасть, а могу выехать»[5]. И действительно, Плющенко <u>захватил</u> мир соревнований по фигурному катанию настоящим <u>штурмом.</u> В 1997 году, в 14 лет, он одержал победу на чемпионате мира среди юниоров в Сеуле (Южная Корея). А начиная с 1998 года, Плющенко соревнуется на серьёзных «взрослых» чемпионатах. На своём первом «взрослом» чемпионате Европы в Милане пятнадцатилетний Женя выиграл бронзовую медаль, изумив публику и судей элементами такой сложности, которой никто не ожидал от юного дебютанта. А через пару лет, в сезоне 1999/2000 Плющенко выиграл семь из девяти соревнований, включая три главных турнира сезона — чемпионат России, чемпионат Европы и Финал Гран При.

произвольная программа — "long program," free skate

В феврале 2002 года Плющенко едет на свои первые Олимпийские игры. В тот год, в городе Солт-Лэйк-Сити (США) молодой фигурист выиграл серебряную медаль. А знаете, кому досталось золото? Помните, мы говорили об Алексее Ягудине, ещё одном гениальном российском фигуристе, которого тренировал Мишин и которого Плющенко много лет считал одним из своих самых серьёзных соперников? В Солт-Лэйк-Сити золотую медаль выиграл Ягудин, а противостояние между Ягудиным и Плющенко вошло в историю фигурного катания как ярчайший пример соперничества между двумя гигантами спорта. Своё Олимпийское золото Плющенко выиграл на следующих зимних Олимпийских играх, в 2006 году в Турине (Италия), опередив соперников и в короткой, и в <u>произвольной программах.</u>

Многие годы непрерывных тренировок и соревнований, естественно, сказались на здоровье спортсмена. Травм и операций у Плющенко, наверное, не меньше, чем побед. Самую сложную операцию на позвоночнике Евгений перенёс в январе 2013 года. А теперь представьте: через несколько месяцев после сложнейшей операции, Плющенко объявляет, что хочет выступить на ещё одной Олимпиаде, четвёртой в его карьере. Решение фигуриста продолжить спортивную карьеру вызвало в обществе большой резонанс. В тот год Россия могла отправить на Олимпиаду в Сочи только одного фигуриста; справится ли тридцати двухлетний спортсмен после тяжелейшей травмы и операции с такими сложными соревнованиями?

Photo credit Евгений Плющенко, evgeni-plushenko.com

Ответ на этот вопрос оказался неоднозначным. Олимпийские игры начались с командного турнира, в котором Плющенко выступил очень сильно. Команда российских фигуристов выиграла золотую медаль, обойдя команды Канады и США. А вот с индивидуальным турниром всё оказалось сложнее: на разминке перед короткой программой, Плющенко опять травмировал позвоночник. Из-за болезненной травмы, спортсмен ушёл со льда буквально за несколько минут до выступления. Ну а поскольку Плющенко был единственным российским фигуристом-одиночником на соревнованиях, то впервые за 30 лет Россия осталась без олимпийской медали в мужском одиночном катании.

Решение спортсмена сняться с индивидуальных соревнований вызвало много споров в прессе и в социальных сетях. По результатам опроса ВЦИОМ, 20% россиян были расстроены отказом Плющенко от выступлений[6]. Ну а пока кто-то критиковал, а кто-то сочувствовал спортсмену, его тренер Мишин подвёл итог: «Плющенко — феномен. Если он присутствует на льду, он заряжает. Присутствие Плющенко поднимает планку»[7]. И кстати, даже объявив об окончательном завершении своей карьеры, Плющенко тем не менее надеется поучаствовать ещё не во одной Олимпиаде, теперь уже в роли тренера российских фигуристов.

болезненный — painful
позвоночник — spine
разминка — warm-up

1   Мария Маркова. «Евгений, спасибо за всё! Плющенко завершил карьеру». *Спорт Экспресс*, 31 марта 2017 г. http://www.sport-express.ru/figure -skating/reviews/evgeniy-spasibo-za-vse-plyuschenko -zavershil-kareru-1237325/8082737884/

2 Анна Андреева. «Болейте за меня, я не подведу». *Gala-биография* №12, 2005.

3 Анна Андреева.

4 Интервью с Плющенко в фильме «Евгений Плющенко. Портрет звезды». *Киностудия «Полигон»*, 2006 г.

5 Ольга Исламкина. «Интервью *ELLE:* Евгений Плющенко». *ELLE,* 24 февраля 2014 г.

6 «Итоги олимпиады». ВЦИОМ, пресс-выпуск №2528, 3 марта 2014 г. https://wciom.ru/index.php?id=236&uid =867

7 Юлия Шеверева. «„Бульдог на льду". В чём секрет феномена Евгения Плющенко». *Аргументы и факты,* 3 ноября 2015 г.

ПОГОВОРИМ О ПРОЧИТАННОМ

Задание 7.

Ответьте на вопросы.

1. Где и в каком году родился Евгений Плющенко?
2. Как вы поняли, почему в детстве врачи посоветовали маленькому Жене больше заниматься спортом?
3. Кто и когда подарил маленькому Жене его первую пару коньков? Почему коньки «пришлись кстати»?
4. Сколько Жене было лет, когда он начал заниматься фигурным катанием?
5. Как вы поняли, почему первые костюмы Жени шила его мама?
6. Почему Женя переехал в Петербург? Сколько ему было лет, когда он туда переехал?
7. Сколько лет было Плющенко, когда он поехал на свои первые «взрослые» соревнования?
8. В каком году Плющенко поехал на свои первые Олимпийские игры? Где эти игры проходили? Как Плющенко там выступил?
9. Как вы поняли, кто такой Алексей Ягудин?
10. В каком году и в каком городе Плющенко выиграл своё Олимпийское золото?
11. Сколько фигуристов одиночников могла отправить Россия на Олимпийские игры в Сочи? Кто стал этим фигуристом?
12. Почему решение Евгения Плющенко принять участие в Олимпиаде 2014 года в Сочи вызвало большой резонанс в обществе?
13. Когда Плющенко объявил об окончательном завершении своей спортивной карьеры? Как вы думаете, это решение было неожиданным для россиян?
14. Что говорится в статье о фигурном катании — это травмоопасный или нетравмоопасный вид спорта? Вы согласны с этим утверждением? Приведите примеры из биографии Плющенко и аргументируйте свой ответ.
15. О каких двух категориях спортсменов говорит Плющенко? А к какой категории, по его словам, относится он сам?

Задание 8.

Правильно или неправильно? Исправьте неправильные утверждения и подробно прокомментируйте правильные. А о чём у вас нет достаточной информации?

1. Плющенко начал заниматься фигурным катанием, потому что его родители — известные советские фигуристы.
2. «Бильман» — это сложное вращение, которое исполняют все мужчины-фигуристы.
3. Когда Жене было 11 лет, вся его семья переехала с ним в Петербург.
4. У Плющенко есть сестра.
5. Приехав в Петербург, семья Плющенко купила большую квартиру в центре города.

6. В спортивной группе легендарного тренера Алексея Мишина тренировались опытные и даже титулованные фигуристы.

7. Больше всего Плющенко любит выступать на показательных выступлениях.

8. Хотя фигурное катание — это «травмоопасный» вид спорта, у Плющенко не было никаких серьёзных травм.

9. Плющенко думает, что большинство спортсменов любит соревноваться. Он утверждает, что выступать на показательных выступлениях любит маленький процент фигуристов.

10. Плющенко не принимал участия в Олимпийских играх 2014 года в Сочи.

11. Олимпийские игры 2014 года — первый раз за 30 лет, когда Россия осталась без олимпийской медали в мужском одиночном катании.

12. На Олимпиаде в Сочи команда российских фигуристов выиграла серебряную медаль.

13. Плющенко планирует участвовать в Олимпийских играх в 2018 году.

14. Плющенко соревновался на четырёх Олимпиадах. На каждой из них он завоёвывал медали.

Задание 9.

Расставьте эти события из жизни Евгения Плющенко в правильном хронологическом порядке. А потом подробно расскажите о каждом из этапов жизни фигуриста.

___ Переезд в Петербург

___ Выступление на Олимпиаде в Сочи

___ Олимпийские игры в городе Солт-Лэйк-Сити в США

_1_ Евгений Плющенко родился в маленьком посёлке на Дальнем Востоке.

___ Первые годы тренировок с Алексеем Мишиным

___ Операция на позвоночнике, решение участвовать в Олимпийских играх в Сочи

___ Маленький Женя впервые вышел на лёд в секции фигурного катания города Волгограда.

Задание 10.

Выберите правильную форму глагола и закончите предложения.

1. Когда Женя Плющенко был маленьким, он часто (простужался — простудился).

2. Тренировки на катке быстро (укрепляли — укрепили) здоровье мальчика.

3. 20 с лишним лет непрерывных тренировок и соревнований (сказывались — сказались) на здоровье фигуриста.

4. После очередной операции спортсмен долго (восстанавливался — восстановился).

5. В 1997 году Плющенко (одерживал — одержал) победу на соревнованиях юниоров в Сеуле.

6. На Олимпийских играх в Италии Плющенко выиграл Олимпийское «золото». Тогда он (опережал — опередил) соперников и в короткой, и в произвольной программах.

7. За свою долгую олимпийскую карьеру Плющенко (завоёвывал — завоевал) две золотые и две серебряные медали.

8. В марте 2017 года Плющенко (объявлял — объявил) об окончательном завершении своей спортивной карьеры.

9. На Зимних Олимпийских играх в Сочи российская команда фигуристов (одерживала — одержала) победу над командами США и Канады.

10. В марте 2017 года Плющенко (объявлял — объявил) о завершении своей спортивной карьеры.

Замените деепричастия глаголами.

1. <u>Зная</u>, что Женя — гибкий мальчик, тренер предложила ему поработать над новым сложным трюком.

Тренер знала, что Женя — гибкий мальчик, и предложила ему поработать над новым сложным трюком.

2. <u>Комментируя</u> выступление фигуриста, журналист назвал Плющенко гением.

3. Фигурист вращался на одной ноге, <u>поднимая</u> вторую ногу за спиной и <u>держа</u> её над головой за лезвие конька.

4. <u>Одержав</u> победу на чемпионате юниоров, Плющенко начал соревноваться на «взрослых» турнирах.

5. <u>Анализируя</u> свою спортивную карьеру, Плющенко говорит, что ему всегда нравилось соревноваться.

6. <u>Изумив</u> судей сложнейшей программой, фигурист выиграл золотую медаль.

7. <u>Восстановившись</u> после операции, спортсмен заявил, что поедет на Олимпиаду.

Из-за (чего? того, что) или благодаря (чему? тому, что)? Закончите предложения.

1. _____ сурового климата Дальнего Востока, где тогда жила его семья, маленький Женя часто простужался.

2. Даже во времена дефицита девяностых годов у Плющенко всегда были самые красивые и оригинальные костюмы, _____ вкусу его мамы, портнихи по профессии.

3. _____ болезненной травмы, спортсмен ушёл со льда, не закончив соревнований.

4. В девяностых годах _____ недостаточного финансирования закрывались многие катки и спортивные школы.

5. Женя Плющенко начал заниматься фигурным катанием, _____ подруге мамы, которая подарила ему коньки своей дочери.

6. _____ того, что он постоянно хотел доказать, что он лучший, Плющенко работал до седьмого пота.

7. _____ тренерам в волгоградской школе фигурного катания, которые заметили незаурядные способности Плющенко, мальчик поехал в Петербург работать с легендарным тренером Мишиным.

Закончите предложения.

1. Евгению Плющенко приходилось...
2. Маленький Женя был потрясён...
3. Плющенко выиграл...
4. У Плющенко было...
5. Евгений перенёс...
6. Плющенко стремился...
7. Плющенко соревновался на...
8. Евгений Плющенко стал...
9. Плющенко принял участие в...
10. Плющенко надеется...
11. Имя Плющенко вошло в историю как...
12. Плющенко объявил, что...

Используя информацию из статьи, расскажите, что вас больше всего удивило или заинтересовало в биографии Евгения Плющенко.

ГОТОВИМСЯ К ЧТЕНИЮ И РАЗГОВОРУ: КОНТЕКСТЫ РОССИЙСКОГО СПОРТА

ЗАПОМНИТЕ ЭТИ СЛОВА И ВЫРАЖЕНИЯ

NOUNS

борьба́ — struggle
ве́ра — faith, belief
вождь — leader
восста́ние — uprising
го́рдость — pride
держа́ва — power
достиже́ние — achievement
зарпла́та — salary
здоро́вье — health
куми́р — idol
оби́лие — abundance
оте́чество — fatherland
побе́да — victory
подде́ржка — support
превосхо́дство — superiority
преиму́щество — advantage
противостоя́ние — opposition, confrontation
раб — slave
сопе́рничество — rivalry
уда́ча — success, luck
уча́стие — participation, involvement
цель — goal

ADJECTIVES

веду́щий — leading
недоста́точный — insufficient
неожи́данный — unexpected
непосре́дственный — immediate, direct
несравни́мый (с чем) — incomparable with
ошеломи́тельный — stunning
поле́зный — beneficial
суще́ственный — significant
уда́чный — successful

VERBS

боле́ть (за кого, что) — to be a fan of, to cheer for
включа́ть/включи́ть — to include
возрожда́ть/возроди́ть — to revive
де́лать акце́нт (на чём) — to emphasize
допуска́ть/допусти́ть (до чего) — to grant access to
заду́мывать/заду́мать — to conceive, to devise
обгоня́ть/обогна́ть — to pass, to outrun
отвлека́ть/отвле́чь (от чего) — to distract from
отка́зываться/отказа́ться (от чего) — to refuse, to turn down
отлича́ться/отличи́ться (от чего) — to differ from
признава́ть/призна́ть (кого, что — кем, чем) — to acknowledge, to recognize, to accept
присоединя́ться/присоедини́ться (к кому, чему) — to join
пробужда́ть/пробуди́ть интере́с (к чему) — to arouse, awaken interest in
рассма́тривать/рассмотре́ть — to consider
(кому) **удава́ться/уда́сться** (кому, чему + infinitive) — to succeed, to manage, to be able to

OTHER

вне конкуре́нции — beyond competition, without a rival
действи́тельно — really, in fact
на протяже́нии (чего) — during the course of
столь (+ adjective/short adjective/adverb/) — such, so

Составьте словосочетания с этими словами:

1. **Болеть** (за кого? за что?): любимая команда; спортивные кумиры; российские фигуристы; Евгений Плющенко
2. **Делать акцент** (на чём?): участие в соревновании; соперничество; противостояние сопернику; гордость державы; здоровье нации; серьёзные достижения
3. **Допустить** (до чего?): соревнования; Олимпийские игры; участие в Спартакиаде
4. **Отвлекать** (от чего?): непосредственная цель; победа; тренировки
5. **Пробудить интерес** (к чему?): фигурное катание; Олимпийские игры; участие в соревнованиях
6. (Кому) **удалось получить золотую медаль**: советские фигуристы; американская команда; Россия
7. **Присоединяться** (к кому? к чему?): международное олимпийское движение; борьба за золотую медаль; противостояние

Слова в контексте. Вставьте подходящие по смыслу слова в правильной форме:

> болеть за • вне конкуренции • действительно • делать акцент • держава
> на протяжении • обгонять • отечество • отказываться • победа
> превосходство • преимущество • противостояние • рассматривать
> соперничество • удаться

Знаете ли вы, что (during the course of) _____ Холодной войны главной интригой Олимпийских игр было (opposition) _____ двух гигантских (power) _____: СССР и США? (Rivalry) _____ было серьёзным; оба государства (considered) _____ Олимпиады как возможность показать (superiority) _____ одной системы над другой. Казалось, что если Советский Союз (passes) _____ Америку на стадионе, то эта победа докажет (advantages) _____ социализма; а (victory) _____ США означает победу капитализма. Короче говоря, обе страны (emphasized) _____ на (victory) _____; зрители у телевизоров и на стадионах (cheered for) _____ (fatherland) _____, а не за индивидуальную команду. И (in fact) _____, Советский Союз (refused) _____ ехать на Олимпийские игры до 1952 года, потому что советские лидеры не были уверены в том, что их команде (succeed) _____ получить максимум золотых медалей. СССР хотел, чтобы их спортсмены — а значит, и советский режим — были (beyond competition) _____.

Глагол «думать» с приставками.

Закончите предложения, употребив подходящий по смыслу глагол. Если затрудняетесь с ответом, то проконсультируйтесь со словарём.

1. Спартакиады были (передуманы — придуманы) как альтернатива «буржуазным» олимпийским играм.

2. В 1920 году советскую команду не допустили до Олимпийских игр. В 1924 году Олимпийский комитет (передумал — придумал) и пригласил советских спортсменов на игры во Франции.
3. Спартакиады были (задуманы — додуманы) как соревнования непрофессиональных спортсменов.
4. (Вдумайтесь — Задумайтесь) в эти цифру: 90% россиян смотрели телевизионные трансляции Олимпийских игр.
5. После неудачных выступлений фигуристов в Ванкувере, многие россияне сказали, что России пора (вдуматься — задуматься) о государственном финансировании спорта.
6. Советские лидеры долго (передумали — раздумывали) о роли спорта в советском государстве.

Задание 18.

Ответьте на вопросы.
1. Как вы считаете, должно ли государство оказывать финансовую поддержку спортсменам? Например, должно ли государство платить спортсменам зарплату из федеральных фондов? Должно ли государство платить за организацию Олимпиад, Чемпионатов и т.д.? Подробно аргументируйте свою позицию.
2. Чем, по-вашему, отличаются профессиональные спортсмены от непрофессиональных (любителей)? Как вам кажется, может ли спорт быть профессией (как, например, врач, учитель, продавец)?
3. Как вы считаете, можно ли включать профессиональных спортсменов в Олимпийские игры? Или Олимпиады должны быть соревнованиями для непрофессиональных спортсменов? Объясните, почему вы так думаете.
4. Как вы думаете, спортивные победы на международных соревнованиях повышают престиж страны? А чувство патриотизма вызывают? Объясните и, если можете, приведите конкретные примеры.

ГЛАЗАМИ КУЛЬТУРОЛОГА

КОНТЕКСТЫ РОССИЙСКОГО СПОРТА

Прочитайте заметку об истории советского спорта и узнайте, были ли в Советском Союзе профессиональные спортсмены.

В 2010 году Всероссийский центр изучения общественного мнения (ВЦИОМ) провёл опрос о том, кого россияне считают «русскими кумирами 20-го века». По мнению большинства россиян (35%), первое место в этом рейтинге занял космонавт Юрий Гагарин. На втором месте — бард, актёр и поэт Владимир Высоцкий (31%). Интересно, что на пятом месте в рейтинге кумиров — Иосиф Сталин (16%), на шестом — Александр Солженицын (14%), а на седьмом — Владимир Ленин (13%). А вот несколько неожиданный ответ: на двенадцатом месте, обгоняя писателя Антона Чехова, композитора Дмитрия Шостаковича и последнего Генерального секретаря ЦК КПСС Михаила Горбачёва, стоит олимпийская чемпионка, фигуристка Ирина Роднина[8].

Столь высокий рейтинг фигуристки, пожалуй, можно объяснить её феноменально успешной спортивной карьерой, о которой в России до сих пор ходят легенды.

Роднина́ — трёхкра́тная олимпи́йская медали́стка, десятикра́тная чемпио́нка ми́ра, одиннадцатикра́тная чемпио́нка Евро́пы; в о́бщем, са́мая титуло́ванная фигури́стка в исто́рии мирово́го па́рного ката́ния. А вот сам факт, что россия́не 2010 го́да не про́сто по́мнят фигури́стку семидеся́тых годо́в про́шлого ве́ка, но ещё и включа́ют её в деся́тку куми́ров двадца́того ве́ка, говори́т о значе́нии фигу́рного ката́ния в культу́рной жи́зни СССР и сего́дняшней Росси́и.

поддержа́ние — maintaining
поско́льку — in as much as
нара́щивание вооруже́ний — arms race
предвеща́ть/предвести́ть — to herald, to signify
представа́ть/предста́ть — to appear as
сверхдержа́ва — superpower

Сове́тский Сою́з домини́ровал на междунаро́дных соревнова́ниях по фигу́рному ката́нию, начина́я с 1964-го го́да. В па́рном ката́нии Росси́я была́ соверше́нно вне конкуре́нции, и с 1964 по 2006 росси́йские фигури́сты выи́грывали золоты́е меда́ли на всех Олимпи́йских и́грах. Для СССР э́ти золоты́е меда́ли на Олимпиа́дах и други́х междунаро́дных соревнова́ниях бы́ли важне́йшим фа́ктором в поддержа́нии прести́жа страны́. СССР присоедини́лся к междунаро́дному олимпи́йскому движе́нию доста́точно по́здно, по́сле Второ́й мирово́й войны́, в 1952 году́ (в тот год проводи́лись Олимпи́йские и́гры в Хе́льсинки). С тех пор на всех и́грах Сове́тский Сою́з стреми́лся предста́ть спорти́вной сверхдержа́вой и зарабо́тать максима́льное коли́чество меда́лей. Ну и коне́чно, центра́льной интри́гой олимпиа́д эпо́хи Холо́дной войны́ бы́ло противостоя́ние СССР друго́й сверхдержа́ве — США. Как пи́шет социо́лог Бори́с Ду́бин: «по́сле Второ́й мирово́й войны́ спорт был в це́нтре госуда́рственного внима́ния и контро́ля, поско́льку спорти́вные достиже́ния — наряду́ с успе́хами в нара́щивании вооруже́ний, побе́дами в нау́ке, ко́смосе и бале́те — рассма́тривались как доказа́тельства преиму́ществ социали́зма, предвеща́вших его побе́ду в борьбе́ двух антагонисти́ческих систе́м»[9].

А как вы ду́маете, почему́ СССР так по́здно на́чал принима́ть уча́стие в Олимпи́йских и́грах? Ведь ле́тние Олимпи́йские и́гры бы́ли впервы́е проведены́ ещё в 1896 году́, и ру́сские спортсме́ны тогда́ ещё ца́рской Росси́и принима́ли в них уча́стие. Ме́жду про́чим, в те го́ды фигу́рное ката́ние бы́ло ча́стью ле́тних Олимпиа́д, и пе́рвую для Росси́и золоту́ю олимпи́йскую меда́ль завоева́л и́менно фигури́ст: Никола́й Па́нин-Коломенкин на ле́тних Олимпи́йских и́грах 1908 го́да в Ло́ндоне. В чём же пробле́ма, и почему́ по́сле тако́го уда́чного олимпи́йского ста́рта ца́рской Росси́и, СССР почти́ пятьдеся́т лет не уча́ствовал в Олимпи́йских и́грах? Причи́н бы́ло не́сколько. Во-пе́рвых, по́сле Октя́брьской револю́ции Междунаро́дный Олимпи́йский комите́т отказа́лся призна́ть сове́тскую Росси́ю. В атмосфе́ре дипломати́ческого и полити́ческого бойко́та молодо́му социалисти́ческому госуда́рству, делега́цию пе́рвых сове́тских спортсме́нов не допусти́ли до Олимпи́йских игр в Антве́рпене в 1920 году́. К сле́дующим и́грам комите́т «переду́мал» и пригласи́л сове́тских спортсменов на Олимпиа́ду во Фра́нции, но тогда́ уже́ отказа́лся СССР. Во-вторы́х, до 1952 го́да сове́тское руково́дство боя́лось отправля́ть спортсме́нов на Олимпиа́ды. Была́ нужна́ стопроце́нтная уве́ренность: сове́тские спортсме́ны должны́ получи́ть максима́льное коли́чество золоты́х меда́лей. Ведь цель была́ — показа́ть превосхо́дство сове́тского спо́рта над буржуа́зным!

воспита́ние — upbringing

Ну и в-тре́тьих, в СССР тех лет шли жа́ркие диску́ссии о ро́ли спо́рта в о́бществе. Явля́ется ли спорт, осо́бенно спорт профессиона́льный, буржуа́зным явле́нием? Не отвлека́ет ли он рабо́чих от их гла́вной це́ли — построе́ния но́вого сове́тского госуда́рства? В ито́ге, к концу́ 1920-х годо́в сформирова́лась иде́я, что спорт до́лжен стать инструме́нтом воспита́ния «но́вого сове́тского челове́ка». Коне́чно же, сове́тский спорт до́лжен отлича́ться от спо́рта буржуа́зного. Са́мое гла́вное: сове́тский спорт до́лжен быть ма́ссовым, а не профессиона́льным, и акце́нт до́лжен де́латься на уча́стии, а не на сопе́рничестве. Тогда́ же была́ приду́мана альтернати́ва «буржуа́зным»

Олимпиа́дам — Спартакиа́ды. Назва́ние «Спартакиа́да» идёт от и́мени вождя́ восста́ния рабо́в Дре́внего Ри́ма — Спартака́. Пе́рвая спартакиа́да была́ проведена́ в 1928 году́.

Заду́маны Спартакиа́ды бы́ли как пра́здник <u>трудя́щихся</u>, соревнова́ния непрофессиона́льных спортсме́нов. Вообще́, на протяже́нии всей сове́тской исто́рии профессиона́льный спорт счита́лся «буржуа́зным явле́нием». То есть до конца́ восьмидеся́тых годо́в двадца́того ве́ка сове́тское госуда́рство не признава́ло спорт как профе́ссию. Форма́льно все сове́тские спортсме́ны рабо́тали, ну и́ли, по кра́йней ме́ре <u>чи́слились</u>, на разли́чных госуда́рственных предприя́тиях, в а́рмии и́ли в спорти́вных шко́лах. Как отмеча́ют исто́рики, да́же те́рмины «профессиона́льный спорт» и «профессиона́льный спортсме́н» не встреча́ются в сове́тских докуме́нтах. Ме́жду тем, уже́ с тридца́тых годо́в двадца́того ве́ка спортсме́ны, тре́неры и руководи́тели кома́нд отдава́ли всё своё вре́мя исключи́тельно спо́рту и нигде́ бо́льше не рабо́тали. При э́том, они та́кже получа́ли значи́тельные <u>де́нежные вознагражде́ния</u>, кото́рые бы́ли намно́го вы́ше станда́ртных сове́тских зарпла́т тех лет[10].

С распа́дом Сове́тского Сою́за росси́йский спорт утра́тил свою́ идеологи́ческую <u>напра́вленность</u>, но та́кже потеря́л и суще́ственную госуда́рственную подде́ржку. По́мните, мы говори́ли, что в 1993 году́ закры́лась шко́ла фигу́рного ката́ния в Волгогра́де, где тренирова́лся ю́ный Евге́ний Плю́щенко? На са́мом де́ле, из-за недоста́точного финанси́рования в те го́ды закрыва́лись мно́гие спорти́вные шко́лы; большинство́ ледо́вых аре́н находи́лись в <u>обветша́лом</u> состоя́нии. Веду́щие росси́йские тре́неры уезжа́ли рабо́тать в США и Евро́пу. Са́мым неуда́чным выступле́нием росси́йских фигури́стов в исто́рии Олимпи́йских игр бы́ли и́гры 2010 го́дав Ванку́вере. Тогда́, впервы́е с 1964 го́да, росси́йские фигури́сты не завоева́ли ни одно́й золото́й меда́ли. По результа́там опро́са ВЦИОМ 2010 го́да, большинство́ россия́н объясня́ли неуда́чу ру́сских спортсме́нов в Ванку́вере плохо́й <u>подгото́вкой</u> кома́нды[11].

При подгото́вке к Олимпи́йским и́грам 2014 го́да в Со́чи росси́йские вла́сти значи́тельно увели́чили финанси́рование зи́мних ви́дов спо́рта в стране́. В тот год россия́не вы́играли 5 меда́лей в фигу́рном ката́нии, включа́я зо́лото в кома́ндном турни́ре, а та́кже в па́рном и же́нском одино́чном ката́нии. Опро́с Левада-центра 2014 го́да показа́л, что бо́лее девяно́ста проце́нтов россия́н смотре́ли телевизио́нные трансля́ции с Олимпи́йских игр в Со́чи; наибо́льший интере́с у зри́телей вы́звало и́менно фигу́рное ката́ние (68%). А ещё 81% россия́н призна́лись, что Олимпи́йские и́гры в Со́чи вы́звали у них <u>всплеск</u> патриоти́ческих чувств, а 73% опро́шенных сказа́ли, что для них важне́е всего́ была́ побе́да росси́йской кома́нды[12].

Доба́вим, что фигу́рное ката́ние вообще́ оказа́лось чрезвыча́йно ре́йтинговым прое́ктом на росси́йском телеви́дении: поми́мо соревнова́ний фигури́стов на Олимпиа́де, большинство́ росси́йских зри́телей взахлёб смо́трят шоу «Звёзды на льду». В э́том шоу, анало́гу лицензио́нной програ́ммы BBC Strictly on Ice, звёзды росси́йского кино́ и шоу-би́знеса ката́ются в па́ре с са́мыми титуло́ванными росси́йскими фигури́стами. Интере́сно, что телевизио́нные ледо́вые шоу и Олимпи́йские и́гры пробуди́ли ма́ссовый интере́с россия́н к фигу́рному ката́нию. Как отмеча́ет иссле́дователь О́льга Роги́нская, «2006 год — год настоя́щего бу́ма фигу́рного ката́ния в Росси́и, несравни́мый с популя́рностью э́того ви́да спо́рта в СССР... Катки́ открыва́ются в больши́х росси́йских города́х ка́ждую зи́му — от дороги́х до са́мых демократи́чных. Ходи́ть на като́к — э́то мо́дно. В спорти́вных се́кциях возни́кла неожи́данная пробле́ма — оби́лие ученико́в ра́зного во́зраста, жела́ющих встать

потесниться — to move over, to make room for someone
самобытность — originality

на коньки́... Даже фи́тнес уже вы́нужден <u>потесни́ться</u>: фигу́рное ката́ние — э́то не то́лько поле́зно для здоро́вья, но ещё и краси́во»[13]. Так что, похо́же, в Росси́и фигу́рное ката́ние продолжа́ет остава́ться «не про́сто ви́дом спо́рта, но и ча́стью культу́рной <u>самобы́тности</u> и предме́том национа́льной го́рдости»[14].

8   «Русские кумиры двадцатого века». ВЦИОМ, пресс-выпуск № 1413, 20 января 2010 г. https://wciom.ru/index.php?id=236&uid=2068

9   Борис Дубин. «Состязательность и солидарность, или Рождение спорта из духа общества». *Отечественные записки* №6, 2006 г.

10 Борис Дубин.

11 «Как нам победить в Сочи». Пресс-выпуск ВЦИОМ №1452, 18 марта 2010 г.

12 Пресс-выпуск Левада-центра «Итоги Олимпийских игр в Сочи», 3 марта 2014 г. https://www.levada.ru/2014/03/03/itogi-olimpijskih-igr-v-sochi/

13 Ольга Рогинская. «Страна на льду». *Критическая масса* №4, 2006 г.

14 Рогинская.

ПОГОВОРИМ О ПРОЧИТАННОМ

Задание 19.

Правильно или неправильно? Исправьте неправильные утверждения и прокомментируйте правильные.

1. На первое место в рейтинге «кумиров 20-го века» большинство россиян поставили последнего Генерального секретаря ЦК КПСС Михаила Горбачёва.
2. Советский Союз начал доминировать на международных соревнованиях по фигурному катанию сразу после революции 1917 года.
3. Первая Спартакиада была проведена в царской России до революции 1917 года.
4. Первое олимпийское золото в женском одиночном фигурном катании Советский Союз выиграл ещё в 1964 году.
5. Когда СССР начал принимать участие в Олимпийских играх, проведение Спартакиад остановилось. Сегодня Спартакиады не проводятся.
6. В конце 19-го века фигурное катание было частью летних Олимпийских игр.
7. Первым в истории России золотым олимпийским медалистом был хоккеист.
8. Спортсмены в Советском Союзе получали очень маленькие зарплаты.
9. В 21 веке россияне не интересуются фигурным катанием и не любят кататься на коньках. Этот вид спорта был гораздо популярнее в СССР.
10. Олимпийские игры в Сочи в 2014 году были достаточно неудачными для российских фигуристов.

Задание 20.

Ответьте на вопросы.

1. Как вы поняли, кто такая Ирина Роднина?
2. Удивил ли вас выбор «кумиров 20-го века», сделанный россиянами в 2010 году? Если да, то объясните, выбор какого «кумира» вас удивил больше всего и почему.
3. Почему делегацию советских спортсменов не допустили до Олимпийских игр в Антверпене в 1920 году?
4. Что такое Спартакиада? Чем Спартакиада отличается от Олимпиады?
5. Какой вид спорта — советский (с) или «буржуазный» (б) — описывают эти характеристики:

   А. массовый спорт _____

   Б. профессиональный спорт _____

В. главное — соперничество, поиск лучшего _____

Г. главное — участие в соревнованиях _____

Д. одна из главных задача спорта — создание здоровых рабочих и сильных защитников отечества _____

Е. один из важных стимулов спортсмена — получение высоких гонораров _____

А теперь подробно объясните, чем, по мнению советских идеологов, советский спорт отличается от «буржуазного»?

6. Назовите некоторые из причин, по которым советские спортсмены не участвовали в Олимпийских играх до 1952 года.

7. Объясните, почему Советскому Союзу было важно побеждать на международных спортивных соревнованиях? Какая страна была важнейшим соперником СССР во времена Холодной войны? Как вы думаете, почему?

8. Были ли в Советском Союзе профессиональные спортсмены? Приведите примеры из прочитанного.

9. Что изменилось в мире российского спорта после развала Советского Союза?

10. Что такое «Звёзды на льду»? Есть ли похожие шоу в вашей стране? Если да, то пользуются ли эти шоу популярностью?

11. По чьей инициативе было возрождено спартакиадное движение в России? В каком году оно было возрождено? Какова главная цель этих соревнований?

Задание 21.

Как вы думаете, а если бы опрос о «кумирах 20-го века» был проведён в вашей стране, какие имена попали бы в этот рейтинг? Как вы думаете, кто попал бы в тройку лидеров? Задайте этот вопрос своим друзьям и знакомым; сравните и обсудите результаты в классе.

Задание 22.

Подробно расскажите, что произошло в истории советского и российского спорта в эти годы.

1. В 1896 году...
2. В 1920 году...
3. К концу 1920-х годов...
4. В 1928 году...
5. До 1952 года...
6. В 1952 году...
7. С 1964 по 2006 год...
8. 2006 год...
9. В 2010 году...
10. В 2014 году...

Задание 23.

Подробно объясните, что означают эти имена и названия и какую роль они играют в истории российского и советского спорта.

1. Ирина Роднина
2. Спартакиады
3. «Звёзды на льду»
4. Спартак
5. Международный Олимпийский комитет
6. Николай Панин-Коломенкин

Причастия и деепричастия. Выберите правильный вариант.

1. Фигуристка Ирина Роднина стоит на двенадцатом месте рейтинга российских кумиров 20-го века, _____ Чехова, Шостаковича и Горбачёва.

   А. обогнавшая

   Б. обгонявшая

   В. обгоняя

2. Среди «кумиров», _____ россиянами в первую десятку, — Владимир Ленин, Иосиф Сталин, Юрий Гагарин и Александр Солженицын.

   А. включая

   Б. включив

   В. включённых

   Д. включивших

3. _____ с 1964 года, СССР доминировал на международных соревнованиях по фигурному катанию.

   А. Начиная

   Б. Начинающий

   В. Начавший

4. «Звёзды на льду» — это шоу, _____ по аналогу британской лицензионной программы Strictly on Ice.

   А. сделав

   Б. сделанное

   В. сделанные

   Г. сделавший

5. На Олимпийских играх в Сочи российская команда получила 5 медалей в фигурном катании, _____ золото в командном турнире, а также в парном и одиночном женском катании.

   А. включив

   Б. включая

   В. включающий

   Г. включивший

6. СССР, _____ к международному олимпийскому движению в 1964 году, сразу же предстал спортивной сверхдержавой.

   А. присоединяясь

   Б. присоединившись

   В. присоединяющийся

   Г. присоединившийся

7. Советскому Союзу, _____ на международных соревнованиях по фигурному катанию, не удавалось завоевать золотую медаль в женском одиночном катании до 2014 года.

   А. доминируя

   Б. доминировав

   В. доминировавшему

   Г. доминирующий

ВМЕСТО ЗАКЛЮЧЕНИЯ

Задание 25.

Ответьте на вопросы.

1. Слышали ли вы, что в 2014 — 16 годах несколько российских спортсменов были обвинены в использовании допинга, а часть спортсменов на Олимпиаде в Рио-де-Жанейро была дисквалифицирована из-за допингового скандала? А как вы относитесь к проблеме допинга в спорте? Некоторые считают, что достижение высоких результатов в сегодняшнем большом спорте невозможно без использования допинга. Вы согласны с этой точкой зрения?

2. Вы, наверно, заметили, что некоторые спортсмены участвуют в мировых спортивных соревнованиях под нейтральным (например, олимпийским) флагом. Как вы думаете, почему спортсмены решают выступать в таком статусе? (Если затрудняетесь с ответом, то проведите мини-исследование в интернете). Как вам кажется, на крупных мировых соревнованиях спортсмены должны представлять конкретную страну? Кто соревнуется на таких соревнованиях: страны или индивидуальные спортсмены?

3. Как вам кажется, что необходимо делать стране, чтобы ее спортсмены хорошо выступили на Олимпиаде? Некоторые говорят, что обычно лучше выступают большие и богатые страны (большое население = большое количество спортсменов; высокое благосостояние = возможность поддержать спортсменов финансами). Вы согласны с этой точкой зрения? Аргументируйте свой ответ конкретными примерами.

Задание 26.

Приготовьте выступление и расскажите о любом известном спортсмене вашей страны. Какую роль этот человек играет в культуре своей страны? Как его/её карьера похожа на карьеру и жизнь Евгения Плющенко и в чём различия?

Задание 27.

Что в материалах этой главы вас больше всего удивило или заинтересовало? Что нового вы узнали о российской культуре?

Задание 28.

Проведите мини-исследование в интернете и узнайте, какие животные были талисманом (mascot) Олимпийских игр в Сочи. Узнайте и расскажите, почему именно эти животные стали талисманами Игр 2014 года.

Задание 28.

Вспомните, какие три вопроса вы хотели задать Евгению Плющенко до того, как начали читать о его жизни и карьере. Скажите, вы получили ответы на свои вопросы из статей и материалов этой главы? Если да, то ответьте сами на эти вопросы. А если нет, то проведите дополнительное исследование в интернете.

ДЛЯ ТЕХ КОМУ ИНТЕРЕСНО: ЧТО ЕЩЁ ПОЧИТАТЬ ОБ ИСТОРИИ СОВЕТСКОГО СПОРТА И О СПОРТЕ В РОССИИ СЕГОДНЯ

Birgit Beumers. «Popular Entertainment.» *Pop-Culture Russia. Media, Arts, and Lifestyle.* Santa Barbara, CA; ABC-CLIO, 2005. 263–292.

Toby Rider. *Cold War Games: Propaganda, the Olympics, and U.S. Foreign Policy.* Champaign, IL: University of Illinois Press, 2016.

Фильм «Легенда №17», реж. Николай Лебедев, 2013 г.

Фильм "Лёд", реж. Олег Трофим, 2018 г.

11 ИГОРЬ МАТВИЕНКО И МИР РОССИЙСКОЙ ПОП-МУЗЫКИ

Photo courtesy of Продюсерский центр И. Матвиенко

Его культовые <u>шлягеры</u> ворвались в мир российской поп-музыки в девяностых годах и с тех пор стали <u>фоном</u> жизни не одного поколения россиян. Его песни уже почти тридцать лет напевают миллионы. И ведь правда, сегодня нет, пожалуй, ни одного человека в России, который бы никогда не слышал <u>задушевных</u> песен группы «Любэ», <u>заводных</u> мелодий первого пост-советского «бой-бэнда» группы «Иванушки International», или романтичных шлягеров группы «Корни». Он — один из первых успешных продюсеров советской (а затем и российской) поп-сцены, а также музыкальный продюсер церемоний открытия и закрытия XXII Зимних Олимпийских игр в Сочи. Итак: Игорь Игоревич Матвиенко, музыкальные работы и проекты которого были настоящими хитами в девяностых, и которые остаются не менее любимыми и <u>востребованными</u> сегодня.

фон — background
заводной — lively, full of pizzazz
шлягер — (music) hit
востребованный — in-demand
задушевный — heartfelt

1. Скажите, а как вы понимаете понятие «музыкальный продюсер»? Чем этот человек занимается? Как вы думаете, нужен ли музыкантам шоу-бизнеса в вашей стране продюсер?
2. Как вы думаете, что такое «бой-бэнд»? Можете ли вы назвать какие-нибудь «бой-бэнды» (не обязательно российские)? Если да, то кратко расскажите, что вы знаете об этой группе и для какой аудитории они пишут свою музыку.
3. Придумайте и запишите три вопроса, которые вы бы хотели задать Игорю Игоревичу Матвиенко о его карьере и работе.

ГОТОВИМСЯ К ЧТЕНИЮ И РАЗГОВОРУ

ЗАПОМНИТЕ ЭТИ СЛОВА И ВЫРАЖЕНИЯ

NOUNS

война́ — war
дирижёр — conductor of an orchestra or a leader of a band
куми́р — idol
мечта́ — dream, goal, aspiration
наста́вник — mentor
переме́ны (plural) — changes
поня́тие — notion, concept
предпринима́тельство — entrepreneurship
преобразова́ние — transformation
ра́зница — difference
(музыка́льный) слух — (musical) ear
созда́ние — creation
строка́/стро́чка — line (from a poem or song)
суть — essence, point
толпа́ — crowd
хор — (musical) choir
цита́та — citation, quotation
шля́гер — (music) hit

ADJECTIVES

внеза́пный — sudden
востре́бованный — in-demand
заду́шевный — heartfelt
запомина́ющийся — memorable
засте́нчивый — shy
мгнове́нный — instant
наро́дный — folk (music, art)
подпо́льный — underground, secret, clandestine
просто́рный — spacious

VERBS

возглавля́ть/возгла́вить — to head, to lead, to spearhead
дви́гаться — to move (e.g., to dance)

заду́мывать/заду́мать — to plan, to conceive the idea of
наце́ливать/наце́лить (на кого) — to aim at someone
одобря́ть/одо́брить — to approve
осуществля́ть/осуществи́ть — to accomplish, to fulfill
ожида́ть (imperfective) — to expect, to anticipate
появля́ться/появи́ться на свет — to be born, come along
подозрева́ть — to suspect
представля́ть/предста́вить — to imagine
регламенти́ровать — to regulate
руководи́ть — lead, direct, manage
ска́зываться/сказа́ться (на ком, чём) — to affect
старе́ть/постаре́ть — to grow old
стоя́ть/настоя́ть на своём — to insist
удава́ться/уда́ться (кому, чему + удава́ться/уда́ться + infinitive) — to manage, to be able to
уменьша́ться/уме́ньшиться — to decrease

OTHER

быть (у всех) **на слуху́** — to be on everyone's lips
во что бы то ни ста́ло — by all means, no matter what
наоборо́т — on the contrary
ни разу — not once, never
отню́дь не — by no means, not at all
по́лностью — fully, completely
понача́лу — at first
соверше́нно — absolutely
так себе — (coll.) so-so

Задание 1.

Составьте словосочетания с этими словами:

1. **Прийти на** смену (кому? чему?): советский режим; официально-одобренные музыкальные коллективы; Михаил Горбачёв
2. **Сказаться** (на ком? на чём?): политическая жизнь страны; карьера талантливого дирижёра; творчество группы

3. **(Кому? Чему?) удалось**: подпольный музыкальный коллектив; продюсер-предприниматель; застенчивый мальчик

4. **Руководить** (кем? чем?): популярная музыкальная группа; военный оркестр; хор

Поставьте слова в правильную грамматическую форму и закончите предложения.

> быть у всех на слуху • внезапно • востребованный • запоминающийся
> кумир • мгновенный • невероятно • ожидать • поначалу
> появиться на свет • предпринимательство • регламентировать
> так себе • удаваться • шлягер

1. Имена участников известного российского шоу «Фабрика звёзд» были (on everyone's lips) _____.

2. Советское государство строго (regulated) _____ частное (entrepreneurship) _____.

3. Что необходимо для того, чтобы песня стала (musical hit) _____? (Memorable) _____ мелодия, интересный текст, и исполнитель-(idol) _____.

4. Группа «Любэ» (was born) _____ ещё в конце восьмидесятых годов. Их песни стали (instant) _____ хитами.

5. Игорь Матвиенко создал первый российский бой-бэнд «Иванушки International» в начале девяностых. (At first) _____, дела группы шли (so-so) _____. Популярность к группе пришла (unexpectedly) _____, когда этого уже никто не (expected) _____.

6. За долгую и (improbably)_____ продуктивную карьеру Игорю Матвиенко (managed) _____ поработать как с самыми (in-demand) _____ музыкантами, так и с рейтинговыми телешоу.

Знакомые слова и выражения. Сопоставьте слова и их определения.

1. Бой-бэнд	А. Профессионал, который создаёт имидж своему клиенту
2. Телерейтинг	Б. Международные олимпийские игры для людей с ограниченными возможностями
3. Пиар-менеджер	В. Поп-группа, состоящая исключительно из юношей
4. Паралимпийские игры	Г. Книга-список рекордов людей, животных, культурных феноменов и т.д.
5. Книга рекордов Гиннесса	Д. Оценка популярности программы или артиста по мнению телезрителей

Подумайте перед чтением. Если бы вы были продюсером российской музыкальной группы, какие советы вы бы дали этой группе перед выступлением в большом концертном зале вашей страны? Почему вы бы дали им именно эти советы?

ИГОРЬ МАТВИЕНКО: БИОГРАФИЧЕСКОЕ ДОСЬЕ

Прочитайте биографию Игоря Матвиенко и узнайте, почему одну из групп этого музыкального продюсера можно занести в книгу рекордов Гиннесса.

Знаете ли вы, что понятие «музыкальный продюсер» появилось в России лишь в конце 80-х годов двадцатого века? Только не подумайте, что в Советском Союзе не было поп-музыки. Она была! Исполнители популярной музыки ездили на концерты и записывали альбомы. Их имена были у всех на слуху, популярные мелодии звучали по радио и на школьных дискотеках. Но не забывайте, что концертная деятельность и звукозапись в Советском Союзе были строго регламентированы, а частное предпринимательство в музыке (да и во всех других сферах) было запрещено. Конечно же, с советскими музыкантами работали профессионалы, которые организовывали концертные залы, музыкальные фестивали, турне по стране и за рубежом... Но занимались всем этим отнюдь не «продюсеры» или, как говорят сегодня, «пиар менеджеры», а «администраторы», «директора» и «художественные руководители» из официальной советской организации Госконцерт. Герой этой главы стал музыкальным продюсером отнюдь не с самого начала своей карьеры в российском шоу-бизнесе.

засмуща́ться — to become shy, bashful
выда́вливать/вы́давить — (figurative) to squeeze out, to force

Начнём с детства нашего героя. Родился Игорь Матвиенко в Москве, в 1960 году, в военной семье. По его собственным воспоминаниям, в детстве карьера музыканта его совершенно не интересовала. Юный Матвиенко мечтал стать «геологом или географом. Я плохо понимал разницу. Знал только, что надо много ездить по миру»[1]. В музыкальную школу мальчика решила отвести мама: ей очень хотелось, чтобы сын научился играть на пианино. В школу мальчика не взяли, сказав, что у него нет слуха. Как объясняет Матвиенко: «Я был очень застенчивый и, вполне возможно, так <u>засмущался</u>, что вообще ни звука из себя не <u>выдавил</u>»[2]. Но мама стояла на своём: сын научится играть на пианино во что бы то ни стало. В результате, мальчик начал заниматься с частным педагогом, профессором московской консерватории Александром Капульским. По словам Матвиенко, встреча с этим преподавателем полностью изменила его жизнь: Капульский «ни разу не упомянул о том, что у меня нет слуха. Скоро я не представлял своей жизни без музыки. Лет в двенадцать у меня уже не было вопросов, кем я буду»[3].

Окончив школу Игорь Матвиенко поступил в музыкальное училище: готовился стать дирижёром хора. Тогда же, в училище начал писать музыку. Как он вспоминает сам, его первые работы были сложными и серьёзными музыкальными произведениями, например он писал подражания Прокофьеву и Стравинскому. Там же, в училище начал играть джаз и джаз-рок: «мы всё время ездили на какие-то подпольные выставки, концерты. Это была моя жизнь. Уже в училище я понял, что в классику скорее всего не пойду, а займусь роком, джазом, поп-музыкой, которую я позднее тоже полюбил»[4].

Ну а вскоре началась горбачёвская перестройка. Многочисленные перемены и преобразования тех лет сказались и на популярной музыке: в конце восьмидесятых на смену официально-одобренным музыкальным коллективам начали приходить новые кумиры. Именно тогда у Матвиенко начали возникать идеи новых музыкальных проектов. Осуществить свою мечту о создании своего «продюсерского» проекта Матвиенко удалось в 1989 году: на свет появляется группа «Любэ». О том, что эта группа станет одним из самых грандиозных проектов конца восьмидесятых (а также и девяностых, и нулевых), тогда ещё никто не подозревал.

Как вспоминает <u>солист</u> группы Николай Расторгуев: «14 января 1989 года мы с Игорем вошли в студию и начали записывать альбом. Группы, <u>как таковой</u>, ещё не было — приглашали на запись знакомых музыкантов»[5]. Песни Матвиенко, написанные для «Любэ», стали мгновенными хитами. Запоминающиеся мелодии, русские народные мотивы, немного ироничные тексты (иногда хулиганские, а иногда патриотические) оказались именно тем, что было нужно российскому слушателю. Скоро сложился и сценический образ группы и её исполнителя: уже много лет Расторгуев неизменно выходит на сцену в свитере или <u>гимнастёрке</u> и много поёт о войне (Чеченской, Афганской или даже Великой Отечественной — это уже каждый слушатель решает для себя). С группой никогда не работают танцоры, да и сам Николай мало двигается по сцене. Певец, его гитара и задушевные песни-рассказы о «бане, водке и <u>гармони</u>» и о герое, «влюблённом в Россию» — этого достаточно, чтобы собирать многотысячные залы уже почти 30 лет.

Вскоре после создания группы «Любэ», Матвиенко задумал новый музыкальный проект, нацеленный исключительно на молодёжную аудиторию. Так на свет появился первый российский бой-бэнд «Иванушки International». Как вспоминает сам продюсер: «Поначалу я и не думал, что „Иванушки" будут бой-бэндом (тогда и слова такого не знали), планировалось, что коллектив будет состоять из трёх мальчиков и двух девочек»[6]. Но найти пятерых исполнителей с гармонирующим вокалом продюсеру не удалось, и в результате сформировалась группа из трёх мальчишек.

Группа «Иванушки International». Photo courtesy of Продюсерский центр И.Матвиенко

Поначалу дела «Иванушек» на российской поп-сцене шли так себе. По словам Матвиенко, «я снимал им квартиры, платил зарплаты, а <u>отдачи</u> не было никакой. Я дал проекту не больше полугода, после чего думал его закрыть, как вдруг всё заработало»[7]. Сегодня этого уже никто и не помнит, но в начале своей карьеры «Иванушки» бесплатно выступали в московских школах, клубах, казино... Невероятный успех пришёл к группе, когда этого уже никто и не ожидал. После выхода на экраны телевизоров клипа на песню «Тучи» об

Ива́нушках заговори́ла вся страна́. И вско́ре «Ива́нушки International» бы́ли модне́йшей гру́ппой с то́лпами покло́нниц и ма́ссой хи́тов, возглавля́ющих все музыка́льные ча́рты Росси́и. «Ту́чи», «Облака́», «Ку́кла»... Эти пе́сни зна́ют не то́лько сорокале́тние, но и сего́дняшняя молодёжь. Как говоря́т са́ми исполни́тели, ско́ро их мо́жно бу́дет заноси́ть в кни́гу реко́рдов Ги́ннесса: «Да́же <u>би́тлы</u> 10 лет <u>продержа́лись</u>, а мы 20! И пе́сни, кото́рые написа́л для нас Игорь Матвие́нко 20 лет наза́д, не старе́ют. Наоборо́т, лишь актуа́льнее стано́вятся»[8].

До сего́дняшнего дня Игорь Матвие́нко пи́шет му́зыку к пе́сням «Любэ́» и «Ива́нушек». До сего́дняшнего дня он сам сиди́т за <u>ми́кшерным пу́льтом</u>. Сам руководи́т за́писью всех пе́сен. А вот в 2002 и 2004 года́х Матвие́нко попро́бовал себя́ в но́вом <u>амплуа́</u>: стал продю́сером телевизио́нного прое́кта Пе́рвого кана́ла «Фа́брика звёзд», сде́ланного по лице́нзии успе́шного голла́ндского телевизио́нного шо́у Fame Academy. Суть прое́кта заключа́ется в том, что 17 молоды́х исполни́телей живу́т в одно́м до́ме (кото́рый называ́ется «Звёздный дом») и рабо́тают над вока́лом и артисти́змом. Уча́стников прое́кта постоя́нно снима́ет <u>скры́тая</u> ка́мера, а раз в неде́лю «фабрика́нты» выступа́ют по Пе́рвому кана́лу с номера́ми, кото́рые они́ подгото́вили за неде́лю. По́сле конце́рта оди́н из уча́стников покида́ет шо́у, и число́ «фабрика́нтов» уменьша́ется. Цель э́того реалити-шо́у — дойти́ до фина́ла.

Гру́ппа «Фа́брика». Photo courtesy of Продю́серский центр И. Матвие́нко

<u>С лёгкой руки́</u> Матвие́нко, «Фа́брика звёзд» ста́ла по-настоя́щему ку́льтовым собы́тием нача́ла нулевы́х. Астрономи́ческие телерейтинги, многомиллио́нные за́лы на гастро́лях... Тогда́, в 2002 году́, из уча́стников «Фа́брики» Матвие́нко собра́л две но́вые гру́ппы, и к продю́серскому це́нтру И́горя Матвие́нко присоедини́лся ещё оди́н бой-бэнд «Ко́рни» и но́вая же́нская гру́ппа «Фа́брика». В 2015 году́ Матвие́нко стал наста́вником и продю́сером ещё одного́ рейтингового телевизио́нного прое́кта, «Гла́вная сце́на» (э́то шо́у бы́ло адапта́цией брита́нского телепрое́кта *The X Factor*). Тогда́ же он на́чал сотру́дничать с фавори́том э́того шо́у, гру́ппой «Моя́ Мише́ль».

Сего́дня продю́серский центр Игоря Матвиенко рабо́тает с деся́тком коллекти́вов. У центра своя́ сту́дия звукоза́писи в Москве, хотя́ продю́сер наде́ется откры́ть но́вый студи́йный ко́мплекс. В этом це́нтре бу́дет и съёмочный павильо́н, и зал для заня́тий хореогра́фией, и конце́ртный зал. А в его́ но́вой сту́дии можно будет записа́ть «как рок-группу, так и це́лый орке́стр»[9]. При этом, говоря́ о пла́нах на бу́дущее, Игорь Игоревич признаётся, что в шоу-бизнес он «наигра́лся»: «Хо́чется сочиня́ть для хоро́в, орке́стров, де́лать не трёхмину́тные шля́геры, а произведе́ния, исполня́ющиеся час. Возмо́жно, мю́зикл или что-то для теа́тра. Ещё сейча́с серьёзно изуча́ю русскую о́перу»[10]. Ну и кстати, порабо́тать с бо́льшими музыка́льными фо́рмами Матвиенко уже удало́сь. Ведь в 2014 году он был музыка́льным продю́сером церемо́ний откры́тия и закры́тия Олимпи́йских игр, кото́рые проходи́ли в Сочи. А весно́й того же года он продюси́ровал музыка́льное сопровожде́ние церемо́ний Паралимпи́йских игр.

1 Интервью с Игорем Матвиенко: «Игорь Матвиенко: Практическое руководство на тему „Как стать звездой"». *YES!* (https://yesmagazine.ru/interview/igor-matvienko-prakticheskoe-rukovodstvo-na-temu-kak-stat-zvezdoy/)

2 Мария Адамчук. «Интервью с продюсером Игорем Матвиенко». *Tele.ru*, 17 февраля 2015 г.

3 Мария Адамчук.

4 Ольга Гайдукова. Интервью с Игорем Матвиенко, «Влюбляются в артиста, а не в его продюсера». *OK*, 25 октября 2012 г.

5 Елена Лаптева. «Группе „Любэ" исполняется 25 лет». *Комсомольская правда*, 20 февраля 2014 г.

6 Мария Адамчук. Интервью с Игорем Матвиенко «Я отговаривал Вику Дайнеко от сцены». *7 дней*, 7 декабря 2006 г.

7 «Я отговаривал Вику Дайнеко от сцены».

8 Мария Адамчук. «„Иванушки International": „Когда от смеха начинает болеть живот — мы уходим в отпуск"». *Tele.ru*, 12 ноября 2015 г.

9 Ольга Гайдукова.

10 Михаил Марголис. «Игорь Матвиенко: „Я наигрался с шоу-бизнес"». *Известия*, 14 февраля 2017 г.

ПОГОВОРИМ О ПРОЧИТАННОМ

Задание 5.

Ответьте на вопросы.

1. Где и когда родился Игорь Матвиенко?
2. Кем юный Матвиенко мечтал стать в детстве?
3. Почему Матвиенко не приняли в музыкальную школу?
4. Какую музыку писал Матвиенко, учась в музыкальном училище?
5. В каком году Матвиенко создал свой первый музыкальный проект? Этот проект был удачным?
6. Когда появилось понятие «музыкальный продюсер» в России? А кто организовывал концертные залы и запись альбомов для советских музыкантов?
7. Как вы поняли, о чём поёт группа «Любэ»?
8. Кратко опишите сценический образ группы «Любэ» и её исполнителя. (Во что музыкант одет? На каком музыкальном инструменте играет? С музыкантами работают танцоры?)
9. Объясните, чем группа «Иванушки International» отличается от группы «Любэ».
10. Почему группу «Иванушки International» можно заносить в книгу рекордов Гиннесса?
11. Как вы поняли, что такое «Фабрика звёзд»? А что такое «Главная сцена»?
12. Ваш русскоговорящий друг никогда не слышал о шоу «Фабрика звёзд». Кратко объясните ему или ей правила этого шоу.
13. Продюсером двух каких гигантских проектов выступил Игорь Матвиенко в 2014 году?
14. Кто сегодня пишет музыку для групп «Иванушки International» и «Любэ»?

Задание 6.

Правильно или неправильно? Исправьте неправильные утверждения и подробно прокомментируйте правильные.

1. В Советском Союзе не было поп-музыки.
2. Любой человек, живущий в СССР, мог открыть свой частный бизнес.
3. Когда Игорь Матвиенко был маленьким, он очень мечтал научиться играть на пианино.
4. Матвиенко поступил в музыкальное училище, где он готовился стать музыкальным продюсером.
5. Группа «Иванушки International» была задумана как музыкальный проект, нацеленный исключительно на молодёжную аудиторию.
6. Песни группы «Иванушки International» стали мгновенными хитами.
7. Группа «Иванушки International» много поют о войне, Чеченской, Афганской и Великой Отечественной.
8. Телевизионное шоу «Фабрика звёзд» было не очень рейтинговым проектом.
9. Игорь Матвиенко познакомился с музыкантами из группы «Моя Мишель» на шоу «Фабрика звёзд».
10. Продюсерский центр Игоря Матвиенко находится в Санкт-Петербурге, но продюсер надеется переехать в Москву.
11. Группа «Моя Мишель» — первый продюсерский проект Игоря Матвиенко.

Задание 7.

Расставьте эти события из жизни Игоря Матвиенко в правильном хронологическом порядке. А потом подробно расскажите о каждом из этапов жизни и карьеры музыкального продюсера.

___ Создание группы «Любэ»
___ Учёба в музыкальном училище
___ Группа «Иванушки International» возглавляет музыкальные чарты России
___ Работа над проектом Первого канала «Фабрика звёзд»
___ Создание первого российского «бой-бэнд»
_1_ Раннее детство в военной семье
___ Работа над музыкой для церемоний открытия и закрытия Олимпийских игр в Сочи.

Задание 8.

Поставьте нужный глагол в правильную грамматическую форму.

1. В музыкальную школу Игоря Матвиенко привела мама. Она хотела, чтобы сын (учиться — научиться) _____ играть на пианино.
2. Зрителям не нужно, чтобы музыканты группы «Любэ» (танцевать — станцевать) _____ сцене. Достаточно одной и гитары и задушевных песен, чтобы (собирать — собрать) _____ многотысячные залы уже почти 30 лет.
3. Матвиенко создал группу «Иванушки International», чтобы (интересовать — заинтересовать) _____ молодёжную аудиторию.
4. Работая над составом группы «Иванушки International», Матвиенко попросил ассистентов, чтобы они (искать — найти) _____ пятерых исполнителей с гармонирующим вокалом.
5. Как вы думаете, что нужно для того, чтобы песня (становиться — стать) _____ настоящим хитом?

Verbal Adverbs. Составьте предложения по образцу.

(Сказать) <u>Сказав</u>, что у мальчика нет слуха, его не взяли в музыкальную школу.

1. (Окончить) _____ школу, Матвиенко поступил в музыкальное училище.

2. (Начать) _____ заниматься с талантливым педагогом, Игорь Матвиенко быстро понял, что не представляет своей жизни без музыки.

3. (Работать) _____ над своими первыми музыкальными композициями, будущий продюсер писал подражания Прокофьеву и Стравинскому.

4. (Создать) _____ группу «Любэ», Матвиенко задумал новый проект.

5. (Регламентировать) _____ концертную деятельность, Госконцерт строго контролировал, на какие гастроли могли ездить советские музыканты.

6. Совершенно не (уменьшаться) _____ в популярности, музыка группы «Иванушки International» сегодня нравится как поколению сорокалетних, так и молодёжи.

Составьте 10 вопросов о биографии Игоря Матвиенко, на которые можно ответить односложно: да или нет.

Используя информацию из статьи, расскажите, что вас больше всего удивило или заинтересовало в биографии Игоря Матвиенко.

ГОТОВИМСЯ К ЧТЕНИЮ И РАЗГОВОРУ. КОНТЕКСТЫ РОССИЙСКОЙ ПОП-МУЗЫКИ.

ЗАПОМНИТЕ ЭТИ СЛОВА И ВЫРАЖЕНИЯ

NOUNS

бо́дрость — cheerfulness, good spirits

влия́ние — influence

досту́пность — accessibility, approachability

дру́жба — friendship

за́пись — (music) record, recording

кла́вишные — keyboard (musical instrument)

обору́дование — equipment

причёска — hairstyle

распростране́ние — distribution

регла́мент — regulations

соотноше́ние — ratio

стри́жка — haircut

труд — work, labor

уда́рные — drums

филиа́л — branch (office)

я́рмарка — fair, carnival

ADJECTIVES

бесполе́зный — useless

зауря́дный — ordinary

отде́льный — separate, individual, single

све́тлый — light, bright

торже́ственный — solemn, ceremonial

VERBS

забира́ть/забра́ть (у кого) — to take away

идти́ на компроми́сс — to compromise

отвеча́ть (за кого, что) — be responsible for, be in charge of

пресека́ть/пресе́чь — to suppress, to stop, to put an end to

прижива́ться/прижи́ться — to take root (also fig.); to get acclimatized

принима́ть/приня́ть реше́ние — to decide, to come to a decision

пробива́ться/проби́ться — to break in, to force one's way through

проника́ть/прони́кнуть — to penetrate, to find one's way

прославля́ть/просла́вить (кого, что) — to glorify, to celebrate

развлека́ть/развле́чь — to entertain

разраба́тывать/разрабо́тать — to work out (a plan)

рассчи́тывать (на кого, что?) — to count on

следи́ть — to look after, to keep an eye on

трансли́ровать — to broadcast

O T H E R

без ве́дома (кого) — without someone's knowing, behind someone's back

в какой-то ме́ре — to some extent

вне́шний вид — appearance

вовсе нет — not at all

вплоть (до чего) — up until, up to and including

вполне́ — quite, completely

незави́симо (от кого, чего) — regardless, without reference to

охо́тно — willingly, gladly, readily

по душе (кому) — to someone's liking

тем вре́менем — meanwhile

хотя́ — although

Задание 12.

Составьте словосочетания с этими словами:

1. **Отвечать** (за кого? за что?): бюджет; контракты артистов; подросток; российские музыканты
2. **Независимо** (от кого? от чего?): содержание песни; музыкальный стиль
3. **Быть не по душе** (кому?): советские цензоры; музыкальный продюсер; государство
4. **Прославлять** (кого? что?): социалистический строй; талантливые исполнители
5. **Рассчитывать** (на кого? на что?): большевики; дружба с влиятельным продюсером
6. **Без ведома** (кого?): официальные советские организации; цензоры

Задание 13.

Поставьте слова в правильную грамматическую форму и закончите предложения.

> без ведома • внешний вид • дружба • запись • по душе
> пойти на компромисс • принять решение • причёска • проникнуть
> прославлять • рассчитывать • следить за

1. Советские идеологи всегда строго (kept an eye on) _____ за музыкой и текстами песен. Очень не (to the liking of) _____ советским цензорам была любая импровизация.
2. В шестидесятых годах в СССР (penetrated) _____ музыка «Битлз». (Recordings) _____ их музыки становятся мечтой каждого советского битломана.
3. В те годы советские идеологои (compromised) _____ и (decided) _____ создать собственные музыкальные ансамбли, похожие на «Битлз».
4. В Советском Союзе была специальная организация, которая (looked after) _____ (appearance) _____ и даже (hairstyle) _____ советских музыкантов. (Without knowing) _____ этой организации, музыканты не могли (count on) _____ зарубежные гастроли или телевизионные выступления.
5. О чём пели популярные исполнители советской эпохи? Часто их песни (glorified) _____ советскую страну. Но были в их репертуарах и песни о любви и (friendship) _____.

Подумайте перед чтением. Как вам кажется, молодёжь вашей страны любит слушать поп-музыку иностранных исполнителей? Если да, то каких? Если нет, то как вы думаете, почему?

ГЛАЗАМИ КУЛЬТУРОЛОГА

КОНТЕКСТЫ РОССИЙСКОЙ ПОП-МУЗЫКИ

Прочитайте заметку об истории советской эстрады и узнайте, почему многие годы в СССР была запрещена джазовая музыка.

Представьте себе Советский Союз семидесятых годов. Праздничный концерт в Кремле, который транслируется по Первому каналу телевидения. На сцене перед микрофоном стоит молодой человек в строгом, элегантном костюме и галстуке, с короткой стрижкой. За ним — оркестр. Как вы думаете, кто этот человек? Поэт, читающий свои новые стихи? Актёр, декламирующий монолог Гамлета? Певец, готовящийся исполнить оперную арию? Вовсе нет. Это вполне типичный советский исполнитель популярной песни, можно даже сказать, советский аналог Джастина Бибера или Майкла Джексона. Советские певцы, работающие в жанре популярной музыки, назывались «артистами эстрады», а их творчество — «эстрадным искусством» или «эстрадной песней».

Термин «эстрада» начал активно употребляться в России в начале 20-го века, после Октябрьской революции. Применялся этот термин к развлекательным жанрам так называемых «малых форм». Например, балет, опера или симфония не попадали в категорию эстрадного искусства: во-первых, они считались «серьёзным», классическим, а не развлекательным искусством; во-вторых, балетный или оперный спектакль длится несколько часов, потому это точно не «малая» форма. Зато отдельные номера — песня, танец, юмористический монолог, акробатический трюк — вот это всё из категории «эстрадного искусства».

Как вы, наверно, можете себе представить, такие развлекательные формы существовали в России и до советской эпохи. На любой ярмарке можно было посмотреть выступление уличных артистов самых разных жанров. Конечно же, в России всегда очень любили песенный жанр. Большой популярностью пользовались и цыганские песни, и народные <u>напевы</u>, и городские романсы. Именно на популярность песенного жанра и рассчитывали большевики, придя к власти. Как пишет культуролог Дарья Журкова, с приходом большевиков, эстрада и эстрадное искусство должны были «не только развлекать, но и воспитывать советского слушателя»[11]. В какой-то мере, эстрадные артисты, певцы и музыканты стали «идеологами, главная задача которых — донести до масс советскую идеологию через своё искусство»[12]. Сразу после революции 1917 года были созданы многочисленные <u>объединения</u> музыкантов, которые должны были разработать параметры новой пролетарской музыки.[13]

Проще всего советским идеологам было сконцентрироваться на содержании песен. И многие годы, вплоть до перестройки, практически в каждом эстрадном концерте звучали патриотические тексты. Помимо строгой цензуры песенных текстов, советские идеологи также строго следили и за музыкальной формой: особенно не по душе советским цензорам были импровизации. Возможно, что именно из-за своей импровизационной формы не прижился в Советском Союзе джаз, который попал в СССР

напев — tune
объединение — union, association

из США и Евро́пы ещё в нача́ле двадцáтых годо́в про́шлого ве́ка. Джаз для сове́тской систе́мы был приме́ром «тлетво́рного влия́ния» За́пада. В статье́, опублико́ванной в газе́те «Пра́вда» в 1928-м году́, сове́тский писа́тель Макси́м Го́рький заклейми́л джаз как « му́зыку то́лстых», му́зыку буржуази́и. Вслед за Го́рьким, сове́тские идео́логи заговори́ли о по́лной бесполе́зности джа́зовой му́зыки для пролетариа́та. И хотя́ периоди́чески в Сове́тском Сою́зе джаз разреша́ли, это музыка́льное направле́ние бы́ло охарактеризо́вано идеологи́чески вре́дным и чу́ждым сове́тскому наро́ду. В результа́те, в СССР джаз всегда́ игра́ли о́чень немно́гие арти́сты[14].

По слова́м музыка́льного кри́тика Арте́мия Тро́ицкого, соотноше́ние сове́тской и зарубе́жной эстра́ды в СССР бы́ло приме́рно таки́м: 75% составля́ла сове́тская му́зыка, 20% — му́зыка из «бра́тских» социалисти́ческих стран, и лишь 5% — разрешённый за́падный репертуа́р[15]. Несмотря́ на тако́й стро́гий регла́мент, в шестидеся́тых года́х в Сове́тский Сою́з проника́ет му́зыка «Битлз». В стране́ сра́зу же начина́ется эпо́ха битлома́нии. Несмотря́ на то, что вла́сти вся́чески пыта́лись пресе́чь распростране́ние му́зыки «ливерпу́льской четвёрки» в СССР, «Битлз» ста́ла люби́мейшей за́падной гру́ппой сове́тской молодёжи. Фотогра́фии музыка́нтов и вини́ловые пласти́нки с их му́зыкой — мечта́ ка́ждого сове́тского битлома́на; «битла́м» подража́ют в оде́жде и причёсках.[16]

В семидеся́тых года́х официа́льная сове́тская эстра́да пошла́ на компроми́сс: в стране́ появля́ются со́бственные музыка́льные коллекти́вы, чем-то похо́жие на за́падные гру́ппы. Для э́тих групп был вы́думан те́рмин «вока́льно-инструмента́льный анса́мбль», или сокращённо ВИА. Э́ти гру́ппы состоя́т из шести́–десяти́ уча́стников; в их соста́в обы́чно вхо́дят со́ло- и бас-гита́ры, кла́вишные и уда́рные. Мно́гие пе́сни вока́льно-инструмента́льных анса́мблей о любви́, счастли́вой и не о́чень, а та́кже о дру́жбе, комсомо́ле и о любви́ к Сове́тскому Сою́зу. Вот наприме́р, стро́ки из популя́рной пе́сни гру́ппы «Самоцве́ты»: «Мой а́дрес не дом и не у́лица, мой а́дрес — Сове́тский Сою́з». А вот слова́ из хи́та ещё одного́ ВИА «Весёлые ребя́та»: «Как прекра́сен э́тот мир, посмотри́!/Как прекра́сен э́тот мир». Незави́симо от содержа́ния пе́сни, как и все остальны́е исполни́тели на эстра́де, музыка́нты ВИА почти́ не дви́гаются на сце́не и пою́т свои́ произведе́ния с торже́ственными улы́бками на ли́цах.

Расска́зывая об эстра́дных звёздах 60-х и 70-х годо́в, музыка́льный кри́тик Арте́мий Тро́ицкий пи́шет, что несмотря́ на краси́вые голоса́ сове́тских звёзд, «мане́ра исполне́ния была́ вы́муштрованной... Арти́сты стоя́ли по сто́йке „сми́рно" у микрофо́на... Сейча́с в э́том нахо́дишь како́й-то ретроша́рм. Но в то вре́мя э́то вы́глядело анекдоти́чно»[17]. Хотя́ на́до заме́тить, что периоди́чески на сце́ну удава́лось проби́ться музыка́нтам с нестанда́ртной мане́рой исполне́ния. Наприме́р, настоя́щую револю́цию на сове́тской эстра́де произвела́ в семидеся́тых года́х популя́рнейшая сове́тская певи́ца Алла Пугачёва. В отли́чие от о́чень сде́ржанных эстра́дных исполни́тельниц тех лет, Пугачёва шоки́ровала пу́блику всклоко́ченными волоса́ми и соверше́нно необы́чной свобо́дой движе́ний. Почему́ же ей разреша́ли выступа́ть на сове́тской сце́не? Мо́жет быть одна́ из причи́н — фина́нсовая? Ведь и в сове́тские времена́ бы́ло ва́жно продава́ть биле́ты на конце́рты эстра́дных музыка́нтов. А сове́тская пу́блика охо́тно шла на конце́рты исполни́телей, да́же чуть выходи́вших за ра́мки официа́льной эстра́ды.

За ка́чеством репертуа́ра сове́тских эстра́дных арти́стов и за их вне́шним ви́дом следи́ла гига́нтская организа́ция и её филиа́лы — Госуда́рственное конце́ртное объедине́ние СССР

(Госконце́рт). Госконце́рт та́кже принима́л реше́ния о гастро́лях и конце́ртах эстра́дных исполни́телей, выпла́чивал арти́стам зарпла́ту, то есть факти́чески был гла́вным и еди́нственным сове́тским музыка́льным продю́сером. Организо́вывать конце́рты без разреше́ния официа́льных организа́ций, а уж тем бо́лее появля́ться на телеви́дении, бы́ло соверше́нно невозмо́жно. Кста́ти, доба́вим, что сове́тские арти́сты эстра́ды, да́же са́мые популя́рные, не име́ли больши́х дохо́дов. Бо́льшую часть <u>сбо́ров</u> с их конце́ртов (и в СССР, и на зарубе́жных гастро́лях) забира́ло себе́ госуда́рство.[18]

А вот реше́ние о том, каки́е музыка́льные пласти́нки бу́дут выпуска́ться в СССР принима́ла сове́тская фи́рма-монополи́ст «Мело́дия». Поско́льку други́х фирм музыка́льной за́писи в СССР не́ было, то фи́рма «Мело́дия» и принима́ла официа́льное реше́ние о том, каку́ю му́зыку бу́дут слу́шать сове́тские гра́ждане. Заме́тим, что за́писи мно́гих сове́тских исполни́телей (наприме́р, Аллы Пугачёвой, о кото́рой мы говори́ли чуть ра́ньше) по́льзовались огро́мной популя́рностью и <u>расходи́лись</u> фантасти́ческими тиража́ми, до не́скольких миллио́нов экземпля́ров. Не ме́ньшей популя́рностью по́льзовались и неофициа́льные, нелега́льные пласти́нки, кото́рые создава́лись в <u>подпо́льных</u> усло́виях. И хотя́ ча́стных предпринима́телей пласти́ночного би́знеса ча́сто аресто́вывали, а их обору́дование конфиско́вывали, и́менно благодаря́ им сове́тские гра́ждане могли́ слу́шать джаз, «Битлз» и про́чую запрещённую му́зыку.

Ситуа́ция по́лностью измени́лась с нача́лом перестро́йки. Появля́ются но́вые зако́ны, разреша́ющие организа́цию конце́ртов ма́леньким организа́циям и фи́рмам. Востре́бованные арти́сты начина́ют рабо́тать с ча́стными предпринима́телями. Ну а к девяно́стым года́м э́ти предпринима́тели и стано́вятся гла́вными ли́цами зарожда́ющегося росси́йского шоу-би́знеса, а и́менно продю́серами. Тепе́рь продю́серы (а не Госконце́рт) и́щут но́вые имена́, организо́вывают конце́рты, отвеча́ют за бюдже́т и контра́кты арти́стов. Тогда́ же, в восьмидеся́тых года́х музыка́льные коллекти́вы перестаю́т называ́ть себя́ ВИА. Тепе́рь э́то поп-гру́ппы. Их <u>незамыслова́тые</u> те́ксты, лёгкая танцева́льная му́зыка, я́ркие костю́мы и мане́ра исполне́ния совсе́м не похо́жи на му́зыку сове́тской эстра́ды. По слова́м Да́рьи Журко́вой, в конце́ восьмидеся́тых и нача́ле девяно́стых годо́в «ушло́ <u>представле́ние</u> о том, что му́зыка должна́ быть непреме́нно о чём-то большо́м, све́тлом, хоро́шем, настоя́щем. На́чали петь о повседне́вных реа́лиях и заура́дных геро́ях»[19]. Тогда́ же на́чали появля́ться но́вые музыка́льные сти́ли, имена́, куми́ры... Игорь Матвие́нко и его́ продю́серский центр с гру́ппами «Ива́нушки International», «Любэ́», «Моя́ Мишель» — это уже́ всё прое́кты но́вого, пост-сове́тского пери́ода.

11 Дарья Журкова. «На первый план в музыке выходят внешние данные, а голос — просто бонус». *Реальное время*, 3 декабря 2017 г.

12 «Легенды СССР». Выпуск 7, «Советская эстрада». РенТВ, 30 декабря 2012 г.

13 Журкова

14 Иван Толстой, Андрей Гаврилов. "Алфавит инакомыслия. Джаз." *Радио Свобода* (2 октября 2016 г.).

15 «Легенды СССР». Выпуск 7, «Советская эстрада». *РенТВ*, 30 декабря 2012 г.

16 Леонид Парфенов. "Битломания в СССР." *Намедни. Наша эра*. https://namednibook.ru/bitlomaniya-v-sssr .html

17 Владимир Полупанов. Интервью с Артемием Троицким, "Наша эстрадная сцена — это просто дом престарелых". *Аргументы и факты*, 14 мая 2014 г.

18 "Всемогущий Госконцерт и судьба советских артистов". Программа "Достояние республик. Поверженные колоссы", телеканал "Мир", 25 ноября 2017 г.

19 Дарья Журкова. «На первый план в музыке выходят внешние данные, а голос — просто бонус». *Реальное время*, 3 декабря 2017 г.

Margin glossary:

сбор — box office

расходиться (разойтись) — (here) to sell out
подпо́льный — underground, secret

незамыслова́тый — uncomplicated
представле́ние — idea, image

ПОГОВОРИМ О ПРОЧИТАННОМ

Задание 15.

Правильно или неправильно? Исправьте неправильные утверждения и прокомментируйте правильные.

1. «Иванушки International», «Любэ», «Моя Мишель» — это советские поп-группы или, как они тогда назывались, ВИА.
2. Балет и опера — это формы эстрадного искусства.
3. В СССР джаз играли очень немногие артисты.
4. Как и группа «Битлз», советские ВИА всегда состояли из 4 музыкантов.
5. В Советском Союзе все эстрадные артисты хорошо зарабатывали.
6. Советские граждане очень не любили музыку советской эстрады и никогда не покупали записи советских исполнителей.
7. Советский Союз пытался строго контролировать, какую музыку слушали советские граждане.
8. На протяжении всей советской истории, концерты артистов эстрады могли организовывать как большие организации (Госконцерт), так и маленькие фирмы.
9. В восьмидесятых годах двадцатого века многие советские артисты начали работать с частными предпринимателями.
10. Музыка советских ВИА была лёгкой и танцевальной, а их костюмы — яркими.
11. Музыка «Битлз» проникла в СССР в 70-х годах 20-го века.
12. Советские ВИА никогда не пели о романтической любви. Темы их песен патриотизм и любовь к Советскому Союзу.
13. Граждане СССР могли легко купить записи любых американских исполнителей в обычном советском магазине.

Задание 16.

Ответьте на вопросы.

1. Какая музыка — западная или советская — занимала центральную нишу в официальном репертуаре СССР? Приведите примеры из прочитанного.
2. Как вы поняли, почему советским идеологам не нравилась джазовая музыка?
3. Расскажите, как одевались и вели себя на сцене советские эстрадные исполнители.
4. Объясните, что имел в виду музыкальный критик Артемий Троицкий, когда сказал, что манера исполнения советских звёзд эстрады была «вымуштрованной». Приведите примеры из прочитанного.
5. Как вы поняли, чем отличалась Алла Пугачёва от других советских эстрадных певиц? Приведите примеры.
6. Объясните, почему частное производство и продажа музыкальных пластинок в СССР было нелегальным?

Задание 17.

Подробно объясните, что означают понятия и названия. А кто эти люди?

1. Битлы
2. Госконцерт
3. Алла Пугачёва
4. ВИА
5. Фирма «Мелодия»
6. «Малая» форма искусства

Кому — советским эстрадным музыкантам (Э) или пост-советским поп-звёздам (П) — лучше походят следующие характеристики? Аргументируйте свой ответ примерами из прочитанного.

1. Эти музыканты были идеологами: они должны были не только развлекать, но и воспитывать слушателей.
2. Эти музыканты одеты в строгие костюмы, галстуки, у них аккуратные, короткие стрижки.
3. Эти музыканты начали петь о повседневных реалиях, проблемах и о заурядных героях.
4. Артисты стояли у микрофона по стойке «смирно» и не танцевали.
5. Из музыка должна была быть о чём-то большом и светлом; многие исполнители прославляют социалистический строй, революцию и советский народ.
6. Эти музыканты не могли использовать в своём исполнении никаких импровизаций.
7. Их музыка танцевальная, эти исполнители много двигаются по сцене.

Измените предложения по образцу.

1. На сцене стоит певец, <u>который готовится</u> исполнить оперную арию.
   На сцене стоит певец, готовящийся исполнить оперную арию.
2. Зал рукоплещет актёру, <u>который декламирует</u> монолог Гамлета.
3. Советские музыканты, <u>которые работали</u> в жанре популярной музыки, назывались «артистами эстрады».
4. Советской власти была нужна массовая музыка, <u>которая прославляет</u> социалистический строй.
5. Советская публика охотно шла на концерты музыкантов, <u>которые выходили</u> за рамки традиционной советской эстрады.
6. С началом перестройки в СССР появляются новые законы, <u>которые разрешают</u> организацию концертов частным фирмам.

СКВОЗЬ ПРИЗМУ СОЦИОЛОГИИ

Прочитайте данные недавних социологических опросов и ответьте на вопросы.

Любят ли россияне музыку и, если да, то какую музыку они предпочитают? Вот какие ответы на эти вопросы дают нам социологи. В декабре 2012 года Фонд Общественного Мнения опросил полторы тысячи россиян из 140 населённых пунктов о том, какие виды искусств они любят. 57% опрошенных сказали, что их любимый вид искусства — музыка; 43% — кино; 25% назвали любимым видом искусства литературу; и лишь 13% сказали, что предпочитают театр[20].

Какую же музыку слушают российские граждане? Любимым музыкальным жанром большинство россиян (46%) называют отечественную эстрадную музыку. Пользуются популярностью также народные песни (27%), военные песни (25%) и зарубежная эстрадная музыка (21%). А вот наименее популярными жанрами оказались метал, хард-рок и панк-рок; интерес к этим жанрам высказали лишь 5% опро́шенных (осо́бенно часто нелюбо́вь к этим жанрам выска́зывали люди ста́ршего поколения).

А вот ещё интересные данные. Оказалось, что 66% процентов россия́н слушают музыку как фон: 79% слушают музыку, занима́ясь дома́шними делами, а 20% — за рулём автомоби́ля. И лишь 26% россия́н сказали, что слушают музыку, не занима́ясь при этом чем-нибудь ещё[21]. А вот 57% россия́н призна́лись, что пою́т хотя бы иногда. 14% предпочита́ют это делать, когда их никто не слышит. Что люди чаще всего пою́т? Молодёжь предпочита́ет исполня́ть русскую поп-музыку; люди ста́ршего возраста — наро́дные или сове́тские песни. А ещё вы́яснилось, что полови́на опро́шенных россия́н смо́трит музыка́льные ко́нкурсы талантов, например шоу «Голос»[22].

Вы помните, как мама Игоря Матвиенко очень хотела, чтобы её сын научи́лся играть на пианино? Если верить опро́су, который ВЦИОМ провёл в 2010 году, полови́на опро́шенных россия́н (49%) хотели бы, чтобы их дети получи́ли музыка́льное образование. При этом 38% вы́сказали жела́ние, чтобы их дети научи́лись играть на музыка́льных инструментах; 11% предпочитают вокальное, хоровое или дирижёрское образование. По результатам этого же опро́са, музыка́льное образование есть у 14% российских гражда́н[23].

Скажите:

1. Как вы поняли? Да или нет? Испра́вьте неправильные утвержде́ния и подробно прокомментируйте правильные.
   А. Самым любимым искусством россиян является кино.
   Б. Наибольшее число россиян предпочитают зарубежную эстрадную музыку.
   В. Россияне старшего поколения очень любят метал, хард-рок и панк-рок.
   Г. Меньше половины россиян признаются, что поют хотя бы иногда.
   Д. Большая часть россиян слушают музыку, когда ведут машину.
   Е. Многие россияне слушают музыку как фон.
   Ж. У большинства россиян есть музыкальное образование.
2. Скажите, вас удивили ответы россиян? Если да, что вас удивило больше всего?
3. Скажите, а если бы аналогичные вопросы были бы заданы жителям вашей страны, их ответы отличались бы от ответов россиян? Если да, то каким образом?
4. Скажите, а вы чаще слушаете музыку как фон? Если да, то чем вы обычно занимаетесь, когда слушаете музыку?
5. **В группах.** Составьте список вопросов о музыкальных предпочтениях молодёжи вашей страны. Задайте эти вопросы друзьям и знакомым; сообщите результаты в классе и обсудите их.

20 «Музыка и люди». *Фонд общественного мнения* 12 декабря 2012 г. http://fom.ru/Kultura-i-dosug/10731

21 Юрий Полетаев, Екатерина Перфильева. «О музыкальных предпочтениях россиян». *Вестник общественного мнения* №1 (107), январь–март 2011 г.

22 «О шоу "Голос" и любителях петь». *Фонд общественного мнения* 20 ноября 2014 г. http://fom.ru/Kultura-i-dosug/11835

23 ВЦИОМ. Пресс-выпуск №1662, «Песни за новогодним столом». ВЦИОМ, 28 декабря 2010 г.

ВМЕСТО ЗАКЛЮЧЕНИЯ

Задание 21.

Приготовьте выступление и расскажите о любом известном музыканте или музыкальной группе вашей страны. Какую роль этот человек (или эта группа) играет в культуре своей страны? Как его (её, их) карьера похожа на карьеру и работу музыкантов, о которых шла речь в этой главе, и в чём различия?

Задание 22.

Найдите в интернете и послушайте песни советских ВИА («Самоцветы», «Весёлые ребята») и групп из продюсерского центра Игоря Матвиенко. Скажите:

1. Музыка каких групп вам понравилась больше всего? Что именно вам понравилось и почему?
2. Похожи ли песни этих советских и российских музыкантов на популярную музыку вашей страны? Объясните своё мнение.
3. Подробно опишите внешность и манеру исполнения одной из групп, которая вам понравилась больше всего.

Задание 23.

Что в материалах этой главы вас больше всего удивило или заинтересовало? Что нового вы узнали о российской культуре?

Задание 24.

Вспомните, какие три вопроса вы хотели задать Игорю Матвиенко до того, как начали читать о его жизни и карьере. Скажите, вы получили ответы на свои вопросы из статей и материалов этой главы? Если да, то ответьте сами на эти вопросы. А если нет, то проведите дополнительное исследование в интернете.

ИРИНА ХАКАМАДА И ЖЕНЩИНЫ РОССИЙСКОЙ ПОЛИТИКИ

12

The orator.club, Бекболат Жанболат. Photo courtesy of Irina Khakamada, www.hakamada.ru, @irina_hakamada.

Герои́ня э́той главы́ не́сколько раз меня́ла свою́ жизнь са́мым радика́льным о́бразом, а её резюме́ напомина́ет захва́тывающий бестсе́ллер. Засте́нчивая и <u>ро́бкая</u> де́вочка, настоя́щий интрове́рт, дочь япо́нского коммуни́ста, эмигри́ровавшего в СССР по полити́ческим моти́вам. По́сле защи́ты диссерта́ции, эта де́вочка ста́ла преподава́телем эконо́мики в одно́м из моско́вских ву́зов. Пото́м <u>в са́мый разга́р</u> перестро́йки ушла́ из преподава́ния и заняла́сь ча́стным би́знесом. Через не́сколько лет но́вый «ребре́ндинг»: на э́тот раз она́ перешла́ из би́знеса в поли́тику. Она́ <u>три́жды</u> <u>избира́лась</u> в Госуда́рственную Ду́му Росси́и, 13 лет рабо́тала в росси́йском парла́менте, была́ мини́стром по дела́м ма́лого би́знеса, а в 2004 году́ да́же <u>баллоти́ровалась</u> на пост президе́нта Росси́йской Федера́ции. В 1995 году́ америка́нский журна́л «Тайм» включи́л её в со́тню са́мых влия́тельных же́нщин ми́ра. В 2005 году́ номини́ровалась на Но́белевскую пре́мию ми́ра. Не́сколько раз была́ на́звана «же́нщиной го́да» в Росси́и. А зате́м внеза́пно ушла́ из поли́тики. Написа́ла не́сколько книг с я́ркими назва́ниями «SEX в большо́й поли́тике» и «SUCCESS в большо́м го́роде». Сыгра́ла не́сколько <u>эпизоди́ческих роле́й</u> в кино́, ведёт переда́чи на ра́дио и телеви́дении. Чита́ет ма́стер-кла́ссы о том, как в совреме́нной Росси́и быть успе́шным, свобо́дным и счастли́вым челове́ком. Ита́к, Ири́на Муцу́овна Хакама́да, кото́рая называ́ет саму́ себя́ рома́нтиком, кото́рый хо́чет «измени́ть мир к лу́чшему»[1].

---

1 Поли́на Аскери. Интервью́ с Ири́ной Хакама́дой, «Моя́ япо́нская кровь изнача́льно тре́бует минимали́зма». *Love2Beauty.ru*, 16 ию́ня 2016 г.

ро́бкий — timid
в (са́мый) разга́р — in the midst of, at the height of
три́жды — three times
избира́ться — to be elected
баллоти́роваться — to be a candidate for, to run for office
эпизоди́ческая роль — supporting role (in cinema)

1. Как вы узнали из биографической заметки, в 1995 году журнал «Тайм» включил Ирину Хакамаду в сотню самых влиятельных женщин мира. А какую женщину вашей страны (или любой другой страны мира) вы бы включили в этот список сегодня? Подробно объясните свой выбор.

2. Придумайте и запишите три вопроса, которые вы бы хотели задать Ирине Муцуовне о её карьере и работе.

ГОТОВИМСЯ К ЧТЕНИЮ И РАЗГОВОРУ

ЗАПОМНИТЕ ЭТИ СЛОВА И ВЫРАЖЕНИЯ

NOUNS
би́ржа — stock exchange
власть — power
вне́шность — look, appearance
до́лжность — post, position
запре́т — ban
избира́тель — voter
напомина́ние — reminder
председа́тель — chairperson
рост — height
совпаде́ние — coincidence
торго́вля — trade
тюрьма́ — prison, jail
уедине́ние — solitude, isolation
чле́нство — membership

ADJECTIVES
жёсткий — tough, hard
за́мкнутый — reserved, withdrawn, antisocial
косноязы́чный — tongue-tied
ла́сковый — affectionate, gentle
немногосло́вный — terse, laconic
немы́слимый — unthinkable
ра́вный — equal
ро́бкий — timid
суро́вый — austere, stern
уве́ренный в себе́ — self-confident
я́рый — ardent

VERBS
баллоти́роваться — to run for office
дразни́ть (кого) — to tease, to razz, to pick on someone

запомина́ться/запо́мниться (кому) — to be remembered as . . . (by someone)
избира́ть/избра́ть — to elect
назнача́ть/назна́чить (кого — кем, чем) — to appoint someone
обраща́ться/обрати́ться (за чем) — to ask, call for (help, support, etc.)
опережа́ть/опереди́ть — to beat, to win, to come in first
печь/испе́чь — to bake
привыка́ть/привы́кнуть (к кому, чему) — to get used to; to be/become accustomed
принима́ть/приня́ть зако́н — to pass, to adopt a law
разоря́ться/разори́ться — to go bankrupt
разочаро́вываться/разочарова́ться (в ком, чём) — to be/become disappointed in
стесня́ться (кого, чего?) — to be/feel shy, ashamed of
тре́бовать/потре́бовать (от кого) — to demand from someone.

OTHER
как раз — just, exactly
как таково́й — as such, per se
назло́ (кому, чему) — to spite someone
наполови́ну — half, halfway
незачем — there is no need, there is no point in doing something
ниско́лько — not at all, not in the least
после того, как — after
со́бственно — strictly speaking

Составьте словосочетания с этими словами:

1. **Назло** (кому? чему?): все; муж; суровые родители; немыслимые законы
2. **Привыкать** (к кому? к чему?): монополия КПСС; суровые советские запреты; уединение; мы; я
3. **Разочароваться** (в ком? в чём?): советская власть; политическая оппозиция; российское предпринимательство; вы; они
4. **Назначать** (кого? — кем?): женщина-политик — председатель комиссии; он — президент клуба
5. **Обращаться** (за чем?): помощь; финансовая поддержка; совет
6. **Требовать** (от кого?): избиратели; она; правительство
7. **Дразнить** (кого?): подросток; она; я; косноязычный политик; немногословный дипломат

Сопоставьте фразы и их определения.

1. Замкнутый человек
2. Косноязычный человек
3. Немногословный человек
4. Робкий человек
5. Уверенный в себе человек
6. Ярый коммунист

А. Человек, который очень мало и редко говорит
Б. Очень неуве́ренный в себе человек
В. человек, который убеждён, что коммунизм — единственный правильный режим
Г. Позитивный и решительный человек
Д. Необщительный человек, интроверт
Е. Человек, который плохо формулирует и выражает мысли

Скажите, какие из этих характеристик вы считаете положительными, какие отрицательными, а какие нейтральными? Объясните, почему вы так думаете. А какие из этих характеристик подходят (и какие не подходят) вам?

Слова в контексте. Вставьте подходящие по смыслу слова в правильной форме.

власть • дразнить • замкнутый • косноязычный • немногословный
разочароваться • рост • стесняться • торговля • уверенный в себе • ярый

1. Многие россияне помнят появление Ирины Хакамады на политической арене. Это была высокая, интеллигентная, (self-confident) _____ женщина, с короткой стрижкой и татуировками.
2. Ирина Хакамада выросла в семье (ardent) _____ коммуниста. Её отец был человеком (laconic) _____ и мало разговаривал с дочерью. Потому девочка росла (antisocial) _____ и (tongue-tied) _____ ребёнком.
3. Хакамада рассказывает, что всегда очень (felt shy) _____ своего высокого (height) _____, за который её (teased) _____ в школе.
4. С началом перестройки, предприниматели смогли начать заниматься частной (trade) _____.
5. В 2008 году Ирина Хакамада объявила, что уходит из политики. По её словам, она (was disappointed) _____ и в российской (power) _____, и в оппозиции.

Подумайте перед чтением. Как вам кажется, молодёжь вашей страны интересуется политикой? Почему вы так решили? А как вы думаете, почему люди баллотируются на политические должности (например, президента) и начинают заниматься политикой?

ИРИНА ХАКАМАДА: БИОГРАФИЧЕСКОЕ ДОСЬЕ

Прочитайте биографию Ирины Хакамады и узнайте, занимается ли она политической карьерой сегодня.

заседа́ние Верхо́вного Сове́та — session of the Supreme Soviet

Коне́ц восьмиде́сятых и нача́ло девяно́стых годо́в наверняка́ запо́мнились мно́гим россия́нам как вре́мя появле́ния но́вых полити́ческих «звёзд». И правда, в те го́ды в России возникло не́сколько деся́тков новых полити́ческих па́ртий. Гра́ждане бывшего СССР, привы́кшие к монопо́лии КПСС, неожи́данно услы́шали назва́ния «Я́блоко», «Же́нщины России», «ЛДПР», «Демократи́ческая Па́ртия России»... Ли́деры этих партий почти в одноча́сье стали меди́йными звёздами: у них брали интервью, их полити́ческие платфо́рмы и ли́чная жизнь обсужда́лись в прессе, дома и на улице. Сейчас в это трудно пове́рить, но в те го́ды телевизио́нные трансля́ции заседа́ний Верхо́вного Сове́та были популя́рнее мно́гих фи́льмов и сериа́лов.

брить — to shave
узо́р — design, pattern
ба́бочка — butterfly

Среди огро́много коли́чества я́рких ли́чностей, появи́вшихся в росси́йской поли́тике по́сле распа́да Сове́тского Сою́за, всегда выделя́лась высо́кая, интеллиге́нтная и уве́ренная в себе́ молода́я женщина с япо́нской фами́лией Хакама́да. Её стреми́тельное появле́ние в росси́йской поли́тике пришло́сь на 1993 год, год пе́рвых свобо́дных вы́боров уже в постсове́тской России. Сама Ирина Муцу́овна смеётся, вспомина́я, как шоки́ровала колле́г в Госду́ме своей коро́ткой стри́жкой с <u>вы́бритым</u> <u>узо́ром</u> на заты́лке: «Тако́го они ещё не ви́дели — на заты́лке то иеро́глиф, то <u>ба́бочка</u>»[2].

Вообще́ надо сказа́ть, что быть тако́й как все Ири́не Хакама́де не удава́лось никогда́. Начнём с того, что она наполови́ну японка, хотя и родила́сь в Сове́тском Сою́зе. Родила́сь Хакама́да в 1955 году в Москве, в семье́ япо́нского коммуни́ста, кото́рый до конца́ свое́й жи́зни плохо говорил и понимал по-русски. По расска́зам Ири́ны Муцу́овны, её отец роди́лся в традицио́нной япо́нской семье, «из самура́йского <u>ро́да</u> с се́вера Япо́нии... Во вре́мя буржуа́зной револю́ции вся земля́ была национализи́рована и семья́ оконча́тельно разори́лась. Тогда он реши́л, что все должны быть равны́ — бога́тые и бе́дные. Так он и стал коммуни́стом»[3]. Како́е-то вре́мя Муцу́о Хакама́да занима́лся идеологи́ческой рабо́той революционе́ра-коммуни́ста. Его да́же сажа́ли в тюрьму́. А вот во вре́мя Второй мирово́й войны́ он перебежа́л в СССР — «в страну́ свое́й мечты́. Он писа́л Ста́лину, проси́л дать ему гражда́нство, потом, не дожда́вшись отве́та, жени́лся без любви́ на моей ма́тери, чтобы стать граждани́ном СССР. Роди́л нелюби́мую дочь — меня. Про́жил здесь всю жизнь. И умер здесь»[4]. Отец был таки́м я́рым коммуни́стом, что не хоте́л никаки́х напомина́ний о Япо́нии. Потому он был про́тив того, чтобы Ири́на изуча́ла япо́нский язык, на кото́ром она так и не научи́лась говорить. А умер её отец, по словам Хакама́ды, очень символи́чно, в августе 1991 года, как раз перед самым распа́дом СССР: «Он у́мер от ра́ка, а за су́тки до сме́рти сказал: „Не хочу видеть эту вашу либера́льную револю́цию"»[5].

От отца-япо́нца Ири́на получи́ла фами́лию, кото́рую никто не мог вы́говорить, и вне́шность, за кото́рую её постоя́нно дразни́ли. К тому же мать-учи́тельница рабо́тала с утра до ночи, а отец был «стопроце́нтным интрове́ртом... предста́вьте себе суро́вого немногосло́вного япо́нского самура́я — именно таки́м был мой па́па. Он никогда́ не говори́л ла́сковых слов — со́бственно, он вообще́ никогда́ со мной не говори́л»[6]. Так что подде́ржки от роди́телей у де́вочки почти́ не́ было, и она росла́ ро́бким, за́мкнутым и косноязы́чным «очка́риком». Вспомина́ет, что стра́шно стесня́лась своего́ высо́кого ро́ста, а потому́ си́льно суту́лилась. Люби́ла уедине́ние, много боле́ла, много чита́ла, очень люби́ла Че́хова. В о́бщем говори́т, что была́ жу́тко несча́стна и в подростко́вом во́зрасте да́же поду́мывала о самоуби́йстве.

очка́рик — «four-eyes»
суту́литься — to slouch, to be slouchy
самоуби́йство — suicide

Ну а пото́м влюби́лась, в 18 лет вы́шла за́муж, и у неё роди́лся сын. Почему́ вы́шла за́муж так ра́но? Ну, во-пе́рвых, хоте́лось скоре́е нача́ть самостоя́тельную жизнь. А во-вторы́х, как она объясня́ет сама́: па́пы как таково́го не́ было, потому́ иска́ла в мужчи́не и мужчи́ну, и па́пу[7]. Тогда́ же Хакама́да поступи́ла в университе́т на экономи́ческий факульте́т, а сра́зу по́сле оконча́ния университе́та — в аспиранту́ру МГУ, где в 1983 году́ (ещё до горбачёвской перестро́йки) защити́ла диссерта́цию о капитали́зме во Фра́нции. Потом преподава́ла в ву́зе, ста́ла чле́ном КПСС — без чле́нства в па́ртии преподава́ние политэконо́мии в сове́тском ву́зе бы́ло бы немы́слимо. Развела́сь с му́жем, вы́шла за́муж во второ́й раз. Доба́вим, что разводи́лась Хакама́да три́жды; сейча́с она за́мужем в четвёртый раз.

Соверше́нно радика́льные переме́ны в жи́зни Хакама́ды начали́сь с прихо́дом к вла́сти Михаи́ла Горбачёва в 1985 году́. В 1988 году́ был при́нят зако́н «О коопера́ции в СССР». По́сле мно́гих лет запре́та на ча́стный би́знес, предпринима́телям бы́ло разрешено́ занима́ться торго́влей и други́ми фо́рмами ча́стного би́знеса. Пе́рвый кооперати́в, кото́рый откры́ла преподава́тель политэконо́мии Хакама́да, соверше́нно не тре́бовал от неё ни учёных степене́й, ни чле́нства в коммунисти́ческой па́ртии (из кото́рой она́ тогда́ же и вы́шла): она́ собрала́ не́скольких подру́г и они́ на́чали печь и продава́ть ва́фли. По́сле ва́фель — но́вый кооперати́в: Хакама́да начала́ занима́ться прода́жей компью́теров. Коро́че, как она́ объясня́ет сама́, де́ньги бы́ли нужны́, вот она́ и начала́ по́льзоваться свобо́дой индивидуа́льного предпринима́тельства. В го́ды перестро́йки, вдоба́вок к рабо́те в кооперати́вах и преподава́тельской де́ятельности, она́ та́кже принима́ла уча́стие в разрабо́тке росси́йской това́рно-сырьево́й би́ржи. А пото́м ста́ла одни́м из её гла́вных экспе́ртов.

разрабо́тка — development, design
това́рно-сырьева́я би́ржа — commodity stock exchange

Не́сколько лет Хакама́да совмеща́ла не́сколько должносте́й: днём преподава́ла политэконо́мию, а ве́чером рабо́тала в кооперати́вах. А вско́ре ушла́ из университе́та, и би́знес стал её основны́м заня́тием. А через не́сколько лет и рабо́та в кооперати́ве ей надое́ла: «Де́ньги есть, а мне ску́чно и неинтере́сно»[8]. Тут произошло́ интере́сное совпаде́ние. Поско́льку Хакама́да была́ биржевы́м экспе́ртом, к ней за консульта́цией обрати́лся депута́т верхо́вного сове́та, кото́рый рабо́тал над но́вым зако́ном о би́рже. И тут ей пришла́ в го́лову иде́я: а заче́м ей консульти́ровать депута́тов, кото́рые ничего́ не понима́ют в эконо́мике, но при э́том собира́ются писа́ть но́вый экономи́ческий зако́н? Соверше́нно не́зачем! Она́-то ведь понима́ет не то́лько тео́рию, но и отли́чно зна́ет практи́ческую сто́рону дел, благодаря́ года́м рабо́ты в кооперати́вах. Зна́чит, на́до писа́ть зако́ны само́й. На́до идти́ на вы́боры в то́лько что сформирова́вшуюся Госуда́рственную Ду́му, кото́рая в 1993 году́ заняла́ ме́сто бы́вшего Верхо́вного Сове́та.

Коне́чно, для уча́стия в вы́борах бы́ли нужны́ де́ньги — на встре́чи с избира́телями, пое́здки по стране́. Каза́лось, что таку́ю су́мму взять не́где. Пе́рвый челове́к, к кото́рому Хакама́да обрати́лась за фина́нсовой подде́ржкой, был её тре́тий муж. Муж, к её удивле́нию, не то́лько отказа́лся финанси́ровать её предвы́борную кампа́нию, а бо́лее того́, на́чал финанси́ровать её конкуре́нта. Ниско́лько не ве́рил в полити́ческий успе́х жены́. А она́, назло́ всем, нашла́ де́ньги, провела́ успе́шную вы́борную кампа́нию и ста́ла депута́том Ду́мы. Конкуре́нт, кото́рого финанси́ровал муж, проигра́л, а с му́жем она́ через четыре го́да развела́сь. Ну а в Госуда́рственную Ду́му она пото́м избира́лась три́жды, с 1993 по 2003 год, а в 2000 году́ ста́ла вице-спи́кером Ду́мы. В 1997 году́ получи́ла до́лжность в прави́тельстве Росси́и: вспо́мнив о том, что Хакама́да была́ пионе́ром кооперати́вного движе́ния в стране́, её назна́чили председа́телем госуда́рственного комите́та по подде́ржке и разви́тию ма́лого би́знеса.

Как невероя́тно амбицио́зный челове́к, в 2004 году́ Хакама́да реша́ет баллоти́роваться на пост президе́нта Росси́и. Баллоти́ровалась она сама́, без подде́ржки како́й-либо па́ртии. Тогда́ она заяви́ла, что наде́ется сформирова́ть жёсткую демократи́ческую оппози́цию и в пе́рвую о́чередь президе́нту Влади́миру Пу́тину. Вы́боры она проигра́ла. В тот год на второ́й срок был и́збран Пу́тин, набра́вший 71% голосо́в. Хакама́да заняла́ четвёртое ме́сто, получи́в подде́ржку почти́ четырёх проце́нтов избира́телей (на сего́дняшний день, это лу́чший результа́т же́нщины-кандида́та на президе́нтских вы́борах в Росси́и).

лейко́з — leukemia
перелива́ние кро́ви — blood transfusion

The orator.club, Бекболат Жанболат. Photo courtesy of Irina Khakamada, www.hakamada.ru, @irina_hakamada.

Го́ды предвы́борной кампа́нии и вы́боров оказа́лись чрезвыча́йно тяжёлыми для Ири́ны Муцуо́вны и её семьи́ не то́лько потому́, что она проигра́ла на вы́борах, а ещё и потому́, что в 2003 году́ серьёзно заболе́ла её дочь. До́чери Ма́ше, кото́рая родила́сь с синдро́мом Да́уна, был поста́влен стра́шный диа́гноз — лейко́з кро́ви. О том вре́мени Хакама́да вспомина́ет с у́жасом: днём она занима́лась дела́ми президе́нтской кампа́нии, а ве́чером бежа́ла в больни́цу к больно́й до́чери, кото́рой тогда́ бы́ло всего́ пять лет. Гормо́ны, табле́тки, химиотерапи́я, перелива́ние кро́ви... Вы́боры и больни́ца — занима́ться чем-то други́м бы́ло не́когда. Реми́ссия у до́чери совпа́ла с оконча́нием президе́нтской кампа́нии.

В 2008 году́ Ири́на Муцуо́вна объяви́ла об ухо́де из поли́тики, объясни́в своё реше́ние тем, что разочарова́лась и в росси́йской вла́сти, и в оппози́ции. В поли́тике, как и когда́-то в би́знесе, ей ста́ло ску́чно: «Я поняла́, что ничего́ там не могу́ доби́ться. А мне ну́жно и́ли всё и́ли ничего́»[9]. По́сле ухо́да из большо́й поли́тики Хакама́да заняла́сь тво́рческой де́ятельностью: написа́ла не́сколько книг, мно́го гастроли́рует с ле́кциями и ма́стер-кла́ссами об успе́хе и свобо́де в совреме́нном ми́ре. Говори́т, что, как когда́-то в поли́тике, наде́ется свои́ми ле́кциями измени́ть Росси́ю и росси́йских гра́ждан, помо́чь ка́ждому челове́ку стать успе́шным, деля́сь с ним свои́м о́пытом и зна́ниями. Ну а огля́дываясь на свою́ чрезвыча́йно насы́щенную карье́ру, Хакама́да говори́т, что ви́дела всё: «я была́ и мини́стром, и вице-спи́кером, и депута́том, и коопера́тором, и бизнесме́ном, и руководи́телем ча́стной би́ржи. Тепе́рь я хочу́ жить так, как мне нра́вится. И я созда́ла тако́й бренд... и принадлежу́ то́лько себе́»[10].

2   Еле́на Ко́тикова. «Ири́не Хакама́де 60: Ре́дкие фо́то и фа́кты биогра́фии». *StarHit.ru*, 13 апре́ля 2015 г.

3   Евге́ний Жи́рнов. Интервью́ с Ири́ной Хакама́дой, «Я отцу́ прости́ла всё». *Коммерсантъ Власть*, 11 апре́ля 2000 г.

4 Ксения Чудинова. «Ирина Хакамада: Главный
   герой — это я». *Сноб*, 18 июня 2012 г.

5 «Культ личности. Ирина Хакамада.» *Радио Свобода*,
   24 октября 2015 г.

6 Галина Юзефович. «Ирина Хакамада: „Мне
   интересно узнать, на что я способна“». *Psychologies*
   №32. http://www.psychologies.ru/people/lico-s-oblozhki
   /irina-hakamada-mne-interesno-uznat-na-chto-ya
   -sposobna/

7 Татьяна Устинова. Программа, «Ирина Хакамада.
   Мой герой». *ТВ Центр*, 21 апреля 2015 г.

8 Елена Авсеевич. «Ирина Хакамада. Экслюзивное
   интервью для Репаблик». *Информационный портал
   «Репаблик»*. http://www.r19.ru/journal/irina-khakamada
   -eksklyuzivnoe-intervyu-dlya-republik/.

9 Татьяна Устинова. Программа «Ирина Хакамада.
   Мой герой».

10 Евгения Бодрова. «Ирина Хакамада: Я — не
   обслуживающий персонал». *Informburo.kz*, 29
   октября 2017 г.

The orator.club, Бекболат Жанболат. Photo courtesy of Irina Khakamada, www.hakamada.ru, @irina_hakamada.

ПОГОВОРИМ О ПРОЧИТАННОМ

Задание 5.

Правильно или неправильно? Исправьте неправильные утверждéния и подробно
прокомментируйте правильные. А о чём у вас нет достаточной информации?

1. В годы перестройки советские граждане не интересовались политикой и не смотрели
   по телевизору трансляции заседаний Верховного Совета.
2. Первые свободные выборы в России прошли в 1985 году.
3. Хакамада родилась в семье японца и часто ездила с отцом в Японию.
4. Отец Ирины Хакамады родился в семье японского коммуниста.
5. Хакамада утверждает, что у неё было по-настоящему счастливое детство.
6. Ирина Хакамада никогда не была членом Коммунистической Партии.
7. Частная торговля была разрешена в России только после распада СССР в 1991 году.
8. В 2004 году Ирина Хакамада стала президентом России.
9. Третий муж Хакамады отказался финансировать её выборную кампанию в депутаты
   Государственной Думы.
10. Отец Хакамады женился на её маме «по расчёту» (marriage of convenience).

Задание 6.

Ответьте на вопросы.

1. Как вы поняли, Хакамада говорит по-японски? Почему да или нет?
2. Почему отец Ирины Хакамады перебежал в СССР? Когда это произошло?
3. Почему Ирина Хакамада называет смерть своего отца «символичной»?
4. Кем работала мать Хакамады? Её мать тоже была японкой?
5. Чем детство Ирины Хакамады отличается от вашего собственного детства?

6. Сколько было лет Хакамаде, когда она вышла замуж в первый раз? А сколько раз она выходила замуж?
7. Где училась Ирина Хакамада?
8. Какой закон был принят в 1988 году? Что этот закон разрешил советским предпринимателям?
9. Чем занималась Хакамада в своих кооперативах?
10. Объясните, чем Ирина Хакамада шокировала своих новых коллег в Госдуме?
11. Почему Хакамада решила баллотироваться на пост президента России?
12. Почему 2003 год был тяжёлым годом для Ирины Муцуовны и её семьи?
13. А что вы ещё узнали о дочери Ирины Хакамады?
14. Когда и почему Ирина Хакамада решила уйти из политики?
15. Чем она начала заниматься после ухода из политики?

Задание 7.

Расставьте эти события из жизни Ирины Хакамады в правильном хронологическом порядке. А потом подробно расскажите о каждом из этапов жизни женщины-политика.

___ Новая жизнь после закона «О кооперации в СССР»

___ Дочери поставлен диагноз «лейкоз»

___ Занятие творческой работой: книги, лекции, мастер-классы

___ Первые выборы в Государственную Думу

_1_ Ирина Хакамада родилась в Москве в 1955 г. в семье японского коммуниста

___ Уход из политики

___ Участие в выборах на пост президента России

___ Учёба в университете и аспирантуре; преподавание в вузе

Задание 8.

Составьте предложения, не меняя порядок слов.

1. Конец — восьмидесятые — и начало — девяностые — запомниться — многие — россияне — как время — появления — новые политические «звёзды».
2. Ирина Хакамада — выделяться (past) — среди — коллеги. Она была — высокая — интеллигентная — и уверенная в себе — женщина.
3. Хакамада вспоминает, что она — расти — робкий, — замкнутый, — и косноязычный — «очкарик».
4. В 1988 — год, после — многие — год — запрет на — частный — бизнес, — предприниматели — было разрешено — заниматься — торговля.
5. Когда Хакамада — решить — баллотироваться в — Государственная Дума, — она — обратиться за — финансовая поддержка — к — третий муж.
   Муж — отказаться — финансировать — её — предвыборная кампания.
6. В 2008 — год — Хакамада — решить (past) — уйти — из — политика. Она — разочароваться в — российская власть — и оппозиция.
   После — уход — из — политика, — Хакамада — заняться — творческая деятельность.

Задание 9.

Отрицательные наречия. Выберите правильную форму наречия и закончите предложение.

1. Быть такой как все, Ирине Хакамаде не удавалось (никогда́ — не́когда) _____.
2. Она (ниско́лько — не́сколько) _____ раз меняла свою жизнь и карьеру самым радикальным образом.
3. Когда Хакамада училась в школе, (никто́ — не́кто) _____ не мог выговорить ее сложную японскую фамилию.
4. Когда Хакамада стала биржевым экспертом, она решила, что ей совершенно (ниско́лько — не́зачем) _____ консультировать депутатов. Она может стать депутатом сама!
5. Денег для участия в выборах в Государственную Думу Хакамаде взять было (нигде́ — не́где) _____.
6. Муж финансировать кампанию Хакамады отказался. Он (ниско́лько — не́сколько) _____ не верил в политический успех жены.
7. 2004 год Хакамада провела в предвыборной кампании и больнице у дочери. Заниматься чем-то другим ей было просто (никогда́ — не́когда) _____.

Задание 10.

Составьте 10 вопросов о биографии Ирины Хакамады, на которые можно ответить односложно: да или нет.

Задание 11.

Используя информацию статьи, расскажите, что вас больше всего удивило или заинтересовало в биографии Ирины Хакамады.

ГОТОВИМСЯ К ЧТЕНИЮ И РАЗГОВОРУ. ЖЕНЩИНЫ РОССИЙСКОЙ ПОЛИТИКИ.

ЗАПОМНИТЕ ЭТИ СЛОВА И ВЫРАЖЕНИЯ

NOUNS

долголе́тие — longevity
замести́тель — deputy
   замести́тель мини́стра — deputy minister
здравоохране́ние — healthcare
ла́герь — camp
   социалисти́ческий лагерь — socialist camp
о́трасль — branch
переворо́т — coup, revolution
пол — gender
посо́л — ambassador
правле́ние — rule (of a tsar or leader)
пра́во — right
представи́тельство — representation
продвиже́ние — promotion, advancement
равнопра́вие — equality

ре́дкость — rarity
руководи́тель — leader
самостоя́тельность — independence
управле́ние — control, management, administration
число́ — number

ADJECTIVES

выдаю́щийся — prominent, outstanding
дальнови́дный — forward-looking
законода́тельный — legislative (branch of power)
ключево́й — key, crucial
руководя́щий — senior, managerial
   руководя́щая до́лжность — leadership position

VERBS

выдвига́ть/вы́двинуть — to move forward, to nominate

загля́дывать/загляну́ть (во что) — to peek, look into

занима́ть/заня́ть пост — to hold (or take) office

называ́ть/назва́ть — to name, to label, to title

отста́ивать/отстоя́ть — to advocate, to defend

пра́вить — to rule

принима́ть реше́ние — to make a decision

провозглаша́ть/провозгласи́ть — to proclaim

сокраща́ться/сократи́ться — to be reduced

OTHER

безогово́рочно — without reservation

в большинстве́ — in the majority

в меньшинстве́ — in the minority

в основно́м — for the most part

для нача́ла — to begin with

образе́ц/приме́р для подража́ния — role model

одновре́менно — simultaneously

свя́занный (с кем, чем) — connected to, associated with

среди́ — among

Задание 12.

Слова в контексте. Вставьте подходящие по смыслу слова в правильной форме.

> в меньшинстве • в основном • выдающийся • дальновидный
> законодательный • здравоохранение • ключевой • править
> равноправие • руководящая должность

1. В мировой истории много (prominent)_____, (forward-looking) _____ женщин-политиков.
2. (For the most part) в восемнадцатом веке Россией (ruled) _____ женщины.
3. Женщины на (key) _____ (leadership) _____ должностях часто остаются (in the minority) _____.
4. Высшим (executive) _____ органом СССР был Верховный Совет.
5. Полное политическое (equality) _____ женщин было записано в советской конституции 1918 года.
6. Женщины в советской политике занимались вопросами культуры и (healthcare) _____.

Задание 13.

Подумайте перед чтением.

1. Скажите, а у вас в жизни есть образцы для подражания? Если да, то объясните, почему именно эти люди (или этот человек) стали для вас такими образцами.
2. Вы можете назвать женщин-политиков в мировой истории? А женщин, которые занимают важные политические посты в политике сегодня? Если да, то кратко расскажите, что вы знаете о них.
3. Как вам кажется, женщины-политики в вашей стране находятся в большинстве или в меньшинстве? Или может быть в правительстве вашей страны мужчин и женщин-политиков одинаковое количество? Если затрудняетесь с ответом, то проведите небольшое исследование в интернете.

ГЛАЗАМИ КУЛЬТУРОЛОГА

ЖЕНЩИНЫ РОССИЙСКОЙ ПОЛИТИКИ

Прочитайте заметку и узнайте, какой век в российской истории можно назвать «женским веком».

Ирину Хакамаду часто спрашивают, есть ли у неё образец для подражания в политике. И хотя, по словам Ирины Муцуовны, абсолютных авторитетов у неё нет, одним из своих кумиров она всегда называет Маргарет Тэтчер. Добавляет, что когда она начинала свою президентскую кампанию, Тэтчер прислала ей свою фотографию с автографом и пожеланием удачи[11].

Вы, наверно, знаете, что Маргарет Тэтчер — первая в Великобритании женщина премьер-министр, занимавшая этот пост на протяжении одиннадцати лет. Как один из самых влиятельных политиков 20-го века, Тэтчер безоговорочно развеяла стереотип о несовместимости женщин и политики. Вслед за Тэтчер, в конце 20-го и в 21-м веке появилась целая плеяда ярких женщин, играющих значительную роль в «большой» политике. В 2016 году премьер-министром Великобритании стала Тереза Мэй. Женщины занимают посты первых министров в Шотландии и Северной Ирландии; премьер-министр Норвегии — тоже женщина. Вы наверняка знаете ещё одну влиятельную женщину в мире политики — федерального канцлера Германии, Ангелу Меркель. Меркель, первая женщина-руководитель правительства в истории Германии, была избрана на пост канцлера ещё в 2005 году и с тех пор четыре раза переизбиралась. Среди выдающихся женщин-глав государств нельзя не упомянуть и Мишель Бачеле (или Бачелет) — первую женщину в истории Чили, которая дважды становилась президентом страны. Кстати, и странах бывшего социалистического лагеря есть женщины-президенты, как например, Даля Грибаускайте, которая возглавляет Литовскую республику с 2009 года.

> **развеивать/**
> **развеять** — to dispel
> **несовместимость** —
> incompatibility
> **канцлер** — chancellor

Итак, продвижение женщин в «большую» политику можно наблюдать по всему миру. А насколько активны женщины в политической жизни России? Давайте для начала заглянем в российскую и советскую историю. Начнём с восемнадцатого века, который можно уверенно назвать «женским веком» российской истории. Почему? Да ведь почти три четверти этого века Россией управляли женщины: Екатерина Первая, Анна Иоанновна, Елизавета Петровна, Екатерина Вторая... Из этих женщин, Екатерина Вторая (или Екатерина Великая) продержалась на российском троне дольше всех. Взошла Екатерина Вторая на престол в результате дворцового переворота, который сверг её мужа, Петра Третьего. Она оставалась российской Императрицей почти сорок лет, с 1762 по 1796 год. Благодаря политике Екатерины, Россия вошла в число мощнейших военных держав в Европе. За своё время на российском троне Екатерина также много сделала для развития науки, искусства и образования в России. Именно при Екатерине Второй был открыт Смольный институт — первое в России учебное заведение для женщин.

> **держава** — power, state
> **продержаться** — to remain,
> to hold out
> **взойти на престол** —
> to ascend to the throne
> **свергать/**
> **свергнуть** — to overthrow

Несмотря на то, что в восемнадцатом веке Россией в основном правили женщины, политиками и дипломатами того времени были почти без исключения мужчины. Даже Екатерина Дашкова, близкая подруга императрицы и её главная помощница в перевороте 1762 года, не играла значительной роли в русской политике после восхождения Екатерины на трон. Хотя надо признать, что княгиня Дашкова стала первой женщиной в мире, возглавившей Академию Наук, а точнее, даже две академии. Во-первых, она была назначена на пост главы Петербургской Академии наук, занимавшейся исследованиями в области точных наук. А во-вторых, она основала и возглавила Императорскую

> **точные науки** — exact
> sciences
> **княгиня** — princess

Российскую акаде́мию, кото́рая занима́лась гуманита́рными нау́ками и изуче́нием ру́сского языка́. Так что в конце́ восемна́дцатого ве́ка управле́ние почти́ все́ми отрасля́ми росси́йской нау́ки бы́ли в рука́х же́нщины — <u>княги́ни</u> Дашко́вой.

Почти́ сра́зу по́сле Октя́брьской револю́ции 1917 го́да большевики́, факти́чески пе́рвыми в ми́ре, официа́льно провозгласи́ли ра́венство прав мужчи́н и же́нщин. Пока́ фемини́стки мно́гих стран ми́ра отста́ивали ра́венство поло́в, по́лное равнопра́вие мужчи́н и же́нщин уже́ бы́ло запи́сано в пе́рвой сове́тской конститу́ции 1918 го́да. О́браз но́вой строи́тельницы социали́зма на́чал появля́ться на экра́нах кино́, на страни́цах газе́т и журна́лов. Наприме́р, е́сли просмотре́ть номера́ гла́вного сове́тского журна́ла «Огонёк» за тридца́тые го́ды двадца́того ве́ка, то вы уви́дите «о́чень мно́го портре́тов сове́тских люде́й, и на 70% э́то портре́ты же́нщин, <u>излуча́ющих</u> сча́стье и энтузиа́зм. Их улы́бки, их самостоя́тельность бы́ли <u>при́званы переда́ть</u> лицо́ сове́тской эпо́хи»[12].

Сра́зу по́сле револю́ции це́лый ряд же́нщин за́няли ва́жные полити́ческие посты́ в сове́тской Росси́и. Наприме́р, Наде́жда Кру́пская (жена́ Влади́мира Ле́нина) была́ замести́телем мини́стра наро́дного образова́ния. Ещё одно́ изве́стное и́мя того́ вре́мени — Алекса́ндра Коллонта́й, кото́рая ста́ла пе́рвой в ми́ре же́нщиной-посло́м: в 1926 году́ она́ представля́ла СССР в Ме́ксике, а с 1930 го́да — в Шве́ции. Коллонта́й та́кже была́ пе́рвой в мирово́й исто́рии же́нщиной-мини́стром. Возглавля́ла она́ сове́тский эквивале́нт министе́рства <u>социа́льной защи́ты</u>.

В середи́не двадца́того ве́ка же́нщины составля́ли приме́рно 53% населе́ния. При э́том, их до́ля в вы́сшем законода́тельном о́ргане страны́, Верхо́вном Сове́те СССР, была́ всего́ лишь 30%[13]. К тому́ же же́нщины не занима́ли почти́ никаки́х ключевы́х посто́в: «за пери́од с нача́ла пятидеся́тых и до середи́ны восьмидеся́тых годо́в в соста́в Политбюро́ была́ введена́ всего́ лишь *одна́* же́нщина»[14]. Ну а уж же́нщина на до́лжности сове́тского мини́стра и вообще́ была́ настоя́щей ре́дкостью. «Е́сли кому́-то из же́нщин и удава́лось получи́ть министе́рский портфе́ль, то в их <u>ве́дении</u> находи́лись о́трасли, традицио́нно свя́занные с ро́лью же́нщин: здравоохране́ние, социа́льные пробле́мы, культу́ра и т.д.»[15]. Наприме́р, Екатери́на Фу́рцева была́ мини́стром культу́ры (1960–1974); а ме́нее изве́стная Мари́я Коври́гина — мини́стром здравоохране́ния (1950–1959). О том, что в Сове́тском Сою́зе «<u>кра́йне</u> ма́ло же́нщин на руководя́щей парти́йной и сове́тской рабо́те»[16] писа́л в пятидеся́тых года́х да́же генера́льный секрета́рь Ники́та Хрущёв.

По́сле распа́да СССР, на парла́ментских вы́борах 1993 го́да в Госуда́рственную Ду́му Росси́и прошло́ полити́ческое движе́ние «Же́нщины Росси́и». Каза́лось, что мо́жет быть тепе́рь увели́чится число́ же́нщин в росси́йской поли́тике? Но на после́дующих вы́борах блок же́нщин не получи́л доста́точного коли́чества голосо́в, и число́ же́нщин в росси́йском парла́менте сократи́лось: е́сли в 1993 году́ же́нщин бы́ло 13%, то в 1995 их уже́ 10%, а в 1999 — 8%. В 1996 году́ Бори́с Е́льцин подписа́л ука́з о «Повыше́нии ро́ли же́нщин в прави́тельстве», но же́нщины на ключевы́х руководя́щих должностя́х продолжа́ли остава́ться в серьёзном меньшинстве́. Наприме́р, иссле́дователи отмеча́ют, что «начина́я с 1991 го́да в росси́йском кабине́те мини́стров бы́ло 10 же́нщин, но не бо́лее трёх одновре́менно, а иногда́ и во́все ни одно́й»[17]. И действи́тельно, росси́йский кабине́т мини́стров в 2004–2007-х года́х име́л по́лностью мужско́й соста́в.

В два́дцать пе́рвом ве́ке, же́нщин в росси́йском прави́тельстве по-пре́жнему немно́го. Мно́гие из них занима́ются, как и сове́тские времена́, вопро́сами здравоохране́ния и культу́ры. Хотя́ появля́ются же́нщин ы и на о́чень влия́тельных прави́тельственных поста́х.

Одна из самых известных же́нщин росси́йской поли́тики 21 века — Валенти́на Матвие́нко, которая с 2011 года возглавля́ет Сове́т Федера́ции (это ве́рхняя <u>пала́та</u> Росси́йского парла́мента). Факти́чески, Матвие́нко — <u>тре́тье лицо́</u> в госуда́рстве по́сле президе́нта и премье́р-мини́стра.

пала́та — house (of Parliament)
тре́тье лицо́ — third-ranking official

А ско́лько росси́йских же́нщин баллоти́ровались на пост президе́нта Росси́и? На 2018 год — три. Вы уже зна́ете, что в 2004 году четвёртое ме́сто на президе́нтских вы́борах заня́ла Ири́на Хакама́да, а в 2018 году тоже на четвёртой пози́ции оказа́лась Ксе́ния Собча́к. Ещё оди́н кандида́т в президе́нты — Элла Памфи́лова, которая баллоти́ровалась в 2000 году. Если вы по́мните, в тот год Бори́с Ельцин ушёл в отста́вку, а на президе́нтских вы́борах победи́л Влади́мир Пу́тин. В том году Памфи́лова заняла́ седьмо́е ме́сто среди́ кандида́тов в президе́нты, получи́в подде́ржку приме́рно одного́ проце́нта избира́телей.

Рассужда́я об уча́стии же́нщин в поли́тике, Ири́на Хакама́да как-то сказа́ла: «надо понима́ть, что и среди́ же́нщин мо́гут быть профессиона́лы и дилета́нты. Впро́чем, как и среди́ мужчи́н есть недальнови́дные поли́тики, принима́ющие непра́вильные реше́ния. Поэ́тому пробле́ма не в том, что если же́нщин-поли́тиков ста́нет бо́льше, то всем ста́нет лу́чше. Пробле́ма в созда́нии усло́вий для того́, чтобы же́нщины могли́ прийти́ в поли́тику»[19]. Бу́дут ли со́зданы таки́е усло́вия в Росси́и — пока́жет вре́мя.

11 Программа «Личные вещи. Ирина Хакамада». *Пятый канал*, 8 августа 2017 г.
12 Ажгихина Н. «Гендерные стереотипы в современных масс-медиа». *Гендерные исследования №5*, 2000 г., 261–273.
13 Э.С. Новикова «Женщины в политической жизни России». *Преображение. Русский феминистский журнал* № 2, 1994 г., 13–18.
14 Кан Юн Хи. «Женщины в российской политике постсоветской эпохи». *Телескоп: Журнал социологических и маркетинговых исследований* №2, 2007 г., 14–18.
15 Кан Юн Хи.
16 Н. С. Хрущев. *Отчетный доклад первого секретаря ЦК КПСС ХХ съезду партии 14 февраля 1956 г.*, 128.
17 Андрей Веселов. «Пол власти: Сколько в России женщин министров и женщин-депутатов». 31 августа 2016 г. (http://tass.ru/politika/3576455)
18 Михаил Митрофанов. «Ирина Хакамада: „Когда я сменила фамилию — на меня посыпались неудачи"». *Амурская правда*, 10 марта 2015 г.
19 Ирина Хакамада. «Об участии женщин в политике». http://old.hakamada.ru/Folder.2004.03.12.0422/1321 /Folder.2004.12.06.3118/718.html

ПОГОВОРИМ О ПРОЧИТАННОМ

Задание 14.

Правильно или неправильно? Исправьте неправильные утверждения и прокомментируйте правильные.

1. У Ирины Хакамады нет кумиров в политике.
2. Восемнадцатый век можно назвать «женским веком» в России: в ту эпоху Россией правили в основном женщины-императрицы; к тому же многие женщины тех лет занимали политические и дипломатические посты.
3. Дольше всех на российском троне продержалась императрица Екатерина Первая.
4. В Советском Союзе было больше мужчин, чем женщин.
5. Если посмотреть советский журнал *Огонёк* за 1930-е году, то вы увидите, что большинство портретов — это портреты мужчин.
6. В Верховном Совете СССР было примерно 53% женщин.
7. Начиная с 1991 года, среди российских министров всегда была хотя бы одна женщина.

Ответьте на вопросы.

1. Объясните, почему 18-й век можно назвать «женским веком» российской истории.
2. Какие две академии возглавляла княгиня Екатерина Дашкова?
3. В советской конституции какого года было записано полное политическое равноправие мужчин и женщин? Как вы поняли, Советский Союз был первой в мире страной, провозгласившей гендерное равноправие?
4. Скажите, когда количество женщин в высших эшелонах власти было выше — в советское или в постсоветское время?
5. Кто такая Валентина Матвиенко? Проведите мини-исследование в интернете и узнайте, занимает ли Матвиенко какой-нибудь правительственный пост сегодня. Если да, то какой?

Известные женщины России и мира. Соедините имена и соответствующие им описания.

1. Княгиня Екатерина Дашкова	А. Советский министр культуры советской эпохи
2. Элла Памфилова	Б. Первая в Великобритании женщина премьер-министр
3. Екатерина Великая	В. Первая женщина в мире, возглавившая Академию наук
4. Александра Коллонтай	
5. Екатерина Фурцева	Г. Заместитель министра образования в двадцатых годах 20-го века и жена Владимира Ленина
6. Ангела Меркель	Д. Первая российская женщина, баллотировавшаяся на пост российского президента
7. Маргарет Тэтчер	
8. Надежда Крупская	Е. С 2011 года глава верхней палаты Российского Парламента и третье лицо государства
9. Валентина Матвиенко	
	Ж. Российская императрица, при которой открылось первое в России учебное заведение для женщин
	З. Федеральный канцлер Германии
	И. Первая в мире женщина-посол и женщина-министр

Замените причастия предложением со словом *который*.

1. Маргарет Тэтчер — первая в Великобритании женщина, <u>занимавшая</u> пост премьер-министра на протяжении одиннадцати лет.
2. Вслед за Тэтчер, появилась немало выдающихся женщин, <u>играющих</u> значительную роль в «большой» политике.
3. Ещё одна известная женщина-политик — Мишель Бачелет, дважды <u>становившаяся</u> президентом Чили.
4. Один из рекордсменов с российской истории — это императрица Екатерина Вторая, <u>продержавшаяся</u> на российском троне почти сорок лет.
5. Княгиня Екатерина Дашкова — первая женщина в мире, <u>возглавившая</u> Академию Наук.
6. Если посмотреть журнал «Огонёк» советской эпохи, то вы увидите много женских лиц, <u>излучающих</u> счастье и энтузиазм.

Задание 18.

Прочитайте данные недавних социологических опросов и ответьте на вопросы.

В сентябре́ 2016 го́да Всеросси́йский центр изуче́ния обще́ственного мне́ния (ВЦИОМ) провёл опро́с о том, на каки́х поста́х россия́не хоте́ли бы ви́деть же́нщин. 66% счита́ют, что же́нщины мо́гут возглавля́ть полити́ческие па́ртии. 55% опро́шенных сказа́ли, что же́нщина может быть премье́р-мини́стром или руководи́телем комите́та в Госуда́рственной Ду́ме. В то же вре́мя, то́лько 32% россия́н ду́мают, что же́нщина может быть президе́нтом Росси́и, а 61% — про́тив же́нщины-президе́нта. [20] А когда́ ВЦИОМ провёл аналоги́чный опро́с в 2017 году́, са́мым популя́рным (54%) оказа́лся отве́т «пол не име́ет значе́ния». Тем не ме́нее 38% скоре́е вы́брали бы мужчи́ну и лишь 5% вы́брали бы же́нщину[21].

20 «Женские лица российской политики». ВЦИОМ, пресс-выпуск №3211 (30 сентября 2016). https://wciom.ru/index.php?id=236&uid=115894

21 «Женщина-президент в России: быть или не быть». ВЦИОМ, пресс-выпуск №3501 (26 октября 2017). https://wciom.ru/index.php?id=236&uid=116481

1. Как вы по́няли? Да или нет? Испра́вьте непра́вильные утвержде́ния и подро́бно прокомменти́руйте правильные.
   А. Большинство россиян с энтузиазмом поддержали бы женщину-президента.
   Б. Россияне считают, что женщина не может возглавлять политическую партию.
   В. Как показали опросы, россияне 2017 года не обращают внимания на гендерную принадлежность кандидата в президенты. Большинство россиян поддержало бы и мужчину, и женщину.
   d. Если при опросе 2005 года большинство россиян сказали, что проголосовали бы только за мужчину президента, то в 2017 году большая часть опрошенных сказали, что предпочли бы увидеть в роли президента России женщину.
2. Скажите, вас удивили ответы россиян? Если да, что вас удивило больше всего?
3. Скажите, а если бы аналогичные вопросы были бы заданы жителям вашей страны, их ответы отличались бы от ответов россиян? Если да, то каким образом?
4. В группах. Составьте список вопросов о гендерных предпочтениях в политике молодёжи вашей страны. Задайте эти вопросы друзьям и знакомым; сообщите результаты в классе и обсудите их.

ВМЕСТО ЗАКЛЮЧЕНИЯ

Задание 19.

Приготовьте выступление и расскажите о любом женщине-политике (не обязательно российском). Какую роль этот политик играет в культуре и общественной жизни своей страны? Как его (её) карьера похожа на карьеру и работу Ирины Хакамады и в чём различия?

Задание 20.

Что в материалах этой главы вас больше всего удивило и заинтересовало? Что нового вы узнали о российской культуре, жизни и политике?

Исследование в интернете. Посмотрите сайт Правительства Российской Федерации government.ru. Узнайте:

1. Кто сегодня возглавляет российское правительство (т.е. занимает должность председателя правительства)?
2. Есть ли женщины среди заместителей председателя правительства? Что входит в их обязанности?
3. Есть ли женщины среди федеральных министров? Какие министерства они возглавляют?

Вспомните, какие три вопроса вы хотели задать Ирине Хакамаде до того, как начали читать о её жизни и карьере. Скажите, вы получили ответы на свои вопросы из статей и материалов этой главы? Если да, то ответьте сами на эти вопросы. А если нет, то проведите дополнительное исследование в интернете.

ДЛЯ ТЕХ, КОМУ ИНТЕРЕСНО: ЧТО ЕЩЁ ПОЧИТАТЬ О ЖЕНЩИНАХ В РОССИЙСКОЙ КУЛЬТУРЕ

Helena Goscilo, Beth Holmgren (eds.). *Women. Russia. Culture.* (Indiana University Press, 1996).

ВМЕСТО ЗАКЛЮЧЕНИЯ: РОССИЙСКИЕ МИЛЛЕНИАЛЫ

Photo courtesy of Todd Prince, toddprincephotography.com

Доводи́лось ли вам когда-нибудь слы́шать фра́зы «поколе́ние Y» и «поколе́ние Z»? Речь здесь идёт о лю́дях, кото́рые родили́сь в конце́ восьмидеся́тых — девяно́стых года́х двадца́того ве́ка (поколе́ние Y) или в 21 ве́ке (Z). Оба́ э́тих поколе́ния вы́росли в эпо́ху интерне́та и <u>высо́ких техноло́гий</u>. Они́ не мо́гут предста́вить свою́ жизнь без <u>планше́тов</u>, га́джетов и соцсете́й. В отли́чие от всех предыду́щих геро́ев э́той кни́ги, э́ти россия́не провели́ бо́льшую часть свое́й жи́зни в «пу́тинской» Росси́и. Для них Сове́тский Сою́з — така́я же экзо́тика, как для их роди́телей — ца́рская Росси́я. Ита́к, в э́той главе́ мы поговори́м о молоды́х россия́нах и их уча́стии в культу́рной и полити́ческой жи́зни страны́.

высо́кие техноло́гии — high technology
планше́т — tablet

1. Скажите, а как вам кажется, чем поколение ваших ровесников отличается от поколения ваших родителей? Если можете, приведите примеры.
2. Скажите, а если бы вам надо было рассказать российской аудитории об известных «миллениалах» вашей страны, о ком бы вы обязательно рассказали? Подробно объясните, почему. Какую роль этот человек играет в культуре вашей страны? Как он/она стал известен, несмотря на достаточно юный возраст?
3. Придумайте и запишите три вопроса, которые вы бы хотели задать вашим ровесникам из России об их жизни и интересах.

PUSSY RIOT

Давайте начнём разговор о молодых россиянах с заметки о группе с необычным названием, участницы которой родились в конце восьмидесятых годов прошлого века, то есть за несколько лет до распада СССР. Прочитайте заметку и узнайте, как большинство россиян отнеслось к аресту участниц группы.

Группа «Pussy Riot» была организо́вана в 2011 году под влия́нием за́падного панк-фемини́стского движе́ния Riot Grrrl. В гру́ппе пять же́нщин, кото́рые выступа́ют под псевдони́мами. Для тех, кто говори́т по-английски, назва́ние гру́ппы о́чень эпата́жно, но его практи́чески невозмо́жно перевести́ на ру́сский язы́к. Мно́гие россия́не не понима́ют назва́ния гру́ппы, а потому́ не о́чень хорошо́ понима́ют и обще́ственную програ́мму панк-рок-фемини́сток[1].

отста́вка — resignation

Уча́стницы гру́ппы говоря́т, что их цель — кри́тика разли́чных форм диктату́ры (наприме́р, они тре́буют отста́вки Влади́мира Пу́тина), а та́кже са́мая широ́кая пропага́нда нон-конформи́зма, свобо́ды тво́рчества и мышле́ния. Волну́ет их це́лый ряд тем: образова́ние, здравоохране́ние, фемини́зм, права́ ЛГБТ. Выступа́ют де́вушки всегда́ в я́рких пла́тьях и балакла́вах. Большинство́ выступле́ний гру́ппы — несанкциони́рованные сканда́льные «худо́жественно-полити́ческие» а́кции, кото́рые они́ прово́дят в са́мых неожи́данных места́х, наприме́р, на ста́нциях моско́вского метро́, на кры́шах авто́бусов и тролле́йбусов и да́же на Кра́сной Пло́щади.

Храм Христа́ Спаси́теля — Cathedral of Christ the Savior
«Богоро́дица, Пу́тина прогони́» — "Mother of God, drive Putin away"
моле́бен — prayer

До 2012 го́да в Росси́и (да и на За́паде) о существова́нии э́той гру́ппы почти́ никто́ не знал. Всеми́рную изве́стность гру́ппе принесла́ а́кция 21 февраля́ 2012 го́да. В тот день уча́стницы гру́ппы вошли́ в Храм Христа́ Спаси́теля в Москве́ и испо́лнили перед алтарём пе́сню «Богоро́дица, Пу́тина прогони́». Э́ту а́кцию уча́стницы панк-гру́ппы назва́ли панк-моле́бном. Зако́нчить выступле́ние гру́ппе не удало́сь, потому́ что охра́нники вы́вели их из хра́ма. Но за́пись их выступле́ния появи́лась на са́йте Ютьюб, где её посмотре́ло не́сколько миллио́нов челове́к.

суд — trial
пригова́ривать/
приговори́ть — to sentence
освобожда́ть/освободи́ть — to free, to release
защи́та — defense

В ма́рте 2012 го́да за «хулига́нство» бы́ли аресто́ваны три уча́стницы гру́ппы: Наде́жда Толоко́нникова, Мари́я Алёхина и Екатери́на Самуце́вич. По́сле суда́ Толоко́нникову и Алёхину приговори́ли к двум года́м коло́нии, а Самуце́вич освободи́ли. В тот год в Росси́и о Pussy Riot говори́ла вся страна́; о них писа́ли в газе́тах; их «моле́бен» обсужда́ли телевизио́нные ток-шо́у. По опро́су, кото́рый провёл ВЦИОМ в апре́ле 2012 го́да, 70% россия́н слы́шали или хорошо́ зна́ют об инциде́нте с панк-моле́бном[2]. Pussy Riot та́кже привлекли́ внима́ние мирово́го музыка́льного соо́бщества. В защи́ту гру́ппы вы́ступили бо́лее 100 всеми́рно изве́стных музыка́нтов: Бьорк, Йо́ко Оно, Мадо́нна, Пол Макка́ртни, Би́лли Джоэл, Э́лтон Джон, «Coldplay», «U2», «One Direction» и мно́гие други́е.

нака́зывать/
наказа́ть — to punish

Большинство́ россия́н отнесли́сь к а́кции Pussy Riot негати́вно. Как показа́л опро́с ВЦИОМ 2012-го го́да, 46% россия́н оце́нивают а́кцию гру́ппы как хулига́нство; ка́ждый деся́тый опро́шенный сказа́л, что а́кция была́ пиа́ром для гру́ппы, сканда́льным спо́собом привлече́ния внима́ния. Только 13% россия́н назва́ли выступле́ние гру́ппы полити́ческим проте́стом; и лишь 1% всех опра́шиваемых счита́ет, что панк-моле́бен — э́то иску́сство. При э́том 86% россия́н ду́мают, что уча́стниц гру́ппы действи́тельно на́до бы́ло наказа́ть, но 90% сказа́ли, что два го́да в коло́нии — э́то сли́шком стро́гое наказа́ние.

Доба́вим, что Наде́жда Толоко́нникова и Мари́я Алёхина бы́ли вы́пущены на свобо́ду по амни́стии в декабре́ 2013 го́да.

1 Marina Yusupova. "Pussy Riot: A Feminist Ban Lost in History and Translation." *Nationalities Papers* 42 (4), 2014, 604–610.

2 ВЦИОМ, вы́пуск №2110, «Пригово́р Пу́сси Ра́йот и росси́йская суде́бная систе́ма», 12 сентября́ 2012 г. https://wciom.ru/index.php?id=236&uid=1126

ПОГОВОРИМ О ПРОЧИТАННОМ

Задание 1.

Правильно или неправильно? Исправьте неправильные утверждéния и подробно прокомментируйте правильные.

1. Группа Pussy Riot была организована ещё до распада СССР.
2. Название группы легко перевести на русский язык, потому россияне очень хорошо понимают общественную программу панк-рок-феминисток.
3. Группа обычно выступает в концертных залах и на стадионах.
4. Pussy Riot получила известность в России с самого первого выступления.
5. В марте 2012 года участницы группы были арестованы по обвинению в политическом экстремизме.
6. Об аресте участниц группы Pussy Riot знало только западное музыкальное сообщество. Большинство россиян никогда не слышали ни о панк-молебне, ни об аресте группы.
7. Большинство россиян не одобряют акцию группы в Храме Христа Спасителя.
8. Многие россияне утверждают, что панк-молебен был интересной художественной формой.
9. Две участницы группы и сегодня находятся под арестом.

Задание 2.

Ответьте на вопросы.

1. Как вы поняли из статьи, свои выступления группа Pussy Riot считает «художественно-политическими» акциями. А как вам кажется, может ли музыка быть инструментом в борьбе за политические идеи? Вы можете привести пример исполнителя или группы (из России или любой другой страны), для которого важнее быть политическим провокатором, чем музыкантом?
2. Как вы думаете, могут ли музыканты через своё искусство изменить общество? Если да, то как? Если нет, то как вы думаете, почему? Проиллюстрируйте свой ответ примерами.
3. Кратко объясните, в чём заключается различие между художественно-политическими акциями группы Pussy Riot и концертами Земфиры, о которых вы читали раньше. А чем выступления Pussy Riot отличаются от творчества советских рок-музыкантов времён перестройки? А чем выступления этой российской панк-группы отличаются от концертов ваших любимых музыкантов?
4. В 2014 году (уже после ареста), Надежда Толоконникова сказала следующее: «Не секрет, что музыка у нас так себе, но цели создать хорошую музыку мы и не ставили. Мы сознательно придерживаемся концепции плохой музыки, плохих текстов и плохой рифмы. Для нас важен политический протест, а не музыка»[13]. А как вы думаете, могут ли хорошие тексты и хорошая музыка усилить политический протест? Объясните, почему вы так думаете.
5. Как вам кажется, есть ли сегодня в вашей стране музыкальные группы, которые поют о проблемных темах 21-го века? Если да, то что это за группы? Против чего они выступают? Если вы сказали, что таких групп нет, то как вы думаете, почему? Что изменилось в мире рок-музыки со времён The Beatles?

3 «Президент Эстонии и Pussy Riot открыли фестиваль Tallinn Music Week». *Musecube*, 28 марта 2014 г.

РОССИЙСКИЕ ВИДЕОБЛОГЕРЫ.

А в этой заметке речь пойдёт об очень молодом явлении — о российских видеоблогерах. Прочитайте заметку и узнайте, насколько политизировано ли сегодняшнее молодёжное российское сообщество Ютьюб.

подпи́счик — subscriber, follower (in social media)
проко́л — (slang) failure

«Подпи́счики — это те же избира́тели, только результа́ты видны́ в режиме реа́льного вре́мени. Ка́ждое моё ви́део — это мини-вы́боры. Ка́ждая моя фальшь, проко́л, лень вызыва́ют момента́льную реа́кцию аудито́рии»[4]. 22 ма́я 2017 го́да э́ти слова́ произнесла́ с трибу́ны Госуда́рственной Ду́мы девятна́дцатиле́тний росси́йский видеобло́гер, Алекса́ндра Балко́вская, изве́стная под псевдони́мом Са́ша Спи́лберг. Спи́лберг начала́ вести видеобло́г в Ютью́бе, когда́ ей бы́ло 13 лет. В свои́х бло́гах она́ расска́зывает о себе́ и свое́й жи́зни, а та́кже даёт сове́ты о мо́де и косме́тике (а заодно́ реклами́рует проду́кцию кру́пных фирм, наприме́р, Proctor&Gamble). В 2017 году́ Са́шина аудито́рия в Ютью́бе соста́вила бо́лее пяти́ миллио́нов челове́к.

бесспо́рно — unquestionably, undoubtedly
показа́тель — index
село́ — village
обзо́р — review
пре́данный — faithful, dedicated

Пять миллио́нов подпи́счиков — бесспо́рно, бо́лее чем впечатля́ющий показа́тель. Почему́ э́тот показа́тель ва́жен? Де́ло в том, что популя́рные видеобло́геры, чьи кана́лы просма́триваются не́сколько ты́сяч раз в неде́лю, стано́вятся партнёрами Ютью́ба и начина́ют зараба́тывать на свои́х ви́део вполне́ неплохи́е де́ньги. Так, на 2018 год пе́рвое ме́сто по коли́честву подпи́счиков занима́ет Ива́н Рудско́й, кана́л кото́рого называ́ется EeOneGuy (и́ли Ивангай). В 2018 году́ на его́ кана́л бы́ло подпи́сано почти́ 13 миллио́нов челове́к, а в 2016 году́ газе́та «Коммерса́нтъ» оце́нивала годово́й дохо́д Ива́на в 300 ты́сяч до́лларов[5]. Рудско́й роди́лся в 1996 году́ в ма́леньком украи́нском селе́, а пото́м перее́хал учи́ться в Москву́. Начина́л Ивангай с обзо́ров видеои́гр и так называ́емых «летспле́ев» (то есть ви́део, в кото́рых он игра́ет в и́гры, при э́том их комменти́руя). А став одно́й из са́мых востре́бованных звёзд Ютью́ба, Рудско́й на́чал снима́ть ви́део о себе́ и свое́й жи́зни. Основна́я и са́мая пре́данная аудито́рия Ивангая, по его́ со́бственным слова́м, — де́вочки-подро́стки, а его́ самого́ называ́ют но́вым Джа́стином Би́бером[6].

шути́ть — tell jokes
вживу́ю — live, in person

Са́мой популя́рной видеобло́гером-де́вушкой в росси́йском сегме́нте Ютью́б на 2018 год была́ Ка́тя Трофи́мова (бо́льше изве́стная свои́м подпи́счикам как TheKateClapp). Москви́чка, роди́вшаяся в 1993 году́, Ка́тя откры́ла свой кана́л ещё в 2010-м, когда́ ей бы́ло 16 лет. Как она́ объясня́ет сама́, она́ начала́ снима́ть свои́ пе́рвые ви́део, что́бы «шути́ть, расска́зывать исто́рии, петь пе́сни, де́лать паро́дии. Получи́лся тако́й теа́тр одного́ актёра»[7]. В 2018 за расска́зами Ка́ти следи́т бо́лее 6 миллио́нов зри́телей, в основно́м шко́льников, а её ме́сячные дохо́ды в 2016 году́ оце́нивались в 5 — 6 ты́сяч до́лларов[8]. Сама́ Ка́тя объясня́ет свою́ популя́рность тем, что «челове́ку всегда́ интере́сно знать, что происхо́дит у сосе́дей за стено́й, и видеобло́ги позволя́ют узна́ть, как живу́т други́е... В како́й-то сте́пени видеобло́гер — это фастфу́д челове́к, кото́рого мы мо́жешь включи́ть и послу́шать в любо́й моме́нт, и он бы́стро мо́жет стать твои́м дру́гом, да́же е́сли ты никогда́ не ви́дел его́ вживу́ю»[9].

влия́ние — influence
СМИ (сре́дства ма́ссовой информа́ции) — mass media
взаимоде́йствие — interaction, cooperation

Как вы уже́, наве́рно, по́няли, в ми́ре росси́йского сообщества Ютью́б не́которые видеобло́геры популя́рнее рок- и поп-звёзд, а разме́ры их аудито́рий превыша́ют коли́чество зри́телей кру́пных телекана́лов и ре́йтинговых переда́ч. По да́нным опро́сов, проведённых в 2016 и 2017 года́х, Лева́да-центр утвержда́ет, что видеобло́ги смо́трит 50% опро́шенных в во́зрасте от восемна́дцати до двадцати́ четырёх лет и 20–25% взро́слого населе́ния Росси́и[10]. Потому́, пожа́луй, нет ничего́ удиви́тельного в том, что те́ма влия́ния видеобло́геров на молодёжь обсужда́ется на са́мых ра́зных у́ровнях, от журнали́стов до депута́тов Госуда́рственной Ду́мы. Появле́ние Алекса́ндры Балко́вской на парла́ментских слу́шаниях «О молодёжной поли́тике Росси́и» — не еди́нственный слу́чай внима́ния росси́йских власте́й к популя́рным видеобло́герам. В 2017 году́ с росси́йскими бло́герами встреча́лся мини́стр культу́ры Росси́и Влади́мир Меди́нский, кото́рый назва́л их «но́выми СМИ». Как заме́тил Меди́нский: «у вас [видеобло́геров] аудито́рия бо́льше, чем та, с кото́рой обы́чно рабо́тает телеви́дение. Она́ у вас объекти́вно растёт и она́ молода́я»[11]. А в ию́не 2017 года депута́т росси́йского парла́мента Васи́лий Вла́сов предложи́л созда́ть при Госуда́рственной Ду́ме сове́т бло́геров для разрабо́тки «страте́гии по взаимоде́йствию с гра́жданами в сети́»[12].

Так что по мне́нию росси́йских поли́тиков, видеобло́геры мо́гут вполне́ серьёзно влия́ть на страну́. Са́ми молоды́е лю́ди не совсе́м с э́тим согла́сны. Наприме́р, Алекса́ндра Балко́вская говори́т, что её основна́я аудито́рия — шко́льники от десяти́ до 14 лет, и потому́ она́ не уве́рена, «что кому́-то из поли́тиков в ближа́йшее вре́мя пона́добится по́мощь видеобло́геров. Возрастна́я катего́рия пока́ не та, да и авторите́та малова́то»[13]. Изме́нится ли э́та ситуа́ция и ста́нем ли мы свиде́телями политиза́ции молоды́х видеобло́геров — пока́жет вре́мя. Ну а пока́ что вторы́м по популя́рности росси́йским видеобло́гом с почти́ десятью́ миллио́нами подпи́счиков явля́ется кана́л Slivki Show, гла́вный бло́гер кото́рого — кот Ку́ки.

4   Серге́й Звезда́. «„Подпи́счики — это те же избира́тели“: Гла́вное из выступле́ния видеобло́гера Са́ши Спилберг в Госду́ме». *tjournal.ru*, 22 ма́я 2017 г. https://tjournal.ru/44575-podpischiki-eto-te-zhe -izbirateli-glavnoe-iz-vystupleniya-videoblogera-sashi -spilberg-v-gosdume

5   «Нало́г на кривля́ния». *Коммерса́нтъ Де́ньги* №21, 30 ма́я 2016 г., 28.

6   Вече́рний Урга́нт, «В гостя́х у Ива́на Ивангай». *Пе́рвый кана́л*, 21 декабря́ 2016 г.

7   «Секре́ты успе́ха влогеров Та́ни Бурр и Ка́ти Клэп». *Glamour*, 18 апре́ля 2016 го.

8   Альби́на Хазе́ева. «Сегме́нт но́мер оди́н на YouTube — это де́вочки и косме́тика». *Коммерса́нтъ FM*, 12 ма́я 2016 г.

9   «Фастфуд-лю́ди: В чём фено́мен YouTube и почему́ мир схо́дит с ума́ по видеобло́гам». *Афи́ша Daily*, 28 сентября́ 2016 г.

10 «„Телеви́зор бу́дущего“: Как видеобло́геры меня́ют медиаландша́фт». *Левада-центр*, 17 июля 2017 г. https://www.levada.ru/2017/07/17/televizor-budushhego -kak-videoblogery-menyayut-medialandshaft/

11 Пресс-рели́з Министе́рства культу́ры Росси́йской Федера́ции, «Влади́мир Меди́нский встре́тился с популя́рными интерне́т-бло́герами». 25 ма́я 2017 г.

12 «Депута́т от ЛДПР про́сит Воло́дина созда́ть при Госду́ме сове́т бло́геров». *ТАСС*, 9 ию́ня 2017 г.

13 Серге́й Звезда́. «„Подписчии — это те же избира́тели“: Гла́вное из выступле́ния видеобло́гера Са́ши Спилберг в Госду́ме». *tjournal.ru*, 22 ма́я 2017 г. https://tjournal.ru/44575-podpischiki-eto-te-zhe -izbirateli-glavnoe-iz-vystupleniya-videoblogera-sashi -spilberg-v-gosdume

ПОГОВОРИ́М О ПРОЧИ́ТАННОМ

Зада́ние 3.

Пра́вильно и́ли непра́вильно? Испра́вьте непра́вильные утвержде́ния и подро́бно прокомменти́руйте пра́вильные.
1. Видеобло́геры не получа́ют никако́й при́были от ви́део, кото́рые они́ размеща́ют в интерне́те.
2. В ми́ре росси́йского соо́бщества YouTube не́которые видеобло́геры популя́рнее рок- и поп-звёзд.
3. По результа́там опро́са Левада-центра 2016 и 2017 годо́в, россия́не в во́зрасте 18–24 лет практи́чески не смо́трят видеобло́ги.
4. Ка́тя Трофи́мова (и́ли TheKateClapp) занима́ет пе́рвое ме́сто по коли́честву подпи́счиков в русскоязы́чной видеоблогосфе́ре.
5. Основна́я и са́мая пре́данная аудито́рия Ивангая — росси́йские поли́тики.

Ответьте на вопросы.

1. Как вы поняли, каков возраст аудитории большинства молодых российских видеоблогеров?
2. Вы прочитали, что видеоблогер Катя Трофимова называет себя и своих коллег людьми «фастфуд». Как вы думаете, что она имела в виду?
3. Как вам кажется, должно ли государство контролировать видеоблогеров? Нужна ли цензура на содержание их каналов?
4. Скажите, какой из российских каналов YouTube, упомянутых в заметке, вам было бы интересно посмотреть и почему?
5. Скажите, а в вашей стране сегодня видеоблоги популярны? Кто (люди какого возраста) обычно смотрят видеоблоги?
6. Как вам кажется, ваши ровесники в вашей стране предпочитают смотреть видео на YouTube или на телевидении? Как вы думаете, почему?

ВМЕСТО ЗАКЛЮЧЕНИЯ

Вспомните вопросы вступительной главы, с которых мы начали разговор о России 21-го века:

1. Скажите, если бы вы могли назвать три слова, которые для вас символизируют Россию, что это были бы за слова? Объясните, почему.
2. А каких культурных, политических или исторических деятелей России 21-го века вы можете назвать?

Вы помните, как вы ответили на эти вопросы тогда, в начале курса? А как вы ответите на эти вопросы сейчас? Изменили ли материалы этого курса ваше представление о России?

КУЛЬТУРОЛОГИЧЕСКИЙ ТЕСТ

Выберите правильный вариант ответа.

1. Какое время в истории России называется «оттепель»?
   А. Революционная эпоха 1917-го года
   Б. Время правления Никиты Хрущёва
   В. Время правления Владимира Путина
   Г. Время правления Леонида Брежнева
2. Пе́рвый публичный кинопоказ прошёл в...
   А. Санкт-Петербурге
   Б. Москве
   В. Париже
   Г. Лос-Анжелесе
3. Кто такой Сергей Дягилев?
   А. Известный советский поп-музыкант
   Б. Известный советский политик
   В. Известный российский антрепренёр
   Г. Известный российский художник

4. Драмбалет как новая форма балетного языка и стиля возник...
   - А. В царской России
   - Б. В России 21-го века
   - В. В тридцатых годах двадцатого века
   - Г. Во время эпохи «застоя»

5. Перестройка и гласность начались при...
   - А. Михаиле Горбачёве
   - Б. Никите Хрущёве
   - В. Владимире Путине
   - Г. Леониде Брежневе

6. Какие годы в истории России двадцатого века традиционно называются «лихими»?
   - А. Сороковые
   - Б. Пятидесятые
   - В. Шестидесятые
   - Г. Семидесятые
   - Д. Восьмидесятые
   - Е. Девяностые

7. Советский Союз распался в...
   - А. 1917 году
   - Б. 1953 году
   - В. 2001 году
   - Г. 1991 году

8. Кто режиссёр фильма «Последняя сказка Риты»?
   - А. Кира Муратова
   - Б. Рената Литвинова
   - В. Земфира
   - Д. Ирина Хакамада

9. Кино — достаточно молодое искусство, которое зародилось вскоре после Революции 1917-го года.
   - А. Правильно
   - Б. Неправильно

10. Режиссёр одной из самых значимых работ мирового кинематографа, фильма «Броненосец „Потёмкин"» — ...
    - А. Рената Литвинова
    - Б. Дзига Вертов
    - В. Александр Довженко
    - Г. Сергей Эйзенштейн
    - Д. Лев Кулешов

11. Телемосты СССР — США выходили в телеэфир...
    - А. Сразу после Революции 1917 года
    - Б. После распада Советского Союза
    - В. Во времена перестройки и гласности Михаила Горбачёва
    - Г. Во времена «оттепели» в СССР

12. Пе́рвый и единственный президент СССР — это...
    - А. Владимир Ленин
    - Б. Иосиф Сталин
    - В. Никита Хрущёв
    - Г. Леонид Брежнев
    - Д. Михаил Горбачёв
    - Е. Владимир Путин

13. Какая эпоха вошла в историю России как «эпоха гламура»?
    А. Двадцатые годы двадцатого века
    Б. Середина двадцатого века
    В. Девяностые годы двадцатого века
    Г. Нулевые годы двадцать пе́рвого века

14. Пе́рвую для России золотую олимпийскую медаль завоевал (завоевала)...
    А. Баскетбольная команда
    Б. Хоккейная команда
    В. Фигурист
    Г. Футбольная команда
    Д. Боксёр

15. Кто из этих женщин не баллотировался на пост Президента Российской Федерации?
    А. Ирина Хакамада
    Б. Ксения Собчак
    В. Диана Вишнёва

16. Песни кого из этих музыкантов рассказывают о СПИДе, об однопо́лой любви́, о сме́рти?
    А. Pussy Riot
    Б. Земфира
    В. Иванушки International
    Г. Любэ

17. Какой фильм был пе́рвым полнометра́жным худо́жественным фильмом Ренаты Литвиновой?
    А. «Боги́ня. Как я полюби́ла»
    Б. «Нет сме́рти для меня́»
    В. «Увлече́нья»
    Г. «После́дняя ска́зка Ри́ты»

18. Кто проводит в России фестиваль Context?
    А. Рената Литвинова
    Б. Диана Вишнёва
    В. Ксения Собчак
    Г. Константин Райкин

19. Кто родился в семье искромётного сати́рика, «Сове́тского Ча́рли Ча́плина»?
    А. Игорь Матвиенко
    Б. Евгений Плющенко
    В. Константин Райкин
    Г. Владимир Познер

20. Гражданином какой из этих стран никогда не был Владимир Познер?
    А. СССР
    Б. Франция
    В. Швейцария
    Г. США

21. Какая программа российского телевидения — лицензио́нный ана́лог знамени́того брита́нского прое́кта Britain's Got Talent?
    А. «Мину́та сла́вы»
    Б. «Звёзды на льду»
    В. «Дом-2»
    Г. «Фабрика звёзд»

РУССКО-АНГЛИЙСКИЙ СЛОВАРЬ

А

а́вторские права́ — copyright (1)
акваре́ль — watercolor (1)
актуа́льный — topical, of current interest (7)
аре́нда — rent (4)
арендо́вывать/арендова́ть — to rent, to lease (4)
аншла́г — full house (3)
аудито́рия/зри́тельская аудито́рия — audience (7)

Б

баллоти́роваться — to run for office (12)
беда́ — misfortune, grief (2)
бе́дность — poverty (Introduction)
без ве́дома (кого) — without someone's knowing, behind someone's back (11)
безда́рный — talentless (4)
безнра́вственный — immoral (4)
безопа́сность — safety, security (6)
безопа́сный — safe (7)
безостано́вочный — non-stop (3)
безогово́рочно — without reservation (12)
безрабо́тица — unemployment (8)
безупре́чный — impeccable, flawless (4)
бесконе́чный — endless (6)
беспла́тный — free (no charge) (4)
бесполе́зный — useless (11)
бесстра́шный — fearless (9)
бессты́дный — shameless (1)
биле́т — ticket (4)
би́ржа — stock exchange (12)
благодаря́ (чему) — thanks to, because of (8)
благополу́чие — prosperity, well-being (6)
благополу́чный — prosperous (6)
блеск — shine, splendor (6)
блестя́щий — brilliant (4)
блиста́тельный — brilliant, magnificent (3)
бо́дрость — cheerfulness, good spirits (11)
боле́знь — illness (2)
боле́ть (за кого, что) — to be a fan of, to cheer for (10)
боль — pain (2)
большинство́ — majority (Introduction)
борьба́ — struggle (10)
брать/взять на себя́ — to assume, to take upon oneself (4)
бриллиа́нт — diamond (6)

броса́ть/бро́сить, забро́сить — to give up, to drop, to quit (1)
броса́ться/бро́ситься (кому) **в глаза́** — to catch someone's eye (6)
буква́льно — literally (1)
бума́га — paper (2)
бунт — revolt, riot (8)
бунта́рский — rebellious (8)
бунтова́ть про́тив (чего) — to rebel against (8)
бы́вший — former (1)
быть в нови́нку (кому) — to be a novelty for someone (9)
быть (у всех) на на слуху́ — to be on everyone's lips (11)

В

в большинстве́ — in the majority (12)
в ви́де (кого, чего) — as, in the form of (8)
в ду́хе (кого) — a la, in the spirit of (8)
в зави́симости (от чего) — depending on (9)
в за́писи — pre-recorded (show) (7)
в ито́ге — as a result (5)
в какой-то сте́пени — to some degree (6)
в какой-то ме́ре — to some extent (11)
в меньшинстве́ — in the minority (12)
в один го́лос — unanimously (10)
в одноча́сье — overnight (literally: in an hour) (6)
в основно́м — for the most part (12)
в отли́чие (от кого) — unlike, as opposed to someone (3)
в пе́рвую о́чередь — first and foremost (6)
в прямо́м эфи́ре — broadcast live (7)
    идти́ в прямо́м эфи́ре — to be broadcast live (7)
в све́те (чего) — in light of (also figurative) (4)
в соа́вторстве (с кем) — in co-authorship (6)
в сре́днем — on average (9)
в те го́ды — in those years (5)
в то же вре́мя — at the same time (7)
в честь (кого) — in honor of (8)
в том числе́ — including (5)
в э́том смы́сле — in this sense (6)
в эфи́ре — on the air (radio or tv broadcast) (1)
вдоба́вок (к чему) — in addition to (1)
вдохнове́ние — inspiration (5)
вдохновля́ть/вдохнови́ть — to inspire (5)
веду́щий — leading (10)

веду́щий/веду́щая, телеведу́щий — show host, TV show host (1)

ведь — after all (3)

(кому) везти́/повезти́ — to have luck, be lucky (3)

ве́жливый — polite (5)

везде́ — everywhere (7)

век — century (Introduction)

вели́кий — great (Introduction)

ве́ра — faith, belief (10)

весну́шка — freckle (9)

вести́ програ́мму — to host a show (6)

весьма́ — very, highly (6)

вещь — thing, item (6)

взахлёб — voraciously (2)

взгляд — view, opinion (7)

взрыв — explosion (4)

взрыва́ть/взорва́ть — to explode, to blow up (8)

включа́ть/включи́ть — to include (3)

вкус — taste (also figurative) (5)

власть — power (12)

влия́ние — influence (7)

влия́тельный — influential (5)

влия́ть/повлия́ть (на кого, что) — to influence (7)

вложе́ние — investment (4)

влюбля́ться/влюби́ться (во что, кого) — to fall in love (4)

вме́сто (кого, чего) — instead of (Introduction)

вмиг — in an instant, in a flash (8)

вне (чего) — beyond, outside (8)

вне конкуре́нции — beyond competition, without a rival (10)

внедря́ться/внедри́ться — to infiltrate, to take root (6)

внеза́пный — sudden (11)

вне́шний вид — appearance (11)

вне́шность — look, appearance (12)

внима́ние — attention (8)

вну́тренний — internal (8)

внуша́ть/внуши́ть (кому) — to impress upon someone (2)

во-вторы́х — in the second place (5)

во-пе́рвых — in the first place (5)

во что бы то ни ста́ло — by all means, no matter what (11)

вовсе нет — not at all (11)

вое́нный — military (Introduction)

вождь — leader (10)

возглавля́ть/возгла́вить — to head, to lead, to spearhead, to top (11)

возвраща́ть/верну́ть — to return, to pay back (4)

возвраща́ться/верну́ться — to return, to come back (7)

возмо́жность — possibility (5)

возника́ть/возни́кнуть — to emerge, to appear, to originate (3)

возрожда́ть/возроди́ть — to revive (10)

война́ — war (11)

волна́ — wave (6)

волнова́ться (за кого, что) — to worry about (6)

вопреки́ (чему) — despite, in spite of (3)

воспи́тывать/воспита́ть — to educate, to bring up (1)

воспомина́ние — recollection, memory (4)

воспринима́ть/восприня́ть — to perceive (6)

восста́ние — uprising (10)

востре́бованный — in-demand (11)

восхища́ться/восхити́ться (кем, чем) — to admire (9)

впечатля́ть/впечатли́ть — to impress (2)

впечатле́ние — impression (2)

впи́сываться/вписа́ться — to fit in (6)

вплоть (до чего) — up until, up to and including (11)

вполне́ — quite, completely (8)

враща́ться — to turn, to spin (10)

враще́ние — rotation (10)

вручну́ю — by hand (5)

всё же — still, nonetheless (7)

вслед (за кем, чем) — following, after (6)

вспомина́ть/вспо́мнить — to recall, to recollect (3)

второстепе́нная роль — supporting role (4)

второстепе́нный персона́ж — secondary character (2)

входи́ть/войти́ в мо́ду — to become fashionable (Introduction)

входи́ть/войти́ в исто́рию — go down in history (7)

вы́бор — choice (3)

вы́боры — elections (3)

вы́глядеть (хорошо, плохо и т.д.) — to look (good, bad, etc.) (4)

вы́года — gain, benefit (4)

вы́годный — profitable, lucrative (4)

выдава́ть/вы́дать (кого, что — за кого, что) — to pass someone/something off as someone/something (9)

выдаю́щийся — prominent, outstanding (12)

выдвига́ть/вы́двинуть — to move forward, to nominate (12)

выделя́ть/вы́делить — to allocate (4)

выделя́ться/вы́делиться (из, среди — кого, чего) — to stand out (6)

выжива́ть/вы́жить — to survive (2)

вызыва́ть/вы́звать — to elicit, to evoke (9)

вызыва́ть/вы́звать резона́нс — to stir up controversy (10)

вызыва́ть/вы́звать интере́с — to cause interest (7)

вы́мышленный — made-up, invented (8)

выноси́ть/вы́нести пригово́р — to condemn (2)

вызыва́ть/вы́звать интере́с (у кого) — to spark interest (Introduction)

вы́пуск — (1) issue (of a magazine); (2) — release (of a film, a book, etc.) (1)

выпуска́ть/вы́пустить — to release (a book, an article) (2)

выража́ть/вы́разить — to express (8)

выража́ть/вы́разить мне́ние — to express an opinion (Introduction)

выраже́ние — expression (8)

выска́зывание — statement **(9)**

выска́зывать/вы́сказать наде́жду — to express hope (8)

вырази́тельный — expressive (3)

высме́ивать /вы́смеять (кого, что) — to mock, to ridicule (1)

вы́ставка — (art) exhibition (1)

выступа́ть/вы́ступить — to perform (on stage) (3)

выступле́ние — performance (3)

выта́скивать/вы́тащить из беды — — to get someone out of trouble (2)

выходи́ть/вы́йти в отста́вку — to retire (10)

выходить/вы́йти в печать — come out in print (2)

выходи́ть/вы́йти в эфи́р — to be broadcast (7)

выходи́ть/вы́йти за ра́мки (чего) — to exceed the limits of, to go beyond something (9)

выходи́ть/вы́йти из стро́я — to break down (8)

выходи́ть/вы́йти на экра́ны — to come out on television (7)

вы́чурный — pretentious (6)

вышеперечи́сленный — above-mentioned (9)

вышивка — embroidery (5)

Г

гастро́ли — tour, concert tour (3)

гастроли́ровать — to tour, to go on a concert tour (3)

герб — coat of arms (Introduction)

ги́бкий — flexible (10)

ги́бкость — flexibility (10)

гла́вная роль — lead role (4)

гла́вный реда́ктор — editor in chief (6)

гля́нцевый — glossy (6)

головокружи́тельный — dizzying

го́лос — voice (7)

го́рдость — pride (Introduction)

горди́ться (кем, чем) — be proud of (Introduction)

госуда́рство — state (3)

гражда́нство — citizenship (7)

граждани́н /гра́ждане (plural) — citizen (Introduction)

грани́ца — boundary (5)

грацио́зный — graceful (3)

гру́стный — sad (1)

гря́зный — dirty (6)

Д

(кому) легко́ (тру́дно) дава́ться — to come easily to someone (e.g., a subject in school, a language) (4)

дальнови́дный — forward-looking (12)

дви́гаться — to move (e.g., to dance) (11)

движе́ние — movement (8)

действи́тельно — really, in fact (2)

действи́тельность — reality (1)

де́лать акце́нт (на чём) — to emphasize (10)

дели́ться/подели́ться (чем) — to share (2)

дело в том, что — the fact is that (5)

держа́ва — power (10)

де́рзкий — daring, audacious (8)

десятиле́тие — decade (6)

деся́ток — dozen (4)

де́тство — childhood (8)

дефици́т — shortage (5)

де́ятель — activist, figure, agent (Introduction)

де́ятельность — activity (8)

дирижёр — conductor of an orchestra or leader of a band (11)

дли́тельный — long, extended, lengthy (4)

для нача́ла — to begin with (12)

доброво́льный — voluntary (4)

доверя́ть/дове́рить (кому, чему) — to trust (3)

(кому) **доводи́ться/довести́сь** + infinitive — to happen to, to get to do something (4)

дово́льный/недово́льный (кем, чем) — satisfied/dissatisfied (8)

дога́дываться/догада́ться — to guess (2)

доказа́тельство — proof (3)

дока́зывать/доказа́ть (что — кому) — to prove (something to someone) (9)

долгожи́тель — centenarian (9)

долголе́тие — longevity (12)

до́лжность — post, position (12)

дополни́тельный — additional (4)

дополня́ть/допо́лнить — to complement (1)

допуска́ть/допусти́ть (до чего) — to grant access to (10)

допусти́ть/допуска́ть оши́бку — to make an error (2)

достиже́ние — achievement (Introduction)

досто́йный — dignified, respectable (6)

до́ступ — access (5)

досту́пность — accessibility, approachability (11)

досту́пный — accessible (5)

досу́г — leisure (5)

дохо́д — income, revenue (4)

дохо́дный — profitable (4)

драгоце́нности (plural) — jewelry (6)

дразни́ть (кого) — to tease, to razz, to pick on someone (12)

драмату́рг — playwright (4)

дру́жба — friendship (11)

дурно́й/плохо́й вкус — poor taste (6)

дух — spirit (8)

душа́ — soul (6)

Е

евре́й — a Jewish person (7)

евре́йский — Jewish (7)

еженеде́льно — weekly (1)

Ж

жа́ловаться — to complain (3)

жела́ние — desire (6)

желе́зный за́навес — Iron Curtain (3)

же́ртва — victim (1)

же́ртвовать/поже́ртвовать — to donate (4)

жёсткий — tough, hard (12)

жи́вопись — painting (as a form of art) (1)

З

за (+ expression of time) — for a (period) (Introduction)

(выходи́ть) за ра́мки (чего) — (to go) beyond the scope of (3)

за грани́цу — abroad (Introduction)

за рубе́ж — abroad (direction), border (direction) (3)

за рубежо́м, за грани́цей — abroad (location) (7)

за чертой бедности — below the poverty line (5)

заба́вный — amusing, funny (2)

забира́ть/забра́ть (у кого) — to take away (9)

зави́сеть (от чего) — to depend on (6)

завоёвывать/завоева́ть — to win, to conquer (10)

завоёвывать/завоева́ть популя́рность среди (кого) — to become popular with … (2)

загла́вная роль — lead role (3)

загля́дывать/загляну́ть (во что) — to peek, look into (12)

зада́ча — task, assignment, problem (9)
ста́вить/поста́вить зада́чу (перед кем) — to set a task (9)

заде́рживать/задержа́ть — to arrest, to detain (2)

заду́мывать/заду́мать — to plan, to conceive the idea of, to devise (10)

заду́мываться/заду́маться (о чём) — to ponder, think about (4)

задуше́вный — heartfelt (11)

зака́з — commission, directive, order (9)

зака́зывать/заказа́ть — to order (9)

зако́н — law (1)

законода́тель/законода́тельница (мод) — trendsetter (3)

законода́тельный — legislative (branch of government) (12)

закры́тие — closure, shutdown (4)

замести́тель — deputy (12)
замести́тель мини́стра — deputy minister (12)

замеча́ть/заме́тить — to notice (9)

замкнутый — reserved, withdrawn, antisocial (12)

занима́тельный — entertaining (2)

занима́ть/заня́ть ме́сто (чего) — to take the place of (8)

занима́ть/заня́ть пост — to hold/to take office (12)

за́ново — anew (2)

запи́сывать/записа́ть — to record (8)

за́пись — (music) record, recording (11)

запомина́ться/запо́мниться (кому) — to be remembered as . . . (by someone) (12)

запомина́ющийся — memorable (11)

запре́т — ban (8)

запреща́ть/запрети́ть — to ban, to forbid (4)

запуска́ть/запусти́ть — to release, to launch (1)

зараба́тывать/зарабо́тать — to earn (a living) (1)

зарпла́та — salary (10)

зарубе́жный — foreign (3)

заряжа́ть/заряди́ть — to charge (2)

засте́нчивый — shy (11)

засто́й — stagnation (5)

заслу́шиваться/заслу́шаться — to be mesmerized by listening to something (3)

затра́гивать/затро́нуть (что) — to affect, to touch upon (5)

затра́та — cost (4)

зауря́дный — ordinary (11)

захва́тывающий — captivating, exciting (3)

зачасту́ю — (colloquially) frequently (5)

зачи́тывать/зачита́ть — to read out loud (9)

заявля́ть/заяви́ть — to declare (10)

звук — sound (1)

здоро́вье — health (10)

здравоохране́ние — healthcare (12)

зна́ковый — iconic (3)

знамени́тость — celebrity (6)

значе́ние — meaning, significance (3)

зна́чимый — significant (8)

значи́тельный — significant, considerable (3)

зре́лище — spectacle, show (3)

зри́тель — viewer, spectator (3)

И

игра́ть/сыгра́ть роль (в чём) — (also fig.) to play a part in (3)

игру́шка — toy (3)

идти́ на компроми́сс — to compromise (7)

избира́тель — voter (12)

избира́ть/избра́ть — to elect (12)

издава́ть/изда́ть — to publish (2)

изда́ние — edition (2)

изда́тель — publisher (2)

изда́тельство — publishing house (2)

изли́шество — excess (1)

изли́шний — excessive (8)

измене́ние — change (5)

изоби́лие — abundance (6)

изобража́ть/изобрази́ть — to depict, to portray (1)

изобрета́ть/изобрести́ — to invent (5)

и́зредка — occasionally, once in a while (8)

изумля́ть/изуми́ть — to amaze (10)

изы́сканный — exquisite (3)

изя́щный — refined, delicate, elegant (5)

и́менно — precisely (5)

ино́й — other, different (8)

иностра́нный — foreign (9)

интеллиге́нтный — cultured (9)

ины́ми слова́ми — in other words (1)

исключе́ние — exception (3)

исключи́тельный — exceptional (6)

и́скренность — sincerity (1)

искромётный — flamboyant (4)

испоко́н веко́в — from the beginning of time (3)

исполни́тель/исполни́тельница — (theatrical or cinematic) performer (8)

исполня́ть/испо́лнить — to perform (3)

испы́тывать/испыта́ть — to experience (5)

испы́тывать/испыта́ть судьбу́ — to try one's luck (4)

иссле́дователь — researcher (7)

исто́чник — source (5)

исходи́ть (из чего) — to be based on something, to proceed from (7)

исчеза́ть/исче́знуть — to disappear (6)

К

как бу́дто — as if, as though (9)

к нача́лу (чего) — by the beginning of (Introduction)

к сожале́нию — unfortunately (7)

к тому́ вре́мени — by that time (10)

к тому́ же — in addition (6)

к сча́стью — fortunately, luckily (7)

как пра́вило — as a rule (3)

как раз — just, exactly (12)

как таково́й — as such, per se (12)

кардина́льно — radically, drastically (5)

коро́че говоря́ — in short (7)

каса́ться/косну́ться — to touch, to concern (6)

като́к — skating rink (10)

ка́чество — quality (1)

ка́чественный — of high quality (5)

кида́ться/ки́нуться (во что) — to throw oneself into, to rush into (7)

кинопромы́шленность — film industry (9)

кла́вишные — keyboard (musical instrument) (11)

ключево́й — key, crucial (12)

коли́чество — quantity (1)

коньки́ (singular коне́к) — ice skates (10)

конкуре́нт — competitor (9)

ко́нкурс — competition, contest (3)

корми́ть — to feed (5)

космноязы́чный — tongue-tied (12)

кра́ска — color, paint (1)

красота́ — beauty (6)

кро́ме (чего) — beside something, in addition to (3)

круглосу́точный — all-day (5)

кружево — lace (5)

кру́пный — large (7)

кули́са — (in theater) wings (4)

  за кули́сы (куда), **за кули́сами** (где) — (in a theater) in the wings, backstage, behind the scenes (also figurative)

куми́р — idol (10)

кури́ть — to smoke (1)

Л

ла́герь — camp (12)

  социалисти́ческий а́герь — socialist camp (12)

ла́сковый — affectionate, gentle (12)

лёд — ice (10)

ли́чность — individual, personality, person, figure (4)

лишь — only, solely (3)

ло́зунг — slogan (6)

льсти́ть (я льщу, ты льстишь) (кому) — to flatter (7)

люби́тель — (1) amateur, dilettante (2) aficionado (2)

любозна́тельный — curious, inquisitive (2)

М

ма́сло — oil (1)

масти́тый — experienced, veteran (5)

мгнове́нный — instant (11)

междунаро́дные отноше́ния — international relations (7)

мероприя́тие — event, celebration (6)

меша́ть/помеша́ть (кому — чем) — to disturb, bother someone with something (4)

мечта́ — dream, goal, aspiration (11)

мечта́ть — to dream or fantasize about something (7)

мне́ние — opinion (7)

многочи́сленный — numerous (6)

мо́да (на что) — fashion (for) (3)

молодёжь — youth, young people (1)

молча́ть/замолча́ть — to be/become silent (8)

моше́нничество — fraud (1)

мо́щный — powerful (3)

мощь — might, power (8)

му́дрый — wise (8)

му́жество — courage (6)

мультфи́льм/му́льтик — cartoon (1)

мультиплика́ция — animation (1)

мультипликацио́нный фильм — animated film (1)

му́читься — to suffer, to agonize (4)

мышле́ние — thinking (9)

Н

на гра́ни (чего) — on the verge of (4)

на протяже́нии (чего) — over the course of (4)

на ско́рую ру́ку — hastily (1)

на фо́не (чего) — against the background of (8)

на этот раз — this time (6)

наверняка́ — surely, for sure (Introduction)

навсегда́ — forever (Introduction)

награ́да — award (1)

(кому) надоеда́ть/надое́сть — to bore, be tired of (6)

назло́ (кому, чему) — to spite someone (12)

назнача́ть/назна́чить (кого — кем, чем) — to appoint someone (12)

называ́ть/назва́ть — to name, to label, to title (12)

нака́зывать/наказа́ть — to punish (4)

нало́г — tax (4)

налогоплате́льщик — taxpayer (4)

намека́ть/намекну́ть на — to hint at (**намёк** — a hint) (1)

наоборо́т — on the contrary (9)

наполови́ну — half, halfway (12)

напомина́ние — reminder (12)

напомина́ть/напо́мнить (кому — о ком, чём) — to remind (6)

направле́ние — trend, movement (2)

напряму́ю — directly (4)

наркома́н/наркома́нка — drug addict (1)

наро́д — people, nation (3)

наро́дный — folk (music, art) (11)

наряду́ (с кем, чем) — along with, together with (5)

населе́ние — population (6)

насле́дие — legacy (2)

насле́дник — heir (2)

насле́дство — inheritance (Introduction)

насме́шка — mockery (6)

наста́вник — mentor (11)

настоя́щий — real, genuine (Introduction)

наступа́ть/наступи́ть — to begin, to ensue, to set in (for times, seasons, etc.) (5)

наступа́ть на пя́тки (кому) (figurative) — to be close behind someone (literally, to step on someone's heels) (10)

нау́чный — scientific (7)

наце́ливать/наце́лить (на кого) — to aim at someone (11)

нашуме́вший — sensational (7)

начина́ться/нача́ться (с чего) — to begin with (3)

не име́ть отноше́ния (к чему) — to have nothing to do with (3)

невероя́тный — incredible (2)

невообрази́мый — unimaginable (3)

недолгове́чный — ephemeral, short-lived (9)

недоста́точный — insufficient (10)

недосто́йный — unworthy (9)

недоумева́ть — to be perplexed (10)

незабыва́емый — unforgettable (4)

незави́симо (от кого, чего) — regardless, without reference to (11)

незави́симость — independence (8)

незави́симый (от кого, чего) — independent (8)

незада́чливый — hapless, luckless (2)

незамыслова́тый — simple, uncomplicated (3)

незауря́дный — unusual, exceptional (7)

незачем — there is no need, there is no point in doing something (12)

неизбе́жно — inevitably (4)

неизме́нный — invariable (6)

неле́пый — awkward (2)

нело́вкость — awkwardness (8)

немногосло́вный — terse, laconic (12)

немо́е кино́ — silent cinema (9)

немы́слимый — unthinkable (12)

необъясни́мый — inexplicable (6)

необыча́йный — extraordinary (10)

необы́чный — unusual (9)

неоднозна́чный — ambiguous (6)

неожи́данный — unexpected (10)

неотъе́млимый — integral (6)

неповтори́мый — unique, inimitable (4)

непосре́дственный — immediate, direct (10)

непревзойдённый — unsurpassed (3)

нера́венство — inequality (8)

несконча́емый — unending, endless (6)

несмотря́ (на то, что) — in spite of, despite (the fact that) (1)

несравни́мый (с чем) — incomparable with (10)

неуве́ренный — insecure, tentative (1)

неуда́ча — failure, mishap (3)

ни ра́зу — not once, never (11)

ниско́лько — not фсов, not in the least (12)

нови́нка — innovation, novelty (1)

нулевы́е (го́ды) — the 2000s (8)

о

обгоня́ть/обогна́ть — to pass, to outrun (10)

обеспе́чивать/обеспе́чить — to ensure, to guarantee (5)

оби́лие — abundance (10)

обита́ть — to dwell, to inhabit (6)

облада́тель/обладательница — possessor, owner (6)

облада́ть (чем) — to possess (9)

обло́жка — (book) cover (2)

обору́дование — equipment (11)

обма́нывать/обману́ть — to deceive (4)

обожа́ть — to adore (4)

обая́тельный — charming (2)

о́браз — image (6)

о́браз жи́зни — lifestyle (5)

образе́ц/приме́р для подража́ния — role model (12)

образо́ванный — educated (9)

обраща́ться/обрати́ться (за чем) — to ask, call for (help, support, etc.) (12)

обремени́тельный — burdensome (4)

обстоя́тельство — circumstance (3)

о́бщее ме́жду (кем и кем) — in common between (4)

обще́ние — communication (6)
обще́ственное мне́ние — public opinion (5)
о́бщество — society (6)
обще́ственный де́ятель — public figure (7)
объединя́ть/объедини́ть — to unite (8)
объявля́ть/объяви́ть — to announce (10)
оглуши́тельный — thunderous (5)
ограни́чивать/ограни́чить — to limit (9)
одарённый — gifted (4)
опережа́ть/опереди́ть (кого) — to get ahead of someone (10)
оде́рживать/одержа́ть побе́ду — to score a victory (10)
одина́ковый — same, identical (8)
одино́чество — loneliness (1)
одновре́менно — simultaneously (12)
однозна́чный — clear, unmistakable, unequivocal (6)
одноимённый — of the same name (3)
однообра́зный — monotonous, drab (5)
одобря́ть/одо́брить — to approve (11)
ожида́ние — expectation (9)
ожида́ть(imperfective) — to expect, to anticipate (11)
озву́чивать/озву́чить — to voice (for example, a cartoon character) (1)
о́коло (чего) — close to, approximately, about (Introduction)
оконча́тельный — final, definitive (10)
окружа́ть/окружи́ть — to surround (1)
олицетворе́ние — embodiment (8)
олицетворя́ть/олицетвори́ть — to embody (Introduction)
опа́сный — dangerous (7)
опережа́ть/опереди́ть — to beat, to win, to come in first (12)
опережа́ть/опереди́ть вре́мя (figurative) — to be ahead of one's time (9)
определённый — certain (1)
опрос — poll (Introduction)
опла́та — payment (4)
опро́с — poll, survey (Introduction)
о́пыт — experience (6)
о́пытный — experienced (10)
осва́ивать/осво́ить — to master (10)
оскорбле́ние — insult (9)
ослабева́ть/ослабе́ть — (intransitive) to get weaker, to weaken (4)
ослабля́ть/осла́бить — to weaken, to loosen, to relax (5)
основно́й — chief, main (7)

осо́бенность — feature, characteristic, peculiarity (2)
особня́к — mansion (6)
осо́бый — special, extra (Introduction)
оставля́ть/оста́вить — to leave (Introduction)
о́стрый — acute, poignant (7)
остроу́мный — witty (6)
осужда́ть/осуди́ть — to condemn (5)
осуществля́ть/осуществи́ть — to accomplish, to fulfill (11)
от руки́ — by hand (2)
отверга́ть/отве́ргнуть — to reject, to turn down (4)
отве́тственность — responsibility (7)
отвеча́ть (за кого, что) — be responsible for, be in charge of (11)
отвлека́ть/отвле́чь (от чего) — to distract from (10)
отвлека́ться/отвле́чься — to distract oneself (2)
отвраще́ние — disgust (9)
отде́льный — separate, individual, single (8)
оте́чественный — domestic (5)
оте́чество — fatherland (10)
отка́з — rejection (3)
отка́зывать/отказа́ть себе́ — to deny oneself (5)
отка́зываться/отказа́ться (от чего) — to refuse, to turn down (7)
открове́нный — frank, open (1)
отлича́ться/отличи́ться (от чего) — to differ (10)
отмеча́ть/отме́тить — to note (5)
относи́тельный — relative, comparative (Introduction)
относи́ться/отнести́сь (к кому, чему) — to treat, to regard (3)
отноше́ния (между кем) — relations (between) (7)
отню́дь не — by no means, not at all (8)
отправля́ть/отпра́вить — to send (3)
о́трасль — branch, sector (of the economy, industry, etc.) (9)
отста́ивать/отстоя́ть — to defend, to advocate (4)
отсу́тствие — absence (9)
о́ттепель — the "Thaw" (3)
отчи́тывать/отчита́ть — to reprimand, to scold (9)
охо́тно — willingly, gladly, readily (11)
охра́на — security, guard (6)

оце́нивать/оцени́ть — to assess, to evaluate (6)

очередно́й — next, (yet) another (3)

ошеломи́тельный — stunning (7)

ощуща́ть/ощути́ть — to feel, to perceive (1)

П

па́дать/упа́сть — to fall (5)

паде́ние — fall (9)

па́мять — memory (9)

певе́ц/певи́ца — singer (8)

первонача́льно — initially (1)

первооткрыва́тель — pioneer (7)

первостепе́нный — central, paramount (9)

перево́д — translation (7)

переводи́ть/перевести́ — to translate (7)

переворо́т — coup, revolution (12)

переда́ча — broadcast, program, show (on radio or TV) (1)

перека́рмливать/перекорми́ть — to overfeed (also figurative) (8)

переключа́ться/переключи́ться (на что) — to switch to (9)

переме́на — (in school) recess, break between classes (9)

переме́ны (plural) — changes (11)

переключа́ться/переключи́ться (на что) — to switch to (9)

персона́ж — character (1)

пе́сня — song (4)

петь (я пою, ты поёшь, они поют) — to sing (3)

печа́ть — print (2)

печа́тать/напеча́тать — (1) to type (on a keyboard); (2) to publish (2)

печа́таться/напеча́таться — to get published (2)

печь/испе́чь — to bake (12)

плодови́тый писатель — prolific writer (2)

плодотво́рный — prolific (7)

по душе́ (кому) — to someone's liking (11)

по приглаше́нию (кого) — by (someone's) invitation (8)

по преиму́ществу — for the most part (6)

побе́да — victory (Introduction)

побежда́ть/победи́ть на выборах — to win an election (6)

поведе́ние — behavior (6)

по́вод — reason, occasion (7)

подверга́ться/подве́ргнуться (чему) — to undergo (8)

подводи́ть/подвести́ (кого, что) — to let someone down (4)

поворо́т — turn (8)

под давле́нием (кого) — under someone's pressure (8)

по́двиг — exploit, heroic deed (10)

подводи́ть/подвести́ ито́г — to sum up (10)

подде́рживать/поддержа́ть (кого) — to support (9)

подде́ржка — support (10)

поднима́ть/подня́ть пла́нку (figurative) — to raise the bar (10)

подо́бный — similar (4)

подозрева́емый — suspect (2)

подозрева́ть — to suspect (11)

подозри́тельный — suspicious (2)

подпева́ть/подпе́ть (кому, чему) — to sing along (with someone) (8)

подпо́льный — underground, secret, clandestine (8)

подража́ние — imitation (6)

подража́ть (кому) — to imitate, to copy someone (4)

подро́сток — teenager (Introduction)

подсма́тривать/подсмотре́ть — to peep, to spy (6)

покида́ть/поки́нуть — to abandon (Introduction)

поколе́ние — generation (Introduction)

покоря́ть/покори́ть — to conquer (Introduction)

поку́пка — purchase (6)

пол — gender (12)

поле́зный — beneficial (10)

полнометра́жный фильм — full-length film (9)

по́лностью — fully, completely (4)

по́льзоваться популя́рностью (у кого) — enjoy popularity among (Introduction)

помеще́ние — space, room (4)

поми́мо (чего) — aside from (4)

понача́лу — at first (11)

по́ртиться/испо́ртиться — to deteriorate, to go bad (7)

посо́бие — textbook, manual (6)

посо́л — ambassador (12)

постепе́нно — gradually (8)

постепе́нный — gradual (5)

посяга́ть/посягну́ть (на что) — to encroach, to infringe upon (6)

пот — sweat (10)

потряса́ть/потрясти́ (кого — чем) — to shock, to amaze (10)

потряса́ющий — sensational, excellent (7)

по́шлость — vulgarity, banality (6)

появля́ться/появи́ться — to appear (Introduction)

появля́ться/появи́ться на свет — to be born, come along (11)

по его/её со́бственному призна́нию — by his/her own admission (1)

по сей день — to this day (5)

по слова́м (кого) — according to (3)

по стече́нию обстоя́тельств — by coincidence (5)

по су́ти — in essence (5)

побе́да — victory (Introduction)

повестова́ние — narration (2)

повестова́ние от первого/третьего лица́ — first/third person narration (2)

повесть — story, short novel (2)

повседне́вный — casual, everyday (5)

подверга́ться/подве́ргнуться цензу́ре — to be censored, to be subject to censorship (3)

подводи́ть/подвести́ (кого, что) — to let someone down (4)

подде́ржка — support (4)

поднима́ть/подня́ть — to raise (4)

подо́бный — similar (4)

подозрева́емый — suspect (2)

подозрева́ть — to suspect (11)

подража́ть (кому) — to imitate, to copy someone (4)

подро́бно — in detail (Introduction)

подро́сток — teenager (Introduction)

подходя́щий — suitable, appropriate (5)

подчёркивать/подчеркну́ть — to underscore, to underline (6)

позволя́ть/позво́лить (себе) — to allow (oneself) (5)

пожа́луй — one might say (3)

по́иск — search (3)

пока́з — show (e.g., fashion show) (5)

покида́ть/поки́нуть — to leave, to abandon (Introduction)

покло́нник — fan, enthusiast, aficionado (1)

поколе́ние — generation (Introduction)

покрыва́ть/покры́ть — to cover (4)

полага́ться/положи́ться (на кого, что) — to rely upon (4)

поле́мика — controversy (4)

по́лночь — midnight (7)

по́льзоваться успе́хом (у кого) — to be successful with (5)

по́лностью — fully, in full (4)

по́льзователь — user (1)

поми́мо — aside from (4)

поня́тие — notion, concept (11)

по́просту — simply (5)

попу́тно — at the same time (8)

попы́тка — attempt, try (3)

поража́ть/порази́ть — to amaze, to impress (3)

посвяща́ть/посвяти́ть — to dedicate (1)

посети́тель — visitor (7)

посеще́ние — visit (1)

после того, как — after (conjunction) (12)

посме́иваться (над кем) — to chuckle at someone (2)

посо́льство — embassy (5)

постано́вка — (theatrical) staging, production (3)

постоя́нный — permanent (1)

потреби́тель — consumer (5)

потребле́ние — consumption (5)

потребля́ть/потреби́ть — to consume (5)

появля́ться/появи́ться — to appear (Introduction)

пра́вило — rule (3)

прави́тельство — government (3)

пра́вить — to rule (12)

правле́ние — rule (of a tsar or leader) (12)

пра́во — right (12)

превосходи́ть/превзойти́ (кого) — to surpass (4)

превосходи́ть/превзойти́ ожида́ния — to exceed expectations (6)

превосхо́дство — superiority (10)

превраща́ться/преврати́ться (из кого, чего — в кого, что) — to turn from (something/someone) into (something/someone) (2)

пре́данный — devoted (7)

предлага́ть/предложи́ть — to propose, to suggest (3)

предложе́ние — offer (4)

предоставля́ть/предоста́вить — to provide, to afford (3)

предполага́ть/предположи́ть — to suppose, to assume (7)

предпринима́тель — entrepreneur (5)

предпринима́тельство — entrepreneurship (11)

предприя́тие — company, enterprise (4)

предрассу́док — prejudice (8)

председа́тель — chairperson (12)

представи́тель — representative (3)

представи́тельство — representation (12)

представля́ть/предста́вить — (1) to imagine; (2) to represent (a country) (11)

предыду́щий — previous (10)

преиму́щество — advantage (10)

преклоня́ться перед (кем) — to worship, to adore (3)

прекра́сный — beautiful (6)

преобразова́ние — transformation (11)

пресека́ть/пресе́чь — to suppress, to stop, to put an end to (11)

преступле́ние — crime (2)

престу́пник — criminal (2)

при усло́вии (чего) — on the condition of, contingent upon (9)

при э́том — at the same time (3)

при́быльный — profitable (3)

привлека́тельный — attractive (6)

привлека́ть/привле́чь — to attract (9)

привлека́ть/привле́чь внима́ние — to attract attention (8)

привыка́ть/привы́кнуть (к кому, чему) — to get used to; to be/become accustomed (12)

привы́чка — habit (1)

  дурная привычка — bad habit (1)

привы́чный — habitual, customary, familiar (Introduction)

прижива́ться/прижи́ться — to take root (also fig.); to get acclimatized (11)

признава́ть/призна́ть (кого, что — кем, чем) — to acknowledge, to recognize, to admit (Introduction)

признава́ться/призна́ться — to confess (7)

призна́ние — recognition (2)

приключе́ние — adventure (2)

прили́чный — decent, proper (6)

применя́ть/примени́ть (к кому, чему) — to apply (as in "use") (6)

приме́р для подража́ния — role model (12)

принадлежа́ть — to belong (1)

принима́ть/приня́ть — to accept (9)

принима́ть/приня́ть уча́стие (в чём) — to take part in (7)

принима́ть/приня́ть зако́н — to pass, to adopt a law (12)

принима́ть/приня́ть нарко́тики — to take drugs (1)

принима́ть/приня́ть реше́ние — to make a decision (11)

приобрета́ть/приобрести́ — to acquire, to obtain (2)

приобща́ть/приобщи́ть (кого — к чему) — to introduce to, to acquaint with (9)

приписывать/приписа́ть — to ascribe (2)

прислу́шиваться (к кому, чему) — to listen to (someone's advice or opinon) (7)

присоединя́ться/присоедини́ться (к кому, чему) — to join (6)

прису́тствие — presence (10)

прису́тствовать (на чём) — to attend, to be present (4)

при́тча — parable (9)

приходи́ть/прийти́ на сме́ну (кому, чему) — to come to replace (6)

приходи́ть/прийти́ на ум — come to mind (2)

приходи́ться/прийти́сь (на что) — to fall on (dates, days, occasions) (5)

прихо́дится/прийти́сь кста́ти — to come in handy (10)

причём — at that, moreover (5)

причёска — hairstyle (11)

пробива́ться/проби́ться — to break in, to force one's way through (11)

про́бовать/попро́бовать — to try (10)

пробужда́ть/пробуди́ть интерес (к чему) — to arouse, awaken interest in (10)

прова́ливаться/провали́ться — to flop, to fail, to fall through (9)

провозглаша́ть/провозгласи́ть — to proclaim (12)

прогу́ливать/прогуля́ть заня́тия — to skip class (6)

прода́жа — sale (5)

проника́ть/прони́кнуть — to penetrate, to find one's way (11)

прославля́ться/просла́виться (чем) — to become famous (10)

продвиже́ние — promotion, advancement (12)

произведе́ние — work, creation (2)

произведе́ние иску́сства — work of art (5)

производи́ть/произвести́ — to manufacture, to make (5)

производи́ть впечатле́ниена (кого) — to make an impression on someone (5)

производи́тель — manufacturer (5)

произво́дство — production, manufacture (5)

происходи́ть/произойти́ — to happen, to occur, to take place (7) происше́ствие — incident (2)

прока́т/кинопрока́т — film distribution (9)

пропада́ть/пропа́сть — to disappear (9)

проры́в — breakthrough (1)

прорыва́ться/прорва́ться — to break through, to burst (3)

прославля́ть/просла́вить (кого, что) — to glorify, to celebrate (11)

просла́вленный — renowned (3)

просто́рный — spacious (1)

проти́вник — opponent (8)

противополо́жность — opposite (2)

противопоставля́ть/противопоста́вить — to oppose, to contrast (9)

противоречи́вый — contradictory (6)

противоре́чить — to contradict (5)

противостоя́ние — opposition, confrontation (10)

процвета́ть — to flourish, to blossom (4)

проце́нт — percent (Introduction)

про́чный — solid, strong, durable (9)

прыжо́к — jump (10)

публикова́ть/опубликова́ть — to publish (2)

пусто́й — empty (5)

путь — path (5)

пье́са — play (4)

Р

раб — slave (10)

рабо́тать (над чем) — to work on something (7)

ра́венство — equality (5)

равнопра́вие — equality (12)

ра́вный — equal (12)

разве́дка — intelligence service

развива́ться/разви́ться — to develop (2)

разви́тие — development (Introduction)

развлека́тельный — entertaining (6)

развлека́ть/развле́чь — to entertain (2)

развлече́ние — entertainment (5)

разга́дка — solution (2)

раздража́ть (кого — чем) — to irritate someone with something (9)

разли́чие — difference (4)

разме́р — size (9)

размышле́ние — thought, reflection (4)

размышля́ть (о ком, чём) — to reflect on (9)

ра́зница — difference (11)

разнови́дность — variety (2)

разнообра́зный — diverse (7)

разоря́ться/разори́ться — to go bankrupt (12)

разочаро́вываться/разочарова́ться (в ком, чём) — to be/become disappointed in (12)

разраба́тывать/разрабо́тать — to work out (a plan) (11)

разреша́ть/разреши́ть (кому) — to permit, to allow (4)

разруша́ть/разру́шить — to destroy (9)

рани́мый — vulnerable (1)

раскрыва́ть/раскры́ть преступле́ние — to solve a crime (2)

распа́д /разва́л — collapse (Introduction)

распростране́ние — distribution (11)

распространя́ть/распространи́ть — to distribute (2)

распу́тывать/распу́тать де́ло — to solve the case (2)

рассе́янный — absent-minded (2)

расслабля́ться/рассла́биться — to relax (2)

рассле́дование/сле́дствие — investigation (2)

рассле́довать — to investigate (2)

рассма́тривать/рассмотре́ть — to consider (10)

расстава́ться/расста́ться (с кем, чем) — to part with (4)

расстра́иваться/расстро́иться — to get upset (4)

рассужда́ть — to reason, to debate (9)

рассыла́ть/разосла́ть — to send out, to distribute (9)

рассчи́тывать (на кого, что?) — to count on (11)

расти́/вы́рости — to grow (3)

расхо́д — expense (4)

расчёт — calculation (9)

расширя́ть/расши́рить — to broaden, to expand (1)

регла́мент — regulations (11)

регламенти́ровать — to regulate (11)

реда́ктор — editor (2)

ре́дкость — rarity (12)

режиссёр — (cinema or theater) director (Introduction)

рекла́ма — advertisement (5)

репети́ровать — to rehearse (8)

репети́ция — rehearsal (4)

рисова́ть/нарисова́ть — to draw, to paint (1)

рису́нок — drawing, image (1)

ро́бкий — timid (12)

рове́сник — peer (1)

ро́дина — motherland (Introduction)

ро́дственник — relative (Introduction)

рома́н — novel (2)

роско́шный — luxurious (6)

ро́скошь — luxury (Introduction)

рост — height (8)

руга́ть — to scorn, to criticize (1)

руководи́тель — leader (12)

руководи́ть — lead, direct, manage (11)

руководя́щий — senior, managerial (12)

    руководя́щая до́лжность — leadership position (12)

ру́копись — manuscript (2)

рукоплеска́ть (кому) — to applaud (3)

ру́шиться/ру́хнуть — to collapse (1)

ры́нок — market (5)

рядово́й — ordinary (5)

с

с моме́нта (чего) — from the moment of (Introduction)

с друго́й стороны́ — on the other hand (8)

с ли́шним (colloquial) — and more, plus (20 с лишним — 20+) (10)

с одно́й стороны́ — on the one hand (8)

с тех пор — since then (5)

с тече́нием вре́мени — over time (1)

с ю́ных лет — from a young age (9)

само́ собо́й разуме́ется — it goes without saying (5)

самобы́тный — distinctive, original (5)

самолюби́вый — ambitious, proud (4)

самооце́нка — self-esteem (9)

самостоя́тельность — independence (12)

самостоя́тельный — independent (5)

све́жий — fresh (8)

све́тлый — light, bright (11)

све́тская льви́ца — socialite (6)

свида́ние — date (6)

свиде́тель — witness (2)

свобо́да — freedom (3)

своеобра́зный — peculiar (6)

свя́занный (с кем, чем) — connected to, associated with (12)

сеа́нс/киносеа́нс — movie show, movie screening (9)

сеть — the web; в сети — on the web (1)

си́ла — strength, force (8)

си́ла во́ли — willpower (3)

ска́зываться/сказа́ться (на ком, чём) — to affect, to take a toll on (9)

скла́дываться/сложи́ться — to take shape, to turn out (4)

(у кого) скла́дываться/сложиться впечатле́ние, что — (someone) gets the impression that … (2)

скро́мность — modesty (5)

скро́мный — modest (8)

ску́дный — scarce, meager (8)

сла́ва — fame (2)

следи́ть — to look after, to keep an eye on (11)

сле́дователь — investigator (2)

сло́жность — complexity (10)

слух — rumor (7)

(музыка́льный) слух — musical ear (11)

случа́йный — random, accidental (7)

сме́лость — courage (4)

смерть — death, passing (7)

сме́шиваться/смеша́ться — to get mixed up (8)

смысл — meaning, significance (6)

снима́ться/сня́ться в кино́ — to act in a film (4)

со́бственно — strictly speaking (12)

собы́тие — event, occurrence (7)

соверша́ть/совершить преступле́ние — to commit a crime (2)

соверше́нно — absolutely (11)

со́вестливый — conscientious (4)

сове́т — advice (2)

совме́стно (с кем) — together with (7)

совмеща́ть/совмести́ть (что с чем) — to combine (4)

совпада́ть/совпа́сть (с чем) — to coincide with (3)

совпаде́ние — coincidence (12)

совреме́нный — contemporary (1)

совсе́м — altogether (3)

совсем не — not at all (6)

содержа́ние — support, content (4)

создава́ть/созда́ть — to create (1)

созда́ние — creation (11)

созда́тель — creator (9)

сокраща́ть/сократи́ть — to cut, to reduce (3)

сокраща́ться/сократи́ться — to be reduced (12)

соо́бщество — community (1)

соотноше́ние — ratio (11)

сопе́рник — rival (10)

сопе́рничество — rivalry (10)

сопротивле́ние — opposition, resistance (8)

сопротивля́ться (кому, чему) — to resist (6)

соревнова́ться — to compete (10)

сосредота́чиваться/сосредото́читься
(на чём) — to focus on, to concentrate
on (10)

составля́ющая — constituent (6)

состоя́ние — condition (9)

состоя́ть (из чего) — to consist of (1)

состоя́тельный — well-off, wealthy (3)

сотру́дник/сотру́дница — employee (5)

сотру́дничать — to collaborate (6)

сочета́ться (с чем) — to go well with, to harmonize with (5)

сочиня́ть/сочини́ть — to compose (9)

сочу́вствовать (кому) — to commiserate,
to feel for (10)

спаса́ть/спасти́ — to rescue (2)

спекта́кль — play, performance, show (4)

СПИД — AIDS (8)

спосо́бность — ability, aptitude (10)

спосо́бствовать (кому, чему — в чём) —
to facilitate something (8)

справедли́вый — fair, just, right (9)

справля́ться/спра́виться (с кем, чем) —
to manage, to deal with (2)

сравне́ние — comparison (9)

сража́ться/срази́ться (за что) — to fight
for (8)

среди́ — among (12)

средневеко́вый — medieval (2)

сре́дний — average (7)

сре́дства (plural) — (financial) means (4)

ста́вить/поста́вить — to stage, to produce
(a play/production) (3)

ста́лкиваться/столкну́ться — literally:
to collide, to run against; figuratively:
to face, to encounter (1)

старе́ть/постаре́ть — to grow old (11)

стекло́ — glass (1)

стесня́ться (кого, чего) — to be/feel shy,
ashamed of (12)

стихи́/стихотворе́ние (plural: -ия) — poem (4)

столь (+ adjective/short adjective/adverb/) —
such, so (10)

сторо́нник — supporter (7)

стоя́ть в о́череди — to stand in line (e.g., at
a store) (5)

стоя́ть/настоя́ть на своём — to insist (11)

страсть — passion (5)

стреми́тельный — dashing, swift (3)

стреми́ться — to aspire, to strive (3)

стремле́ние — aspiration, ambition (3)

стри́жка — haircut (11)

стро́ить — to build (6)

строка́/стро́чка — line (from a poem or
song) (11)

строй — regime (8)

стыд — shame (Introduction)

стыди́ться (кого, чего) — to be ashamed of,
to be embarrassed by (Introduction)

сты́дный — embarrassing (9)

судьба́ — fate (3)

судья́ — referee, judge (9)

су́дя (по чему) — judging by (1)

суро́вый — austere, stern (10)

суть — essence, point, core (8)

суще́ственный — significant (10)

сце́на — stage (3)

сцена́рий — script (1)

сцена́рист — scriptwriter (1)

счита́ть/посчита́ть — to count, to consider,
to reckon (5)

сы́щик — sleuth, detective (2)

сюже́т — plot (2)

Т

та́йна — mystery, secret (2)

так называ́емый — so called (5)

так себе — (colloquial) so-so (11)

та́нец — dance (3)

танцева́ть — to dance (3)

танцо́р/танцо́вщица — male (female)
dancer (3)

тво́рчество — oeuvre, body of work (2)

т.е. (то есть) — i.e. (that is) (8)

те́ло — body (теле́сный цвет — flesh colored) (1)

тем вре́менем — meanwhile (9)

тем не ме́нее — nevertheless (Introduction)

тень — shadow (4)

теря́ть/потеря́ть — to lose (1)

тече́ние — current, stream (also figuratively) (8)

тира́ж — print run (2)

това́р — goods, merchandise (5)

толпа́ — crowd (11)

торго́вля — trade (12)

торже́ственный — solemn, ceremonial (11)

тоска́ — boredom (9)

трансли́ровать — to broadcast (7)

тра́тить/потра́тить — to spend (5)

тре́бовать/потре́бовать (от кого) —
to demand (from someone) (12)

тре́нер — coach (10)

тренирóвка — training, practice (10)

труд — work, labor (11)

трудúться — to work hard (2)

трудúться/рабóтать до седьмóго пóта (figurative) — to work hard (literally, to work until the seventh sweat) (10)

трýдность — difficulty, hardship (5)

трудолю́бие — diligence (3)

тщáтельный — meticulous (2)

тысячелéтие — millennium (Introduction)

тюрьмá — prison, jail (12)

У

убеждённый — convinced (7)

убúйство — murder (2)

убы́точность — unprofitability (4)

убы́точный — unprofitable, "in the red" (4)

уважéние — respect (10)

увéренность — confidence (8)

увéренный в себé — self-confident (12)

увлекáть/увлéчь — to captivate, to fascinate (3)

увлекáться/увлéчься (чем) — to find a passion for (7)

уговáривать/уговорúть (кого) — to convince, to talk someone into something (4)

удавáться/удáться (кому, чему + удавáться/удáться + infinitive) — to succeed, to manage, to be able to (10)

удáрные — drums (11)

удáча — success, luck (10)

удáчный — successful (10)

удóбный — comfortable (5)

удовóльствие — pleasure (5)

уединéние — solitude, isolation (12)

укáзывать/указáть — indicate, specify (9)

улучшáться/улýчшиться — to improve (6)

уменьшáть/умéньшить на — to reduce by (3)

уменьшáться/умéньшиться — to decrease (11)

упоминáть/упомяну́ть — to mention (4)

упóрство — perseverance (2)

управлéние — control, management, administration (12)

укреплять/укрепúть — to strengthen (10)

упря́мый — stubborn (7)

урáвнивать/уравня́ть — to make equal (6)

усиля́ть/усúлить — to reinforce, to increase (9)

услóвие — condition (6)

успевáть/успéть — to have enough time, to manage (9)

успéх — success (2)

успéшный — successful (Introduction)

уступúть мéсто (кому) — (figurative) to give place to, be replaced by (7)

утомúтельный — tiresome, exhausting (5)

учáствовать (в чём) — to participate, to take part in (7)

учáстие — participation, involvement (6)

учáстник — participant (6)

ую́тный — cozy (2)

Ф

фактúчески — in fact, practically (4)

филиáл — branch (office) (11)

фон — background (8)

Х

хватáть/хватúть (на что) — to be sufficient for, to be enough (4)

(кому) не хватáть (кого, чего) — to lack someone/something (7)

хор — (musical) choir (11)

хотя́ — although (11)

худóжественный — artistic (1)

худóжественная галéрея — art gallery (1)

худóжественный фильм — feature film (9)

худóжественный руководúтель — artistic director (3)

худóжник/худóжница — artist (1)

худóжник-мультипликáтор — animator (1)

Ц

целеустремлённость — sense of purpose, focus (3)

целикóм и пóлностью — completely (6)

цель — goal (6)

ценá — price (5)

цензýра — censorship (4)

цéнность — value (1)

цитáта — citation, quotation (11)

цифровóй — digital (1)

Ч

чáстное лицó — individual, private party (4)

чáстный — private (2)

часть — part (8)

чертá — trait, characteristic (1)

чéтверть — quarter (5)

числó — number (12)

члéнство — membership (12)

чрезмéрный — excessive (5)

чрезвыча́йно — extremely (4)

чувстви́тельный — sensitive, thin-skinned, susceptible (1)

чу́до — miracle (10)

чуть (ли) не — nearly, almost (8)

Ш

шеде́вр — masterpiece (5)

шить — to sew (5)

шля́гер — (music) hit (11)

шпио́н — spy (2)

штрих — stroke (brush or pencil) (1)

Щ

Э

эконо́мить/сэконо́мить (на чём) — to save on (Introduction)

экра́н — (television, computer, etc.) screen (1)

эпата́жный — outrageous, shocking, intended to shock (4)

эпати́ровать — to shock (6)

эпо́ха Возрожде́ния — the Renaissance (9)

Ю

Я

явле́ние — phenomenon (8)

я́кобы — allegedly, ostensibly (9)

я́ркий — bright (2)

я́рмарка — fair, carnival (11)

я́рый — ardent (12)